The Blue Omnibus

ହରପ୍ରସାଦ ଦାସଙ୍କ କବିତା

ଦେଶ

ଆଲୋକିତ ବନବାସ

ମନ୍ତ୍ରପାଠ

ଗର୍ଭଗୃହ

ଖୁଣୀ ଅମ୍ବରା

ବ୍ଲାକ୍ ଈଗଲ୍ ବୁକ୍ସ
ଭୁବନେଶ୍ୱର, ଓଡ଼ିଶା

BLACK EAGLE BOOKS
Dublin, USA

BLACK EAGLE BOOKS

USA address:
7464 Wisdom Lane
Dublin, OH 43016

India address:
E/312, Trident Galaxy, Kalinga Nagar,
Bhubaneswar-751003, Odisha, India

E-mail: info@blackeaglebooks.org
Website: www.blackeaglebooks.org

First International Edition Published by
BLACK EAGLE BOOKS, 2022

THE BLUE OMNIBUS
Haraprasad Das

Copyright © **Haraprasad Das**

All rights reserved. No part of this publication may be reproduced, stored in a retrieval system, or transmitted, in any form or by any means, electronic, mechanical, photocopying, recording or otherwise without the prior permission of the publisher.

Cover & Interior Design: Ezy's Publication

ISBN- 978-1-64560-290-3 (Paperback)

Printed in the United States of America

Haraprasad Das, belongs to a brilliant generation of post-independent decolonized India which has taken on the complex phenomenon of heavily canonized western poetic idiom to reinstall and validate the multi-hued Indian identity of Indian Poetry through its classical and bhasha traditions. In fact the mainstreaming of the Indian voice in language(bhasha) poetry has been the handiwork of the poets of this generation, who came into prominence after the eighties of the twentieth century and who are presently the dominant trendsetters of future poetry in India. They have all attained iconic status in their own languages and are quietly subverting the borrowed idiom of modernity in its own manner ! Haraprasad Das, who is the recipient of some of the highest honours at the National level for his Odia Poetry is undeniably the most prolific and original Poet of that language whose oeuvre is an amazing vista of both prose and poetry overarching a classical grand tradition ! Readers would find in this Blue Omnibus the long epic poem Desh that has been hailed as the first Postmodern Epic of its genre in Hindi translation(Rajkamal/Delhi).

The four other works show the way in which Haraprasad Das cut his way through the reigning styles and sensibilities of the time to make his unique brand of poetry stand out and usher in the New Wave in Odia Poetry. In fact with the publication of Alokita Banabasa in 1980 Odia Poetry witnessed a storm of sorts that uprooted the puritanical canons of poetic practice and declared the advent of new modernity in Indian Poetry in close league with similar scenes of dismantling and repositioning witnessed in other Indian languages ! The Blue Omnibus is as much a tribute to a redoubtable poetic genius of contemporary India as a showcase for the unstoppable creative energy of an epoch maker whose eyes are now set beyond the horizon. Haraprasad Das has published four of his most ambitious works in Poetry including his fourth epic poem Anna in 2022 and is working on his twentieth collection of Poetry.

ଦେଶ

୧୫ ରୁ ୨୪୮

ଆଲୋକିତ ବନବାସ :

ପାପ	୨୫୧
ସକାଳ	୨୫୨
ଫେରିବାଲା	୨୫୩
ମଧ୍ୟବିତ୍ତ	୨୫୪
ମଧ୍ୟବୟସ୍କ	୨୫୫
ବୃତ୍ତ	୨୫୭
ଦର୍ପଣ	୨୫୯
ଗୃହସ୍ଥ	୨୬୧
ଅଜ୍ଞାତବାସ	୨୬୩
ପ୍ରମାଣ/ଅପ୍ରମାଣ	୨୬୪
ବଂଦୀ	୨୬୬
ଭବିଷ୍ୟତ	୨୬୮
ବିକ୍ରମାଦିତ୍ୟ ଓ ମୁଁ	୨୭୦
ରାଜତ୍ୱ (୧)	୨୭୨
ରାଜତ୍ୱ (୨)	୨୭୪
ଇତିହାସ	୨୭୬
ମଧୁଶଯ୍ୟା	୨୭୭
ଅବତାର	୨୭୯
ବର୍ତ୍ତମାନ	୨୮୦
ଅବର୍ତ୍ତମାନ	୨୮୨
କାୟା-ପ୍ରବେଶ	୨୮୪
ଅନୁପାତ	୨୮୬
ଶେଯର ଅଭଂଗା ଅପ୍ରତ୍ୟୟ	୨୮୮
ସିଂହାସନ	୨୮୯
ଭଂଗାକାଚରେ ଭଂଗାକାଚ	୨୯୧
ସହକାରୀ	୨୯୩

ବିରତି	୨୯୫
ପ୍ରହ୍ମତ୍ତ୍ବ	୨୯୬
ସାକ୍ଷୀ	୨୯୮
ମହାଭାରତ	୩୦୦
ମୟୂର ସିଂହାସନ	୩୦୨
ରାମଲୀଳା	୩୦୪
ରେସ୍‌କୋର୍ସ	୩୦୬
ଧର୍ମ	୩୦୮
ରୋଗଶଯ୍ୟାରେ ସମ୍ରାଟ୍‌	୩୧୦
ଅପ୍‌ସରା	୩୧୨
ମ୍ୟୁଜିଅମ୍‌ର ଅଂଧ ଗାଇଡ୍‌	୩୧୪
ଘର	୩୧୬
ଗୁପ୍ତଜ୍ଞାନ	୩୧୮
ପ୍ରେମ	୩୨୦
ପ୍ରତିବିମ୍ବ	୩୨୧
ଗନ୍ଧ	୩୨୨
ଅନ୍ନ-ଜଳ ସୂତ୍ର	୩୨୪
ସୂର୍ଯ୍ୟ	୩୨୬
କୋଟି ବ୍ରହ୍ମାଣ୍ଡ ସୁନ୍ଦରୀ	୩୨୮
ଦ୍ରୌପଦୀ	୩୩୦
ରଷ୍ୟଶୃଂଗ	୩୩୨
ସୋଲ୍‌ ଜେନିତ୍‌ସିନ୍‌	୩୩୪
ଏମ୍‌ : ଏଫ୍‌ : ହୁସେନ୍‌	୩୩୬
ଫ୍ରାନ୍‌ଜ୍‌ ଫେନନ୍‌	୩୩୮
ଓଡ଼ିଶା	୩୪୦
ଦେଶ	୩୪୧

ମନ୍ତ୍ରପାଠ :

ବସୁଂଧରା	୩୪୫
ଗୋଟିଏ ଦିନ	୩୪୭
ପରିଚୟ	୩୪୯
ଯୋଗୀ	୩୫୧
ଅବସାଦର ରଥରେ ଜଣେ ଅର୍ଜୁନ	୩୫୪
ନିଜ ଦଂଶନର ଶେଯରେ ନିଜେ	୩୫୬
ପରଦିନର ସକାଳ ତମର !	୩୫୮
ନାୟକ	୩୬୧
ସ୍ୱପ୍ନ	୩୬୩
ପୃଥିବୀ : ପ୍ରଥମ ରାତି	୩୬୫
ଅପ୍ରାପ୍ତ	୩୬୭
କେଳିକଦମ୍ବ	୩୬୯
ଖେଳାଳି ଯଯାତି	୩୭୨
ଅପତ୍ୟ	୩୭୪
ରାଜପ୍ରାସାଦ	୩୭୬
ଦିଗ୍‌ବିଜୟ	୩୭୮
ଭୂତ	୩୮୦
ମୃଗୟା	୩୮୨
ମନ୍ତ୍ର	୩୮୪
ଶ୍ୱାପଦ	୩୮୬
ସିଦ୍ଧି	୩୮୭
ବିଗ୍ରହ	୩୮୮
ଉପାୟ	୩୮୯
ଜୟ-ପରାଜୟ	୩୯୧
ପୁରୀ	୩୯୨
ଖଜୁରାହୋ	୩୯୪

ଯିଶୁଖ୍ରୀଷ୍ଟ	୩୯୫
ହୁମାୟୁଁଙ୍କ କବର : ଦିଲ୍ଲୀ	୩୯୭
କ୍ଷମା	୩୯୯
ଗ୍ରହଣ	୪୦୦
ତାଜମହଲ	୪୦୨
କର୍ମଯୋଗ	୪୦୩
କମଳାକ୍ଷେପାର ଅବିନଶ୍ୱରତା	୪୦୫
ମଲ୍ଲୀମାଳ	୪୦୭
ଫରାସୀବିପ୍ଳବ	୪୦୯
ମିଛ	୪୧୧
ଅମଣିଷ	୪୧୩
ଅଯୋଗ୍ୟତା	୪୧୫
ଆଖ୍ୟାୟିକା	୪୧୭
ଦ୍ୱାପର	୪୧୯
ଚର୍ଯ୍ୟାପଦ	୪୨୧
ସୁଖ	୪୨୨
ଯାତ୍ରା : ରାତି	୪୨୪
ଅର୍ପଣ	୪୨୬

ଗର୍ଭଗୃହ :

ଦେହ	୪୩୧
ଅକ୍ଷୟ	୪୩୨
ହଂସ-ନାରାୟଣୀ	୪୩୩
ନୀଳାଞ୍ଜନ	୪୩୫
ଆତ୍ମଦାନ	୪୩୭
ଆକ୍ରୋଶ	୪୪୧
ମରୁଭୂମିର ଆତ୍ମା	୪୪୩
ଘାଟୀରେ ଈଶ୍ୱର	୪୪୫
ଭୋଜଭାଜି	୪୪୭
ଅବତାର	୪୪୯
କିମାଶ୍ଚର୍ଯ୍ୟମ୍	୪୫୧
ନିଦରେ ନୀହାରିକା	୪୫୫
ବିଦାୟ	୪୫୭
ପଡ଼ୋଶୀ	୪୫୯
ଏଇଥରକ	୪୬୪
ଶେଷଯାମ	୪୬୩
ନୂଆବର୍ଷ	୪୬୫
ବିନିମୟ	୪୬୭
ରୂପକଥା	୪୭୦
ଚକ	୪୭୨
ସୂର୍ଯ୍ୟ : ଶତ୍ରୁ	୪୭୪
ଛଦ୍ମବେଶ	୪୭୬
ଉପଦେଶ	୪୭୭
ପଶ୍ଚିମ	୪୭୯
ଅୟମାରମ୍ଭ	୪୮୧
କ୍ରିୟା	୪୮୩

ଜୀବନୀ	୪୮୫
ବ୍ରହ୍ମଜ୍ଞାନ	୪୮୭
ଖେଳଘର	୪୮୯
ନେତ	୪୯୧
ଉପାଖ୍ୟାନ	୪୯୩
ଶୃଙ୍ଗାର	୪୯୫
ରୂପାୟନ	୪୯୭
ଅନ୍ତରାଳ	୫୦୨
କଥା	୫୦୪
ଗର୍ଭଗୃହ	୫୦୮

ଖୁଣୀ ଅପ୍ସରା :

ନିରସ୍ତ୍ର	୫୧୧
ଐଶ୍ୱର୍ଯ୍ୟ	୫୧୩
ଆତ୍ମା	୫୧୫
ଭୂତ	୫୧୬
ଶେଷଲୋକ	୫୧୮
ଆତ୍ମଘାତ	୫୨୦
ବଂଶୀ	୫୨୨
ନିରୁପାୟ	୫୨୪
ଏକା	୫୨୫
ବଣନିଅାଁ	୫୨୭
ସାତଶଂଖର ରଘୁ	୫୨୮
ପୃଥିବୀର ଇତିହାସ	୫୩୦
ପାରିଧି	୫୩୨
ଦୁଖିପୁର ଶାସନ	୫୩୪
ପର ପଦ	୫୩୬
ସର୍‌ହୁଲ୍‌ର ଜହ୍ନ	୫୩୮
ପାସ୍ତର୍‌ନାକ୍	୫୪୦
ପଥର	୫୪୨
ମୋହମୁଦ୍ଗର	୫୪୪
ଶେଷପୃଷ୍ଠା	୫୪୬
ନୂଆବର୍ଷ	୫୪୭
ମହାକାନ୍ତାର	୫୪୮
ନଈ	୫୫୦
ଅପରାଧ	୫୫୨
ନିୟମ	୫୫୪
ଉପାଖ୍ୟାନ	୫୫୬
ସ୍ମୃତି	୫୫୮

ସତ	୫୭୦
ନାଳନ୍ଦାରେ ସୂର୍ଯ୍ୟାସ୍ତ	୫୭୨
ଘର	୫୭୩
ଅଧିକାର	୫୭୫
ଉପନ୍ୟାସ	୫୭୭
ମାତୃଭୂମି	୫୭୦
କମ୍ପିପଦା	୫୭୨
କଳାହାଣ୍ଡି	୫୭୪
ଧରାନିବାସ	୫୭୬
କଥା	୫୭୮
ସ୍ୱପ୍ନ	୫୮୨
ଭରାମାଠିଆ	୫୮୫
ହରିକଥା	୫୮୯
ସ୍ୱପ୍ନଜୀବୀ	୫୯୨
ଭୁଲ୍	୫୯୫
ପୂର୍ବପୁରୁଷ	୫୯୮
ଦାମ୍ପତ୍ୟ	୬୦୦
ନିଦ ନାହିଁ	୬୦୨
ନା	୬୦୪
ବାଟ	୬୦୬
କୋଣାର୍କ	୬୦୯
ଦୁଃଖ-ସୁଖ	୬୧୧
ସନ୍ତକ	୬୧୩
କୂଅ (୧)	୬୧୫
କୂଅ (୨)	୬୧୭
ଗତରାତି	୬୧୯
ଅଲିଖିତ	୬୨୧
ଯାତ୍ରା	୬୨୨
ଉପାଖ୍ୟାନ	୬୨୪
ଖୁଣୀ ଅସରା	୬୨୫

ଦେଶ

ପ୍ରଥମ ସଂସ୍କରଣ : ୧୯୯୯
ଦ୍ୱିତୀୟ ସଂସ୍କରଣ : ୨୦୧୨

୧

ହେ ମୋର ଦେଶ
ମୁଁ ବହୁଦୂରରୁ ଆସିଚି
ଉଡ଼ି ଉଡ଼ି ଥକିଯାଇଚି ମୋର ଡେଣା
ବାଟଭୁଲି ଆସିଚି
ଚନ୍ଦ୍ରାଲୋକରୁ, ଅଧାଶୁଣା
ପରୀକଥାରୁ ନିଦର ଅନ୍ଧାର ହୋଇ ଆସିଚି
ତୋର ସ୍ମରଣିକାର ଆରମ୍ଭକୁ ।

ଦେବି ତତେ ମୋର କ୍ଲାନ୍ତିର ମୁଠାଏ ପାଉଁଶ ?

ଦେବି ଆର୍ଦ୍ର ଇତିହାସରୁ
ବାହାରକରି ମୋର ସବୁତକ ସାରସ ?

ତୋର ଭୂଲତାରେ ଏତେ କଲୁଷ କୋଉଠୁ ଆସେ
ମୋର ଦେଶ
ମୋତେ ଭସାଇଦିଏ ଜଣେ କାହାର ଚେତାହଜିବାର

ହସ୍ତିନାରେ
ପୃଷ୍ଠାଟିଏ ହେବାପାଇଁ ମହାକାବ୍ୟର,
ତୋର କଲୁଷର ଏତେ ଲହୁ କୋଉଠୁ ଆସେ ମୋର ଦେଶ ?
ମୁଁ ଅପେକ୍ଷା କରେ
ଶେଷ ବସ୍‌ରେ
କାଳେ ଆସୁଥିବ କା' ମୋର
ଅଧିକାରର ଫଳମୂଳଭରା ବ୍ୟାଗ୍ ହାତରେ
ଛାଇକୁ କହୁଥିବ ମା'
ମୁଁ ଆଉ ଯିବିନି ବିଦେଶ
ରହିବି ଘରେ
ତୋ' ପାଖରେ ।

୨

ହେ ମୋର ଦେଶ ତୁ କ'ଣ ଜାଣୁ
ମୁଁ କୋଉ ଗାଁର ପିଲା ?
ତୁ କ'ଣ ଜାଣୁ
କୁହୁଡ଼ିରେ ପୋଡ଼ିଲାବେଳେ ଆମ୍ବବଉଳ
ଗୋଟେ କୁଣ୍ଡାପଥରର ଚାନ୍ଦିନୀ ଉପରେ
ଶୋଇଥିଲା ମୋର ପିଲାଦିନ
ଗୋଟେ ଗାର ହୋଇ ଖାତାର
ସ୍ଲେଟର ଖଡ଼ି ହୋଇ
ଚିରନ୍ତନର ଗର୍ଭରୁ
ବାହାରୁଥିଲା କୋଉ ଗୋଟାଏ ସକାଳ
ରଂଗବୋଳି ମୁହଁରେ,
ଖାଇବାପାଇଁ ନଥିଲା ଘରେ
କିରୋସିନ୍ ନଥିଲା ଲଣ୍ଠନରେ
ନଥିଲା ଲୁଣ
ନଥିଲା ସୋରିଷ

ନଥିଲା ଶାଗ, ନଥିଲା ମରିଚ
ନଥିଲା ନିମିଷ
ସମୟର ଖାଲି ଆଖିରେ।

ଛୋଟ ପିଲାଟିଏ ବାହାରିଥିଲା
ନଈଡେଇଁ ଯିବ ବିଦେଶ
ସେଠି ଆଉଟିକିଏ ସହଜ ହୋଇ
ବାହାରିଆସିବ ଚିଲିକା ବଣ ଭିତରୁ,
ଦୂରରେ
ଗୋଟେ ଦ୍ୱୀପ ଦିଶୁଥିବ
ପାଖର ଦୀପାଲୋକରେ ଦିଶିଲା ଭଳି
ସିନ୍ଦୁକ କେତେଯୁଗର।

ଗୋଟେ ପାହାଡ଼ ଉପରୁ ଢଳି ଢଳି
ଶେଷରେ ଲିଭିଯିବ ଆଲୁଅ,
ଗେରୁଆ ପରଟେ ଛାଡ଼ି
ପରକାଳକୁ ଯିବ ପକ୍ଷୀର ସଂଦେଶ
-ବିଷ ଅଛି, ବିଷ ଅଛି
ପାଣିରେ।

୩

ଚିହ୍ନିଚୁ ତାକୁ ଯାହାର ହାତ ଥିଲା
ଧନୁ ଅନ୍ଧାରର
ଯାହାର ଗୋଡ଼ ଥିଲା ଗୋଜିଆ ଦୁଇ ପାହାଡ଼ ମଝିରେ
ପଥ ସୁଦୂରର
ଆଖିର ତାରା ଠାରୁ ବି ଅଥଳ ନିଦ ତା'ର
ସୁନୀଳ ସ୍ୱପ୍ନ ଭିତରେ ତରଳ ନିଆଁ ହୋଇ ଥିଲା।
ସନ୍ତକ ଅୟସ୍କାନ୍ତର ?

ଜାଣିଚୁ ତାକୁ
ଯିଏ ଖେଳରେ ଖେଳରେ
ଗଢ଼ିଥିଲା ଗୋଟେ ଦୁନିଆ
ଯାହାର ଅନ୍ଧାର ଗଢ଼ା ହୋଇଥିଲା
ଝକମକିର ଝଲକରେ
ଯାହାର ଆଲୁଅ ଥିଲା ପରିଚୟଠୁ ବି ସଫା
ଅନ୍ଧାରର ଓଦାକାନ୍ଥରେ !
ସିଏ ବାଣ ତିଆରି କଲାବେଳେ
ବାରୁଦ ଜାଳି ଦେଇଥିବା ଚଇତନ ?

ସିଏ ଡେଣୁଆ ମାରି
କାଚ ଫଟାଇଥିବା ଶୁକ ?
ସିଏ ମହାନୁଭବ ୟୁଜେଷ୍ଟି ଚୌକିଦାର ?
ନା ସିଏ ନଟିଆ ଧନୁର୍ଦ୍ଧର
ଅପେରାର ?

ମୋତେ ଚାହାଁ,
ମୋର ଆଖିରେ ସେମାନେ
ଅଛନ୍ତି ଯଦି
ତୁ ଅଛୁ ମୋର ଦେଶ
ତୁ ଅଛୁ ବୋଲି ରହିବ
ବାଲିହରିଣର ବଂଶ ଚନ୍ଦ୍ରଭାଗାରେ ।

୪

ତତେ କ'ଣ ବା ଦେବି ମୋର ଦେଶ !
ଆଉ ଟିକିଏ ଗାଢ଼ ହେବାକୁ ଦେ
ଲହୁକୁ ମୋର
ଆଉ ଟିକିଏ ଢଳ ଢଳ ହେଉ ଲୁହ ଆଖିରେ,
ଫଂଜରାରେ ବାଜୁଟିକିଏ ଲୁହା
କାନ୍ଧର ମୂଳ ଭେଦୁ କାଳର ଫଳକରେ,
ଦେବି ତା'ପରେ
ଗାଢ଼ ଲହୁ
ଦେବି ଧାର ଧାର ଲୁହ
ଦେବି ଦୀର୍ଘଶ୍ୱାସ
ଦେବି ସ୍ନାୟୁ ଉର୍ତ୍ତନାଭର ।
ସେଥିରୁ ତୁ କ'ଣ ଗଢ଼ିପାରିବୁ ସବୁ ନିରବତାକୁ ଏକାଠି କରି
ଗୋଟେ ପ୍ରାର୍ଥନା ?

ସେତିକିରେ କ'ଣ ମେଣ୍ଟିବ ଭୋକ ?
ରାସ୍ତାର ସରଳତାରୁ କ'ଣ

ଦିଶିବ ସେତିକିରେ ଦିଗ ?
ଗୁଡ଼ାଏ ଫୁଲ ଫୁଟିଥିବେ ଯୋଉଠି
ସେଠି ପୋଡ଼ି ବି ଯାଇଥିବ ଅରାଏ ଘାସ
ସେଇଠୁ ଫେରୁଥିବ ଭାଇ
ଜମି ବିକି ଖାଲି ହାତରେ।

୫

ଏମିତି ହେବ ଭାବିନଥିଲି
ଭାବିନଥିଲି
ଘଟିଯିବ ଏମିତି ସବୁ
ଝଡ଼ରେ ଉଡ଼ିଯିବ
ବରଶିଅର ଲୁଗା ଗୁଡ଼ାଇ ଅଣ୍ଟାରେ
କେବଠୁ ବସିଥିବା ସିନ୍ଦୂରିମା
ଜିଅନ୍ତା ପଥରର,
ଠାକୁରାଣୀର ପ୍ରାଣ ପଡ଼ିବ ଯାଇ
ଡହ ଡହ ଖରାରେ
ବିକଳ ବିଲବନରେ
ଅଚଳ ହୋଇଯିବ ସଂସାର।

ଏ ଅଚଳ ସଂସାରରୁ ମୁଁ କ'ଣ ତତେ
ପୁଣିଥରେ ଫେରିପାଇବି ଦେଶ ମୋର ?
ମିଛମନ୍ତ୍ରର ଡହକୁଥିବା ଅଭିଶାପରୁ
ପାଇବି କ'ଣ କେବେହେଲେ
ଶବ୍ଦର ଅକ୍ଷତ ନାଭିକୁ

ହେ ମୋର ହତଭାଗ୍ୟ ଅତୀତ, ମୋର ତୃଣମୟ ତିମିର
ଆଉ ତତେ କ'ଣ ପାଇବି କାଳର ଧ୍ୱସ୍ତ ଶିଳାଲେଖରୁ ?
ବହୁ ଭ୍ରାନ୍ତିରେ ଗଢ଼ା ତୋର ଦେହକୁ
ତୁ ଟେକିଦେଇଚୁ ଝଡ଼ ମୁହଁକୁ
ଉଡ଼ିଯାଇଚି ସହସ୍ର ତାରାଖଚିତ ଉତ୍ତରୀୟ
ଫେରିଚାହିଁନୁ
ଫେରିଚାହିଁନୁ ଅସଂଖ୍ୟ ପଦ୍ମଦଳରୁ ଯେବେ
ବାହାରିଚି ମୋର ଅସ୍ଥିକଂକାଳ
ରକ୍ତ ପିଇଚୁ
ଶୀର୍ଣ୍ଣ ଚନ୍ଦ୍ରଲେଖାରୁ ଫିଟିପଡ଼ିଥିବା
ଶୃଙ୍ଖଳର ।
ମୁଁ ଜାଣେ ତୋର କଟୀସୂତ୍ରରୁ
ଝରିଥିଲା ମୋର ଶୋଣିତ ସେଦିନ
ଝରିଥିଲା ତୋର ଅଂଗୁରୀୟରୁ
ଆହତ ରାକାର ଅଭିଳାଷ
ଶେଷଥର ପାଇଁ ଗର୍ଭରେ ତୋର
ଉଚ୍ଛୁଳି ଉଠିଥିଲା ଅଭୟ ମୋର
କହିଥିଲା: ଯା'ସାଧବାଣୀ
ତୋର ମରଣ ନାହିଁ ଏ ଜନ୍ମରେ
ପଥରର ଶିଳାନ୍ୟାସରେ ତୋର
ଏବେ ବି ଅଛି
ଶ୍ୟାମଳ ସ୍ୱେଦ ଟୋପାଏ ଅକ୍ଷୟର ।
ସେ ଅକ୍ଷୟ କ'ଣ ମୁଁ ?
ସତରେ କ'ଣ ମୁଁ ବଂଚିଥିଲି ସେଦିନ
ଝଡ଼ର ଦୀପାଲୋକରେ
ସମର୍ପଣର ଶିଖାଟିକିଏ,
ବସିଥିଲି ତୋର ବିଧ୍ୱଂସର କବଳରୁ
ପାଇବା ପାଇଁ ବାଳ କେରାଏ
ବୈଶ୍ୱାନରର ?
ସତରେ କ'ଣ ମୁଁ ଥିଲି ସେଦିନ

ଏ ପୃଥିବୀରେ
ଯେତେବେଳେ କଳଙ୍କିତ ହାତ ବୁଲୁଥିଲା
ନିଷ୍ପନ୍ଦ ମାଟିପିଣ୍ଡର ବକ୍ଷୋଜରେ
ଶତଭାର ଫୁଲ ଶଢୁଥିଲା
ବିସ୍ଫୋରିତ ଦିଗନ୍ତର କୁହେଳିକାରେ ?

ହେ ମୋର ଦେଶ
ମୁଁ ତତେ ପାଇବି କୋଉଠି
ତୁ ଯଦି ମାଟିରେ ନାହୁଁ
ନାହୁଁ ଯଦି ଆକାଶରେ
ନାହୁଁ ନିବିଡ଼ ଆତ୍ମଦାନର ବିଳୟରେ ?
କଷ୍ଟଲାଗେ
ଭାରି କଷ୍ଟ ଲାଗେ
କେତେଥର ଭାବେ କହିବି ଯା'
ମୋର ଅଦୃଷ୍ଟକୁ ଯା'
ମୋର ଇସ୍ପାର ପାଷାଣ,
ସେଇଠି ରହ ରହସ୍ୟର ଘନ କୁହୁଡ଼ିରେ
ଜୀର୍ଣ୍ଣ କଟୀରେ ତୋର
ମୁଁ ପିନ୍ଧାଇ ଦିଏଁ ମୋର ମୃତଦେହର ଆଭରଣ ।
କୀଟ ହ'
ପତଙ୍ଗ ହ'
ଖା' ମୋର ଆତ୍ମାର ଖଣିଜକୁ
ସାରାଜୀବନ
ମୁଁ କେବେହେଲେ ବି କହିବି ନାହିଁ
ମୁଁ ହାରିଯାଇଚି ନିଜ ପାଖରୁ
ତତେ ପାଇବି ବୋଲି ଦେଶ ମୋର !

୬

କି ସୁନ୍ଦର ତୋର ଦେହ
            ସେଥିରେ ଏ ନୋଳା ଫାଟିଲା
କେମିତି ? କିଏ ତତେ ଏମିତି
ଦଣ୍ଡ ଦେଲା ମୋର ଦେଶ ?

            ଆ' ମୁଁ ତତେ
ଝାଡ଼ିଝୁଡ଼ି କୋଳେଇ ନିଏଁ
            ଧାନକ୍ଷେତର ସବୁ ଶୁଆଙ୍କ ପରରୁ ଆଣି
ଗୋଳାଇ ଦିଏଁ ଆଉ ଟିକିଏ ସବୁଜ ତୋର
ଫିକା ପଡ଼ିଆସୁଥିବା ଗଳାରେ,
            ଆ' ଫେରାଇ ଦିଏଁ
ତତେ ତୋର କଙ୍କାଳସାର ଉପକଥାରୁ
ଅଲଗାହୋଇ ପଡ଼ିଥିବା ସେଇ ସାରାଂଶକୁ,
            ସେଠି ଖୁବ୍ ଶୀତ ପଡ଼େ
ଦେଶ ମୋର,
            ସେଠି ଜଳିଯାଏ ଚମ ଖରାରେ, ସେଠି

ଘର ଧୋଇଯାଏ ବର୍ଷାରେ
ସେଠି ପତ୍ରର ଶିରାରେ ରହେ କୀଟ,
    କେତକୀରୁ ବାହାରେ
ଶଢ଼ାମାଟିର ଗନ୍ଧ,
    ଗୋଧୂଳିର ବିସ୍ମୃତି ପାଇଁ
    ସନ୍ଧ୍ୟା ଆଗରୁ
ମରି ପଡ଼ିଥାଏ ଜହ୍ନ ଅଗଣାରେ।

    କେହି ରହେନି ସେଠି
ସାରାଂଶର ଅସ୍ଥି ଛଡ଼ା କିଛି ନଥାଏ ସେ କାହାଣୀରେ।

୭

କହ କେତେ ମିଛ ରଖିଚୁ ତୋର ପେଟଭିତରେ
ଏତେ ବଡ଼ ମରୁଭୂମିରେ
କୋଉଠି ରଖିଚୁ ହ୍ରଦ ଦ୍ରୋହର ?

ସବୁ ଯଦି ସେମିତି କଂଚା
ଯଦି କେବେ ପାଚେନି ଫଳ ମନ୍ତ୍ରପାଣିରେ
ଗଜୁରିଥିବା ଗଛର,
ଯଦି ନଥାଏ କେହି
ଆରକୂଳରେ ଯିବା ଲୋକର ଲୁଗା ଛଡ଼ା ଯଦି
କିଛି ନଥାଏ ତୁଠରେ,
ତୋର ହ୍ରଦରୁ ଉଠୁଚି
ଏତେ ବାଂଫ କୋଉଠୁ ?
କୋଉଠୁ ଆସୁଚି ପରସ୍ପରକୁ
ହାଣି ଶୁଆଇଦେବାର ପ୍ରଶ୍ନ ଗାଥାରେ ?
ସେମିତି ରଖିଥା ସେ ମିଛକୁ
ଦେଶ ମୋର, ରଖିଥା ମାଟିର ଧାତୁ କରି

କ୍ଷୀର କରି କ୍ଷୟର, ଅନ୍ନର ରକ୍ତ କରି
ଦେ' ନା ତା' ହାତକୁ ଯିଏ
ଆସିଚି ଧରିନେବା ପାଇଁ ଧନଂଜୟକୁ ଜୁଆଖାନାରୁ;
ଯାହାର ହାତରେ ଅଛି
ଆଉ ଗୋଟାଏ ବଡ଼ ମିଛର ଫାଳେ,
ପୃଥିବୀର ସେ ନିଷ୍ଫଳତାକୁ
ମୋ'ର ବୋଲି କହନା
ଯାଉ ଦୂରେଇଯାଉ ଘର
କହନା କହନା
କେତେ କଷ୍ଟ କୋହ ଢୋକିବାରେ
କେତେ ଯାତନା
କାହାରି ନହେବାରେ !

୮

ତୋର ମନେଥିବ ମୁଁ କେତେ କଷ୍ଟରେ
ବାହାରିଥିଲି ସେଦିନ-
ବର୍ଷା ଚାଲିଥାଏ ସକାଳୁ ଅବିରାମ
କୁଢ଼ କୁଢ଼ ଉଜୁଡ଼ାଘର ଭାସୁଥାନ୍ତି ବଢ଼ିପାଣିରେ,
କୋଳରେ ଧରି ଠାକୁରଙ୍କୁ ଗୋଟେ ପାଗଳ ରାଜା
ବାହାରିଥାଏ ଭିକାରି ବେଶରେ।

ସେ ପ୍ରଳୟରୁ ସେଦିନ କାହାରି ବଂଚିବାର ନ ଥିଲା
ଦେଶ ମୋର
ତୁ ବି ସେତେବେଳକୁ ଉଠିନଥିଲୁ ନିଦରୁ
ତୋର ଉପାୟ ନଥିଲା
ବଂଚିବାର।
ସେ ରାଜା ପଛରେ ଯାଇ ଯାଇ
ମୁଁ ପହଂଚିଥାନ୍ତି ବୋଧେ
ତୋର ବନ୍ଦ୍ ଆଖିର ସୀମାରେ
ସେଠୁ ଯାଇଥାନ୍ତି ବୁହାହୋଇ ବାଉଁଶତାଟିରେ

ଫିଙ୍ଗାହୋଇଥାଆନ୍ତି କୋଉ
ଅପନ୍ତରାରେ ।
ମୁଁ କେତେକଷ୍ଟରେ ବାହାରିଥିଲି ସେଦିନ
ଜାଣିଚୁ ଦେଶ ?
ଜାଣିଚୁ ମୁଁ କେତେକଷ୍ଟରେ ବାହାରିଥିଲି ସେଦିନ
ହେବାପାଇଁ ଇତିହାସ ?
ମୋର ପାଦ ଥରୁଥାଏ
ପାଟିରୁ ଫୁଟୁନଥାଏ କଥା
ଜଣେ କିଏ ଘୋଡ଼େଇ ଦେଇଥାଏ
ଦେହରେ ମୋର ଖଣ୍ଡେ ଲୁଗା
ବୁଜୁଳାରେ ଥାଏ ମୁଠାଏ ଭୁଜା,
ରାଜାକୁ ଛାଡ଼ି ମୁଁ ବାହାରିଥାଏ ଏକା ଏକା
ସାତପୁରୁଷର ଖଣ୍ଡେ ଅସ୍ଥି ନେଇ ଗଙ୍ଗା,

କଳସରେ ଥାଏ
ମୁଠାଏ ପାଉଁଶ ଯୁଗଯୁଗର
ଭସାଇ ଦେବା ପାଇଁ
ପାଣି ନଥାଏ ଆଖିରେ ।

ଗଙ୍ଗା ସେମିତି ବୋହୁଥାଏ
କେଜାଣି କାହା ଦୁଃଖରେ
ଖଣ୍ଡେ ପୋଲ ଥୁଆହୋଇଥାଏ ଫଂଜରା ଭଳି
ପାଣି ଉପରେ ।

୯

ତୋର ଅନେକ ନଈ
ବାଛି ଦେ' ସେଥିରୁ ଗୋଟେ
ମୁଁ ଯିବି ଗାଧୋଇ ।
ଲଂଗଳା ହୋଇ ପାଣିରୁ ଉଠିଚି
ଯୋଉ ପିଲାଟି, ଜାଣିଚୁ ତାକୁ ?
ସିଏ ମୋର ଅଝଟ ଭାଇ
ଦେ' ତାକୁ ଦେ' ଭାରେ କଇଁଫୁଲ, ଗୋଟେ
ଅଥଳତଳ,
ଡରାନା ମୋତେ ମୁଁ ଯିବି ଗାଧୋଇ ।

ଜାଣିଚୁ ମୋର କପାଳରେ ଅଛି କି ସବୁ ଲେଖା ?
ସେସବୁ କ'ଣ ମୁଁ ପାରିବି ଧୋଇ ?

ମୁଁ ନ ହେଲେ ମୋର ଭାଇ
ଆଣିବୁ ତତେ ବହୁଦୂରରୁ ନହର କାଟି
ଛୋଟ ଆମର ମରୁଭୂମିକୁ

ତୃଷାରେ ଫୋଡ଼ି ଘଂଚମେଘରୁ ଟୋପାଏ ପାଣି
ତତେ ଦେବି କି ଦେଶ ?
ଦେବି କି ତତେ ଆଉ ଗୋଟାଏ ନଈ
ଯାହା ତୋର ମାନଚିତ୍ରରେ ନାହିଁ ?
ସେ ନଈ ଥିଲା ମୋର
ହାତ ପାପୁଲିର ଗାରରେ ମୋର ଭାଗ୍ୟ ହୋଇ
ତାକୁ ମୁଁ କେତେଥର ଲଂଘିଚି ମୋର ଭଂଗା ଡଂଗାରେ
କେତେଥର ମୁଁ ତାକୁ
ଶୁଆଇ ଦେଇଚି ତୋ' ମୋ'ଭିତରେ କରି
କେତେଥର ମୁଁ ଗାଧୋଇ ସାରି ବାହାରିଚି ତା'ର ପଙ୍କପାଣିରୁ
ତମ୍ବା ହୋଇ ରକ୍ତର,
ସେ ମୋର ଅତୀତ, ତାକୁ ନେ'
ଦେ' ମୋତେ ତୋର ନଈରୁ ଗୋଟେ
ମୋ' ଦେହ ସାରା କାଦୁଅ
ମୁଁ ଯିବି ଗାଧୋଇ ।

୧୦

ପ୍ରଥମେ କିଛି ନଥିଲା ସେଠି
            କେହି ନଥିଲେ
ତୁ ଥିଲୁ ଏକା, ତୋର ମାଟିରେ
ଅସଂଖ୍ୟ ଅଶ୍ୱାରୋହୀ ଥିଲେ
            ଅଦୃଶ୍ୟ ପବନରେ,
                    ସଂକେତ
ଫୁଟିଆସୁଥିଲା ଉଷାର କପାଳରେ ।

ଶୂନ୍ୟକୁ ଆଉ ଲେଖିବି କେଉଁ ଭାଷାରେ
            ଦେଶ ମୋର ?
ନିରନ୍ତର ମଥା ପିଟିବାରେ ଆଉ କି କାନ୍ଦ ଥାଇପାରେ,
            ଜୀର୍ଣ୍ଣ ମେଖଳାରେ
କି ସ୍ୱପ୍ନ ଥାଇପାରେ ଦିଗମ୍ବରାର ?
ଭାବିଲି ସେଦିନ ଆଉ ଫେରିବିନି ତୋ କୋଳକୁ,
            ସମୁଦ୍ରକୁ ଶିପରେ ପାଇବାର ଗପ କହନା
ଶିପ ସହିତ ମୁଁ ଗିଳିସାରିଚି ସମୁଦ୍ରକୁ,

ଦେଶ ମୋର
ମୁଁ ବଢ଼ିସାରିଚି ମୋ' ଆଗପାଦଠୁ ଆଗକୁ
ମାଟିର ଫସଲ ହେବି ବୋଲି ପିଇସାରିଚି
ସବୁତକ କାକର ଶଂଖରୁ
ଅନନ୍ତ ବେହରଣର ନିଶାରୁ ଆସି
ଫୁଲ ଫୁଟାଇ ସାରିଚି ବଲ୍ମୀକରୁ।

ମୋତେ ଭୁଲାନା ଆଉ, କହନା ଆଉ
ମିଳିବ ନିଆଁ ଅସ୍ତରାଗରେ।
ମୁଁ ତ ନିଜ ଖୁସିରେ ଫେରିଚି
ଫେରିବି ନାହିଁ ତ ଯିବି କୁଆଡ଼େ?
ଘୋଡ଼ା ଛୁଟାଇ
ତୀର ପଛରେ କିଏ କେତେ ନ ଗଲେ,
ତତେ ପାଇଲେକି ଶାଲ୍ମଳୀର କ୍ଷତରେ?

୧୧

ସ୍ୱପ୍ନରେ କାଲି ଦେଖିଲି ତତେ
ତୁ ଦିଶୁଚୁ ତୋର ମାଟିଗୋଡ଼ିର ମୀନାକାମଠୁ ବି ସୁନ୍ଦର
ଆଲୁଅର ଜରିକନାରେ
ପଡ଼ିଚି ଛାଇ ସୁହାସିନୀର
ଆଖିରୁ ଝରିଯାଉଚି ଲୁହ,
ତୁ ଧରିଚୁ କୋଳରେ
ମଲାଦେହ ପବନର।

ଆଉ ଉପାୟ ନାହିଁ
କହି କହି ଝାସ ଦେଇ ଚାଲିଚି ବାରମ୍ବାର
ସେଇ ଗୋଟିଏ ଲୋକ, ଗମ୍ବୁଜରୁ
ଡାକ ଶୁଭୁଚି ତ୍ରାହି ମାଂ
ତୁ ମୂକବଧିର ସ୍ତନକ୍ଷୟର ପାଟିରେ ଦେଉଚୁ କ୍ଷୀରଧାର।

ଏ କି ସ୍ୱପ୍ନ
କହ ଦେଶ ମୋର, ଏଥିରେ

କୋଉଠି ଅଛି ମୋର
ସାତଏକର ନଡ଼ିଆବାରି
ମାଛପୋଖରୀ
କୋଉଠି ଅଛି କନକଗୋରୀ ?
ଏତେ ଗୁଡ଼ାଏ ନିରବତାକୁ
କିଏ କେବେ ସାଧିପାରିବ ଶବ୍ଦରେ ?
କିଏ କେବେ କହିପାରିବ ସବୁବେଳେ ଥାଏ ଟୋପାଏ
କ୍ଷୀର ଥନରେ ?
ଏ ସ୍ୱପ୍ନ ମୋତେ କହିଚି କାଲି
ସକାଳ ହେବ ପୁଣିଥରେ
ସଫାହେବ ରାସ୍ତାଘାଟ
ପୋଖରୀରୁ ଉଠିବ ଦଳ,
ରଣକୁହୁଡ଼ିକୁ ସମଗରାର ପାଟ ଭାବି
ଭୁଲ୍‌ରେ ଓହ୍ଲାଇବେ ଦଳେ ପକ୍ଷୀ ଖୁସିରେ,
ପଥରରୁ ଶୋଷି ଶୋଷି ରସ
ବଡ଼ ହେବେ ଗଡ଼ର ଭଂଗାହାଡ଼ରୁ ବାହାରିଥିବା
ପୁଞ୍ଜେ ଘାସ,
ତାକୁଇ ନେଇ ହସିବ ଦେଶ
ତାକୁ ନେଇ ଲେଖିବେ ଇତିହାସ ସାତଭାଇ
ଅନନ୍ତ ବନବାସର।

୧୨

ଦେଖାନା ମୋତେ ତୋର କ୍ଷତ ଦେଶ ମୋର
        ମୁଁ ବୁଡ଼ିଯିବି
        ତା'ର ଲହୁରେ ।
ଏମିତି ପୁଣି କ୍ଷତ ହୁଏ ପଥର ଚଟାଣରେ
ଏମିତି ଢଳେ ପାହାଡ଼, ବଜ୍ର ବାଜେ,
ମୂଳରୁ ଉପୁଡ଼େ ନୀଳକନ୍ଦରର ତରୁ
ବିଜୁଳି ଖୋଜେ ନିଜର ଚେର, ବରାଭୟର
ଚିତ୍‌କାରରୁ ବାହାରେ ଜରତ୍‌କାରୁ !
        ଅତି ଭୀଷଣ ସେ କାହାଣୀ
ତା'ର କୋଉ କୋଣରେ ନଥାଏ ପରାଗ,
ତା'ର ପରାଗରେ ବି ନଥାଏ ସୋହାଗ ସୁପର୍ଣ୍ଣାର,
ଗୋଟେ ମିଛ ସମାପ୍ତି ଆଡ଼କୁ ମୁହାଁଇ ଥାଏ
ଅସ୍ତ୍ର ହାତରେ ଘାତକ,
        ଆ' ମୁଁ ଘୋଡ଼ାଇ ଦିଏଁ,
ତୋର କ୍ଷତ ମୁହଁରେ ଥୋଇ ଦିଏଁ କରପଲ୍ଲବ କାଲିର,

ମୁକୁଳିତ ଘ୍ରାଣ ମୋର
ବ୍ୟାପ୍ତ ଚରାଚର
ଓଟାରିନେଉ ତା'ର ପ୍ରାଣ ନିମିଷକରେ,
ସେ କ୍ଷତ ହେଉ
ମୃତ ଅଭିମାନ ଏ ଶତାବ୍ଦୀର ।

ତାକୁଇ ଆବୋରି ରଖୁ
କାଲି ସକାଳର ଆଶା ମୋର
ମୋର ଅହଂକାର,
ଦେଖାନା, ଦେଖାନା ମୋତେ
ତୋର ସେ କ୍ଷତ ଦେଶ ମୋର ।

ମୁଁ କ'ଣ ଜାଣେନି କେତେ ଭୟଙ୍କର
ଥିଲା ସେଦିନର ବିପର୍ଯ୍ୟୟ ?
ତୋପରୁ ନିଆଁର ବିସ୍ଫୋରଣ
ଉଠିବା ଆଗରୁ
କଅଁଳ କଦଳୀପତ୍ର ଉପରେ ମୁଠାଏ
ମଲ୍ଲିଫୁଲ ଥୋଇବାରେ ପଣ ଲେଖାଥିଲା, ହେଲେ
ସବୁକିଛି ଘଟିଗଲା ଅଚାନକ
-ତୋର ଦୋଷ କ'ଣ ?
ଦୋଷ ବା ଆଉ କାହାର ?

୧୨

ଦେଖାନା ମୋତେ ତୋର କ୍ଷତ ଦେଶ ମୋର
ମୁଁ ବୁଡ଼ିଯିବି
ତା'ର ଲୁହରେ ।
ଏମିତି ପୁଣି କ୍ଷତ ହୁଏ ପଥର ଚଟାଣରେ
ଏମିତି ଢଳେ ପାହାଡ଼, ବଜ୍ର ବାଜେ,
ମୂଳରୁ ଉପୁଡ଼େ ନୀଳକନ୍ଦରର ତରୁ
ବିଜୁଳି ଖୋଜେ ନିଜର ଚେର, ବରାଭୟର
ଚିତ୍‌କାରରୁ ବାହାରେ ଜରତ୍‌କାରୁ !
ଅତି ଭୀଷଣ ସେ କାହାଣୀ
ତା'ର କୋଉ କୋଣରେ ନଥାଏ ପରାଗ,
ତା'ର ପରାଗରେ ବି ନଥାଏ ସୋହାଗ ସୁପର୍ଣ୍ଣାର,
ଗୋଟେ ମିଛ ସମାପ୍ତି ଆଡ଼କୁ ମୁହାଁଇ ଥାଏ
ଅସ୍ତ୍ର ହାତରେ ଘାତକ,
ଆ' ମୁଁ ଘୋଡ଼ାଇ ଦିଏଁ,
ତୋର କ୍ଷତ ମୁହଁରେ ଥୋଇ ଦିଏଁ କରପଲ୍ଲବ କାଲିର,
ମୁକୁଳିତ ଘ୍ରାଣ ମୋର

ବ୍ୟାପ୍ତ ଚରାଚର
ଓଟାରିନେଉ ତା'ର ପ୍ରାଣ ନିମିଷକରେ,
ସେ କ୍ଷତ ହେଉ
ମୃତ ଅଭିମାନ ଏ ଶତାବ୍ଦୀର ।

ତାକୁଇ ଆବୋରି ରଖୁ
କାଲି ସକାଳର ଆଶା ମୋର
ମୋର ଅହଂକାର,
ଦେଖାନା, ଦେଖାନା ମୋତେ
ତୋର ସେ କ୍ଷତ ଦେଶ ମୋର ।

ମୁଁ କ'ଣ ଜାଣେନି କେତେ ଭୟଙ୍କର
ଥିଲା ସେଦିନର ବିପର୍ଯ୍ୟୟ ?
ତୋପରୁ ନିଆଁର ବିସ୍ଫୋରଣ
ଉଠିବା ଆଗରୁ
କଅଁଳ କଦଳୀପତ୍ର ଉପରେ ମୁଠାଏ
ମଲ୍ଲିଫୁଲ ଥୋଇବାରେ ପଣ ଲେଖାଥିଲା, ହେଲେ
ସବୁକିଛି ଘଟିଗଲା ଅଚାନକ
-ତୋର ଦୋଷ କ'ଣ ?
ଦୋଷ ବା ଆଉ କାହାର ?

୧୩

ଏଯାଏଁ ମୁଁ ବୁଝିନି କିଛି
ବୁଝିନି ତୋର ଆଖିରେ ଥିଲା
କିଭଳି ଭାଷା,
ତୁ କାହାର ହେଲୁ କେବେ,
କୋଉଠୁ ଆସିଲା,
ଏଡ଼େ ବିରାଟ ତୃଣଭୂମିର ଆଶା ତୋର ମରୁବାଲିରେ।

ହାରକରି ଲମ୍ବାଇଦେଇଚି ଗଳାରେ ତତେ
ଧୂଳିକରି ବୋଳିଦେଇଚି ପାଦରେ,
କେବେ ପଚାରିନି କାହିଁକି ତୋର
ନୀଡ଼କୁ ଆଉ ଫେରିଲେ ନାହିଁ ପକ୍ଷୀ।
କାହିଁକି ତୋର ପୁଅ ଉଠିଲାନାହିଁ ନିଦରୁ।

ମୁଁ ସବୁବେଳେ ଭାବିଚି ମୁଁ ଥିବି ସେଯାଏଁ
ଯେଯାଏଁ ଅଛି ତୃଷା ମରୁବାଲିରେ !

ହେ ମୋର ଦେଶ, ହେ ମୋର ନିଦାଘ
ମୁଁ ଫେରିଚି ଘରକୁ ବହୁଦିନ ପରେ।

୧୪

ପଚାରିବୁନି କୋଉଠି ଥିଲି ଏଯାଏଁ?
-ଥିଲି ଏମିତି ଗୋଟେ ବସନ୍ତରେ
ଯାହାର ନାଁ ଧରିଲେ ନିଆଁ ଲାଗିଯାଏ ନିର୍ମୋକରେ
କି ଭୟଙ୍କର ସେ ବସନ୍ତ
ମୋ'ଠାରୁ ବେଶି କିଏ ଜାଣେ?

ଫଳଫୁଲରେ ଲଦି ହୋଇଥିଲା ଗଛ ହାଡ଼ର,
ପବନରେ ସୁଗନ୍ଧ ଥିଲା
ପୋଡ଼ା ସଳିତାର, ଧୀରେ ଧୀରେ
ପାଣି ଉଠୁଥିଲା ଶାଖାର ସବୁଜିମାରେ, ମୂଳ
ଆହୁରି ମାଗୁଥିଲା ପାଇବା ପାଇଁ ଦେ',
ପ୍ରାନ୍ତର ସାରା ବୁଲୁଥିଲା
ଗୋଟେ ପ୍ରତିଧ୍ୱନି ଲେଉଟିଆସି ବିଳୟରୁ,
ପରାଗରେଣୁରେ ଥିଲା ଆଶଂକା କେତେ ଶତାବ୍ଦୀର।

ମୁଁ ଥିଲି ସେ ବସନ୍ତରେ,
ହାତରେ ପତାକା ଧରି ପଚାରୁଥିଲି

କାହାପାଇଁ ଏ ଆଟୋପ ଶ୍ମଶାନର
କେଉଁ ବିନିଦ୍ର ପରାଜୟରେ ଲେଖିବୁ ମୋର ଭାଗ୍ୟଲିପି ?
କାହାକୁ କହିବି ଜାଣିନଥିଲି
ଜାଣିନଥିଲି କୁଆଡ଼େ ଯିବି ।

ସେ ବସନ୍ତରେ ବି ଥିଲା ମୋର ଅସ୍ୱୀକାରର
ଝଂଜାପବନ, ଥିଲା ମୂଳରୁ ଭୁଲିଯାଇ ପୁଣି
ଗୁଣିହେବାର ମରଣ,
ଜାଗ୍ରତ ମୋର ପରାଜୟରୁ
ବାହାରି ଆସି ଗୋଟେ କାରଣ, ଧରା ଖୋଜୁଥିଲା ସାରାଦିନ ।

ସାରାଦିନ ଲାଗିରହିଥିଲା ଭୟ
ମହାମାରୀର,
ହେଲେ ମୋ' ଛଡ଼ା ଆଉ କାହାରି ନଥିଲା
ମରିବାର ସେଦିନ ।

୧୫

ମରିବାର ନଥିଲା ମୋର ମୁଁ ଜାଣେ
    ଥିଲା ଦେଶକୁ ଫେରିବାର,
ଫେରିବାର ବାଟ ଥିଲା ହିଂସ୍ର ଶ୍ୱାପଦର, ଘୋର ଅରଣ୍ୟରେ
    ବାଟ ଥିଲା ଜ୍ୱଳନ୍ତ କ୍ଷୁଧାର ।

ସେଇଠି ଥିଲା ସେ ଜୀର୍ଣ୍ଣ ସରୋବର
    ପିତୃପୁରୁଷଙ୍କ
ଅସ୍ଥି ଓ ମଜ୍ଜାରେ ଗଢ଼ା ଜଳସମାଧିର ଅନ୍ତଃପୁର
ସେଥିରେ ବିଂବିତ ମୋର ତ୍ରୟୋଦଶ ଅହଂକାର
ଦ୍ୱାଦଶ ବିକାର ।

    ନିଜେ ମୁଁ ଶ୍ୱାପଦ ବୋଲି ଜାଣିନି କି ?
ଜାଣିନି କି ଦେଶ ମୋର, ମୋର ଶୋଣିତରେ
ରହିଚି ଶୋଣିତ ମୃତ ଛାଗଳର, ଗୟଳର ଶିଂଘଭଳି
ଦିଶେ ଯେଉଁ ଶୃଂଗ, ଯେଉଁ ତିମିର କନ୍ଦର ଦିଶେ
ମୃତ କୃଷ୍ଣସାର ଆଖିଭଳି ଶୂନ୍ୟ ଓ କରୁଣ, ସେଥିରେ ବି ଅଛି

କେଉଁ ସିଂହୀର କେଶର
ନଖଦାନ୍ତ ନଷ୍ଟ ସମୟର !

ମୁଁ କ'ଣ ଜାଣେନି ମୋର ନାଁ ନାହିଁ,
କେବଳ ଅକ୍ଷର
ଅକ୍ଷରକୁ ଧରେ ତା'ର ରଜ୍ଜୁରେ, ପ୍ରବଳ
ଚକ୍ରବାତ ଠେଲିହୋଇ ଆସେ ଧାତିକାରୁ
ଉଡ଼ିଯାଏ ସମସ୍ତ ସମ୍ବଳ।
ରୁଗ୍‌ଣ ଓ ଏକାକୀ ତାରା
ଛାୟାପଥ ଡେଇଁଯାଏ
ଯାଏ ମେଘାସନ,
ଜଳୁଥାଏ ଦୀପଶିଖା ଅନିର୍ବାଣ
ଗର୍ଭର କୁଟୀର ଖୋଲାଥାଏ ଫେରିବ ଶ୍ରାବଣ
ବିବର୍ଣ୍ଣ ନିଦାଘ ପରେ

ଦେଶ ମୋର ଶୁଣ:
ମୁଁ ତୋର ସନ୍ତାନ ନୁହେଁ, ମୁଁ ତୋର ସେ କଳ୍ପନାର ଭ୍ରୂଣ
ଯାହାପାଇଁ ଲେଖାହୁଏ ଯୁଗେଯୁଗେ ଇତିହାସ, କାବ୍ୟ ଓ ପୁରାଣ।

୧୬

ଦେଶ ମୋର ତୁ କେବେ ଦେଖିଚୁ ତୋର ମୁହଁ
ମୋ' ମୁହଁର ଦର୍ପଣରେ ?
-ଦେଖିବୁ ଥରେ ?
ଦେଖିବୁ କେତେ ଗାର ସେଥିରେ,
ମୋଡ଼ି ମୋଡ଼ି ହୋଇ ଉଠୁଚି ଯେଉଁ ଧୂଆଁ ସୋରାଏ
ସୋହାଗର,
ସେଥିରେ ଅଛି କ'ଣ ସହସ୍ର ଶତାବ୍ଦୀର
ଝର ଝର ମାଟି ଛଡ଼ା ?
କିଏ କେତେ ଆସିଲେ, ଗଲେ,
କିଏ ଦେଉଳ ତୋଳିଲା
କିଏ ଖୋଳିଲା କବର
କାହାର ହାତ ଥରିଲା ଖଣ୍ଡା ଧରିଲା ବେଳେ,
କିଏ ମୁକୁଟ କାଢ଼ି ଫିଙ୍ଗିଦେଲା, କିଏବା
ଧନୁଟିଏ ଗଢ଼ିଲା ବୁଢ଼ାବାପର ହାଡ଼ରୁ
କିଏ ଶିଶୁର ଦରୋଟି ଆଣି ତିଆରି କଲା
ସାତତାରାର କଥା, କେତେକାହାର

ଈଶ୍ୱର ନଗଲେ ପତ୍ରର ଗିରିପଥ ଦେଇ
ଅଭିଯାନରେ !

ବ୍ୟଥା ଯୋଉଠି ଥିଲା
ସେଇଠି ରହିଲା ଦେଶ ମୋର
ଲୁହ ଶୁଖିଲା ନାହିଁ ଆଖିରୁ
ଲହୁ ବୋହି ଚାଲିଲା ଯେଯାଏଁ
ରହିଚି ଦେହ ରଥରେ ।

କି ଅଭିଶାପ ଏ ଦେଶ ମୋର !
ତୁ କ'ଣ ଦେଖୁନୁ ଆକ୍ରୋଶର କି ନିଆଁ ଉଠୁଚି
ଗଦାଏ ପାଉଁଶରୁ ?
-ମୁହଁ ମୋର ପୋଡ଼ିସାରିଚି ଧାସରେ
ହୁଏତ କଳାଟିକିଏ ବି ଲାଗିନି ତୋର ମାନଚିତ୍ରରେ ।

୧୭

ମୁଁ ବି ସେମାନଙ୍କୁ ଜାଣେ
ଜାଣେ ସେମାନଙ୍କର
ଖେଳ ଖେଳିବାର କଳା,
ସେମାନେ ମୋତେ ଛାଡ଼ିବେ ନାହିଁ ବାଟ,
ଘଟଉପରେ ନଡ଼ିଆଟିଏ
ଖିଏ ସୂତା
ଏତିକି ଧରି ମୁଁ ଯିବି କେମିତି ସେ ବାଟରେ
ଲଢ଼ିବିବା କେମିତି ସେମାନଙ୍କ ସାଂଗରେ ?
ସେମାନଙ୍କର ଗୁଳିଗୋଳା, ଖଣ୍ଡାପରଶୁ
ଘରକୋଣରେ ମୁମୂର୍ଷୁ ଧାପେ ନିଆଁ ମୋର
ଚୁଲିର ଥଣ୍ଡା ପାଉଁଶ,
କଡ଼ କଡ଼ ଡାକୁଥିବା ବାଉଁଶବଣରେ
ଫରଫର ଉଡୁଥିବା ଗୋଟେ ଚିରାକନାର କେତନ ଭଳି
ଏତେ ଟିକିଏ ସାହସ ।

ଝଡ଼ ଆସୁ, ବତାସ ଆସୁ
ମୁଁ ଅଛି ଏଇଠି, ହେଲେ ଠିଆହୋଇ ପାରୁଚି
କୋଉଠି ? ଦେଶ ମୋର

ମୁଁ ହାଣ ଖାଇଲେ କ'ଣ ଶେଷ ମୁଠାକରେ
ତୋର ମାଣ ପୂରିବ ?
ମାର୍ଗଶିରର ଝୋଟିଚିତାରେ
ଭରିଯିବ ଦୁଃଖର ଅମାର
ଧାନଭଳି ଗଟାହୋଇ ପାରିଲେ ସାରାରାତି ?

ମୁଁ ଠିଆହୋଇ ପାରୁନି ଦେଶ ମୋର
ମୁଁ ନଇଁ ନଇଁ ଘୁଷୁରି ଘୁଷୁରି ଯାଉଚି
ବାଟରେ ଧମନୀରେ ଧାରେ ଲହୁ ଭଳି
ଠିକ୍ ସେଇ ବରମୂଳଯାଏଁ
ଯୋଉଠୁ ଆରମ୍ଭ
ସେମାନଙ୍କ ପଥରୋଧ, ଯୋଉଠୁ ଆରମ୍ଭ
ତୋର ନାଁ ବଦଳିବା, ଯୋଉଠୁ କ୍ଷେତର
ହସ ହସିବା ଶେଷ ।

୧୮

ତଥାପି ମୁଁ ହାରିନି
ତୋର ପେଟରୁ ଆଣି ମୁଣ୍ଡାଏ ଲୁହା
ମୁଁ ଘଷି ଚାଲିଚି କେବେଠୁ
    ମୋର ସହିଷ୍ଣୁତାର ପଥର ଉପରେ ।

    ଏ ଲୁହା ମୁଣ୍ଡାକ
କେବେ ହବ ଶେଷରେ ହତିଆର
    ରଡ଼ନିଆଁରୁ କେବେ ବାହାରିବ
    ମୋର କ୍ରୋଧର ଧାର
    ମୁଁ ଜାଣେ ନାହିଁ ।
ବେଳେବେଳେ ତ ଲାଗେ ଏମିତି ବସିଥିବି
ଆଉ ବସିବସି ଘଷୁଥିବି ଲୁହା,
    ହାତକୁ କେବେ ଆସିବ ନାହିଁ ହତିଆର

    ହାତୀପିଠିର
    ହାଉଦା କେଡ଼େ ସୁନ୍ଦର

ଦେଖ ରଜା ଆସୁଚନ୍ତି
ହୁସିଆର।
ହଁ ହାତକୁ କେବେ ଆସିବ ନାହିଁ ହତିଆର
ଲୋକଭିଡ଼ରେ ଚେତା ହଜିଯିବ ମୋର।

ହାତୀପାଦରେ ଯିବି ?
ଯିବି ରଜାଙ୍କ ଶୂଳରେ ?
ହେ ମୋର ଦେଶ ତୋର କ'ଣ ଆଉ ଅସ୍ତ୍ର ନାହିଁ ଗର୍ଭରେ ?
ମୁଣ୍ଡାଏ ଧାତୁ ଦେଇ କ'ଣ
ତୁ ମତେ କରିପାରିବୁ ଆଗାମୀର
ଅଧିକାର ପାଇଁ ତୟାର ?

ଦେ' ଏମିତି ହତିଆର
ଯିଏ କାଟିପାରିବନି ବେକ
ହେଲେ ଯାହାର ଧାରରେ ଥିବ ମୂକ ମଣିଷର ବିବେକ
ଲେଲିହାନ ହୋଇ କୋଟିଏ ଶାଣିତ ତିରସ୍କାରରେ।

୧୯

କେବେଠୁ ବସିଚି ମୂକ ହୋଇ।
ସେମାନେ ମୋର ଜିଭ କାଟିନେଲେ
ଧାନ କାଟିଲା ବେଳେ,
ତୋର କ'ଣ ମନେ ନାହିଁ ଦେଶ
ମୁଁ ମେଘତିଆରି କରିଥିଲି ସେଦିନ
ଗେଣ୍ଡାଳିଆ ପରରେ ?

ବର୍ଷିଲା ମେଘ
ଧୋଇଦେଲା ମାଟିରୁ
ରକ୍ତର ଦାଗ
ମୁଁ ରହିଗଲି ସେଇଠି ଯୋଉ ମୂକକୁ ସେଇ ମୂକ।

ତୁ ନୂଆଧାନର କ୍ଷୀର ଦେଲୁ ମୋ' ପାଟିରେ
ଦେଲୁ ନୂଆ ନୂଆ ମିଠା ଧରିଥିବା କଂଚା ଆଖୁର ରସ
ପୋଛିଦେଲୁ ମୋ' ଆଖିରୁ ଲୁହ
ପଥରର ମୁହଁରେ ଲେପିଦେଲୁ ସିନ୍ଦୂର।

ମୁଁ ପଡ଼ିଗଲି ସେଇଠି
ସେ ଶିରାଳ ବରଗଛମୂଳରେ।
ସେମାନେ ମୋତେ ଘରକୁ ନେଇ
ଧୋଇଧାଇ ସଫାକଲେ
ପିନ୍ଧାଇଦେଲେ ହଳଦୀଲଗା ଲୁଗା
ବିଂଚିଦେଲେ ଅକ୍ଷତ ମୁଣ୍ଡରେ
କହିଲେ:
ଯା'ଚିରଞ୍ଜୀବୀ ହ'ପଥର
ପାହାଡ଼ ହ'
ଦୁର୍ଗ ହ'
ପ୍ରାଂଗଣ ହ'
ସହ ଆହୁରି ସହ
କହନି କଥା।
ଦେଶ ମୋର, ହେ ମୋର ନିରବତାର ଦେବତା!

୨୦

ତୋର ଅତୀତକୁ ନେଇ ଯିଏ ଲେଖିଲା କାହାଣୀ
ସିଏ କହିଲା–
ଏଡ଼େ ବଡ଼ ମିଛରେ ମୁଁ କୋଉଠି ରଖିବି
ଧରା ଓ ସାଗରକୁ ଏକାଠି ?
ତୋର ଇତିହାସକୁ ସତରେ
କିଏ ଲେଖିପାରିବ ମିଛ ନ ଲେଖି ?

ଏକାଠି ହୋଇପାରିବେ ଧରା ଓ ସାଗର
ହେଲେ ଧରା ଭିତରେ ରଖିଲାବେଳେ ସାଗର
ରହିଯିବ ପୋକ୍ଷେ ପାଣି ଭିତରେ ଏମିତି ଗୋଟେ ଉଜାଣି
ଯାହାକୁ କଳିପାରିବନି
କୁମ୍ଭ କାଳର
ଯାହାର ବିବରଣୀରୁ
ବାହାରି ଅସଂଖ୍ୟ ପାଦଟୀକା
ଶଂଖ ହେବେ ଶାମୁକା ହେବେ

ଚନ୍ଦ୍ରଭାଗାର କୁମାରୀ ରକ୍ତରେ କଳା ପଡ଼ି ଆସୁଥିବା
କୋଣାର୍କର ବେଳାଭୂମିରେ ।

ଏଇ କ'ଣ ତୋର ଇତିହାସ ?
ଶାଳଭଂଜିକାର ବାହୁ ଖସିବା,
ଅଥର୍ବ ଶିକାରୀ ବସିବା ଝାଉଁବଣରେ
ହରିଣୀକୁ କୋଳରେ ଧରି,
ପାପକୁ ଢୋକିନପାରି ଭ୍ରମରୀ
ବାହାର କରିଦେବା ପେଟରୁ ସୁରା ସହିତ ସୌରଜଗତ
ଗୋଟିଏ ଗୁଂଜନରେ ?

ଏଇ କ'ଣ ତୋର ଇତିହାସ
ହେ ଅଦ୍ଭୁତ ଦେଶ ମୋର
ସ୍ଥାପତ୍ୟର ଛାତିଫାଟି ବାହାରିବା ଘାସ ଚିତ୍କାରର !

୨୧

କହିଥିଲି ନା ତତେ
ମୁଁ ବହୁଦୂରରୁ ଆସିଚି
ଆସିଚି ତୋର ଭ୍ରାନ୍ତ ନୀହାରିକାର ପଥଚଲାରୁ
ଅସ୍ଥିର ଆନନ୍ଦ ମୁଁ ତୋର ଶ୍ରାନ୍ତ ଭ୍ରୂଯୁଗଳର
ସିନ୍ଦୂରିମା ?
ଅଜସ୍ର ରକ୍ତ ବୋହିଚି ଦେହରୁ ମୋର
ଅସଂଖ୍ୟ ରକ୍ତପାୟୀ ଶ୍ୱେନର ଚଞ୍ଚୁରେ
ବିଦୀର୍ଣ୍ଣ ହୋଇଚି ନୀଳାଂଚଳ
ମୁଁ ବଂଚିଚି ମୁଠାଏ ମାଟିରେ ତୋର
ପୋତିବି ବୋଲି ଆଦିମ ଶଂଖ ମୋର
ସୁଦୂରର ସ୍ୱନ ଶୁଭିବ ଯେତେବେଳେ
ନଶ୍ୱରର ଆଭରଣରୁ
ବାହାରିବ ତୋର ହରିତିମା ରାତିର ରକ୍ତପିଇ ବିଭୋର ।

ଦେଶ ମୋର ମୁଁ ବହୁଦିନରୁ ଭାବିଚି
ତୋର ଅନନ୍ତର ଆଖିରେ

ଭରିଦେବି ସ୍ୱପ୍ନ
ସ୍ୱପ୍ନରୁ ନେବିନି କିଛି, ଟୋପାଏ ବି ନୁହେଁ
ବରଂ ଗଢ଼ିଦେବି ଆହୁରି ନିବୁଜ କରି ତା'ର ଅନ୍ତଃପୁର
ଦେଇ ଦେଇ ନିଃସ୍ୱ କରିଦେବି ତତେ
ନିଃସ୍ୱତାର ଏଭଳି କାମନା
ମୋର ପ୍ରତ୍ୟୟର ଶେଷ ଅଧିକାର ।

ଦେଶ ମୋର
ଚାଖିବୁ ମୋ' ରକ୍ତ ଥରେ ?
କହିବୁ ଜୀବନ ସାରା ଅପଚୟ ଭାବି
ଧାରଧାର ବୋହିଗଲା ଯାହା
ଥିଲା କି ସେଥିରେ କେବେ
ସ୍ୱାଦ ଅମୃତର ?

୨୨

ସେ ରାସ୍ତାରେ ଆଉ ଯିବନି
            ମୋର ପିତୃପୁରୁଷଙ୍କ
ଅସ୍ଥି ପଡ଼ିଚି ସେ ରାସ୍ତାରେ।

ସେଇ ବି ତ ଗୋଟାଏ ରାସ୍ତା ଥିଲା ଦେଶ ମୋର
ଏ ମୁଣ୍ଡରୁ ସେମୁଣ୍ଡଯାଏଁ ପଡ଼ିଥିଲା ତା'ର ଛାୟାପଥ
            ମୋର ଗ୍ରହନକ୍ଷତ୍ରଙ୍କୁ
ମୁଁ ଛାଡ଼ିଦେଇଥିଲି ବୁଲିବା ପାଇଁ ସେ ରାସ୍ତାରେ।

            କ'ଣ ହେଲା ସେ ରାସ୍ତାର ?
ଜଣେ ବି କେହି ଲୋକ ନାହାନ୍ତି ସେ ରାସ୍ତାରେ
କାଁ ଭାଁ ଗୋଟାଏ ଦୁଇଟା ପାଚିଲା ପତ୍ର ଉଡ଼ି ଉଡ଼ି
            ମାତିଚନ୍ତି ଖେଳରେ
ଗୋଟାଏ ଦଦରା ବସ୍ ଆସିବ ରାତି ଦଶଟାପରେ
            ବାସ୍ ସେତିକିରେ
ସରିଯିବ କାମ ସେ ରାସ୍ତାର।

ସେ ରାସ୍ତାରେ
କେହି ଆଉ ଯିବେନି ଭୁଲ୍‌ରେ, ଥରେ ହେଲେ
ସେ ରାସ୍ତାର ପଥରକୁ ମିଳିବ ନାହିଁ ସୁଦୂରର ନିଶାଣ।
ସେ ରାସ୍ତାରେ ମୁଁ ଯିବି
ମୋର ଯେତେ ଗ୍ରହ ଓ ନକ୍ଷତ୍ର
ଯେତେ ମୋର ଶିଳାଲିପି ନଷ୍ଟଚେତନାର
ସବୁଥିରେ ରହିଯିବ କେବଳ ଗୋଟିଏ ଦୀର୍ଘଶ୍ୱାସ
ଅପହଂଚ ଦୂରତାର।
ଦେଶ ମୋର, ଚାଲିଚାଲି ଥକିଗଲା ପରେ
ଦେବୁ ମୋତେ ଆଉ ପାଦେ ଚାଲିବାର ବଳ
କହିବୁ ମୋ' ପିତୃପୁରୁଷଙ୍କ କାନରେ ଯେ ମୋର
ଅସ୍ଥି ବି ପଡ଼ିବ ଦିନେ ଏ ରାସ୍ତାରେ
ମୋର କ୍ଳାନ୍ତ ବିରାମରୁ ଦିନେ
ଉଠିବ ଶୋଣିତ-ବୀଜ
ରିକ୍ତ ପଥଧାର
ଗଢ଼ିଦେବ ଜନପଦ ମୃତ ତାରକାର।

୨୩

ତମେ ଯାଇଥିଲ ସେ ପାହାଡ଼ ପାଖକୁ ?
    ଠିଆହୋଇଥିଲ ତା'ର ଧାରରେ
ଚାହିଁଥିଲ ତମର ନଷ୍ଟଗର୍ଭକୁ
    ଅଭିଶାପର ବତାସରେ
    ପଳିତ ତା'ର କିଶଳୟର ଉତ୍ସବକୁ ?

ସେଠି ଦେଖିଥିଲ ମୋ' ଦେଶକୁ ?
    ତା'ର ବିଷାଦର କାଳିମା ଲାଗିଥିଲା କି
    ସୁନ୍ଦର ? ଭାବିଥିଲ କି
    ଉଚ୍ଛିଷ୍ଟର ଅପ୍ୟାୟନରେ
ପୂରିଯିବ ସେ ଅନ୍ଧଦେବତାର ଜଠର ?

ଦେଶ ମୋର ମୁଁ ତତେ ପଚାରେଁ-
    ତୁ ଦେଖିଥିଲୁ କି ତାକୁ
    ଯେତେବେଳେ କଳାମେଘରୁ ବାହାରୁଥିବା
    ହିଂସ୍ର ପଳାଶର ହାତ

ପଥରରେ ପିଟି ଚୂରି ଦେବାକୁ ଆସ୍ଥାର କୋରକ।
ଉଠୁଥିଲା ଧ୍ୱନି ବିନାଶର
ପତ୍ରଗହଳରୁ ଦେଖିଥିଲୁ କି ତାକୁ ଶୁଭ୍ର
ଦର୍ପଣରେ ଉଷାର
କୁତ୍ସିତ ବ୍ୟାଧିର ଛଡ ମାଡ଼ିଲା ବେଳେ
ଦେହରେ ତା'ର ?

 କ୍ଷମାକର ଦେଶ ମୋର
ମୁଁ କହିପାରିନି ସବୁତକ କଥା ମୋର ପବନକୁ,
ଧୂଳିରୁ ଉଠାଇ ରଖିପାରନି
ଗଙ୍ଗଶିଉଳିକୁ ରାତିଯାଏଁ,
ଯାଇ ବି ପାରିନି ହାତରେ ହାତ ରଖି
ନର୍କକୁ, ଭାବିଚି-
ଯାଉ ଯାଉ ହୋଇଯାଉ ଏ ବସନ୍ତ
ଆସ୍ଥା ଯଦି ମରି ଯାଇଚି ଯାଉ ମରିଯାଉ
ବେକରେ ଅନ୍ତନାଡ଼ି ଗୁଡ଼ାଇ ହୋଇ
ଶୈଶବ ମୋର
ଜନ୍ମ ନ ନେଉ ପୃଥିବୀରେ ଅପଗ୍ରହର କବିତା
ବ୍ୟଭିଚାରରେ ତୃପ୍ତ ହେଉ ଦେବତା।

କ୍ଷମାକର ଦେଶ ମୋର
ମୁଁ ଜାଣି ନଥିଲି ତାକୁ
ଦେଖି ନଥିଲି ବି
ତାର ଗୁମ୍ଫାରେ ଲେଖା ଅପଶକୁନକୁ।

୨୪

ତୁ ମତେ ପ୍ରଥମେ କେବେ ଦେଖିଲୁ ଦେଶ ?
ଦେଖିଲୁ ଯେତେବେଳେ ମୁଁ
ପହଁରି ଶିଖୁଥିଲି ନଈରେ
ନା
ଦେଖିଲୁ ମତେ ପାହାଡ଼ ଚଢ଼ି
ଆରପଟକୁ ଓହ୍ଲାଇଗଲାବେଳେ
ନା
ମୋତେ ଦେଖି ନଥିଲୁ ମୁଁ ନମିଶିଗଲାଯାଏଁ
ପାଉଁଶରେ ?

ମୁଁ କିନ୍ତୁ ତତେ ଦେଖିଦେଇଚି ବହୁଆଗରୁ
ତୋର ଅଜାଣତରେ
କବାଟ ଖୋଲି ଚାହିଁଚି ଯେତେବେଳେ
ସୁ ସୁ ବୋହିଯାଇଚି ଅଣଚାଶ
ଗୋଟେ ଚାଳଛପର ଘର ଉପରେ
ଦୀପଟେଜି ଚାହିଁଚି ରାତିର ମୁହଁଟିଏ

ତୋର ମୁହଁ ସାଂଗେ ମୁହଁ ମିଶାଇ
ପେନ୍ଥାବଉଳ ଲଦି ହୋଇଯାଇଚି ଆମ୍ବଗଛରେ
ଶିରାରେ ଛୁଟିଚି ତୁହାକୁ ତୁହାକୁ ଜହର
ଆଖିରେ ନି ଲାଗିଯାଉଚି
କାଳି ଅନ୍ଧାରରେ
ବାଟ ଚାଲିଲାବେଳେ
ମୁହଁକୁ ମୁହଁ ଦିଶୁନି
ପାଦ ପଡୁଚି ଅବାଟରେ।

ସେତିକିବେଳେ
ଦେଖିଚି ତତେ
ତୁ ଉଠିଆସୁଚୁ ପାଣିଫଟାଇ ମୋର ଶୋଣିତକୁ ଆକାଶରେ
ନାଁ ଧରି କେବେ ଡାକିନି ତତେ, ହେଲେ ଜାଣିଚି
ତୁ ଅଛୁ
ମୋର ସବୁ ରାତିର ଶେଷରେ।

୨୫

କେବେ ତତେ କିଛି ନକହିବା
କ'ଣ ଅପରାଧ
ଯଦି
ନିରବ ହୋଇ ବସିବା ତୋର ସାଧ ?
ପାହାଡ଼ ହୋଇ ବସିଚୁ
ବସିଚୁ ଭୁଶୁଡ଼ି ପଡ଼ିଥିବା ଘର ହୋଇ
ଗଦାଏ ବାଲି ହୋଇ ବସିଚୁ
ବସିଚୁ ଜିଅନ୍ତା ଦେହ ହୋଇ
ମଲାଲୋକର ବିଛଣାରେ
କେବେ କିଛି କହିନୁ
ପଥରରୁ ବାହାର କରିଚୁ ଲତା
ମାଟିକୁ ପୁଣି ଗଢ଼ିଚୁ ନୂଆ କରି
ବାଲିରେ ଥାପିଚୁ ଦେବତା
କଥା କହେନି ମଲାଲୋକ ବୋଲି
ମିଛକୁ କରିଚୁ କବିତା ।

ମୁଁ କ'ଣ ଚାହିଁ ନଥିଲି କହିବି ବୋଲି:
କହିବି ହେ ମୋର ଦେଶ ଦେଖୁଥା
ମୋର ଏ ନୂଆ କଥା କହି ଶିଖୁଥିବା
ଅବୋଧ ଦିନରାତିଙ୍କୁ
ଦେଖୁଥା କିରଣରେ ଜାଳିପୋଡ଼ି
ଥୁଂଟା ଗଛଟିକୁ ମଣିଷ କରିଦେଇଥିବା ଏ ଆଲୁଅଟିକୁ ?

କହିଲି ନାହିଁ
ନିରବତାରେ ତୋର ରଖିଲି ମୋର ନିରବତାକୁ
କେବେ ଦିନେ
ବାଣୀ ଫୁଟିବ ବୋଲି ମୂକ ମୁହଁରେ ।

୨୬

ମୋର ଯେତେ ଭଲପାଇବା
　　　　ମୋର ଯେତେ ଭୟ
ସବୁ ନେଇଯା ଦେଶ ମୋର
ଛଡ଼ାଇନେ ମୋ' ହାତରୁ କଳ୍ପନାର କଳା
ଛଡ଼ାଇନେ ମୋର ସବୁ କଳାରୁ
　　　　ରୂପରେଖା ଫୁଟାଇ ଜାଣିବାର ଲୟ ।

କାହାରି ଉପରେ ନାହିଁ ମୋର ଅଧିକାର-
　　　　ଭଲପାଇବାକୁ କହିପାରିନି ଭଗବାନ
ନିର୍ଭୟ ହୋଇ ବୁଲିପାରିନି ସ୍ମୃତିର ବନସ୍ତରେ
　　　　ଚରାଚରକୁ ଭସାଇଦେଇଚି
　　　　ନିମିଷକର ନୌକାରେ
ପ୍ରିୟତମାର ମୁହଁକୁ କରିଚି ନିରକ୍ତ ବିବର୍ଣ୍ଣ ।

　　　　ମୋର ଭଲପାଇବାରେ
　　　　ଅଛି ଭୀଷଣ ପ୍ରତିହିଂସା

ଭୟରେ ଅଛି
ମାଟିର ସବୁ ଫୁଲଫଳକୁ ଗିଳିଦେବାର କାମନା,
କଳ୍ପନାରେ ଅଛି
ସବୁ ଦୋଷ ପାଇଁ ଜଣେ କାହାକୁ ଦୋଷୀ କରିବାର ବାହାନା ।

ମୁଁ ଛାଡ଼ିସାରିଚି ସବୁ ଅଧିକାର
     ଦେଶ ମୋର
ବଂଚିତ ହୋଇ ବଂଚିବାର
ଗୋଟେ ବାଟ ଫିଟାଇଚି ମନୋରଥର
     ଅପନ୍ତରାରେ ।

୨୭

ଏଯାଏଁ ମୋତେ ଜଣାନାହିଁ
ମୁଁ ଚାଲିଚି କି ନାହିଁ ଠିକ୍ ବାଟରେ
କାଉ ରାବୁଚି ତ
ମୁଁ ଭାବୁଚି
ଏଇ ଠିକ୍ ବାଟ
ଆଲୁଅରୁ ବାରୁଚି
ଠାବ କରୁଚି ଅନ୍ଧାରରୁ
ବର୍ଷାରୁ ନେଉଚି ବିଜୁଳିରୁ
ଫୁଲ ବାସ୍ନାରେ ମହକି ଯାଉଚି
ରାତି ତ ମୁଁ ଭାବୁଚି
ଏଇ ଠିକ୍ ବାଟ।

ଭାବୁଚି ବୋଧେ ଏଇ ବାଟଟି ଠିକ୍ ବାଟ, ଏଇଠି
ସୀମା ମୋର ଦେଶର ମୁଁ ଏଇଠୁ ଆସିବି ଲେଉଟି।
କାହିଁ ତୋର ସୀମା ?
କୋଉଠି ?

ଦେଶ ମୋର
ମୁଁ ଯୋଉଠି ଅଛି ସେଇଠି
ଏଣେ
ଯୁଗ ପରେ ଯୁଗ ବିତିଗଲାଣି
ମୋର ପିଠି ଉପରେ
ସୀମା ଖୋଜୁଚି ଦେଶର
ଭାବୁଚି, ପହଂଚିଗଲେ ଥରେ ଆଉ ଆସିବିନି
ଯେତେ ଡାକିଲେ ।

ଦେଶ ମୋର ତୋ ସୀମା ପାଖରେ
ଠିକ୍ କି ଭୁଲ୍ ଜାଣିବା ପାଇଁ
ଅନ୍ଧ ପାଇଁ କ'ଣ ଆଲୁଅ ନାହିଁ ?

୨୮

ମୋ' ଦେଶ ଭଳି ସୁନ୍ଦର ଦେଶ ନାହିଁ କୋଉଠି
ତୁ ସତ କହିବୁ ଦେଶ ମୋର
ମୁଁ ବସିଚି ଏଠି
ହାତ ରଖିଚି ତୋର ଛାତି ଉପରେ
ତାରାର ଲହଡ଼ିରେ ଉଛୁଳିପଡୁଚି ଆକାଶ
ମାଟିଖୋଳି ଉଠୁଚି ଗୋଟେ ଖାଲିହାତର ଥାଳି
ସୋରା ସୋରା ଜହ୍ନ ଆଲୁଅ
ବୋହି ଯାଉଚି ନଈସୁଅରେ।
ସତ କହିବୁ ଦେଶ ମୋର, ତୁ କ'ଣ ସତରେ ଏଡ଼େ ସୁନ୍ଦର
ଯେ ତୋର ଅନ୍ତରୀପକୁ
ପିନ୍ଧାଇହେବ ଗୁଣା
ତୋର ପର୍ବତକୁ ଦେଇହେବ ଶିରୀଷ ଫୁଲର ଉପମା
ତତେ ରଖିହେବ
କେବଳ ସ୍ୱପ୍ନରେ ?

ତୁ ଚୁପ୍ ହୋଇ ବସିଚୁ
ତୋର ମୁଣ୍ଡା ପାହାଡ଼ ଉପରେ ବସିଚି ଗୋଟେ ଟିକି ଚଢ଼େଇ

ଆଲୁଅର ତୀର ଆସୁଚି ଦୂରରୁ
ଉଡ଼ିଯିବାର ଉପାୟ ନାହିଁ।

ଯାପରେ ତତେ କିଏ କହିବ ସୁନ୍ଦର ?
ଏମିତି କି ଗୁଣ ଅଛି ବହଳ ନାଲି ରଂଗର ଯେ
ଉଷା ଉଷା କହି ଧାଇଁଥିବ ରାତିର ଶେଷପହର,
ଲୀଳାକମଳ
ରଚି ଯାଉଥିବ ସାଗର ବେଳାରେ ଖେଳ ପରେ ଖେଳ
ଆହୁରି ଖେଳ !

ତୋର ହିଂସ୍ରତାରେ ବି ଯାଦୁ ଅଛି ଦେଶ ମୋର
ଅଛି ତୋର ଭ୍ରାନ୍ତିରେ ଗୋଟେ ମୋହ,
କେହି ନକହୁ ପଛେ
ସୁନ୍ଦର ହୋଇ ରହ-
ଯେମିତି ଅତୀତରୁ ଆପେ ବାହାରି ଆସିଥିବା ଗାଥା
ଯେମିତି ଆଖିର ତଳ ପତାରେ ଅଟକି ରହିଥିବା ଲୁହ।

୨୯

ଅତୀତକୁ ମୁଁ ଫିଙ୍ଗି ଦେଇ ପାରିନି
କହି ପାରିନି ସେ ଦିନରାତିର ଛତି
ସେ କାଠଘୋଡ଼ା
ସେ ବନମାଟିର ହାତୀ
ପାଉଁଶ ସବୁ ପାଉଁଶ !

ମୁଁ ହାରି ଯାଇଚି ଦେଶ ମୋର ସବୁବେଳେ
ସେ ଅତୀତ ପାଖରୁ,
ପୃଷ୍ଠାରେ ଯାହାର
ଦିଶେ ଅୟସ୍କର ତୃଣଉପରେ
ହାତ ବୁଲି ଯାଉଚି ଖରାର
ଦିଶେ ପଥରରେ ଉତ୍ତାନ ହୋଇ ଶୋଇଥିବା
ଗୋଟେ ଗର୍ଭିଣୀ ପରୀର ହସ
ଦିଶେ ଭୟଙ୍କର ରାତିରେ
ଧଇଁ ସଇଁ ପଶିଆସିଥିବା
ଛୁରୀ ଆତତାୟୀର
ନିରୀହ ପିଲାଙ୍କ ବେକ ଉପରକୁ

ଦିଶେ ଦେହରୁ
ଲୁଗା ଗୋଟି ଗୋଟି ଖୋଲିଲାବେଳେ
ଅସଂଖ୍ୟ କଟାଦାଗ ଇତିହାସର।

ମୋର ଏ ହାରିବା କିଛି ନୂଆ ନୁହେଁ,
ମନେଥିବ ତୋର
ବଢ଼ିନଈର ପାଣିକୁ ଥରେ ମୁଁ ପଚାରିଥିଲି
ପଚାରିଥିଲି ଝଡ଼ରେ ଉଡ଼ି ଆସିଥିବା ପତ୍ରକୁ
ବିସ୍ମୟର ଅଳକକୁ ପଚାରିଥିଲି
ପଚାରିଥିଲି ଅସ୍ମିତାର ତିଳକୁ:
ମୁଁ କ'ଣ ପ୍ରଥମେ ଆସିଲି ଏଠିକି
ମୋ' ଆଗରୁ କେହି ଆସିଥିଲା କି ?

ନା ନା ନା ନା-
ଘେରିଯାଇଥିଲା ହାତ ପବନର
ମୋ' ଚାରିଆଡ଼େ,
କଟାଡ଼ି ପଡ଼ିଥିଲା କାନ୍ଦର ଫୁଲଫଳରେ ସୁଶୋଭିତ
ଗୋଟେ ମହୀରୁହ
ତା'ର ଅରଣ୍ୟରେ।

ମୁଁ ଠିଆହୋଇଚି ସେଇଦିନଠୁ
ଇତିହାସର ବାହାରେ।

୩୦

ମୁଁ ଭଲରେ ଅଛି ଦେଶ ମୋର
ଖାଉଚି ପିଉଚି ହସୁଚି ଖେଳୁଚି
କେବେ କେମିତି ତରୀବାହୀ ଯାଉଚି
ଉତ୍ତରକାଶୀ
କେବେ କେମିତି ମୁଣ୍ଡପୋତି ହସୁଚି
ବୈତରଣୀ କୂଳରେ।

ଲଂଘିପାରିନି ଯାହାକୁ
ତାକୁ ପୂଜି ବସିଚି ଦେବତା କରି
ବଂଚିପାରିନି ଯାହା ବିନା
ତାକୁ ଅର୍ଘ୍ୟ ଦେଇଚି ଅଥର୍ବତାର
ହେ ମୋର ଦେଶ, ହେ ମୋର ବଂଚିତ ସଂଭାବନା
ମୋତେ ଆଉ କିଏ ଦେବ କ'ଣ ?
ମୁଁ ସବୁ ପାଇଚି-
ଗଙ୍ଗାରୁ ଜଳ ପାଇଚି
ହେମନ୍ତରୁ ହିମ

ଶରତର ସାଗରରୁ ବଳାକା
ଉଦ୍ଧାରର କଳ୍ପନାରୁ ରଚନା ।
ମୁଁ ଭଲରେ ଅଛି,
ଏତେ ଭଲରେ ଯେ
ରାତିର କ୍ଷତ ଦିଶୁନି ଖାଲି ଆଖିକୁ
ଦିଶୁନି ଜ୍ୟୋତ୍ସ୍ନାର ପ୍ରତାରଣା ।
କ୍ଷମାହୀନ ଦିଗନ୍ତର ଭାଲପଟରେ
ତୋର ତାରା ଉଇଁବା,
ପୋଡ଼ିଜଳି ପାଉଁଶ ହୋଇଥିବା ମୋର ସଂଦେହରୁ
ପୁଣିଥରେ ଉଠିବା ରକ୍ତଜବା
କ'ଣ ପ୍ରମାଣ ନୁହେଁ
ଯେ
ଲୁହ ମୋର ବ୍ୟର୍ଥ ଯାଇନି !

୩୧

ମୁଁ କେତେ କୁଆଡ଼େ ଯାଇଚି
    ତା'ର କଳନା ନାହିଁ
ଯେମିତି କଳନା ନାହିଁ
ଦେଉଳରୁ ଖସି ପଡ଼ିଥିବା ଅସଂଖ୍ୟ ପଥରର
    ଯେମିତି ହିସାବ ନାହିଁ
ନିଖୋଜ ହଂସରାଳିର ଚିଲିକାରେ।

ଉଜୁଡ଼ିଲା ଭଳି କଳାରକ୍ତର ଜରଜର ସେ
    ଯାତ୍ରା ମୋର
ଏକାଠି ଆସି ଏକାହୋଇଯିବାର ଆରମ୍ଭ ଭଳି ସେ
    ପଥ ମୋର
ତାକୁ ଭୁଲି ବି ଗଲିଣି ଏ ଭିତରେ,
    ମନେ ନାହିଁ
କେବେ ଭାବିଥିଲି ମୃଗଭାର ନେଇ
ଫେରିବି ଇତିହାସର ଘୋର ବନସ୍ତରୁ
    ମନେ ନାହିଁ

କେବେ ଯାଇଥିଲି ସୋମନାଥର ଧ୍ୱସ୍ତ ମୁଖଶାଳାରୁ
ଆଣିବି ଟିପେ ଧୂଳି
ମନେ ନାହିଁ

ପାଇଥିଲିକି ନାହିଁ ମଉଳି ଯାଇଥିବା ମେଘପଟଳରୁ
ଟୋପାଏ ପାଣି ଅନ୍ତରର ।
ଦେଶ ମୋର
ମୁଁ ଆଜି ଠିଆହୋଇଚି ତୋର ସନ୍ଧ୍ୟାଦୀପର
ଛାୟାଭଳି
କାଳର ନଷ୍ଟନୀଡ଼ରେ,
ଆଧାର ହାତରେ ଖୋଜୁଚି ମୋର ଭୋକିଲା ଭବିଷ୍ୟତକୁ
ବଂଜର ମାଟିରେ କୁଆଁମେଲାଇ ଉଠିଥିବା ଭୟଙ୍କର ଅତୀତରେ ।

୩୨

ଯାହା ଯାହା ଗଢ଼ିଲେ ସେମାନେ
ଯାହାକୁ ନେଇ ମଣ୍ଡିଲେ ରାତିର
ଅମରାବତୀ
ସେଥିରେ କେତେ ଥିଲା କ୍ଷମା
କେତେ ଥିଲା କ୍ଷତି ?

ଦେଶ ମୋର ମୁଁ ମୁଠାଏ ମାଟି ଉଠାଇ ଦେଖିଲି
ଥିଲା ସେଥିରେ ଶୋଣିତ ମୋର ଅଧିକାରର
ଅସଂଖ୍ୟ ମୋର ପିତୃପୁରୁଷ
ଅମୋକ୍ଷ ହୋଇଥିଲେ ଶିରାଳ ଭାଗ୍ୟ ହୋଇ
ଅଶ୍ୱତ୍‌ଥର ।

ନଥିଲା ଏତେଟିକିଏ କ୍ଷମା ସେଥିରେ
ନଥିଲା କ୍ଷତି
ଅମାବାସ୍ୟାର ଆକାଶରେ ଥିଲା
ଫେରିଆସିବାର ପ୍ରତିଶ୍ରୁତି
ପୂର୍ଣ୍ଣିମାର ।

ମୁଁ ଫେରାଇଦେଲି ମାଟିମୁଠାକ ମାଟିକୁ
ଡାକିଲି ନାହିଁ ସେମାନଙ୍କୁ ଯେ
ଆସ ମୋର ସବୁଜିମାକୁ ଆସ
ଜନ୍ମାନ୍ଧ ବସନ୍ତ
ଆସ ମୋର ପୃଥିବୀର ମରୁଭୂମିକୁ ଆସ
କ୍ଷୀରାବ୍ଧି ହୋଇ ଆସ
ସଜାଇ ଦିଅ ବନସ୍ତରେ ନିଃଶଙ୍କ ଶବ୍ଦକୁ ମୋର।

ମୁଁ ନିଜେ ଗଢ଼ିଲି କାଠରୁ ଦିନଟିଏ
ଗଢ଼ିଲି ମୁଗୁନି ପଥରରୁ ରାତିଟିଏ
ଶିପରେ ଗଢ଼ିଲି ଗ୍ରହତାରା
ସୋଲରେ ଗଢ଼ିଲି ବୃକ୍ଷଲତା।

ମୋତେ କେହି ପଚାରିଲା ନାହିଁ
କାହାପରେ କିଏ
ଜାଣିବାର ଇଚ୍ଛା ବି ରହିଲା ନାହିଁ
ଦେଶ ମୋର ତତେ
ମୋର କ୍ଷୁଦ୍ର କାମନାରେ ଗଢ଼ିଦେଲା ପରେ।

୩୩

କେହି ଆସିଲେ ନାହିଁ ସେଠିକି
ପାଣି
ପବନ
ଆଲୁଅ
ନିଆଁ
କେହି ନଥିଲେ ସେ ଦୁଃଖର ସାକ୍ଷୀ,
ଆଖି ଚାହିଁଥିଲା ଦୂରକୁ ଅନ୍ଧାରରେ
ସୁଦୂରର ହାତରେ ଥିଲା ଶୁଆର ଡେଣା
ଶୁଆପାଦରେ ଲାଗିଥିଲା ଶିକୁଳି
ବାଟବଣା ହୋଇ ପଶିଆସିଥିଲା ବିଜୁଳି,
ଖାଲି ଥରେ
ମେଘର ମନ୍ଦ୍ରନାଦରେ
ଥିରିଥିଲା, ମୃତ୍ତିକାର ପଞ୍ଜାର, ଖାଲି ଥରେ।

ତା'ପରେ କେହି ନଥିଲେ-
ତା'ର ଆଖିଆଗରେ

ତା'ର ଯୁଗଯୁଗର ସଂଚୟ
ଭୁଷୁଡ଼ି ପଡ଼ିଥିଲା ଗଦାଏ ପାଉଁଶ ଭଳି ।

ଦେଶ ମୋର ମୁଁ ନଥିଲି ସେଠି
ରୂପକଥାରୁ ଶୁଣିଲି ଯାହା
ସେତିକି ଲେଖିଦେଲି ବାକି ନରଖି
ମୁଁ ସେଠିକି ଯାଇଥାନ୍ତି କେମିତି
ଦେଶ ମୋର
ମୁଁ କେମିତି ହୋଇଥାନ୍ତି
ସାତରାତିର ଜୀବନ, ଯଦି
କିଛି ନାହିଁ ମୋ' ନୀଡ଼ରେ
ମୁଠାଏ ଭଂଗାତାରାର କାଚ ଛଡ଼ା
ନାହିଁ ଯଦି କାହାରି ପାଖରେ
ଅନନ୍ତର ଠିକଣା ?
ଯାହା ସବୁ ଘଟିଯାଇଚି ତା'ର କାହାଣୀ
ଲେଖି ସାରିଚି ଆଗରୁ ତୋର ହାତ
ସେ ହାତରେ ପଡ଼ିଥିବା ଅସଂଖ୍ୟ
କଳାରେଖା ଭିତରୁ
ମୋର ଗୋଟିଏ
ଗୋଟିଏ ତା'ର ।

କେହି ନଥାନ୍ତୁ
ତୁ ଥା'
ଥାଉ ଗୋପନରେ ଭୋଗିବାପାଇଁ
ଏକା ଏକା
ଅସଂଖ୍ୟ ଦୁଃଖ ଜୀବନସାରା ।

୩୪

ମୁଁ ବିଦାୟ ନେଇ ଆସିଚି
ସାଗରର ଶଂଖ ପାଖରୁ
ହାତରେ ମୋର ସ୍ତବ୍ଧ ସ୍ୱରଟିଏ କେବଳ
ସୂର୍ଯ୍ୟାସ୍ତର ।

ମୁଁ ଆଉ ଯିବିନି ସେ ବେଳାଭୂମିକୁ
କହିବି ନାହିଁ କେବେହେଲେ ସାରସ ଆସ ମୋର
ତୃଣଶଯ୍ୟାକୁ,
କହିବି ନାହିଁ ସୁନୀଳ ବୈଶ୍ୱାନର
ଆହୁରି ଉତ୍ତପ୍ତକର ମନୋରଥକୁ ମୋର,

ଯିବି ସୂର୍ଯ୍ୟାସ୍ତର ପଛେପଛେ
କିଛି ନଥିବାର ଅଭେଦ୍ୟ ଅନ୍ତରାଳକୁ
ରହିବି ସ୍ମୃତିରେ ଚିରକାଳ
ସ୍ୱର ଖୋଜୁଥିବ ପ୍ରତିଧ୍ୱନିକୁ ।

ହେ ଦେଶ ମୋର
କେତେ କ'ଣ କହିନି ତତେ
ତୋର ସବୁ ଗହ୍ୱରକୁ ମୁଁ ପୋତିଦେଇଚି
ମୋର ସ୍ଫଟିକ ଶବ୍ଦର ହାଡ଼ମାଂସରେ
କହିଚି ଯା'
ଦେଶ ମୋର ଯା' ଚାଲିଯା' ମୋର ପିଠିଉପରେ
ତୋର ଅସଂଖ୍ୟ ରଶ୍ମିରେଖାର
ଜାଲରୁ ମୁକୁଳି
ଯାଉ ତୀର
ସ୍ଥିର ହୋଇ ରହୁ ଲକ୍ଷ୍ୟସ୍ଥଳ ଢଳ ଢଳ ମେଘ ଉହାଡ଼ରେ।

ଆଜି ଯଦି ମୋର ପାଟି ପଡ଼ିଯାଏ
ଛାତି ଫାଟି ରକ୍ତଝରେ
ଅକ୍ଷରରୁ ପ୍ରସରେ କୁହେଳି
ଅନ୍ଧ ହୋଇଯାଏ ଯଦି ଆଖି ମୋର
ଅସ୍ତ ଶିଖରର,
ଯଦି ତତେ ମୁକ୍ତ କରେ
ଶରୀରର ନିଗଡ଼ରୁ, ଗଢ଼େଁ
ସ୍ମୃତିଚିହ୍ନ ବିଲୟର ସାମ୍ରାଜ୍ୟରେ
ସାଗରକୁ ଦିଏ ଜଳାଞ୍ଜଳି,
ତୁ କ'ଣ କ୍ଷମା କରିପାରିବୁ ଦେଶ ମୋର
ତୁ କ'ଣ କହିପାରିବୁ ଯେ
ସନ୍ତାନ ତୋର ଖେଳି ଖେଳି
ଶୋଇପଡ଼ିଚି ବାଲି ଉପରେ ?

ସ୍ୱପ୍ନରେ ତା'ର
ବୁଢ଼ା ହୋଇ ଆସୁଥିବା ଗୋଟେ ସ୍ମୃତି ପଚାରୁଚି
ଆଉ ଗୋଟିଏ ସ୍ମୃତିକୁ :
କେବେ ପୁଣି
ଏକାଠି ହେବା ବସନ୍ତରେ ? କହିପାରିବୁ
କେତେ ସ୍ୱାଗତ ଥାଏ ଗୋଟିଏ ବିଦାୟରେ ?

୩୫

ତମେ ସବୁ କରିପାରିବ :
    ଶୋଇପାରିବ ପଥର ଚଟାଣରେ
    ଘୁଷୁରି ଘୁଷୁରି ଯାଇପାରିବ ଅସ୍ତାଚଳରେ
ପାପର ଏ ମୁଣ୍ଡରୁ ସେ ମୁଣ୍ଡଯାଏଁ ଲମ୍ବିଥିବା ଧାରୁଆ ଖଣ୍ଡାରେ
    କାଟିଦେଇପାରିବ ବିଶ୍ୱାସକୁ ନିମିଷକରେ ।

ତମେ ଏତେ ସୁନ୍ଦର ଯେ ଜ୍ୟୋସ୍ନାରେ ତମର
ଅସଂଖ୍ୟ ଅଶ୍ୱାରୋହୀର ଛାୟାଯାଏ ଆହତ ମୃଗ ପଛରେ
ଧୂଆଁରୁ ବାହାର ତମେ ବୋଲିହୋଇ ଶିଖାର ପ୍ରଲେପ
    ରାତି ତମକୁ ଡାକିଯାଏ : ଆସ
ମେଲାଇ ଦେବା ନୌକା ଉଷାର ଅରୁଣିମାରେ ।

ହେଲେ ତମେ ଜାଳିଦେଇ ପାରିବ ନାହିଁ ଦେଶକୁ ମୋର
କହିପାରିବ ନାହିଁ ଯେ ରକ୍ତ ନାହିଁ ମାଟିର ଧମନୀରେ
ତମର ସବୁ ଶଠପଣର ହିସାବ ଅଛି ମୋ' ଦେଶ ପାଖରେ ।

ଦେଶ ମୋର, ବଡ଼ ଦୁର୍ଦ୍ଦିନ ଏବେ, ଛାତି ମୋର
ସହିପାରୁନି
ପରାଗରେଣୁ ଝଂଜାବାତର
ବୁଝିପାରୁନି ଯେ ମୁଁ ନଥିଲେ
ନଥାନ୍ତା ଶୀତଳ ବାଲି ଅପ୍ରାପ୍ତିର ବାଲିବନ୍ତରେ ।

ତାକୁ କହ ସେ ଫେରୁ
କେହି ତାକୁ କହିବେ ନାହିଁ କିଛି :
ନୌକା ଯଦି ଭାସିଚାଲିଚି ଅଥଳ ଗଣ୍ଡରେ
ଦୋଷକୁ ନେଇ ରଖିବି କୋଉ
କୂଳରେ ?

ଦେଶ ମୋର ମୁଁ ହାରିଗଲିଣି
ତା'ର ମିଛକଥାରୁ ବାହାରି ଆସି
ଗୋଟେ ମିଂଜି ମିଂଜି ଆଲୁଅ
କହିଗଲାଣି ଯେ ସବୁ ତୋଫା ଦିଶୁଚି କଟ କଟ ଅନ୍ଧାରରେ
ଏମିତିକି
ତାର ଦେହ ଆଉ ଦେହ ହୋଇ ନାହିଁ
ବାଟ ହୋଇଗଲାଣି ଅପନ୍ତରାରେ ।

୩୬

ହେ ମୋର ଦେଶ
ହେ ମୋର ଅସମର୍ଥ ଆୟୁଷ
କେତେ ଗୋଧୂଳିରେ ମୁଁ ସଜାଇଚି
ତୋର କାରାବାସ,
କେତେ ରାକାର ରୁଣୁଝୁଣୁରେ ମୁଁ
ଭରିଦେଇଚି ତୋର ନିଶ୍ୱାସ
ମୋର ବିଶ୍ୱାସକୁ ନେଇ
ଥୋଇଚି ତୋର କପାଳର ଆହୁତିରେ
ରକ୍ତିମରୁ ରକ୍ତିମ କରିଚାଲିଚି
ସିନ୍ଦୂରକୁ ବିୟୋଗର ସୀମାନ୍ତରେ।

ଆଉ ବେଶିଦିନ ନୁହେଁ
ବନ୍ଦ ହୋଇଯିବ ଯିବାଆସିବା
ପାହାଡ଼ ତୀଖରୁ ଓହ୍ଲାଉଥିବା ଚଳାଏ ଆଭା ଚିତ୍ରବନର
ଉଭାନ୍ ହୋଇଯିବ ଚିତ୍ରର ହରିଣୀ ଭଳି
ଅଚାନକ,

ଗୁଡ଼ାଏ ପାଦଚିହ୍ନ ରହିବେ ଆହତ ଅହଂକାର ହୋଇ
ବଢ଼ିନଈ ଛାଡ଼ିଯାଇଥିବା
ପଟୁମାଟିରେ ।

ଗୁଡ଼ାଏ ଝରା ପାଖୁଡ଼ା
ଟୋପା ଟୋପା ରକ୍ତ ଭଳି ଜମା ହେବେ
ପଥରର ଅନ୍ଧାରରେ ।
ତୁ ଚମକିଉଠି ପଚାରିବୁ
ମୋର ବାକିଦିନର ଭସ୍ମବେଦିରେ କିଏ ?

କେହି ନାହିଁ ଦେଶ ମୋର
ପାଦଶବ୍ଦ ଶୁଭୁଚି ଆସିଲାଭଳି
ପାଦଚିହ୍ନ ଦିଶୁଚି ହେଲେ
କେହିନାହିଁ ଧ୍ୱଂସର ନଷ୍ଟପଥରେ
ମୋ' ଛଡ଼ା ଆଉ କେହିନାହିଁ ତୋର ଆଶଂକାରେ ।

୩୭

କି ଭୟଙ୍କର ଥିଲା ତା'ର ଛଳନା
କି ଶୀତଳ ଥିଲା ସେ ଉଲ୍ଲଗ୍ନ ଜ୍ୟୋସ୍ନାର ଲହୁ
ବ୍ୟଭିଚାରର ଶଯ୍ୟାରେ'

ଦେଶ ମୋର ମୁଁ ଆଉ ପାରୁନି
ମୋର ହାତ ଚଳୁନି
ଛୁଇଁବା ପାଇଁ ତା'ର ପଦ୍ମନାଭି
ବୀଭତ୍ସ ପ୍ରୟୋଜନର ପାଉଁଶରୁ ବାହାରି ଗୋଟେ ଅନାମିକା
ଉପହାସ କରୁଚି ମୋର ରକ୍ତପାତକୁ
ଦୂରରୁ ଡାକ ଶୁଭୁଚି ମରଣର।

ଶଣବନର କାଦୁଅ ଓ କାକର ଉପରେ
ପଡ଼ିଚି ମଳିନ ଆଭରଣ କୁହୁଡ଼ିର
ବାଟ ଦେଖାଉଚି ଲୁହ ଆଖିର।
କି ଭୟଙ୍କର ବାଟ ସେ
ଯାହାର ଛୁରୀ ଯାଉଚି ନିବିଡ଼ ଆଲିଙ୍ଗନର ଲଟା କାଟି

ବହୁ ପୁରୁଣା ଘୃଣାର ଦେଉଳକୁ
ନଷ୍ଟଦେବତାର ନୀରାଜନା ପାଇଁ।

ପ୍ରଗାଢ଼ ମମତାର ଟୋପାଏ ଲହୁ
ମିଛ ହୋଇ ବସିଚି ଓଠର ତିଳ ଉପରେ
ଧୂଆଁରେ ଲୁଚି ଯାଇଚି ଦେହ ପଥର ଦେବତାର।

ଜହ୍ନ ଏମିତି ବି ଉଏଁ ଦେଶ ମୋର-
କାହାକୁ ଲାଗେ କିଛି ଅଛି ତା'ର ଜଠରରେ
କିଏ ଭାବେ କିଛି ନହେଲେ ବି
ଅଛି ନିଶ୍ଚୟ ମୁଠାଏ ଅନ୍ନ
ଅନ୍ନପୂର୍ଣ୍ଣାର ଭଙ୍ଗାହାଣ୍ଡିରେ।

ଛଳନାର ସେ ଜହ୍ନକୁ ଆଉ
ଚାହାଁନା ଅବୋଧ ଦେଶ ମୋର
ଆଂଜୁଳା ଭରିଯିବ ଲହୁରେ।

୩୮

ତା'ପରେ ଆମର କହିବାର କିଛି ନଥିଲା
କଖାରୁଲଟାରେ ପାଚୁଥିଲା ସକାଳ
ଚାଳ ଛାତରୁ ଧୂଆଁସୋରାଏ ଉଠି ଛୁଉଁଥିଲା
ଶଜନା ଗଛର ସରୁ ଆଙ୍ଗୁଳିକୁ,

କୂଅ ଉଝଳାରୁ ମିଳିଲା କ'ଣ
ପଚାରିବାର ନଥିଲା
ଖଣ୍ଡେ ମେଘ ଉଠି ପୁଣି ଉଡ଼ିଯାଇଥିଲା
ଚଂଚଳ ଦକ୍ଷିଣାରେ।

କୂଅ ଉଝଳାରୁ ମିଳିଲା କ'ଣ ?
ସାନବୋହୂ ? ସାତପୁରୁଷର ପିତଳ ?
ପଚାରିବାର ନଥିଲା ଦେଶ ମୋର
ଘଡ଼ିକ ଭିତରେ
କଥା ଆମର ହୋଇସାରିଥିଲା କିମ୍ବଦନ୍ତୀ
ଗାଁ ଗୋଟାକର।

ଆମ ଭିତରୁ ଜଣେ ମୁଁ
ମୋର ଅଲଗା ଘର
ଅଲଗା ସାହି
ଅଲଗା ପୋଖରୀ
ଅଲଗା ତୋଟା
ସବୁ ଅଲଗା ଭିତରେ ସେଇ ଗୋଟିଏ ଲଟା
ଯାହା ଖେଳାଇ ଦେଇପାରେ ଫୁଲର ମଉଳା ଶିରୀକୁ
ପାଦଧୂଳିର ମହକରେ,
କହିପାରେ ମୁଁ ଚୁପ୍‌ଚାପ୍ ରହିପାରିବି କିଛି ନ କହି
ଦେଶ ପଛେ ମରୁ ମହାମାରୀରେ।

ତୁ କ'ଣ ସତରେ ମରିଯିବୁ ଦେଶ ମୋର
ମୁଁ ଫେରିବା ଆଗରୁ ପଡ଼ିଯିବୁ ରୋଗରେ,
ତତେ କେହି କିଛି କହୁନଥିବେ ଭୟରେ
କଥା ଆଉ ନଥିବ ବୋଲି କଥା ଭିତରେ!

୩୯

ବେଶି ନୁହେଁ ମୋର କ୍ଷମାର ସୀମା
ଅଳ୍ପକରେ ସରିଯାଏ ମୋର ସାହସ
ମୁଁ ଚୋଟ ବସାଇଦିଏ ନିଜ ଦେହରେ।

ଦେହସାରା ମୋର ଦେଖୁଚୁ ଯେଉଁ ଚୋଟର ଦାଗ
ଦେଶ ମୋର
କେତେ ଭୀରୁପଣର କାହାଣୀ ଅଛି ତା' ଭିତରେ।

ହସିଖେଳି ବଣରେ ବୁଲି
ବେଣୁ ବାଇବାରେ ଥାଏ ଅଣିମା
ଜାଣି ନଥିଲି।
ଗଲି ସେଦିନ ତାକୁଇ ଖୋଜି
ଦେଶ ମୋର ମୁଁ ଜାଣିନଥିଲି
ନିରନ୍ଧ୍ର ଅନ୍ଧାରର ତପସ୍ୟାରୁ ଉଠି ଗୋଟାଏ ହରିତିମା
ଠିଆହୋଇଥିଲା ବାଟରେ ମୋର,
ସେଇ ବୋଧେ ଥିଲା ଅଣିମା କବିର କଳ୍ପନାର,

ମୁଁ ଡାକିଲି ତାକୁ-
ହେ ହରିତିମା
ହେ ହରିତିମା
ଅଛିକି ତମର କଂଚା ଲହୁରେ
ଜଳିଯାଇଥିବା ଧାନକ୍ଷେତର ଖବର
ଅଛିକି ତମର ଶିରାନ୍ୟାସରେ
ଅଣିମା ମୋର ?

ସେତିକିବେଳକୁ ଉଡ଼ିଗଲା ପକ୍ଷୀ
ବରଗଛର ଡାଳରେ
ଆଉ କେବେ ଗଢ଼ିନହେବାର ନୀଡ଼ଟିଏ
ଝୁଲୁଥିଲା ଶୂନ୍ୟରେ ।

ଦେଶ ମୋର
ମୁଁ କ'ଣ ସତରେ ଚାହିଁଥିଲି ଅଣିମା ?
ତୋର ଧୂସର ଅଙ୍ଗରାଗରେ
ମୁଁ କ'ଣ ନିଜେ ଲେପିଥିଲି
ମୋର ନିଜ ଆକ୍ରୋଶର ଲୋହିତ ?
ଖାଲି ନୀଡ଼ଟିକୁ ଦେଖିବୁ ମୋର ଦେଶ
ମୁଁ କିଛି ଚାହିଁନଥିଲି ଜାଣିବୁ
ଜାଣିବୁ ମୋର କ୍ଷମାର ସୀମା
ଚୋଟ ଭୁଲିବା ଏଡ଼େ ସହଜ ନୁହେଁ ଜାଣିବୁ
ନିର୍ମମ ପୃଥିବୀରେ ।

୪୦

ବହୁଦିନରୁ ଖାଲି ପଡ଼ିଚି ଘର
      କେହି ଆଉ ରହୁନାହାନ୍ତି ସେଠି
    ଯିଏ ଯୁଆଡ଼େ ଗଲେଣି
ଅକଥନୀୟ ଶିଳ୍ପରୁ ସନ୍ଦେହର
      ଶାଖା ପ୍ରଶାଖା ମୂଳ।

ପଥରର ସାକ୍ଷୀଠାକୁରାଣୀ, ରାସ୍ତାକଡ଼ର
କଦଳୀବଣ, ବିଲ, ପୋଖରୀ
    ଗେଣ୍ଡାଳିଆର ପର
ଏତିକି ନେଇ କିଏ କ'ଣ କେବେ ଫେରିପାରେ
ସେ ଘରକୁ? କହିପାରେ ମୁଁ ହାଲିଆହୋଇ
ଫେରିଚି ପ୍ରବାସରୁ, ଦେହରେ ମୋର ଜର,
ମୋତେ ଶୋଇବାକୁ ଦିଅ–
    ଫେରାଇଦିଅ ମୋର ଘର?

ପଥରର ସେ ସାକ୍ଷୀ ଠାକୁରାଣୀ
ରଖେ ଅନେକ ରକ୍ତପାତର ଖବର–

ଧାନବିଲର ପାଣିରେ ଭାସୁଥିବା ମଲା ଚଢ଼େଇ,
ଗଣ୍ଡିକଟା କଦଳୀଗଛର ଛାଇପଡ଼ି
ବିଷ ହୋଇଯାଇଥିବା ପାଣି ପୋଖରୀର,
କିଏ ଜଣେ ଟିପରେ ନେଇ ସିନ୍ଦୂର
ଭାଗ୍ୟର କପାଳରେ ବୋଳିଦେବାର,
କିଏ କାହାକୁ
କୋଳରେ ଧରି ଦି'ଗଡ଼ କରି ଶୁଆଇ ଦେବାର।

ହେ ମୋର ଦେଶ
ମୁଁ କ'ଣ ମୂଳରୁ ପୁଣି ଲେଖିବସିଚି କାହାଣୀ,
ଶାଖାକୁ ଛନ୍ଦି ଶାଖାରେ ପୁଣି ଗଢ଼ିବସିବି ନୀଡ଼ଟିଏ ?
ଭୁଲିଯିବି ଯେ
ସୋଦର ମୋର ଖୁଣୀ ?

୪୧

ଦେଶ ମୋର
      ହେ ମୋର ଅପାର୍ଥିବ ଆବେଶ
      ଜଳାଞ୍ଜଳିର
ଆଉ କ'ଣ ଦେବି ତାକୁ
      କ'ଣ ନେଇ ଭରିବି ତା'ର ଜଠର ?
      ସବୁ ତ ଦେଲି–
ମାଟିରୁ ଦେଲି ଲୁହା ଆକ୍ରୋଶର
ମଂଜରୀରୁ ଦେଲି ଫୁଟିବାର ହାହାକାର
ଶାଖାପ୍ରଶାଖାରୁ ଦେଲି ଅସହାୟ ଅଧିକାର
      ପଥର କଣ୍ଟକ ଦେଲି
      ଯାତ୍ରାର ଅନ୍ଧାର,

      ଆଉ କ'ଣ ?
ସିଏ ଯିଏ ଯାଇଚି ଫେରିବ ବୋଲି
      ପ୍ରତାରଣା ତା'ର
    ନଦୀକୁ କରିଚି ବାଲୁଚର

ସମୁଦ୍ରକୁ ନିଷ୍ପ୍ରାଣ ପଥର
କ'ଣ ଦେଇ ଡାକିବି ହେ ଝଂଜାବାତ ପ୍ରମତ୍ତ ଅସ୍ଥିର
ଫେରିଆସ
ଅଦୃଷ୍ଟର ଅନନ୍ତ ବିବର
ଫୁଟାଇ ଆସହେ ମୋର ଲୋହିତ ସକାଳ ?

ଦେଶ ମୋର, ତୋର ତାଳବନରୁ କ'ଣ ଶୁଭିନଥିଲା
ଝଡ଼ର ତାଳି ସେଦିନ
ଯେଉଁଦିନ ଭଗ୍ନମନ୍ଦିରର ମୁଖଶାଳାରେ କାନ୍ଦିଲା ମୂର୍ତ୍ତି ଇତିହାସର ?
ସେଦିନ କ'ଣ ପ୍ରତାରଣାକୁ ମିଳିନଥିଲା କନିଅରର କାକର
ବିଷ ଦେଲାବେଳେ ହାତ କ'ଣ ଥରିନଥିଲା ନାଭିମୂଳରେ ଶିଉଳିର ?
ଯିଏ ଯାଇଚି ତୋର ପୃଷ୍ଠାର ପରିଚୟରୁ
ପୋତିବା ପାଇଁ ରକ୍ତବୀଜ ବୀଭତ୍ସ ବିସ୍ମୃତିରେ
ତାକୁ କିଏ ଡାକିବ
ଆଉ କୋଉ ସମର୍ପଣରେ ଗଢ଼ିହେବ ତା'ର ଅନ୍ଧ କାମନାର ଅନ୍ତଃପୁର ?

ଜଳାଂଜଳିରୁ କିଛି ମିଳେନା ଦେଶ ମୋର
ତୁ, ମୁଁ ଓ ଆମର ସାରାସଂସାର
ଉପହାସ ସେଇ ଗୋଟିଏ ଘୃଣାର ।

୪୨

ଯାହାକୁ ମୁଁ ବୁଝିପାରିନି
ଭସାଇ ଦେଇଚି ଯାହାକୁ
ଚିରନ୍ତନର ପ୍ରବାହରେ
ନଷ୍ଟନିମିଷର ପତାକା କରି-
ସିଏ ଦିନେ ଗଢ଼ିବ ମୋର ଅସହାୟ
ଦୁଇକୂଳର ଦିନରାତି,
ଦୀପ ମୋର ଉଠୁଥିବ ଯେତେ ଉଚ୍ଚକୁ
ସେତିକି ଉଚ୍ଚକୁ ଉଠୁଥିବ ଶିଖା ଅନ୍ଧାରର।
ମୁଁ ତଥାପି କେବେ ବି
ବୁଝିପାରୁନଥିବି କାହିଁକି ଏକାଠି
ଯୁଝିପାରିଲେ ନାହିଁ
ଜୀବନ ଓ ମରଣ
ଯଦି ଏତେ ଆଶା ଥିଲା ଅଭିଳାଷର କୁମ୍ଭରେ !

ମୁଁ ଥିବି
ଜଳିପୋଡ଼ି ଟୋପିଟୋପି ଅଲକ୍ତକର

ପରିପାଟୀ ହୋଇ
ବସନ୍ତର ପାଦପାତରେ
ତଥାପି ବୁଝିପାରୁନଥିବି
କଳହଂସର ଶୋଣିତରେ କାହିଁକି ଧୁଆହୁଏ
ଜହ୍ନରାତିର କାତି
ଅର୍ଥର ଗୋପନ ଅହଂକାରରେ
କାହିଁକି ଗଢ଼ାହୁଏ ଶେଯସୁପାତି
ଭ୍ରଷ୍ଟ ଶବ୍ଦର ।

ହେ ମୋର ଦେଶ
ମୁଁ କେତେ କଷ୍ଟରେ ଆଣିଚି ପିଠିରେ
ଆଂଜୁଳାଏ ପାଣି, ଗଣ୍ଡାଏ ଧାନ,
ରହିବାକୁ ଦେ' ସେତକ
ସବୁ ଧ୍ୱଂସ ଭିତରେ ବଞ୍ଚାଇ ରଖ୍ ମାଟି ମୁଠାକ ।

୪୩

ସିଏ କ'ଣ ଦେଇପାରିଚି କାହାକୁ
ତା'ର ଥିଲା କ'ଣ ?
 ଅପମାନରେ ଜଳି ଯାଉଥିବା କେରାଏ ଘାସ କୋଳର
ପଥର ଫୁଟାଇ ବହି ଆସିଥିବା ଧାରେ ପାଣି ଯାତନାର
 ଗୋଟେ ଭଂଗାରୁଜା ବାଲିଘର
 ପେନ୍ଥାଏ ପୋଡ଼ାବଉଳ
 ପ୍ରଜାପତିର ପର
ଯାକୁ କିଏ ନେଇ ବି ପାରିଥାନ୍ତା ଭୀଷଣ ପୃଥିବୀରେ
 ଯୁଦ୍ଧର ଘନଘଟା ଭିତରେ ?
ଯିଏ ଛୁଇଁଲା ସିଏ କହିଲା ପଥର
ଯିଏ ଦେଖିଲା ସିଏ କହିଲା ଏତେ ଅନ୍ଧାର କାହିଁକି
 ଚାରିଆଡ଼େ
 ଫୁଲର ଏତେ ଗନ୍ଧ କାହିଁକି
 ପବନକୁ ପଚାର ।

ଦେଶ ମୋର ମୁଁ ଆସିଥିଲି ଆଗରୁ
ମଉଳା ଫୁଲତକ ନେଇ ବି ପାରିଥାନ୍ତି ଗଛମୂଳରୁ

ଖରା ତାତିବା ଆଗରୁ,
ହେଲେ ହାତରେ ମୋର ଥିଲା
ତୋର ଧୂଳିଧୂସର ଶପଥ
ମୁଁ ଦେଖି ବି ସାରିଥିଲି ସେତେବେଳକୁ
ଅଜସ୍ର ରକ୍ତପାତ ମନ୍ଦିରର ଚତ୍ୱରରେ ।

ଛୁଇଁଲି ନାହିଁ ଭୟରେ
କାଳେ କାଳର ଆଖି ପଡ଼ିଯିବ କାଠିକୁଟାରେ
ତିଆରି ମୋର ନୀଡ଼ରେ
ଛାଡ଼ିଦେଲି ସେ ଅଥର୍ବ ତୀରକୁ, କହିଲି ଯା'
କ୍ଷତ ହୋଇ ରହ
ଛାତିରେ ତା'ର,
ଦିନେ କେବେ ତା'ର ସମୟ ହେବ ସାରାଦିନର
ହେଲେ ମିଳୁନଥିବ ନିମିଷକର ଘର !

୪୪

କହ କେମିତି ବର୍ଷା ହୁଏ
କୋଉଠୁ ଆସେ ଲୁହ ?
ଏମିତି ତ ଭୁଲ୍ ନଥିଲା କିଛି ସେ ଆଖିରେ
ଭୁଲ୍ ନଥିଲା ବି କଳଙ୍କର ଅଧ୍ୟାୟରେ ।
କୋଉଠୁ ଆସେ ଲୁହ
ଏତେ ଲୁହ ?
ବର୍ଷା ଝରୁଚି ଦେଶ ମୋର
ତୁହାକୁ ତୁହା ପଡ଼ିଚାଲିଚି କୁଆପଥର
ଚଡ଼କ ପଡୁଚି ଥରକୁଥର,
ଭିଜାପଳାଶର ଅନ୍ତଃପୁର
ଆହୁରି ଭିଜିଯାଉଚି,
ସ୍ତମ୍ଭ
ପାଚେରି
ମଳାଶୟ
ମୃଦଙ୍ଗର କିରଣ
କୋଉଠି ବି ନାହିଁ ତତେ ଠକିଦେବାର ପଣ

ଯୋଉମାନେ ପିଇଲେ ଝରଣାରୁ ତୋର
ଜୈତ୍ରବନକୁ ଫେରିଲେ ନାହିଁ
ଯେଉଁ ମୁନିଋଷି,
ତାଙ୍କ ପଛରେ ବି ଥିଲା ଇତିହାସର ବାରଣ
ନିର୍ମମତାର
ଦେବି ଆଉ କୋଉ ଉଦାହରଣ ?
ସୁଡ଼ଙ୍ଗରୁ ବାହାରି ଆସୁଥିବା ପଲେ ଆଲୁଅର
କାୟା ବଢ଼ୁ ବଢ଼ୁ
ଖସିଲା ଯେତେବେଳେ ପାହାଡ଼
ସେତେବେଳେ
ଲୁହ ଭରିଗଲା ଆଖିରେ
ଲାଗିଲା ଯେମିତି ବର୍ଷାରେ ଏଥର
ଧୋଇ ହୋଇଯିବ ତିନିକାଳ ।
ଲାଗିଲା ଯଦି ଅଟକିଯାଏ ଲୁହ ଆଖିରେ
ଖୁବ୍ ବଡ଼ କ୍ଷତି ହୋଇଯିବ ଇତିହାସର ।

କୋଉଠୁ ଆସେ ପଚାରନା ଦେଶ ମୋର
ଲୁହ ସେଇଠି ଥାଏ
ଯୋଉଠି ଆମ ମିଛିମିଛିକା
ଖେଳଘର ।

୪୫

ଯାହା ମୋତେ ମିଳିବ ନାହିଁ
ତା'ର କଳନା
ମୁଁ କରିସାରିଚି ଆଗରୁ,
ଯାହା ମିଳିବ
ତାକୁ ଗଢ଼ିଦେଇଚି ନିବୁଜ କରି
ପବନର ଦୁର୍ଗରେ
ସେଇ ସବୁ ପାଇବାର ଅସ୍ତ୍ରାଗାର
ଜଳି ଉଠୁଚି
ସୂର୍ଯ୍ୟାସ୍ତର ନିଆଁରେ।
ଯାହା ମିଳିବ ନାହିଁ
ତାକୁ ମାନିନେଇଚି ଈଶ୍ୱର କରି
ଅହଂକାରର ରୁଦ୍ରଜଟାରୁ
ବାହାରି ତା'ର ଅଶ୍ରୁଧାର
କାଟିଚାଲିଚି ଶିଉଳି, କୁହୁଡ଼ି, ଯାହା ଦେଖୁଚି
ଶଂକାର ମୁହାଣରେ।

ନଈଟିଏ ବାହାରିଚି
ଚନ୍ଦ୍ରଲୋକରୁ ଯିବ ଚାତକର ତୃଷାଯାଏଁ,
ଦେଶ ମୋର ପଲକ ଉପରେ ପାହାଡ଼ କରିଦେ' ମୋତେ
ପାଦରେ ଦେ' ଊର୍ମିମାଳା, କଟୀରେ ମେଖଳା
ଝରାଇ ଦେ' ଆଷାଢ଼ରେ ।

୪୬

ଯଦି ନପାହେ ରାତି
ତୁ କ'ଣ ସେମିତି ଥିବୁ
ଅନ୍ଧାରରେ ?
ନା ତତେ ନେବା ପାଇଁ ଆସିବେ
ଆକାଶରୁ ତାରା ?
ହେ ମୋର ଦେଶ
ତୁ କ'ଣ ସତରେ ଯିବୁ ସେମାନଙ୍କ ସାଂଗରେ ?

କେଡ଼େ କଠୋର ସେମାନଙ୍କର ହୀରା
ଦିଗନ୍ତର ନଖରେ !
କେଡ଼େ ଦୀପ୍ତ ସେମାନଙ୍କର ଛଳ
ନିର୍ମମ ନୀଳିମାର
ତୋର ଶୁଭ୍ର ଉତ୍ତରୀୟରେ !
ତୁ ଜାଣିଚୁ ସତରେ
କେବେ ଫୁଟିବ ଦିନର କଂପନ
ନିଷ୍ଫଳ ହ୍ରଦଜଳରେ ?

ଯା' ମୁଁ ଥିବି ଏଇଠି ତୋର ଅପେକ୍ଷାରେ
ଆସିବୁ ପ୍ରଥମ ଅଳିଆ ଫିଙ୍ଗାହେଲାବେଳେ
ଓଳିତଳରେ
          ଘୁଷୁରୁଥିବା ଧାରେ କାନିହୋଇ ପାଦ ପାଖରେ,

ଯଦି ମୁଁ ନଥାଏ ମୋତେ ଖୋଜିବୁ ତୋର ବାଲୁଚରରେ।

୪୭

ବଡ଼ ଭୟଙ୍କର ସେ ମିଛ
ଭୟଙ୍କର ତା'ର ଖେଳିବା ସତର ସନ୍ଦୀପନରେ
ସହଜ ହୋଇ ।
ମୁଠାଏ କୁଟା ହୁଏତ
ମେଂଚାଏ ମାଟି
ଆଂଜୁଳାଏ ପାଣି
ସେତକ ଦବୁ ସେମାନଙ୍କୁ
କହିବୁ ମୁଁ ଆଉ ଫେରିବି ନାହିଁ
ମୋର ପ୍ରତିମା ଗଢ଼ା ନ ହେଲାଯାଏଁ
ତା'ର ଅଶ୍ରୁ ପାଇଁ ଆକାଶର ଜଳଧାର,

ହେ ମୋର ଦେଶ ଜାଣୁ କେତେ କଠୋର
ତା'ର ପ୍ରେମ
କେତେ କଠୋର ମୋର ଦିନରାତି
କେତେ ଶିଉଳି
ଲାଗିଚି ମୋର ହାତପାଦରେ ଟାଲୁଟାଲୁ
ଭଂଗାଘର ମୋର କେତେ ଇଶ୍ୱର !

ମୁଁ ବି ପାରନ୍ତି, ମିଛରେ ମିଛରେ
ଗଢ଼ିଦିଅନ୍ତି ଇତିହାସ, ଚୂର୍ଣ୍ଣ ଅଳକରୁ
କାଢ଼ି ବାହାରେ
ଠିଆ କରିଯାଆନ୍ତି ଲୋଲୁପ ତିଳଟିଏ ଓଠର ।

ଖାଲି କହନ୍ତି
ଯା' ମୋର ମିଛ, ସୁଖରେ ରହିବୁ
ଖୋଜିବୁ ନାହିଁ ମୋତେ
ମୁଁ ଦୂରରେ ଥିବି ବହୁଦୂରରେ
ମୋତେ ରାସ୍ତା ଦିଶୁଥିବ ମିଛର ଆଲୁଅରେ ।

ପାରିଲି ନାହିଁ, ମିଛକୁ କେବେ ମାରିପାରିଲି ନାହିଁ
ମିଛରେ ।

୪୮

ସେ ଯାଇଥିଲା ସେଠିକି
ମାଗିଥିଲା ଦିଅ ଯାହା ଦେଉଚ ଦିଅ
ଉଜୁଡ଼ିଲା ବେଳେ କୁଂଜବନ
କାଠକୁ ନେଇଥିଲା କୁମୁଦ କରି
ପ୍ରଦୀପରେ ନୀଳାଂଚନର ଆକାଶ ଥିଲା
ଉଷାର କୁହୁକ ଥିଲା
ତା'ର ଆଖିରେ,
ପାହାଡ଼ ଶେଷରେ ଜଳିଗଲା
ଭୂଲତାର ଇନ୍ଦ୍ରଚାପରେ।
ସେ କହିପାରୁନି ଯେ ତା'ର ଫେରିବାର ଅଛି
ଘରେ ତା'ର ରୁଗ୍‌ଣ ସ୍ୱାମୀ
ସ୍ତନନ୍ଧୟ ଶିଶୁ
କ୍ଷମାକର, କ୍ଷମାକର ପଶୁ।
ପଶ୍ଚିମର ପିପାସୁ ଅରଣ୍ୟ
ଘେରିଗଲା ଏକାକୀ ତାରାଟିକୁ
ଦିନ ଥାଉଁ ଥାଉଁ।

ତୁ କିଛି କହିଲୁନି ଦେଶ ମୋର ?
କହିଲୁନି ପ୍ରଣୟର ନିଶ୍ୱାସ ଥିଲାଯାଏଁ
ରହିବ ବିଶ୍ୱାସ ଅକ୍ଷରରେ
ରହିବ ସତ୍ୟର ପୁତ୍ତଳିକା
ବୀଭତ୍ସ ଆତ୍ମଦାନର ଶିଖା
ଜଳୁଥିଲାଯାଏଁ ସୀମନ୍ତରେ ?

ଏଇ କ'ଣ କ୍ଷମା ?
ଯାକୁଇ ନେଇ ରହିବାକୁ ହେବ
ସାରାଜୀବନ
ମରଣର ସୀମାନ୍ତରେ ?

୪୯

ଫିକା ପଡ଼ିଆସୁଚି ରଂଗ ଆଶାର
ଲିଭି ଲିଭି ଆସୁଚି
ଦୀପ ରାତିର,
ତୁ ଗୁମ୍‌ସୁମ୍ ହୋଇ ବସିବୁ ଦେଶ ମୋର
ଲୁହ ବୋହିଯାଉଚି ଆଖିରୁ,
ପାଟି ଫିଟୁନି
ଦୂର ଅତୀତର ଶୃଂଗ ଫଟାଇ ଝରି ଆସୁଚି
ରକ୍ତ ଅଭିସାରର ।

କ'ଣ ଥିଲା ସେ ଅଭିସାରରେ ଦେଶ ମୋର
ଥିଲା ଯୋଡ଼ାଏ ହାତ ସନ୍ତାପର
ଯୋଡ଼ାଏ ରୁଗ୍‌ଣ ଗୋଡ଼ ଆତଙ୍କର
ଥିଲା କରୁଣ ଲଜ୍ଜାର ଉତ୍ତରୀୟରେ ଢଙ୍କା
ମହାଭୋଜ ଦେବତାର,
ଅସୁର ଗ୍ରାସରେ
ତ୍ରସ୍ତ ଓ ବିକଳ

ଥିଲା କ'ଣ ସେ କଂଟକିତ ଜିଭରେ, ସେ
ନିରକ୍ତ ଆଲିଂଗନରେ
ଅସଂବୃତ ଘୃଣା ଛଡ଼ା ?

ଆଉ ଟିକିଏ ରଂଗ ଦେବି ଆଶାରେ ?
ତେଜିଦେବି ଦୀପଶିଖାକୁ ?
ଲୁହ ପୋଛିଦେବି ଆଖିରୁ ?
କହିବି ହେ ମୋର ଦେଶ କଥା କହ
ବ୍ୟର୍ଥ ଅଭିସାରର ରକ୍ତଟୋପାଏ ଦେ'
ଇତିହାସକୁ ?
ମଣିମୟ ମୁକୁଟ ପାଇଁ ମୋର
ରାଜ୍ୟ ଦେ'
ପାଂଶୁଳ ସମର୍ପଣର ମିଳନ ପାଇଁ
ଦେ' ପରାଗ ନିରନ୍ତର ବିରହର ?

୫୦

ମୁଁ କିଛି କହୁନି
ମୋର ଜଡ଼ସଡ଼ କାକୁସ୍ଥତାରୁ
ବାହାରୁଚି ମୋର ହିଂସ୍ର ନଖ
ବିଦାରି ଦେବାପାଇଁ ତୋର ନିରବତାକୁ,
ରକ୍ତସ୍ରାବରୁ
ଉଠାଇ ନେବାପାଇଁ ସୂର୍ଯ୍ୟର ସେଇ
ନଷ୍ଟଭ୍ରୂଣକୁ,
ନିଜର ଅଧିକାରରେ
ଭୁଲାଇଦେବା ପାଇଁ
ଅତୀତକୁ ବିସ୍ମୃତିରେ।

ଆଜି ରାତିର ସକାଳ ଯଦି ହୁଏ
ଯଦି ମିଳେ ନିଷ୍ପନ୍ଦ ଦେହ ମୋର
ଅବିଶ୍ୱାସର ଶଯ୍ୟାଧାରରେ
ଦେଶ ମୋର,
ମୋତେ ପଚାରିବୁନି ମୁଁ

କାହିଁକି ଅଛି ଶୁଭ୍ରଶଂଖରେ ତଥାପି
ସୁନୀଳ ସମୁଦ୍ରର ସ୍ୱର ହୋଇ,
କାହିଁକି ମୋର
ଅସହାୟତାକୁ ଲାଗିଚି ତଥାପି
ଝରାପତ୍ରରୁ କାକର
ଶୋଷିନେବାର ନିଶା-

ପଚାରିବୁନି ମୁଁ କାହିଁକି ତୋର ଅଭିସାରରୁ
ଓଟାରି ଆଣିଚି ନୀଳଦୁକୂଳ
ନିରାଶାର
ଯଦି ଦୀପ ଜଳୁଚି ଏବେ ବି
ତା'ର ନଗ୍ନତାର ରକ୍ତାଭ ଉଷାରେ,
ଏବେ ବି ଯଦି
ଫାଟିଆସୁଚି ସକାଳ
କାଳର ସନ୍ଦିଗ୍ଧ କପାଳରେ।

ମୁଁ ଦିନେ କେବେ ତତେ କହିବି ଗୋପନରେ
ଯେ ମୋର ନିଜର ପାପ ଥିଲା
ତୋର ସବୁ ଅପରାଧରେ।

୫୧

ଆଲୁଅ ଦିଶିଲାଣି
    ଦିଶିଲାଣି
        ଅନ୍ଧାରଘରେ
ତୋର ହାତପାଦ ନଦୀପର୍ବତ
        ଦ୍ୱୀପ ଅନ୍ତରୀପ
ପଥର ହୋଇଯାଇଥିବା ପୟସ୍ୱିନୀର ଓଠରେ
      ଫୁଟିଲାଣି ହସ ପରିତ୍ରାଣର।

ଦେଶ ମୋର, ମୋର କପାଳରେ ତୋର ଶପଥର ଗାର
      ପିଠିରେ ମୋର ଭାର
      କେବେ ନଭୁଲିବାର
    ଲଜ୍ଜା, ଘୃଣା, ଭୟ ଅହଂକାର।

ମୁଁ ଚାଲି ଶିଖୁଚି ନୂଆ ନୂଆ
ପାଦ ପଡୁଚି ଖଣ୍ଡାର ଧାର ଉପରେ ବଙ୍କା ଟିକିଏ
ଲହୁ ଗୋଳି ହୋଇ ବର୍ଷା ପାଣିରେ

ବୋହି ଯାଉଚି ଝରଝର
ତଥାପି ମୁଁ ଡରୁନି
ସେଇ ଆଡ଼କୁ ମୁହଁକରି ଚାଲିଚି
ଯୁଆଡୁ ଆସୁଚି ସୁବାସ
କୁହୁଳୁଥିବା ମୃଗନାଭିର
ଯୁଆଡୁ ଆସୁଚି ସ୍ୱର ଚୋଟଖାଇ
ଉଡ଼ିପାରୁନଥିବା ପକ୍ଷୀର ।

ଦେଶ ମୋର ତୋର ସୀମାରେଖାରେ ଲହୁର
ଧାରଟିଏ ଦେବି ଆଜି
କହିବି
ସତ ହେଉ ଆମର ପୁନର୍ଜନ୍ମର ସକାଳ ।

ନଦୀରେ ଅଖଣ୍ଡ ଜଳ ରହୁ
ପର୍ବତରେ ରହୁ ମେଘମାଳ
ହସରେ ହୃଦୟ ରହୁ
ଆସ୍ଥାରେ ଅନଳ

କହିବି ମୁଁ ବହୁଦିନ ପରେ
ଶୋଇଚି ନିଦରେ ଦେଶ ମୋର !

୫୨

କେହି ଦେଖିନାହାନ୍ତି ମୋ' ଦେଶକୁ। ସେ ମୋର ଆଖିରେ ଅଛି, ଏକା
ମୋ' ଆଖିରେ। ମୋର ବାଳୁତ ଆଖିରେ ମୁଁ ତାକୁ ଦେଖିଚି ପୋଲାଙ୍ଗ ବଣ
ଭିତରକୁ ଧାଇଁଗଲାବେଳେ ବୈଶାଖର ଧୂଳିଝଡ଼ ପଛରେ, ଶାଖୋଟହଳରେ
ଦେହରେ ଦେହଛନ୍ଦି ମୁଁ ତାକୁ ଦେଖିଚି ତା'ର ବିସ୍ମୟରେ। ଗୋଧୂଳିର କୋଉ
କୋଣରୁ ଉଠୁଚି ଧାରେ ବହଳ ଧୂଆଁ, ପିଲାଟିଏ ଫେରୁଚି ଏକା ଏକା ଘରକୁ,
ତା'ର ଆଖିରେ ମୁଁ ଦେଖିଚି ମୋର ଦେଶକୁ। ନୂଆ ନୂଆ ନାଚି ଶିଖୁଚି ସକାଳର
ଖରା ପିଣ୍ଡାଧାରରେ, କୁନି ପାଦରେ ଝୋଟି ଉଠୁଚି, ଲକ୍ଷ୍ମୀପାଦର ରେଖା ଟଣା
ହେଇଚି ଚାଉଳ ଘୁମର ନିରନ୍ଧ୍ର ଅନ୍ଧାରଯାଏଁ ଭଙ୍ଗା ଆମ୍ବଡାଳରେ ପୋକ
ଲାଗିଚି, କଦଳୀପତ୍ରର ଗାଲ ଦିଶୁଚି ପବନରେ ଲାଲ, ଆଖିରେ ତା'ର
ଭରି ଆସୁଚି ଦୂରରାସ୍ତାର କୁହୁଡ଼ି। ସେଇ ଆଖିରେ ଦେଖିଚି ମୁଁ ଦେଶକୁ ମୋର।

ଭାଂଗିରୁଜି ମିଶିଯାଇଚି ମାଟିରେ ପୁରୁଣା ଘର, ଆଉ ଗୋଟେ ଘରର ନିଅଁ
ପଡୁଚି ନିଷ୍ପାପ ନିରହଂକାର ଆବିଷ୍କାରର କିମିଆରେ। ଫୁଟୁଚି କେତକୀ,
ଡେଇଁ ଡେଇଁ ଯାଉଚି ବଣି ଚାଳଛାତରେ। ଅବାକ୍ ହୋଇ ଚାହିଁଚି ପାଣିକଖାରୁ
କୁଣ୍ଡର ଶିଉଳିକୁ। ନିଦ ନାହିଁ ଆଖିରେ, ଟ୍ରେନ୍ ଯାଉଚି ରାତିରେ,
ନିରବତାର ଗୋଟେ ଶୁଦ୍ଧ ଚିତ୍କାରରେ ସେ ନୂଆ ହେଇଯାଉଚି ରାତିକ ଭିତରେ।

ତାର ଦେହରୁ ବାହାରୁଚି କ୍ଷୀର ଲାଗି ଆସୁଥିବା ଧାନଶିଂଷାର ବାସ୍ନା, କଂଚା ପିଜୁଳିପତ୍ରର ଜିଭ ତା'ର ଥୁଥୁ କରି ଫିଙ୍ଗୁଚି ସ୍ୱାଦକୁ ମାଟିର ଲୋଲୁପତାକୁ ଆଉ ଟିକିଏ ଉତ୍ତାଳ କରି ଭସାଇ ଦେବା ପାଇଁ ରକ୍ତ ଫୁଟିବା ଆଗରୁ କ୍ଷତର ନିବୁଜ ମୁହଁରୁ। ସେ କୋଳରେ ବସିଚି ପାହାଡ଼ର, ଦିକିଦିକି ନିଆଁ ହୋଇ ଜଳୁଚି, କ୍ଷେତର ଆଖି ଭଳି, ଦେଖୁନି କେତେ ଝଡ଼ପରର ମହାଦ୍ରୁମ ଅସହାୟ ହୋଇ ଆଉଜି ଯାଉଚନ୍ତି କୂଳକୁ। ଗୁଗୁପାଂଚିରେ କୁତୂହଳର ଦ୍ୱାର ଖୋଲୁଚି ଶୈଶବ ତା'ର, ସେଇଥିରେ ଫୁଟିଦିଶିବ ମୁହଁ ଦେଶର। ସେଇଥିରୁ ମୁଁ ବି ବାହାର କଲି ଅଭିଶାପର କବଚ ମୋର, ରଖିଲି ତାକୁ ଚିରକାଳର ସେଇ ଶୈଶବରେ, ମୁହଁ ପୂରି ଆସୁଥିଲା ଯାହାର ଅଚାନକ ବସନ୍ତ ପବନରେ।

୫୩

ଦେଶ ମୋର, ତୋର ମନେଅଛି ମୋର ଜନ୍ମଦିନ ? ଧୂ ଧୂ ମରୁବାଲିରେ
କାଠିକୁଟାର ମୂର୍ତ୍ତିଟିଏ ଠିଆହୋଇପଡ଼ିଥିଲା ଅକସ୍ମାତ, ମରୀଚିକାର ହ୍ରଦରେ
ତା'ର ସେ ମନ୍ତ୍ରସ୍ନାନକୁ ଦେଖିଥିଲେ ଦଳେ ବାଟବଣା ଚଢ଼େଇ। ପୁରୁଣା ଲୁଗାକୁ
ଫିଙ୍ଗିଦେଇ ସେ ପିନ୍ଧିପକାଇଥିଲା ମଇଳା ଖଣ୍ଡେ ନୂଆଲୁଗା, ତରତର ହୋଇ
ଉଠିଆସିଥିଲା ମରୀଚିକାର ହ୍ରଦକୂଳକୁ। ସାଂଗରେ କେହି ନଥିଲେ, ପୁରୁଣା ଲୁଗାର
ଚିରାପତାକା ପୋତିହୋଇଥିଲା ବାଲିରେ। ସେ ପୁରୁଣା ଲୁଗାରେ ଥିଲା ଯେଉଁ
ରକ୍ତଦାଗ, ତାଆରି ବାସ୍ନାରେ ଟାଣିହୋଇ ଆସିଥିଲେ ଅସଂଖ୍ୟ ଶ୍ୱାପଦ ବାଲୁଚରର
ଗର୍ଭରୁ, ପ୍ରଥମ ବର୍ଷାପରେ ଅରାଏ ଘାସ ହୋଇ ବେଢ଼ିଯାଇଥିଲେ ସେ
ପୁରୁଣା ଲୁଗାଖଣ୍ଡକୁ। ମୋର ହ୍ରଦକୂଳରେ ଠିଆହେବା ଥିଲା ତୋ ପାଟିରୁ
ଆଧାର ଖୋଜିବାର ପ୍ରଥମଦିନ। ତୋର ବି ମନେଥିବ ତୁ ସେତେବେଳକୁ
ମାତିଚୁ ତୋର ମିଛମିଛିକା ଭଂଗାଗଢ଼ାରେ। ଧ୍ୱଂସର ଗୋଟେ ଘରକରଣାରୁ
ବାହାରୁଚି ବିମର୍ଷ ହୋଇ ସ୍ୱପ୍ନଟିଏ, ରାସ୍ତା ଚାଲୁଚି ଆଖିବୁଜି, ଭାବୁଚି ଆଜି
ସରିଯାଆନ୍ତା କି ଏ ଯାତନା ! ସରୁନାହିଁ ସେ ଯାତନା, ଚାଲିଚି
ତୋର ଭାଂଗି ଗଢ଼ିବାର ଘରକରଣା- ତୁ ଏଠି ରଖିଲୁଣି ଚଳାଏ ପାଣି,
ତ ସେଠି ମୁଣ୍ଡାଏ ପଥର, ଆଣିଲୁଣି କେତେବେଳେ ସଢ଼େଇରେ ବାଲି
ତ କୁଲାରେ କନିଶିରି, ଏଠି ରାନ୍ଧିଲୁଣି ପିଠାଖିରି ତ ସେଠି ରାନ୍ଧିଲୁଣି

ବାଲିଗୋଡ଼ି। ଚାଲିଚି ଅନବରତ ତୋର ଖେଳ, ସେ ଖେଳରେ ଆମ୍ବଗଛମୂଳରୁ ସତରେ କିଏ ପାଇବ ସେ ସୁବର୍ଣ୍ଣ ଟାକୁଆଟିକୁ, ଜାଣିନଥିଲି ଦେଶ ମୋର, ଜାଣିନଥିଲି କ'ଣ ସବୁ ଲେଖାଅଛି ଭାଗବତଗାଦିର ପୋଥିରେ। ମୁଁ ଦେଖିଥିଲି କେବଳ ଉଇହୁଙ୍କାର ଛାଇଭଳି ଜହ୍ନଆଲୁଅରେ, ଥାକ ପରେ ଥାକ ଥୁଆହୋଇଚି ଗୁଡ଼େ କଳ୍ପନା ଅନ୍ଧାରଘରେ। ଆଧାର ଖୋଜି ଖୋଜି ତୋର ମାଟିର ନିବିଡ଼ତାକୁ କୁଣ୍ଢାଇ ଧରିବାରେ ମୋର ସାହସ ନଥିଲା ଦେଶ ମୋର, ଥିଲା ଭୟ।

୫୪

ସାରାରାତି ଛୁଟିଲାଗିଚି ଗୋଟେ ଟ୍ରେନ୍, ତା'ର କୋଉ ଗୋଟେ ଡବାରେ
ଉପର ଥାକରେ ଶୋଇଚି ଫୁଟିଆସୁଥିବା ସକାଳଟିଏ ଚେକାବାନ୍ଧି ଶୋଇଥିବା
ସାପକୋଳରେ। ଶିର୍ ଶିର୍ ହୋଇଯାଉଚି ଦେହ ଭାବିଲେ। ହଳଦୀ
ଫୁଟିଆସୁଚି ସେ ସକାଳର ଦେହରେ, ନାଲିଫୁଟିଆସୁଚି ସେ
କେଶରରେ। ସାପର କଳା ଚକ୍‌ଚକ୍ ଦେହରେ ଦିଶୁଚି
ବୁଡ଼ିଯାଉଚି ତାରା ଆଖିର, ନିଶ୍ୱାସ ବନ୍ଦ୍ ହୋଇଯାଉଚି ନିଷ୍ପାପ କୁସୁମର।
ସେତେବେଳେ ତୁ ମୋର ଦେଶ ଗଡ଼ି ଚାଲିଥିଲୁ ଟ୍ରେନ୍‌ର ଝର୍କା ବାହାରେ
ନଦନଦୀ ପାହାଡ଼କନ୍ଦର। ତୋର ସବୁଜ ଆଙ୍ଗୁଠିର ଇସାରା ଆସି ଜଳାଇ
ଦେଇଥିଲା ବସନ୍ତକୁ ଚଳନ୍ତା ଟ୍ରେନ୍‌ରେ, ଜଗାଇ ଦେଇଥିଲା ପଥରରେ
ମୂର୍ତ୍ତିହେବାର ଆତଙ୍କ। ସେସବୁ ଦିନରେ ଯାଉଯାଉ ଭାବିବାର ଥିଲା
ଅନେକ କଥା, ଯାଉଯାଉ ଝୁଂଟି ପଡ଼ିଲାବେଳେ ଭାବିବାର ଥିଲା- ଏଇ କ'ଣ
ପଥଧାରର ଦେବତା ? ପଥଧାରର ଦେବତାମାନେ ବଡ଼ ନିଷ୍ଠୁର ଦେଶ ମୋର,
ତାଙ୍କରି ଆଖିଆଗରେ ଜଳିଯାଏ ସୌଧ ନିଦାଘର, ଛିନ୍‌ଭିନ୍ ହୋଇ ଦେହ
ଫାଟିଯାଏ, ନିଘା ନଥାଏ ଆତ୍ମାର। ଦିନେ ସେମିତି ଘଟିଥିଲା
ଦେଶ ମୋର, ରାସ୍ତାଉପରେ ଚାଲିଥିଲେ ଅସଂଖ୍ୟ ଗାଡ଼ିମଟର,
ଧାନବିଲରେ ଓହ୍ଲାଇଥିଲେ ପଂଝାଏ ଶୁଆ, ପୋଖରୀରୁ ଭଉଁରି

ଖେଳାଇ ବାହାରିଥିଲେ ମାଛ ଅବତାରର, କଦଳୀବଣର ଜଂଘ କାଟିବା ପାଇଁ ଖଣ୍ଡା ପଡ଼ିଥିଲା ପ୍ରତାରଣାର। ଦେବତା ଆଗରେ କାନ୍ଦିବାର ନଥିଲା କି ହସିବାର ନଥିଲା, ଖାଲି ଚୁପ୍‌ଚାପ୍ ଠିଆହେବାର ଥିଲା, ବେଳ ଗଡ଼ିଲାଯାଏଁ ଖୋଜିବାର ଥିଲା ଅସଂଖ୍ୟ ଫୁଲ ଭିତରୁ ଗୋଟିଏ ଫୁଲ। ସେଇ ଫୁଲଟିକୁ ମଥାରେ ଥୋଇ ଯିବାର ଥିଲା ସାତଦ୍ୱୀପ, ତେରପ୍ରାନ୍ତର।

୪୪

ଯାହା କଥା କେବେ ଭାବିନଥିଲି, ଯାହାର ନାଁ ଶୁଣି ଭାବିଥିଲି ସ୍ୱପ୍ନର
ସମୁଦ୍ରରେ ଥିଲେ ଥିବ ଆହତ ବସୁଧାର ରକ୍ତିମ ମାଟି ମୁଠାଏ ଦିଗନ୍ତ
ପାଇଁ, ଥିଲେ ଥିବ ଅସମାପ୍ତ ଆଖ୍ୟାନରୁ ବାହାରିଆସି କୋଉ ଗୋଟାଏ
ରିକ୍ତ ଜନପଦର ଅଭିମାନ ସେଥିରେ, ଥିଲେ ଥିବ ତୀରବିଦ୍ଧ ହେବା ଆଗରୁ
ଆଖିରେ ଘଡ଼ିକର ବିଭୀଷିକା ସେଥିରେ। ଭାବି ନଥିଲି ଦିନେ ଆସି
ପହଂଚିବି ସେ ଦ୍ୱୀପରେ। ଏଭଳି ପାଂଶୁଳ ଦ୍ୱୀପଟିଏ କିଏ ଗଢ଼ିଲା
ସାଗରର ଗର୍ଭକୋଷରେ ? କିଏ ଦେଲା ଏ ଦ୍ୱୀପକୁ ପରିଚୟ ଭୟଙ୍କର
ବିସ୍ମରଣର ଏ ପୃଥିବୀରେ ?

ଏଠି ମନ ନାହିଁ, ଆତ୍ମା ନାହିଁ, ପ୍ରାଣ ନାହିଁ
ଏଠି ଦେହ ନାହିଁ, ଦୁଃଖ ନାହିଁ, ରୋଗ ନାହିଁ, ଭୋଗ ନାହିଁ
କିଛି ନାହିଁ ଏ ଦ୍ୱୀପର ଅଖଣ୍ଡ ବାଲୁଚରରେ।

ବର୍ଚ୍ଛାଭଳି ପଡୁଚି ଖରା ବାଲିରେ, ଧାର ଧାର ବର୍ଷାର ଲହୁ ପିଇ ଶୁଖୁଚି
ବାଲିରେ ପ୍ରାରବ୍ଧର ବାସନା, କଳ୍ପାନ୍ତରର ଚକ୍ର ବୁଲୁଚି ଉପରେ।
ତଳେ ପଡ଼ିଚି ଜୀର୍ଣ୍ଣ ପାଟି, ଜୀର୍ଣ୍ଣ ପେଟ: ଫଳ ପୋଡୁଚି, ପୋଡୁଚି ମାଂସ
ଶିଖରୀରେ। ଖାଇବି ବୋଲି ଡାକୁଚି ମେଘ ମୟୂରକୁ, କେକାର ମାଂସରେ
ରକ୍ତ ଅଛି କି ବୋଲି ପଚାରୁଚି ଇନ୍ଦ୍ରଧନୁ, ଫଳରୁ ବାହାରୁଚି ଯୁଗଯୁଗର

ଅଭିଶାପ, ବୀଜରେ ଆଉ ଫଳ ଅଛିକି ବୋଲି ପଚାରୁଚି ବଳାକା ଆଷାଢ଼ର।
ମୁଁ ଠିଆହୋଇଚି ଏମିତି ଗୋଟିଏ ଜାଗାରେ ଯୋଉଠୁ ନିଆଁ ଦିଶୁଚି ପଶ୍ଚିମରେ।
ସୂର୍ଯ୍ୟ ଅସ୍ତଗଲେ ବୋଲି ମୁଁ ଭାବୁଚି, ନିଆଁ ଜଳୁଚି ଲିଭିବା ଆଗରୁ
ଆତ୍ମଦାହର ବିଜୁଳିରେ।

ଭୁଲ୍ ଭୁଲ୍ ଭୁଲ୍
କହିଯାଉଚି ନୈଋତରୁ
ଶୂନ୍ୟଥାଳି ନେଇ ଆସିଥିବା ପବନ

ସେ ନିଆଁ ସୂର୍ଯ୍ୟ ନୁହେଁ, ଆତ୍ମଦାହର ଶିଖା ବି ନୁହଁ। ସେ ନିଆଁ
ଉଠିଚି ଅନ୍ଧ ଅରଣିର ଘୋର ଆକ୍ରୋଶରୁ, ଜଳିପୋଡ଼ି ଭସ୍ମ
ହୋଇଯିବ ଅରଣ୍ୟ ସେଥିରେ। ରହିବେ ନାହିଁ କେହି, କାହାରି
ଚିତାଭସ୍ମରୁ ବାହାରିବ ନାହିଁ କୁଆଁମେଲି ନବଜାତକ ଲାଂଛନାର।
ହେ ମୋର ଦେଶ ଏ ଦ୍ୱୀପ କ'ଣ ତୋର ମେଦ ମନ୍ୱନ୍ତରର?-
ଏଥିରେ କ'ଣ ଅଛି ତୋର ଅଭିଶାପର କଜ୍ଜଳତା, ଅଛି କ'ଣ
ଏଥିରେ ତୋର କର୍ମନାଶାର ତରୁବୀଥି, ଅଛି କ'ଣ ଏଥିରେ ତୋର
ଧ୍ୱଂସର ମେରୁ, ଗିରିବର୍ତ୍ମ, ଆନନ୍ଦ ନିର୍ଝର? ଦେଶ ମୋର ମୁଁ
ପାରୁନି ଆଉ, ନିଆଁ ଜଳୁଚି, ବାରମ୍ବାର ଉଠୁଚି ଆତଙ୍କର ଶିଖା
ଦାବାଗ୍ନିରୁ। ଦେ' ମୋତେ ଖାଇବା ପାଇଁ ଦେ', ପୂରାଇ ଦେ'
ଜଠର ମୋର ପିତୃପୁରୁଷଙ୍କ ଅସ୍ଥିମଜ୍ଜାରେ, ଗଡ଼ାଇ ଗଡ଼ାଇ ନେଇଯା'
ମୋତେ ଶୂନ୍ୟଥାଳିର ପାହାଚରୁ ଶୁଭ୍ର ଅକ୍ଷରର ଅନ୍ନଶାଳାକୁ।
ଦେଶ ମୋର ଏ ଦ୍ୱୀପରେ କେବେ ଖେଳିଚି ତୋର ଜ୍ୱାଳାମୁଖୀ,
ଫୁଟିଚି କେବେ ସହସ୍ରଧାର ରୁଧିର ତା'ର ପାଷାଣରେ? ମୁଁ
ବହୁ ବିଳମ୍ବରେ ଆସିଚି, ପ୍ରଳୟର ଶେଷ ବହ୍ନି ନିର୍ବାପିତ ହେବା ଆଗରୁ
ଆସିଚି ମଳିନ ଦୀପଶିଖା ସାକ୍ଷୀ ହୋଇ କୃତକର୍ମର।

୫୬

ଜାଣିନଥିଲି ତାକୁ, ଯେବେଯେବେ ନୌକା ନେଇ ଯାଇଚି ବିକ୍ଷୁବ୍ଧ ସାଗରରେ
ଯେବେ ଯେବେ ଉଡ଼ିଆସିଚି ଅଣଚାକ୍ଷର ଗର୍ଭରୁ ତା'ର ଅଙ୍ଗବାସ, ସେବେସେବେ
ମୁଁ ପଚାରିବି ତାକୁ : କେବେ ମିଳିବ ବୁନ୍ଦାଏ ପାଣି ପଥରରୁ ? ହସିଚି ଦ୍ୱୀପ,
କହିଚି ମୁଁ ଜାଣେନା ଜାଣେନା । ରଣଝଣ ହୋଇ ଉଠିଚି ଗମ୍ଭୀରାର ଅନ୍ଧାର
ଭିତରୁ ଦୁଃସ୍ୱପ୍ନ, ଚଂପାଗଛରେ ଲାଗିଚି ଫାଶୀ, କଳାକାଠ ପଡ଼ିଯାଇଚି
ମୁହଁ ତୋର ଦର୍ପଣରେ । ହସିଚି ଦ୍ୱୀପ କହିଚି ମୁଁ ଦେହ ତୋର, ଅଖଣ୍ଡ
ବାଲୁଚର ବୋଲି କହୁଚୁ ଯାହାକୁ ତା'ର ଅଭ୍ୟନ୍ତର ଗଢ଼ା ତୋର ସମର୍ପଣର
ଆକୃତିରେ, ଅଛି ସେଥିରେ କଥା ଯୁଗଯୁଗର । ବୁନ୍ଦାଏ ପାଣି ପାଇଁ କିଏ
କେତେ ଗଲେ ଇତିହାସର ଅରଣ୍ୟରେ, ରକ୍ତଲଗା ଖୋଜଚିହ୍ନ ପଥରରେ
ଦେଖି ଦେଖି ଗଲେ ଶବ୍ଦର ଗୁମ୍ଫା ଭିତରକୁ, ଥିଲା ତା' ଭିତରେ ଅପହଞ୍ଚ
ଶୃଂଗଟିଏ ନିରବତାର, ନିରବତାର ଗର୍ଭରେ ଥିଲା ତୃଣ ମହାକାଳର । ହେ
ମୋର ଦେଶ, ମୁଁ କେତେଦିନ ଆଉ ରହିପାରିଥାନ୍ତି ଏ ଦ୍ୱୀପରେ ? ମୁଁ ତ
କେବେ କିଛି ଚାହିଁ ନଥିଲି, ଚାହିଁ ନଥିଲି ମାଟି ଫାଟି ଉଠୁ ଅଙ୍କୁର, ଚାହିଁ ନଥିଲି
ଶୋଷିଶୋଷି ପ୍ରାଣ, ମୂଳଯାଉ ଶଂକାର ପାତାଳକୁ, ଭରିଦେଉ ମୋର
ଅବିନାଶୀ ରାଜଧାନୀକୁ ସଫଳତାର ଅସଂଖ୍ୟ ସୁବର୍ଣ୍ଣ କଂକାଳରେ ସମୟ ।
ମୁଁ ତ ଚାହିଁନଥିଲି ନ ଚାହିଁବାର ଏ ଦ୍ୱୀପ ତୃଷାର ତିମିର ହୋଇ ଉଠୁ

ଦିଗନ୍ତରେ, ବର୍ଷ୍ଣୁ ଉଷାର ଚନ୍ଦ୍ରଲେଖା ପର୍ବତର ପାଂଶୁଳ କଂକାଳରେ। ନା ମୁଁ
ଚାହିଁନଥିଲି ଏସବୁ, ଚାହିଁଥିଲି ଘଟିଯାଉ ଜୀବନ ଘଟଣାରେ, ନିରକ୍ତ
ପଳାଶଟିଏ ଉଠାଇନେଉ ପ୍ରତିଦିନ ଘାସରୁ, ହାତଧରି ତୃଷିତ ଆତ୍ମା ମୋର
ଜଳରେ! ମୁଁ ଜାଣେନା କ'ଣ କ'ଣ ମୁଁ ଚାହିଁଥିଲି,
ଚାହିଁନଥିଲି ବା କ'ଣ। କେତେଯୁଗର ଅନ୍ଧାରରୁ ଆତ୍ମା ମୋର ଖୋଜୁଥିଲା କି
ଗୋପନ ଅର୍ଥାନ୍ତର, ଭାଷ୍ୟ ଆଲୋକର। ଏତିକି କେବଳ
ଜାଣେ ଯେ ଆରମ୍ଭରୁ ମୁଁ ଦେଖି ନଥିଲି ମୋର ଅନ୍ତିମକୁ, କ୍ଷଣକର
ବିଜୁଳିରେ ଦେଖିନେଇଥିଲି ମହାକାଳକୁ। ମୁଁ ଯେତେବେଳେ
ଥର ଥର ହାତରେ ଛୁଇଁଥିଲି ସେ ସାମର୍ଥ୍ୟକୁ, ଅସ୍ତ୍ରଧରି ଉଠିଥିଲା
ଗିରିବର୍ତ୍ମରୁ ଅବୋଧ ପ୍ରତିହିଂସାର ହାତ। ସେଇ ହାତରେ ମୁଁ
ଥୋଇଥିଲି ମୋର ହାତ, ମୋତେ ବାଟ ଦେଖାଇ ନେଇଥିଲା ସେ ହାତ,
କହିଦେଇଥିଲା ଅଛି କି ଐଶ୍ୱର୍ଯ୍ୟ ସୁଦୂରର ସେ ହିରଣ୍ମୟ ପାତ୍ରରେ।
ଅମୃତକୁ ଅମୃତ ଭାବି ପିଇଲାବେଳେ ଥରିନଥିଲା ଓଠ, ଥରିନଥିଲା
ଜଳ ଅଗାଧ ଦର୍ପଣର। ପ୍ରତିଛବିରୁ ରକ୍ତପିଇ ବଢ଼ିଥିଲା ମୋର
ଶରୀର, ସେଇ ଶରୀର ଆଜି ଠିଆହୋଇଚି ତୃଷାର ଦ୍ୱୀପରେ
ଦେଶ ମୋର, ପଚାରୁଚି ମୁଁ କେବେ ଯିବି ଆରପାରିକୁ, କାଳର
ଜଳଧାରରୁ କୋଉଠି ମିଳିବ ଆଂଜୁଳାଏ ଜଳ ପ୍ରତ୍ୟାଶାର। ଆଶାକୁ
ଯଦି ଫିଙ୍ଗିଦେଇଚି, ଯଦି ଧରିପାରିନି କୁହୁଡ଼ାନର ପ୍ଲାବନକୁ
ବୈଶାଖର ଦହନରେ, ତେବେ କୋଉ ତୃଷାର ବାହାରେ ମିଳିବ
ତୃପ୍ତି ମୋର ?

ନଦୀ କେବେ ହେବ ହ୍ରଦ
ହ୍ରଦ କେବେ ହେବ ମେଘ
ମେଘ କେବେ ହେବ ଜଳଧାର ?

୫୭

କୋଉଠୁ ଆରମ୍ଭ କୋଉଠି ଶେଷ କିଏ ଜାଣିଚି ? ଭୟର ଏ ବୀଭତ୍ସ ଦ୍ୱୀପରୁ
କିଏ ଆଉ ନବ ବା କ'ଣ ? ସାରା ପୃଥିବୀକୁ ଏକାଠି କରି ମୁଁ ଗଢ଼ିଥିଲି
ଯେଉଁ କପଟପାଶାର ଦାନ, ଥୋଇଥିଲି ଯେଉଁ ପଣ ବିଭ୍ରମର, ସେଇଥିରୁ
ପାଇଥିଲି ଏ ଭୂଖଣ୍ଡକୁ । ସେଥିରେ ଥିଲା ମୋର ଯୁଗ, ମୋର କଳ୍ପ, ମୋର
କାଳ । ଥରକୁଥର ଭାଂଗିପଡ଼ିବାର ଆତଙ୍କରେ ଲେଖାହୋଇଥିଲା ତା'ର
ଦିଗ୍‌ବଳୟର କାହାଣୀ । ପରାଜୟର ତା'ଠାରୁ ବଡ଼ ରୂପକଥା କିଏ ଆଉ
ଲେଖିପାରିଥାନ୍ତା କହ ? କହ କିଏ ଆଉ କହିପାରିଥାନ୍ତା ଏତେବଡ଼
ମିଛକୁ ଏତେ ସହଜରେ ? ଦେଶ ମୋର, ମୁଁ ରହିଚି ଏ ଦ୍ୱୀପରେ,
କାଠିକୁଟାରେ ଗଢ଼ିଚି ମୋର ନୀଡ଼, ଅଭିଶାପକୁ ମାନି ନେଇଚି ଭାଗ୍ୟ ବୋଲି
ବିନା ଅଭିଯୋଗରେ, କହିପାରିନି ପବନକୁ ଯାଆନା ବୋଲି ବିଶାଳ
ମହୀରୁହର ବେକରେ ଅବିଶ୍ୱାସର ଲଟାଗୁଡ଼ାଇ ହେଲାବେଳେ, ଦେଇପାରିନି
ସୀମାରୁ କାଟି ଚିରୁଡ଼ାଏ ମାଟି ପିତୃପୁରୁଷଙ୍କ ଭୋକିଲା ପାଟିରେ,
ଶେଷହେଲା ବୋଲି କହିପାରିନି କେବେ, ରହିଯାଇଚି ଆରମ୍ଭର କଳ୍ପନାରେ ।
ଥରକୁ ଥର ଉଜୁଡ଼ିଚି ମୋର ନୀଡ଼, ପ୍ରତିଥର ମୁଁ ଗଢ଼ିଚି ତାକୁ ଭୟରେ ।

ଭୟରେ ସେ ଭୟରେ ଦେବତାକୁ ନେଇ ବସାଇଦେଇଚି ସ୍ତବ୍ଧ ଅନ୍ତର୍ଲୋକରେ,
ପଚାରିଚି ହେ ଦେବତା କେବେ ମିଳିବ ମୁକ୍ତି ଏ ଦ୍ୱୀପରୁ, କେବେ
ପୁଣି ମୁଁ ଯିବି ତାରାର ଆଲୋକରେ ବାଟ ଠାବକରି, ସୁଦୂରରୁ କେବେ ପୁଣି
ଶୁଭିବ ବାତୁଳ ପବନର ତାଳି, କେବେ ପୁଣି ଫେରିବାର
ବିଜୁଳି ଚମକିବ, ଅସ୍ତତାରାର ନକ୍ଷତ୍ରରାଗରେ ଭାସିବ ମୋର ତରୀ ?

୫୮

ଆରମ୍ଭର କଳ୍ପନା ମୋର କେଡ଼େ ସୁନ୍ଦର ତୁ ଜାଣୁ ଦେଶ ମୋର ?

ଗାରଟିଏ ଟାଣିଦେଇ ମୁଁ ସବୁବେଳେ ଭାବେ ଏଇଠୁ ଆରମ୍ଭ ହେବ ନୂଆକରି
ଜୀବନ–
ଏଇ ଦ୍ୱୀପର ସୀମାରେଖା
ଏଇ ତା' ବାହାରେ ମୁକ୍ତିର ସନ୍ଧାନରେ ବାହାରିଥିବା ପକ୍ଷୀ ଦଳ ଦଳ
ଏଇ ନୀଡ଼ରେ ଘଡ଼ିକ ପାଇଁ ରହିଯିବାର ମୁକ୍ତି
ଏଇ ମୁକ୍ତିର ପର ସକାଳ
ଏଇ ପରସକାଳର ଓଦାଘାସରେ ଏଯାଏଁ ମୁକ୍ତା ହୋଇ ପାରିନଥିବା
ଟୋପାଟୋପା କାକର।

ସେସବୁ କିନ୍ତୁ ରହିଯାଏ ସେଇ ଆରମ୍ଭରେ। ଯାହାକୁ ଭାବିଥାଏ ନୀଡ଼ ବୋଲି
ତା'ର ସାନ୍ଦ୍ର ରଚନାରେ ଥାଏ ନିବିଡ଼ ଆତ୍ମପରିଚୟର ଅନ୍ଧାର। ସେଠି ମୁହଁକୁ
ମୁହଁ ଦିଶେନି ହେଲେ ଜାଣିହୁଏ ଏଯାଏଁ ତଥାପି ହୋଇନି ସକାଳ।
ତଥାପି ଅଛି ସନ୍ଦେହ ଚକ୍ରବାଳର କପାଳରେ। ବଡ଼ ବିଚିତ୍ର ସମୟ ସିଏ
ଯେତେବେଳେ ଯାଇହୁଏନି ଆଗକୁ କି ଫେରିହୁଏନି ପଛକୁ, ମୂଳ ସହିତ

ମିଶି ମୂଳ ହେବାରେ ବି ନଥାଏ ସୁଖ। କିଏ କେତେ ଆସିଲେ ଗଲେ
କିଛି ହେଲା କି ସେ ଆରମ୍ଭର ? ଆରମ୍ଭ ହୋଇ ରହିଗଲା ମୋର ସବୁ
ଆରମ୍ଭ ଅଦ୍ଭୁତ ସେ ଦ୍ୱୀପରେ।

ମୋର ଛାତି ଉପରେ ହାତ ରଖ୍
                    ଦେଶ ମୋର
ଶୁଣ୍ ଭୟରେ ସେ ଦ୍ୱୀପରୁ
ବାହାରିଥିବା ଗୋଟିଏ ଅନନ୍ତ ଆକ୍ରୋଶ
କେମିତି ଘୃଣା କରି ଶିଖୁଚି ନିଜକୁ
ପ୍ରତି ହୃତ୍‌ସ୍ପନ୍ଦନରେ, କେମିତି
କଳଙ୍କର ଟିକା ଲାଗିଚାଲିଚି ସବୁ ଆରମ୍ଭର ଶୁଭ୍ର କପାଳରେ।

୫୯

ଏକଥା ବି ତ ମିଛ ନୁହେଁ ଯେ ଆଉ କେବେ ବି ମେଘ ବର୍ଷିବନି ଆମର ଅପନ୍ତରାରେ, କଅଁଳିବନି ଘାସ, ମରୀଚିକାକୁ ବିଦାରି, ଚିରି ନାରଖାର କରି ମିଳିବ ଟୋପେ ଲହୁ ମରୁଭୂମିରେ ଜାହାଜ ନେଇ ବାହାରିଥିବା ଆବିଷ୍କାରକକୁ! ମିଛ ନୁହେଁ, ହେଲେ କୋଉ ସତର ସାହସ ଅଛି ଏକୁଟିଆ ଆସି ଠିଆହେବ ଯୁଦ୍ଧଭୂମିରେ, ଅସ୍ତ୍ର ନଥିବ ହାତରେ, ନଥିବ ନିର୍ବୋଧତାର ଅଶ୍ୱଗଜଜୈତ୍ରନିଶାଣ? ମିଛ ଏ ଦ୍ୱୀପରେ ସାତସାଧବର ଅଜ୍ଞାତବାସର କାହାଣୀ କହି କହି ଥକିଗଲେଣି ଐତିହାସିକ, ପରିବ୍ରାଜକର ଦିନଲିପିରେ ଭରିଗଲାଣି ଯୁଗଯୁଗାନ୍ତର ଲମ୍ବିଥିବା ଅସଂଖ୍ୟ ଘଡ଼ି ଲଗ୍ନ ତାରିଖ ତିଥି, କୋଉଥିରେ ବି ନାହିଁ ମୋତେ କେହି ଦେଖିଥିବାର ପ୍ରମାଣ! ମୁଁ ମିଛର ଏ ଦ୍ୱୀପରେ ରହିଚି କେବେଠୁ, ଏଠି ମୋର ଛାଇ ବି ବାଲିରୁ ଖୋଜିଲାଗିଚି ପାଣି, ମୋ' ସହିତ ଏକାଠି କରି ଭୋଗୁଚି ମୋର ନିରବତାକୁ କୋଉ ଗୋଟାଏ ଅକୁହା କାହାଣୀ। ଏତିକିରେ ସରିଯିବ ଭାବିଚୁ ଦେଶ ମୋର, ଭାବିଚୁ ମୁଁ ରହିଯିବି ଏଇଠି ତୋର ଅସଂଖ୍ୟ ରକ୍ତଦାଗକୁ ଧୋଇବା ପାଇଁ ମରୀଚିକାର ଜଳରେ? ଭାବିଚୁ ମୁଁ ଚାହିଁରହିଥିବି ଏମିତି, ଆକାଶରେ ଭାସିଯାଉଥିବେ ମେଘ ମାଳମାଳ, ଶୁଖିଲା ମାଟିରୁ ଉଠୁଥିବ ଟୋପାଏ ପାଣି ପାଇଁ ହାହାକାର। ମୁଁ ଜଟାଜୂଟ ମଣ୍ଡି ହୋଇ ବସିଥିବି

ସାଧକ ତୋର କନ୍ଦରାରେ, ମନ୍ତ୍ରରୁ ଉଠୁଥିବ ଧୂଳିପଟଳ, ମନ୍ଦ୍ର ମେଘସ୍ୱନରେ
ମିଶୁଥିବ ମୋର ଗୁଂଜରଣ, ହେଲେ ବର୍ଷୁ ନଥିବ ଟୋପାଏ- ଏମିତି ଭାବିଚୁ
ବସିଥିବି, ମିଛକୁ ନେଇ ସତ କୋଳରେ ବସିଲାଭଳି ସାତପୁରୁଷର
ଦେବତା ଘର କୋଣରେ ? ସେଇଆ ବୋଧେ ହେବ-

ମିଛର ଏ ଦ୍ୱୀପକୁ ତୁ ପ୍ରଳୟ ପ୍ଲାବନରେ ଛାଡ଼ିଦେଇ ଯିବୁ ଦୂରକୁ-
ନିଦାଘରେ ଜଳି ଜଳି ପାଉଁଶ ହୋଇଯାଇଥିବା ଗୋଟେ ଆଶାକୁ ନେଇ
ମିଛରେ ସେ ଦ୍ୱୀପ ଯେତେବେଳେ ବୁଡ଼ିବ ପ୍ରଳୟ ପ୍ଲାବନରେ ସେତିକିବେଳେ

ବୋଧେ ହସ ଫୁଟିବ ପଥରର ଓଠରେ। ସେତିକିବେଳେ ତୁ କହିବୁ;
ମୁଁ ଏଯାଏଁ ଯାହା କହିନଥିଲି କହିଚି ଶୁଣ, ଏ ଦେହର ମହାପୁରାଣରେ
ଅଛି ଏମିତି ଗୋଟେ ଅଧ୍ୟାୟ ଅଭିଶାପର ଯାହାକୁ ଲେଖିପାରିନି କେବେ
କେହି, ଯୁଗଯୁଗଧରି ଯାହାକୁ ଖାଲି ମନେ ରଖିଆସିଚି ସାରାସଂସାର।
ସେଇ ଅଧ୍ୟାୟରେ ପଡ଼ିଚି ମୋର ମାଟିପିଣ୍ଡ, ସେଇ ପିଣ୍ଡରେ ଅଛି ସବୁ
ମିଛର ପ୍ରାଣ। ତାକୁଇ ନେଇ ଯିଏ ବାହାରିଚି ଗଢ଼ିବା ପାଇଁ
ଦିନରାତି ତାକୁ ଲାଗିଚି କେଡ଼େ ସୁନ୍ଦର ଏ ଜୀବନ, କେଡ଼େ ସୁନ୍ଦର
ତା'ର ନିର୍ମମ ଶଠପଣ, ମାଳତୀଲତାର ଓହଳି ପଡ଼ିବା କ'ଣ ନୁହେଁ
ନିଜକୁ ବଳି ଦେଇ ଦେବା ନିଶାଣ ଶ୍ରାବଣର ଯୂପକାଠରେ ?

ଦେଶ ମୋର ମୁଁ ଜାଣିଚି ତାକୁ, ପଢ଼ିଚି ସେ ମହାପୁରାଣ।
ପଙ୍‌କ୍ତି ପରେ ପଙ୍‌କ୍ତି ମୋର ଅସ୍ଥି ବିଛାଇ ବସିଚି ସେ ଆଖ୍ୟାୟିକାର ପାଷାଣ- ମୁଁ
ତାକୁ ଫଟାଇ ଆଣିବି ଭାଗୀରଥି ଏମିତି ବି ତ ହୋଇପାରେ, ଏମିତି ବି ତ
ହୋଇପାରେ ଯେ କେବେଦିନେ ଏ ନିଷ୍ଫଳା ଦ୍ୱୀପରେ ବର୍ଷିବ ସତକୁସତ
ଜଳ ସାତସାଗରର, ଜଣେ କିଏ ବଣିଜ ପାଇଁ ବିଦେଶ ଆସି ରହିଯିବ
ଅଜ୍ଞାତବାସରେ, ଆଉ ଜଣେ ମଂଜି ପୋତି ଅପେକ୍ଷାକରି ବସିଥିବ କେବେ
ଉଠିବ ମଂଜରୀ ଆଉ ଗୋଟିଏ ଆବିଷ୍କାରର।
କିଏ ସତ ପଚାରନା ଦେଶ ମୋର, ସେଇ ପ୍ରଶ୍ନରେ ଅଛି ଅଭିଶାପ ନିର୍ବାସନର।

୬୦

କିଏ କାହାକୁ କହିବ କେବେ ଉଠିବ
ଧୂଳିଧୂସର ପରିଚୟ ମୋର
ଧ୍ୱଂସର ପତାକା ନେଇ ମାଟିର ଗର୍ଭଚିରି ବାହାରିବ
ଧାତୁ ନଷ୍ଟ ଐଶ୍ୱର୍ଯ୍ୟର ?

ଏଇଠି ରକ୍ତଟୋପାଏ ବି ନାହିଁ ରାତିର ଧମନୀରେ
ଝଡ଼ର କଳାପବନ ବୋହୁଚି ଅନ୍ଧାରରେ
ଭାଂଗିରୁଜି ଗଲାଣି କେତେ ସ୍ଥାପତ୍ୟ ସ୍ୱପ୍ନର
କେତେ ଆଉ ଗଢ଼ାହେବ, କେବେ ପୁଣିଥରେ ?

ହେ ମୋର ଦେଶ ଏଇ କ'ଣ ଦ୍ୱୀପ
ମୋର ସ୍ୱାଧୀନତାର ?
ଏଇ କ'ଣ ଲହୁ ସ୍ଫଟିକର ?

ରତ୍ନରେ ଥିଲା ଏ ଲହୁ, ଥିଲା ମୁଠାଏ ଲୁଣରେ, ଥିଲା କାଳକୋଠରିର
ପଥର କାନ୍ଥରେ, ଥିଲା ବାରୁଦରେ, ଥିଲା ନିଜକୁ ନିଃଶେଷ କରି ଅଖିଳର

ନିଆଁ ହେବାରେ। ସବୁ ପରିଚୟର ସ୍ଫଟିକରେ ତୋର ରଶ୍ମିରେଖାରେ ପୁଣି
ଆସିଲା କୋଉଠୁ ଏତେ ଅନ୍ଧାର, ଏତେ ଅନ୍ଧାର ସମୁଦ୍ର ଡେଇଁ ଆସିଲା
କେମିତି ଏ ଉପନିବେଶକୁ ?

ସବୁ ସ୍ୱାଧୀନତାରେ ଥାଏ ବୋଧେ
ତାକୁ ଦୁର୍ବୋଧ୍ୟ କରି ରଖିବାର ଗୋଟେ ଭ୍ରମ
ଥାଏ ବୋଧେ ସେ ଭ୍ରମରେ ସାତପାତାଳରୁ
ଦ୍ରୁମଟିଏ ଭିଆଇବାର ଦୁର୍ବାର ନିଷ୍ଫଳତା।

ମୁଁ ତୋର ଅୟସ୍କକୁ ପଚାରିଚି, ପଚାରିଚି ତୋର ଅଭ୍ରକୁ,
ତୋର କୋଇଲାକୁ ପଚାରିଚି, ତୋର ହୀରାକୁ, ତୋର ସୁନାକୁ-
ଏମିତି କ'ଣ ସାମ୍ରାଜ୍ୟ ନାହିଁ ତୋର ଗର୍ଭରେ ଯାହାକୁ
ଜନ୍ମ ଦେଇପାରନ୍ତା ମୋର ରାତି କୃଷ୍ଣାସାରସର
କାଲିସକାଳର କୌସ୍ତୁଭ କରି ?
ଏମିତି କ'ଣ କଳରବ ନାହିଁ ମିଳନର ଯାହା
ଧୋଇ ଦେଇପାରନ୍ତା ମୋର ପାହାଚ ଅସଂଖ୍ୟ ପ୍ରସ୍ଥାନର ?
ଏମିତି କ'ଣ ଆରମ୍ଭ ନାହିଁ ସେ ଇତିର
ଯାହାକୁ ମୁଁ କହିପାରନ୍ତି ନିଜର ?

କେହି ମୋତେ କହିନାହାନ୍ତି କିଛି, କାହାରିଠାରୁ ବି ପାଇନି ଉତ୍ତର,
ଧୀରେ ଧୀରେ ଲିଭି ଆସୁଚି ସୀମାରେଖା ଦ୍ୱୀପର, ଗୋଟେ ଉତ୍ତାଳ
ତରଂଗ ଆସୁଚି ପିଠିରେ ତା'ର ଶବ ତସ୍କରର। ସବୁ ଶେଷ ହୋଇଯିବ
ଯାପରେ, ରହିବ ନାହିଁ ପଥ, ରହିବ ନାହିଁ ପଥ ସରିବାର ଭୟ। ସେଇ
ଶେଷହେବାରୁ କ'ଣ ପୁଣିଥରେ ଉଠିବ ଅଭୟ, ସବୁ ପ୍ରଶ୍ନକୁ
ଏକାଠି କରି ଗଢ଼ିବ ଗୋଟେ ନୂଆ ପରିଚୟ ନିର୍ଣ୍ଣୟର ? କି
ନିର୍ଣ୍ଣୟ ସେ, କାହାର ସେ ଅଧିକାର ଧୂଳି ଧୂସର ପରିଚୟକୁ ମୋର
ଫେରାଇ ଦେବାର ?

ମୁଁ ଆସିଚି ଇତିହାସରୁ
ତୋର ଅସଂଖ୍ୟ ସ୍ୱୈରାଚାରର ଶଯ୍ୟାରୁ ମୁଁ ଆସିଚି

ଦେଶ ମୋର
ଦେଖ୍ ମୋର ଦେହରେ କେତେ
ଦାଗ ପୋଡ଼ା ବସନ୍ତର !

ଦେଖ୍ ମୋ' ଆଖିରେ କେତେ
ଅନ୍ଧତ୍ୱ ଜ୍ୟୋସ୍ନାର
କେତେ ଶିହରଣ ସଂକଟର
କେତେ ଜ୍ୱାଳା ନିର୍ମମତାର ।
ମୁଁ କ'ଣ ଜନ୍ମ ନେବିନି ପୁଣିଥରେ ତୋର ଅମାବାସ୍ୟାରେ ?
ମୁଁ କ'ଣ କହିବି ନାହିଁ ପୃଥିବୀକୁ ଯେ
ମୁଁ ରଖିପାରିନି ମୋର ସ୍ୱାଧୀନତାକୁ ମୋର କାମନାର
ସ୍ଫଟିକ କରି,
ମୁଁ କରିପାରିନି ମୋର ସ୍ଫଟିକକୁ ଦାନାଏ ଲୁଣ ଭଳି ଆତୁର,
ମୁଁ ମୋର ଆତୁରତାକୁ ବି ଫୁଟାଇପାରିନି
ରୋମାଂଚ କରି ମୋର ନୈରାଜ୍ୟର ଦର୍ପଣରେ ?
ହେ ମୋର ଦେଶ,
ମୁଁ ଏ ଦ୍ୱୀପରେ ରହିବି ସେଯାଏଁ
ଯେଯାଏଁ ଦେହ ମୋର ହୋଇଯାଇନି ପଥର
କୃଷ୍ଣସାରର ନାଭିରେ,
ରହିବି ଯେଯାଏଁ ଖୋଲା ହୋଇନି
ଖଣିଜ ନିଶ୍ୱାସ ମୋର ପୃଥିବୀର ରତ୍ନଗର୍ଭରୁ ।

ଥିବି, ଏଇଠି ଥିବି
ତୋର ଥିବାର ସାକ୍ଷୀ ହୋଇ କାଳକାଳ
ନହେଉ ପଛେ ସକାଳ ।

୬୧

ହେ ମୋର ଦେଶ
ହେ ମୋର ସୁଦୂର ଅଭିସନ୍ଧି
ହେ ମୋର ଯୁଦ୍ଧ, ମୋର ପଦସନ୍ଧି
ମୋର କାରାବାସ
ମୋର ନିମିଷ
ମୋର ନିରବତା
ମୋର ରକ୍ତପାତ, ମୋର କ୍ଷୟ, ମୋର ସନ୍ଧାନ
ମୋର ଜୟ
ମୁଁ ତୋର ଅସଂଖ୍ୟ କ୍ଷଣକୁ ନେଇ ରଖିବି କୋଉ
ନିର୍ବାସନରେ ?

ସବୁ ନିର୍ବାଚନରେ ଜଳୁଚି
କୋଉ ନା କୋଉ ଇନ୍ଦ୍ରର ଚିତା
କୋଉ ନା କୋଉ ଐରାବତର ଅନ୍ଧାର ବସିଚି
ଦିଗନ୍ତଯାଏଁ
ରାତିର ।

ଜୁଳୁଜୁଳୁ ହୋଇ ଜଳୁଚି ଗୋଟେ ଦ୍ୱୀପ
ଦେହର ଘରକୋଣରେ
ଦେବତା ହୋଇ ବସିଚି ଲୋଭ
ଟୋପାଏ ବି ପାଣି ନାହିଁ
କଳସରେ ।

ଏମିତି ବେଳାରେ ତୋର ନିର୍ବାସନକୁ ଚିହ୍ନିବାରେ
ମୋର ଡେରି ହେଉଚି ଦେଶ
ମୁଁ ରହିରହି ଚାଲୁଚି, ପିଠିରେ ଭାରବୋହି ଅକ୍ଷୟର
କାଳେ ଝୁଂଟିବି
କୋଉ ଅସ୍ଥି ଶହୀଦର
ଜମାଟ ବାନ୍ଧି କଳାପଡ଼ିଯାଇଥିବା
ବିନ୍ଦୁଏ ରକ୍ତର ଏ ଶୁଭ୍ର ଦ୍ୱୀପରେ !

୭୨

ଆଉ କିଛି ନେବାର ନାହିଁ ଏ ଦ୍ୱୀପରୁ, ସବୁକିଛି ନେଇସାରିଲେଣି
ସେମାନେ। ଅରାଏ ବାଲି ପଡ଼ିଚି, ଦି ଚାରିଟା ଅରଖଗଛ, ମନ୍ଦାଏ ଶିଳୁ,
ଦିନେ ଏଠି
ଥିଲା ଗୋଟେ ଘର
ସୂର୍ଯ୍ୟର ଘର।
ସୂର୍ଯ୍ୟକୁ ସେମାନେ ନେଇଗଲେ
ଥୋଇଲେ ସେମାନଙ୍କ ରଥରେ
ପ୍ରତୀକ କରି କାଳର।
ଘର ଉଡ଼ିଗଲା ବତାସରେ
ମାଟିରୁ ତା'ର ନିଅଁ ଉଠିଲା ଜୁଆରରେ
ନିଅାଁରେ ଜଳିଗଲା
ତା'ର ବୀଜ ଐତିହ୍ୟର।

ଅସହାୟ ସୂର୍ଯ୍ୟକୁ ନେଇ
ସେମାନେ ଆଉ କ'ଣ କରିପାରିବେ ଏ ପୃଥିବୀରେ ?

ସେମାନେ କ'ଣ ଆଣିପାରିବେ
ଆଉ ଗୋଟାଏ ନୂଆ ଭୂଖଣ୍ଡ
ଉପଳ ଓ ଧେନୁପଲ ସହିତ
ଗୋଟାଏ ଚରାଚରର ସଂଗୀତ
ଏ ବିଧିର ସଂସାରକୁ ?
ସେମାନେ କ'ଣ ଉପୁଜାଇ ପାରିବେ
ଏ ନିର୍ବେଦ ପଥରରୁ ପୁଣି ଗୋଟିଏ ସଭ୍ୟତା ନଦୀର ?

ଆଉ କିଛି ନେବାର ନାହିଁ ଏଠୁ, ଯାହା ଅଛି ତାର ହିସାବ ନାହିଁ ପୃଥିବୀର ଇତିହାସରେ। ଦେଶ ମୋର ମୁଁ ସେତିକି ଧରି ବସିଚି ସେତିକିବେଳୁ, ଭାବୁଚି:

ଯଦି ବାଲି ଅଛି ତେବେ ଅଛି ବୈଦୂର୍ଯ୍ୟ
ଯଦି ଅଛି ଅରଖ ତେବେ ଅଛି ଭୂମା
ଯଦି ଅଛି ଶିଳୁ ତେବେ ଅଛି
ବଳାକା ପାଇଁ ପାଣିଟୋପାଏର ମରୁଭୂମି।

୬୩

ଏ ପ୍ରାନ୍ତରର ନାଁ କ'ଣ ?
ବ୍ୟକ୍ତି, ଗଣ, ଉପିନେବଶ, ଅଧିବାସ ?
ତୃଣାଙ୍କୁର, ଲୋମହର୍ଷ, ତୁଚ୍ଛ, ତୃଷାର୍ତ୍ତ ?
ତ୍ୟଜ୍ୟ, ତୃପ୍ତ, ମୟ, ମାନକ ?
କ'ଣ ଏ ସଂସାରର ନାଁ ?

ମୁଁ ଆସିଥିଲି ଏଠିକି ବାଟଭୁଲି
ପୁରାଣର କ୍ଷୀରସିନ୍ଧୁରୁ ନିଦ୍ରା ନେଇ
ମୁଁ ଆସିଥିଲି ଏଠିକି
ଉଡ଼ିଆସିଥିବା ବଟପତ୍ରର ପଛେପଛେ
ପବନକୁ ପଚାର,
ପଚାର ସ୍ମୃତିକୁ ଯାହାର ପାଦଚିହ୍ନରେ
ଏବେ ବି ଦିଶେ ରାସ୍ତା ଘୋର ଅନ୍ଧାରରେ ।

ଧାନକ୍ଷେତର ଇତିହାସ ବି
କହିବ ତମକୁ କେବେ ଦିନେ

ଶିଶୁଁଟିଏରେ ଟୋପାଏ କ୍ଷୀର ଦେବାପାଇଁ
ଆସିଥିଲା ଏଠିକି ଦଲକାଏ କଅଁଳା ଖରା
ଯେମିତି ଆସିଥିଲି ମୁଁ ଏ ପ୍ରାନ୍ତରକୁ
ସବୁ ପଥରକୁ ଦେବାପାଇଁ ଗୋଟିଏ ଲେଖାଏଁ ନାଁ
ବଳିଦାନର ।

ପୁରାଣର ଅଜ୍ଞାତ ପ୍ରାନ୍ତରରେ ଥିଲା ମୋର ଶୈଶବର କୋଳାହଳ,
ମୋର ଦେଶ, ମୁଁ ତାକୁଇ ଖୋଜିଖୋଜି ଆସି ପହଂଚିଲି
ଶେଷରେ ।
କେହି ନଥିଲେ ସେତେବେଳକୁ
ସମସ୍ତେ ଫେରିଥିଲେ ନିଜ ନିଜର କଉଡ଼ି ମୁଠାକ
ଗୋଟାଇ ସାରି,
ପୁଣିଥରେ ଗଢ଼ାହେବା ଆରମ୍ଭ ହୋଇଥିଲା
ଆଉ ଗୋଟିଏ
ହସ୍ତିନା ।

୬୪

ସେଇ ବାଟ ଦେଇ ଆସିଥିଲେ ସେମାନେ
ଅଟକିଥିଲେ ଏ ପ୍ରାନ୍ତରରେ
ମାଗିଥିଲେ ମୁନ୍ଦାଏ ପାଣି
ମୁଠାଏ ଭାତ
ସଂଜ ହେବା ଆଗରୁ ନୀଡ଼ ଛାଡ଼ିଯିବାର ଅନୁମତି
ସେମାନଙ୍କ
ପ୍ରାର୍ଥନାର ସଂଗୀତ
ଜିଆଁଇ ଦେଇଥିଲା ଏ ପ୍ରାନ୍ତରର ପଥରକୁ ।

ସେ ବାଟ ଥିଲା
ଗିରିପଥର ବାଟ
ପବନର ହାତଧରି ଆସିଥିଲେ ସେମାନେ
ସେ ବିପଦସଂକୁଳ ବାଟରେ
ସୁଗନ୍ଧର ହାତଧରି ଆସିଥିଲେ ସେମାନେ
ଶସ୍ୟମୟ ପ୍ରାନ୍ତରକୁ
ବର୍ଚ୍ଛାହାତରେ ।

ଦେଶ ମୋର ମୁଁ ଯେତେ ଦେଖୁଚି ଏ ପ୍ରାନ୍ତରକୁ
ସେତେ ଭାବୁଚି ସତରେ
ଉଡ଼ାପକ୍ଷୀର ନୀଡ଼ ପାଇଁ ବର୍ଷାର
କାନ୍ଦିବା କ'ଣ ଏତେ ଜରୁରୀ ଥିଲା
    ଯଦି
      ନ'ଅଙ୍କର ହାଡ଼ରୁ ଦିନେ
ବାହାରିବାର ଥିଲା ଶତାବ୍ଦୀର ପ୍ରଥମ ଦୂବ
    ଏତେ
କ୍ଷୟକ୍ଷତି ହେଲା କାହିଁକି ଯୁଦ୍ଧରେ ?

ଅତିଥିକୁ ନୀଡ଼ରେ ବାନ୍ଧିରଖିବା ଚିରଦିନ
    କ'ଣ
ଖେଳ ଥିଲା ପ୍ରାନ୍ତରର ନିଜ ବିରୁଦ୍ଧରେ ?

୬୫

ମୁଁ ତ ଜନ୍ମରୁ ଅନ୍ଧ
ମୋତେ ଆଖି ଯୋଡ଼ାଏ ଦେ' ମୋ' ଦେଶ
ମୁଁ ଦେଖେ ଏ ପ୍ରାନ୍ତରକୁ ମନ ପୂରାଇ
ଦେଖେଁ କି କି ଫଳଫୁଲ ଲେଖାଅଛି ତା' କପାଳରେ
କୋଉ ସମର୍ପଣ ବୋହୁଚି ଏଠି ନଦୀ ହୋଇ
କିଏ ଇତିହାସକୁ ହତବମ୍ବକରି
ଠିଆହୋଇଚି ତା'ର ଶ୍ୟାମଳିମାରେ ।

ଦେ' ମୋତେ ଯୋଡ଼ାଏ ଆଖି
ମୁଁ ଦେଖେଁ କେତେ ତଳେ ଅଛି ମୋର
ଟିପର ଫଜର
କେତେ ଉପରେ ଅଛି ମୋର
ନିଶ୍ୱାସ ଅଭ୍ରର
କାହା କାହା ପାଦଚିହ୍ନରେ ଫୁଟୁଚି ଏଠି
ଲାଭା ଆଗ୍ନେୟ ଉପତ୍ୟକାର
ଏଇ ତୋର ଇତିହାସ ଯଦି

ଏଥିରେ ବି ତ ଥିବ ତୋର ଜଳଦସ୍ୟୁର କାହାଣୀ
ଥିବ ତୋତାପୁରୀର କୁଡ଼ିଆ
ଥିବ
ତର୍କର କଟାଆଙ୍ଗୁଠି
ଥିବେ ସାତଭାଇ ଓ ଗୋଟିଏ ଭଉଣୀ
ବହୁବର୍ଷ ପରେ
ନିଃଶବ୍ଦରେ ଫେରିବାବେଳେ ପରିତ୍ୟକ୍ତ ରାଜଉଆସକୁ
ଘାସ କଅଁଳିବାର ଗୋଟେ ବ୍ୟାଖ୍ୟା ବି ଥିବ
ତୋର ମରୁଭୂମିର ବ୍ରତକଥାରେ !

ଦେ' ମୋତେ ଯୋଡ଼ାଏ ଆଖି
ମୁଁ ଦେଖିବି ସବୁ
ବିଶ୍ୱାସ କର
ଯାହା ଦେଖିଚି ଏଯାଏଁ
ଆଖିରେ ନୁହେଁ
କଳ୍ପନାରେ :
ଏ ପ୍ରାନ୍ତର ବି ସେଇଥିପାଇଁ
ନୂଆ ଲାଗୁଚି ପାଦତଳେ,
ଲାଗୁଚି ଯେମିତି ପ୍ରଥମ କରି
ଉଡ଼ା ଚଢ଼େଇର ପରଟିଏ ଥୋଇଲି
ମାଟି ଉପରେ ।

୬୬

ଅସ୍ତରାଗର ଶିଖର ଉପରେ
ଥୁଆହୋଇଚି ଏ ପ୍ରାନ୍ତର
ଦେଶ ମୋର
ମୁଁ ଖାଲିପାଦରେ ସେଇଠି ପହଂଚିଚି
ଆଉ କୁଆଡ଼େ ଯିବାର ନାହିଁ
ଆଉ ସାକ୍ଷୀ ହେବାର ନାହିଁ କୋଉ ଅପରାଧର।

କହିଦିଅନ୍ତି ଯଦି
ସରିଯାଆନ୍ତା କଥା
ହରିଣର ଛାଲରେ ଏତେଗୁଡ଼ାଏ
ତାରା ବି ମରନ୍ତେ ନାହିଁ ଅକାରଣରେ।
ଯଦି କହିଦିଅନ୍ତି
ଯେ ମୋର ଅସ୍ତରାଗର ଶିଖର ସେପଟେ
ଅଛି ମୋର ଲେଉଟିବାର ବେଳ
ଏତେ ହାଣକାଟ ହୁଅନ୍ତା ନାହିଁ ଏ ପୃଥିବୀରେ।

କହିପାରୁନି,
ଅପନ୍ତରାରୁ ଉଡ଼ିଉଡ଼ି ଆସୁଚି
ଭଦଭଦଳିଆ
ଚୁପ୍ ହୋଇ ବସୁଚି ଗୋଟେ ମୁନିଆ ପଥରର
ତୀଖ ଉପରେ
ମନକୁ ମନ ପଚାରୁଚି
କହ କି ରଙ୍ଗ ହେବ ଫିକା ଆଲୁଅରେ
ପାଣିର ମଣି ମିଶିଲେ ।
କି ରଙ୍ଗ ହେବ ଦେଶ ମୋର
ଗୋଧୂଳିରେ ଗୋଳି ହୋଇଗଲେ
ଏତେ ଟିକିଏ ଅନ୍ଧାର ଦୂର ବାଟର ?
କି ରଙ୍ଗ ହେବ
ମାଟିରେ ତୋର
ରକ୍ତ ମିଶିଲେ ମୋର ?

କ'ଣ ହେବ ଏ ଶିଖର ଉପରେ ଥୁଆ ହୋଇଥିବା
ପ୍ରାନ୍ତରର
ଯଦି ପାଟି ନଖୋଲେ ଶେଷଯାଏଁ !
ଯଦି ଶେଷଯାଏଁ ମୁଁ ରହିଯାଏ
ଅଧିକାରର ବାହାରେ !

୬୭

ସ୍ୱପ୍ନରେ ଚାଲେ
ଚାଲିଚାଲି ପହଞ୍ଚେ
ଏଭଳି ଗୋଟିଏ ପ୍ରାନ୍ତରରେ
ଯାହାର
ଆରମ୍ଭ ଓ ଶେଷ ମୋ' ଭିତରେ
ମୁଁ ଜାଣିନଥିଲି ଏତେବଡ଼ ପ୍ରାନ୍ତର ଥିଲା ମୋ' ଭିତରେ !
ଦେଶ ମୋର
ମୁଁ ଏବେ ବି କଳିପାରିନି ସେ ପ୍ରାନ୍ତରର ଚଉସୀମା
ବନ୍ଦୀ ହୋଇ ରହିଚି ସିନା ତା'ର ଆରମ୍ଭ ଓ ଶେଷ ଭିତରେ

ଯେଉଁଦିନ ସେମାନେ ଡାକିଲେ ମୋତେ
ସାକ୍ଷୀକରି ପ୍ରାରବ୍ଧର
କହିଲେ ତୋର ପଦେକଥାରେ ପୁଣିଥରେ
ଠିଆହେବ ଫାଶୀଖୁଣ୍ଟରେ ଈଶ୍ୱର
ତୋଳାହେବ ଦେଉଳ
ନିରୀଶ୍ୱରର ଏ ପ୍ରାନ୍ତରରେ,

ମୁଁ ଡରିଗଲି, ଭାବିଲି ଫେରିଯିବି ଏ ପୃଥିବୀରୁ
ପଶିଯିବି ପୁଣିଥରେ ସେ ଗୁମ୍ଫାରେ
ହେଲେ ଆଉ ଶକ୍ତି ନଥିଲା ମୋର ପାଦରେ
କି ଡେଣା ନଥିଲା ମୋର କଳ୍ପନାରେ ।

ଦେଶ ମୋର ମୁଁ ଫେରିଲି ନାହିଁ ସେଦିନ
ସାକ୍ଷୀ ହେଲି
କହିଲି ମୋର ଆସ୍ଥାକୁ ନେଇ
ଯାଇଚି ଯେଉଁ ଈଶ୍ୱର
ତାକୁ ଜାଣେ ମୁଁ ଜାଣେ
ଦେଖିଚି ତାକୁ ମୁଁ ଭୟଙ୍କର ଜ୍ୟୋସ୍ନାର
ଦିପହର ଜଳିଲା ବେଳେ ପର୍ବତରେ
ଧ୍ୱସ୍ତ ଶିରୀ ନେଇ ଫୁଲଫଳରେ ଆସିଥିଲା ଯେଉଁ
ସମ୍ଭାର ପତନର
ଥିଲା ସେଥିରେ ହସ୍ତାକ୍ଷର
ସେଇ ପାଷାଣର ।

ଦେଶ ମୋର ଖୋଜିଲି ତତେ ସେଦିନ
ଏଇ ପ୍ରାନ୍ତରରୁ ଉଠୁଥିଲା
ଯେଉଁ ସୁଗନ୍ଧ ଶୋଣିତର
ସେଇଥିରେ ବୋଧେ ଥିଲା ତୋର
ସ୍ୱେଦ ଅବସାଦର
ସେଇଥିରେ ବୋଧେ ଥିଲା
କ୍ରୀତଦାସର ଜଂଜିର
ପଥ ହୋଇ ନିର୍ବାସନର ।

୬୮

କ୍ରୀତଦାସ ମୁଁ?
-ହେ ମୋର ଆକାଶ
କୁହ ମୋର କ'ଣ ମୁକ୍ତି ନାହିଁ
ଏ ଅଭିଶାପରୁ ?
ମୁଁ କଣ ଶେଷଯାଏଁ ରହିଯିବି ଏ ଆତଙ୍କରେ
ନିର୍ବାପିତ ଅଗ୍ନିଶିଖାର ଆକଳନ ହୋଇ
ଆକ୍ରୋଶରେ ?

ନିଷ୍ଫଳ ଆକ୍ରୋଶକୁ ମୋର ମୁଠାଏ ନୀଳ ଦେବ ଆକାଶ ?
ମୁଁ ବୋଳିଦେବି ତାକୁ ମୋର
ଶୃଙ୍ଖଳରେ !
ହେ ମୋର ଅଗ୍ନି କୁହ କ'ଣ ମୁଁ କେବେ ପାଇବି ପୁନର୍ଜନ୍ମ
ପାଉଁଶରୁ ?
ଯୁଗଯୁଗ ଧରି ଗଢ଼ାହେଲା ଯେତେ ପ୍ରାନ୍ତର ପାଉଁଶର
ସେଥିରେ କେବେ ବି କ'ଣ ଭୁଲ୍‌ରେ ରହିଯାଇନଥିଲା
ଅଗ୍ନି କଣିକାଏ ସନ୍ଦୀପନ ପାଇଁ ମୋର ସ୍ୱପ୍ନର, ମୁଁ କ'ଣ

ସତରେ କେବେ ଜାଳିପାରିବି ନାହିଁ ସ୍ୱପ୍ନକୁ ସମର୍ପଣର
ମନ୍ତ୍ରବେଦି ଉପରେ ?

ଦିଅ ମୋତେ ସ୍ଫୁଲିଂଗଟିଏ,
ଦିଅ ମୋର ଲେଲିହାନ ଜୀବନ ପାଇଁ
ସ୍ଫୁଲିଂଗଟିଏ ହେ ଅଗ୍ନି ମୋର।

ହେ ମରୁତ୍ ମୁଁ ଫେରିବିନାହିଁ ଫାଲ୍‌ଗୁନକୁ
ଦଗ୍ଧବସନ୍ତରେ ଯେତେ ଅଛି
ବସ୍ତ୍ର ଓ ବଲ୍କଳ ପାଉଁଶ ହୋଇ
ସବୁଥିରେ ଥାଉ ମୋର ଚିତ୍କାର,
ତାକୁ ଉଡ଼ାଇନିଅ ଦୂରଦୂରାନ୍ତର
ସମ୍ବତ୍ସରକୁ କୁହ
ଗଢୁ ପବନର ମହିମ୍ନ ନଗର
ଆସୁ ଚକ୍ରବାତ
ଉଡ଼ାଇନେଉ ଶିଳାଲେଖ ଅସଂଖ୍ୟ ରାଜତ୍ୱର।
ସତରେ କ'ଣ ମୁଁ ଅକର୍ମଶିଳାର ନିଦ ହୋଇ
ଥିବି ଚିରକାଳ
ସତରେ କ'ଣ ମୋ' ଚିରକାଳକୁ
ମିଳିବ ନାହିଁ
ଏଇ ଗୋଟିଏ ମୁହୂର୍ତ୍ତର ଝଂଜାରେ
ଉଡ଼ି ବିଲୀନ ହେବାର ଅଧିକାର ?
ହେ ମରୁତ୍ ମୋତେ ଝରାପତ୍ରଟିଏ ଦିଅ
ମୁଁ ତା'ର ସନ୍ଦିଗ୍ଧ ଚପଳତାକୁ ଆୟୁଷ୍ମାନ କରେଁ ଶରତରେ।

ହେ ଜଳ, ହେ ଚଂଚଳ, ତରଳ, ଉଚ୍ଛଳ
ଆତ୍ମଲୀନ ରହସ୍ୟକୁ ମୋର
ଘୋଡ଼ାଇ ରଖ କଳନାଦରେ
ମୁଁ ଯେମିତି କେବେ ନଦେଖେଁ ତାକୁ
ମୁଁ ଯେମିତି କେବେ ନପାଏଁ ତା'ର ହଂସଧ୍ୱନିକୁ
ହ୍ରଦଜଳର ବୃକ୍ଷ ଛାୟାରେ,

ମୁଁ ଯେମିତି କେବେ ନ ଫେରେଁ ପତ୍ରମୁନର ସ୍ଫଟିକ ହୋଇ
ଅଶ୍ରୁବିନ୍ଦୁ ହୋଇ
ଜଗତକୁ
ମହାପ୍ଲାବନରେ ନିମଜ୍ଜିତ ସତ୍ତା ମୋର
ବିଲୀନ ହୋଇ ରହୁ ସେହିଭଳି
ଅଦୃଶ୍ୟ ହୋଇ ରହୁ ଅଦୃଷ୍ଟରେ।
ହେ ଜଳ ମୋତେ ଅନନ୍ତ ବିଳୟର ନିମିଷଟିଏ ଦିଅ,
ମୁଁ ତମକୁ ଦେବି ସାଗର।

ହେ ଧରା, ମୋର ବସୁନ୍ଧରା ମୋତେ
କ'ଣ ଦେଇପାରିବ ଆଶ୍ରୟ ପାଇଁ
ନୀଡ଼ଟିଏ ବୃକ୍ଷଶାଖାର ?
ଦେଇପାରିବ ଏଭଳି ଗୋଟିଏ ପରିଚୟ
ପୃଷ୍ଠାରେ ଯାହାର ଥିବ
ଅନନ୍ତର ହସ୍ତାକ୍ଷର
ଯେଉଁଥିରୁ ଉଠୁନଥିବ ଆର୍ତ୍ତସ୍ୱର କିନ୍ନରର
ସବୁଛାଡ଼ି ମୃତ୍ତିକା ହେବାର
ଲୟଥିବ ସେଥିରେ
ମର୍ତ୍ତ୍ୟସ୍ୱର୍ଗରେ ଆତ୍ମଘାତର କଳ୍ପନା ନଥିବ
ଗନ୍ଧର୍ବର !
ଦେଇ ପାରିବ ଧରା ମୋତେ ଏମିତି ଏକ ଗୁଂଜରଣ
ଯାହାକୁ ଗାଇପାରିବ ବକ୍ଷୀ
ଯାହାକୁ କହିପାରିବ ପଲ୍ଲବ ଲାଲମାରେ
ଯାହାକୁ ପିନ୍ଧିପାରିବ ଆକାଶ ସିନ୍ଦୂରିମାରେ।

ହେ ମୋର ଲୋହିତ ପ୍ରତ୍ୟୟ,
ମୁଁ କ'ଣ ସତରେ
ବୋହିପାରେ ପ୍ରଳୟରୁ ପ୍ରଳୟକୁ
ଜୀବନ ହୋଇ ବିନାସର୍ତ୍ତରେ।

କ୍ରୀତଦାସ ମୁଁ, ଦେଶ ମୋର
ତୋର ଅଦ୍ଭୁତ ବାଣିଜ୍ୟରେ
ମୁଁ ଥୋଇଦେଇଚି ମୋର ଅସମାପ୍ତ ରଚନା କାଳିମାର
ମୋତେ ଲେଉଟାଇ ଆଣିବାର କଳା ତୋର
ଶେଷ ହୋଇ ସାରିଚି ଯଦି
ମୋତେ ରହିବାକୁ ଦେ' ମୋର ଅସମାପ୍ତିର ଜ୍ୟୋତ୍ସ୍ନାଲୋକରେ
ପ୍ରାନ୍ତର ହୋଇ ଶେଷରେ।

୬୯

ସେମାନେ କହିଲେ : ଏଇ ତ ଦିଶୁଚି ରାଜଧାନୀ !
ମୁଁ କହିଲି : କାହିଁ ମୋତେ ତ କିଛି ଦିଶୁନି !
ମୋତେ ଦିଶୁଚି
ଯୁଦ୍ଧ ପରର ଅସହାୟ ପ୍ରାନ୍ତର
ଯେଉଁଠି ମରିପଡ଼ିଚନ୍ତି ଅସଂଖ୍ୟ ସ୍ୱପ୍ନ ମୋର
- ଏଇଠି ଦେଖ
ପାଦରେ ଚାଲିଚାଲି
କେବେ ବି ଥକି ନ ଥିବା ସ୍ୱପ୍ନକୁ ମୋର
ଶୋଇଯାଇଚି,
ହାତରୁ ଖସିପଡ଼ିଚି ଶ୍ୟାମଳ ଖଡ଼୍‌ଗ ଦୁର୍ବାଦଳର
ଛାତିରେ ଚୋଟ ବାଜିଚି ଘାତକର
ଓଠରୁ ତଥାପି ଲିଭିନି ହସ
ହାତମୁଠାରେ ତଥାପି ରହିଚି ଆକାଶର ଅବଶେଷ ।
- ଏଇଠି ଦେଖ
ଅଶ୍ୱାରୋହୀ ସ୍ୱପ୍ନ ମୋର
ଅସାଡ଼ ହୋଇ ପଡ଼ିଚି

ଶତ୍ରୁର ରଥ ଚକ ଉପରେ
ନିରସ୍ତ୍ର ହାତରେ ତା'ର
ଜିଣିନଥିବା ପୃଥିବୀର ଶିଉଳିଲଗା ମାଟି
ଆଖିରେ ତା'ର ରୁଦ୍ଧ ଦିଗନ୍ତର ଲାଲିମା
ସେ ତଥାପି ଭାବୁଚି ସକାଳ ହେବ
ତା'ର ଅଭିଷେକ ପାଇଁ ଝରିପଡ଼ିବ
କାକରଭିଜା ଗଙ୍ଗଶିଉଳି, ଦୁର୍ଭାଗ୍ୟର
ପଥର ପାହାଚ ଉପରେ।

– ଏଇ ଦେଖ ଗଜାରୋହୀ ସ୍ୱପ୍ନକୁ ମୋର
ପଡ଼ିଚି ଭୂଇଁରେ
ଅଚଳ ମହାମେରୁ ଉପରେ
ପରିଚୟର ସ୍ଥିର ବିଜୁଳି
ଝଟକୁଚି ଥରକୁ ଥର
ଅପରାହ୍ନର ଖରାରେ ତା'ର ଶିରସ୍ତ୍ରାଣ
ଏବେ ବି ତା'ର ଖୋଲିଯାଇନି କବଚ
ତା'ର ଆତ୍ମରକ୍ଷାର ଶେଷଉପାୟ
ବୁଲୁଚି ଅନ୍ଧାରରେ ହାତୀର ଛାଇଭଳି
ଇତିହାସର ଗୁମ୍ଫାକାନ୍ଥରେ,
ଏବେ ବି ତା'ର ବିଶାଳ ଦ୍ରୋହ ଭିତରୁ ବାହାରି
ଗଛମୂଳର ଅନ୍ଧାରକୁ ହାଲୋଳ କରିଦେଉଚି
ତା'ର କୁନ୍ତମୁନର କ୍ଷତ।

– ଏଇ ମୋର ରଥାରୋହୀ ସ୍ୱପ୍ନକୁ ଦେଖ
ଉତ୍ତାନ ହୋଇ ପଡ଼ିଚି ଭଗ୍ନରଥରେ
ନାହିଁ ସାରଥି, ନାହିଁ ଅସ୍ତ୍ର
ନାହିଁ ନିସ୍ତାର,
ପୃଥିବୀକୁ ଲଂଘିଯିବା ପାଇଁ ବାହାରିଥିଲା
ତା'ର ଯେଉଁ ଜୟଯାତ୍ରା
ଆଜି ତା'ର ଶେଷଦିନ

ଆଜି ତା'ର କୃତାଂଜଳିର ଆଂଜୁଳାଏ ଜଳକୁ ଆସିବ
ସାକ୍ଷୀ ହୋଇ ପ୍ରତିରୂପ ପୃଥିବୀର,
ଗଳାପରେ ବି
ଧୂଳି ଉଡୁଥିବ ମାଟିରେ
କହି ହେଉନଥିବ ସେ ଗଲା ରଥରେ କି
ଚିଲର ଡେଣାରେ।

ହେ ମୋର ହତଭାଗ୍ୟ ସ୍ୱପ୍ନ ମୁଁ ଜାଣିନଥିଲି ତମକୁ ଏମିତି ଭେଟିବି
ଏ ଯୁଦ୍ଧଭୂମିର ନଷ୍ଟ ପ୍ରାନ୍ତରରେ।

ସେମାନେ କହିଲେ ନା ନା ଏସବୁ ତମର ସ୍ୱପ୍ନ ନୁହଁ, ଏସବୁ ତମର ଜୟଯାତ୍ରାର ନିଶାଣ, ରାଜଧାନୀ ତମର କାଳମୁହଁରୁ ଛଡ଼ାଇ ଆଣିଥିବା ସାମ୍ରାଜ୍ୟର। ଯେଉଁମାନେ ଏଠି ପଡ଼ିଚନ୍ତି ମାଟିରେ ସେମାନେ ତମର ସ୍ୱପ୍ନ ନୁହନ୍ତି, ସେମାନେ କିର୍ତ୍ତୀସ୍ତମ୍ଭ ତମର ଧରାନିବାସର। ଯାହାକୁ କହୁଚ ପଦାତିକ ସେ ତମର ରାଜଧାନୀର ନାଗରିକ, ସାରାରାତି ଦେଖିଦେଖି ଉତ୍ସବ ଶୋଇପଡ଼ିଚି ଘଡ଼ିଏ, ଦେଖିବ ସେ ନିଦଭାଂଗିଲେ ଭିଡ଼ିମୋଡ଼ି ହୋଇ ଉଠିବ, ଛାତିର ରକ୍ତସ୍ତବକକୁ ଖୋଷିଦେବ ମୃଣ୍ମୟୀର କବରୀରେ, ଧ୍ୱଂସସ୍ତୂପ ବୋଲି କହୁଚ ଯାହାକୁ ସେଇ ମଣିମାଣିକ୍ୟରୁ ସେ ଖୋଜିପାଇବ ତା'ର ନିଜର ଅଧିକାର। ଏ ଅଶ୍ୱାରୋହୀର ଶବ ନୁହେଁ, ଗଜାରୋହୀର ଶବ ନୁହେଁ, ରଥାରୋହୀର ଶବ ନୁହେଁ। ଏମାନେ ତମର ରାଜଧାନୀର ଅସଂଖ୍ୟ ଜଡ଼ତା, ରହିଯାଇଚନ୍ତି ନିମିଷକ ପାଇଁ ପଥଧାରରେ, ଉଠିବେ ଏମାନେ, ବିଶାଳ ଜନସମୁଦ୍ରରୁ ଉଠିବ ଏମାନଙ୍କର ତସ୍କରର ପୋତ, ଲୁଂଠନ ପାଇଁ ଉଠିବ ଏମାନଙ୍କର ବଢ଼ି, ମରୁଡ଼ି, ବାତ୍ୟାର ସଂକେତ ଇତିହାସର ଚୂଡ଼ାରେ।

ଦେଶ ମୋର ମୁଁ ଦେଖିପାରୁନି କିଛି। ଏ ସୁଦୀର୍ଘ ପ୍ରାନ୍ତରର
କେଉଁ କୋଣରେ ଲେଖାଅଛି ମୋର ଶିଳାଲେଖ ଭାଗ୍ୟର ?

୭୦

କାହାକୁ କହିବି ଉପନିବେଶ ? ଏ ସାରା ପୃଥିବୀ ମୋର, ଏଥିରେ
ଆଉ କାହାରି ନାହିଁ ଅଧିକାର, ଏଇଆ ଭାବି ମୁଁ ରହିଆସିଲି ଏଯାଏଁ
ଛାଇର ସାମ୍ରାଜ୍ୟରେ, ଭାବିଲି ନାହିଁ ଭୁଲ୍ ଅଛି ଏଥିରେ, ଅଛି ଏଠି
କଳା ପଡ଼ିଆସୁଥିବା ଭ୍ରମର ଗୋଟେ ଶୁଭ୍ରତୋରଣ ଯାହାପରେ ଆଉ
ଶତାବ୍ଦୀର ସୀମା ନାହିଁ, ନାହିଁ ଉତ୍ତାଳ କାଳର ତିରସ୍କାର । କଳା ପଡ଼ିଆସୁଚି
ଶୁଭ୍ର ତୋରଣ, ସେଥିରେ ତୋର ମୁହଁ ଦିଶୁଚି ବହୁ ଲାଂଛନାର ଦିଗ୍‌ବିଜୟରୁ
ଉଠି ଆସୁଥିବା ଧ୍ୱସ୍ତ ସକାଳଟିଏ ଭଳି ।

ସାରାଜୀବନ ମୁଁ ବୁଲିଚି ଏ ପ୍ରାନ୍ତରରେ । ଏଠଇ ଦେଖିଚି ସୂର୍ଯ୍ୟୋଦୟ,
ସେଠି ମଧ୍ୟାହ୍ନ, ଆଉ କୋଉଠି ସୂର୍ଯ୍ୟାସ୍ତ । ଏଇ ପ୍ରାନ୍ତରରେ ଜନ୍ମ
ହୋଇଚି, ଧୂଳି ଖେଳିଚି, ଧରାହୋଇ ଯାଇଚି ଯୂପକାଠକୁ, ବଳିପଡ଼ିଚି,
ରକ୍ତକଣିକାରୁ ପୁଣିଥରେ ଜନ୍ମିଚି ନେବାପାଇଁ ପ୍ରତିଶୋଧ କାଳର ପରିହାସର ।

ଦେଶ ମୋର ମୁଁ ତତେ ବନ୍ଦୀ କରି ରଖିନି ତ ! କହିନି ତ ଛାଇ ଭଳି ଥା'
ଛାଇର ସାମ୍ରାଜ୍ୟରେ, ଉଡୁଥା ଛାଇର ବିଜୟକେତନ ଛାଇର ରଥଚୂଡ଼ାରେ !
କହିଚି: ହେ ମୋର ସଖା ଜନ୍ମଜନ୍ମର ମୋତେ ମୋର ଅସ୍ତିତ୍ୱ ଦେ' ଦେଖାଇଦେ

ମୋତେ ଘଡ଼ିଏ ସ୍ଥିର ହୋଇ ରହିବାର ଠାବ, ମୁଁ ଶସ୍ୟଶ୍ୟାମଳ ହୋଇପାରିନି
ଯଦି, ହୋଇପାରିନି ଯଦି ତୃଣମୟ ତ୍ରାଣ ତୋର ବାଲିଝଡ଼ର, ହୋଇପାରିନି
ଆଉ କାହାରିଭଳି ଚତୁର, ମୋତେ ଫେରାଇଦେ ସେଇ ସରଳ ଉପତ୍ୟକାକୁ
ଗାରେ ବଳାକାରେଖା କରି, ବନାଗ୍ନିର ଧୂମ୍ରରେଖା କରି ବୈଶାଖର।
ମୋତେ ମୁକ୍ତ ହେବାକୁ ଦେ' ଦେଶ ମୋର, ଏତିକି କହି ମୁଁ ଚୁପ୍
ହୋଇଯାଇଚି ସେବଠୁ, ଯେବଠୁ ଆଉ ଏ ଦ୍ୱୀପର ରକ୍ତ ଉଠୁନି
ସାଗରର ଧମନୀରେ, ଉଠୁନି ସୁନୀଳ ରକ୍ତରେଖାର ସୁଗନ୍ଧ ମେରୁ
ବୃତ୍ତରୁ। ଚୁପ୍ ହୋଇ ବସିଚି ଆଜି, ସାରା ଜୀବନ ବୁଲି ବୁଲି
ଥକି ଯାଇଚି ମୋର ପାଦ। ଆଜି ଏ ପ୍ରାନ୍ତରରୁ ଦେବି ମୋର
ଅସଂଖ୍ୟ ଅବସାଦ ତତେ ଦେଶ ମୋର, ତାକୁ ଗୋଟିଏ ମୂର୍ତ୍ତିକରି
ଗଢ଼ିଦେବୁ ସୈକତରେ, ବାଲିବନ୍ତର ରକ୍ତରାଗରେ ବଜାଇଦେବୁ
ତା'ର ଆତ୍ମହରା ବେଣୁ, ଯେମିତି ମୁଁ ନ ରହେ ଆଉ, ନଆସେ
ଯେମିତି ମରଣ ନିଗଡ଼ରୁ ମୃଣ୍ମୟୀ କେବେ, ନଲେଉଟେ ଯେମିତି
ପ୍ରତିଧ୍ୱନି କନ୍ଦରାକୁ।

ମୁଁ ତତେ ଯାହା କହିପାରିନି ତା'ର ଅଲିଖିତ ଇତିହାସକୁ ତୁ
ବେଦ କହୁ, ପୁରାଣ କହୁ ମୋର ବିସ୍ମୃତିର ଅରଣ୍ୟକୁ? ତାକୁଇ
ନେଇ ତୁ ଏ ଦିଗନ୍ତରୁ ସେ ଦିଗନ୍ତଯାଏଁ ବିଛାଇ ଦେଇଚୁ ତୋର
କଳ୍ପଦ୍ରୁମର ଚେର? ସେଠି ସତ କ'ଣ, ମିଛ ବା କହିବି
କାହାକୁ? ଯାହା ମାଗିବି ମିଳିବ, ଯେବେ ଚାହିଁବି ବୁଜି ଦେଇ
ପାରିବି ଆଖି, ଯୋଉଠୁ ପାରେ ସେଇଠୁ ଗୋଟାଇ ନେଇ ପାରିବି
ଇନ୍ଦ୍ରନୀଳ ମଣି। ଛଳନାର ଏ ପ୍ରାନ୍ତରରେ ତତେ ନିଜର କରି
ପାଇବାରେ ହିଁ ଥିଲା ମୋର ଯୁଗଯୁଗର ସାଧନା- କୋଉ ଗୋଟାଏ
ମିଛକୁ ସତମଣିବାରେ ନଥିଲା କାଳର ବାହାନା, ଥିଲା ସେଥିରେ
ଅଙ୍ଗୀକାର ମୋର, ଦିନଦିନ, ମାସମାସ, ବର୍ଷବର୍ଷ ପୋଡ଼ି
ଶୁଦ୍ଧ ହେବାର ଯାତନା

ଥା' ମୋର ଦେଶ ସୁଖରେ ଥା'।

୭୧

ଏଇ ଯେଉଁ ଦୂରରୁ ଦିଶୁଚି ପର୍ବତମାଳା
ଯାହାର ଫୁଲ ଫୁଟିବାର ଧୂଆଁ ଉଠୁଚି ସୂର୍ଯ୍ୟୋଦୟରୁ
ତାଆରି କାରାଗାରରେ ଅଛି
ମୋର ଶେଷପ୍ରାନ୍ତର ବିଶ୍ୱାସର।
ତ୍ରୟୋଦେଶ ମରଣର ଗୋଟିଏ ବୋଲି ଜୀବନ
ଆବିଷ୍କାରର,
ମୁଁ ତାକୁ ଦେଖିନଥିଲି କେବେ
ଜାଣିନଥିଲି ସେଇଠି ଅଛି ସତ୍ୟର ଶ୍ରେଷ୍ଠ ଅହଂକାର,
ପଡ଼ିଚି ଧୂଳିଧୂସର ଛାୟାପଥ
ଆକାଶରୁ ବାହାରି ଆସି ଶୋଇଚି ଅନନ୍ତ ସୁଖ ମୋର
କୋଳରେ ତା'ର

ଫୁଲଫୁଟିଲେ ଜଳିଯାଏ ସେଠି,
ନିଆଁର ସୂତାରେ ଗୁନ୍ଥି ହୁଏନା
ଟୋପାଟୋପା ଶିଶିରକୁ ବନମାଳ କରି
ଯେତେ ଚାହିଁଲେ ବି ଧୋଇହୁଏନା

ଧୋଇହୁଏନା ବସନ୍ତର ରକ୍ତଲେଖା କିଶଳୟରୁ
ରହିଯାଏ ସ୍ତୂପ ପରେ ସ୍ତୂପ ଭସ୍ମର ବେଦି
ଅମୃତ କଳସ ଧରି ବାହାରିଥିବା ଐରାବତ ଆଗରେ।

ଫୁଲର ପାଉଁଶରେ ପୁଣି ଥାଏ ଏତେ ମହକ ମଣିଷ ପାଇଁ?
ଥାଏ ଏତେ ସମର୍ପଣର ନିଶା ନିଃସ୍ୱ ହୋଇ ଠିଆହେବାରେ?

ମୁଁ ତୋର ଏ ପ୍ରାନ୍ତରରୁ
ନେବି ଧୂଳିମୁଠାଏ ଦେଶ ମୋର
ନମିଳୁ ପଛେ ବିଶ୍ୱାସ ମୋତେ ବଂଚିବାର
ଏଇ ଧୂଳି ମୁଠାଏରୁ ଗଢ଼ିବି ମୋର ଅନ୍ତଃପୁର
ଯେଉଁଠି କିଛି ନଥିବ ଫେରିଆସୁଥିବା ଗୁଡ଼ାଏ ପାଦଚିହ୍ନ ଛଡ଼ା
କିଛି ନଥିବ ପ୍ରତିଧ୍ୱନି ହୋଇ ଆସିଥିବା ଗୁଡ଼ାଏ ବ୍ୟାକୁଳ ଅନ୍ତରା ଛଡ଼ା
ମହାଗାନର।
ଯେଉଁଠି
ଆଉ ଶୁଭୁନଥିବ ସମୁଦ୍ରଘୋଷ
ଯେଉଁଠୁ ଦିଶୁନଥିବ ଦୂରର ପର୍ବତମାଳା
ବା
ଜ୍ୱଳନ୍ତ ବସନ୍ତର କାରାଗାର।

ଚିରଦିନ ଏଠି ରହିବି ନାହିଁ ଜାଣେ, ଜାଣେ ମୋର ଏ ଅନ୍ତଃପୁରର
ଶିଳାଖଣ୍ଡରେ ବି ଅଛି ଅବବାହିକାର ସେଇ ବ୍ୟଥିତ ଉପଳ ଯାହାର
ଦୁଃଖ ଓଦା କରିଦେଇଥିଲା ସମଗ୍ର ବସୁନ୍ଧରାକୁ ଶ୍ୟାମଳିମାରେ,
ଜାଣେ ଅଛି ଏ ଗୋପନ ମର୍ମରରେ ଅଟ୍ଟହାସ୍ୟ କାଳର ଯାହାକୁ
ମୁଁ ସହିପାରିବିନି କେବେହେଲେ।

ରହିବି ସେଯାଏଁ, ଯେଯାଏଁ ରହିବ ଏ ପର୍ବତମାଳା, ଏ ସୂର୍ଯ୍ୟୋଦୟ,
ଏ ଭସ୍ମବେଦି, ଏ କାରାଗାର। ଏମାନେ ଯଦି ମାଟି ହେବେ ଦିନେ
ମୁଁ ବି ମାଟି ହେବି ସେବେ। ହେଲେ କହିବି ନାହିଁ ମୁଁ ଯାଉଚି
ଏଥର ହେ ବନଗିରି ହେ ଲତାଗିରି ଲାଗିଲା ତମକୁ ମୋର ସଂସାର,

ସଂସାର ସରିବା ଆଗରୁ ମୁଁ କାହାକୁ ବି ଦେବିନି ମୋର ଅଥର୍ବତାକୁ ଉପହାସ କରିବାର ଅଧିକାର।

ଶେଷପ୍ରାନ୍ତରରେ ଶେଷ ଦୂରତ୍ୱର ପଥର ମୋର ଅଥର୍ବତା, ଯାହାକୁ ମୁଁ ପିନ୍ଧାଇ ଦିଏଁ ସିନ୍ଦୂର, ବୋଳିଦିଏଁ ନୂଆଚନ୍ଦନ ଯା'ର ନାଭିମଣ୍ଡଳରେ, ପୂଜିଦିଏଁ ମନଭରି ଯାର ନିରବତାରେ ନିବିଡ଼ ହୋଇ ରହିଥିବା ସେଇ ବାକ୍ୟକୁ ଯାହା ଅର୍ଥ ଦିଏ ମୋର ନିରର୍ଥ ଆତଙ୍କକୁ।

ହେ ମୋର ଅର୍ଥ, ହେ ମୋର ପ୍ରତ୍ୟୟ, ହେ ମୋର ଦେଶ
ଆଉ କଣ ଜୀବନ ନାହିଁ ଏତେ ଗୁଡ଼ାଏ ମରଣ ପରେ ?

୭୨

ଏଇଠୁ ଆରମ୍ଭ ହେବ ଆଉ ଗୋଟିଏ ଅଧ୍ୟାୟ
ଯାହାର ରୂପ ନଥିବ
ନିର୍ନିମେଷ ଆଖିରେ
ଯାହାର କଥା ବୈଶାଖର ଝାଂଜିରୁ ବାହାରି
ପହଂଚିଥିବ ଶ୍ୟାମଳ ସୈକତରେ ଭୂମାର,
ଯେଉଁଠି ଆରମ୍ଭ ହୋଇ
ସରିଯାଇଥିବ ଗୋଟିଏ ଯୁଗ
କୋଟିଏ ଅପନ୍ତରାରେ।
ଯାହାର ଦେହ ବୋଲି କିଛି ନଥିବ
କେବଳ
ପାହାଚ ପରେ ପାହାଚ ଥିବ ଅନ୍ଧାରକୁ
ନିରବ ପାଦଟୀକାରେ
ରଚିଯାଇଥିବ ନିଶ୍ୱାସ ଯାହାକୁ
ନିରଭ୍ର ଆକାଶରେ
ନିମିତ୍ତ କରି,

ଆଉ କେହି ନାହିଁ ବୋଲି ଯାହାକୁ
ପବନ ଖେଳିଥିବ ପତ୍ରଝଡ଼ାରେ
ଆୟୁଷ ଯାହାର ଥିବ ଭ୍ରୂଣରେ ବସନ୍ତର
ସାତତାରାର ସଂକଳ୍ପ ହୋଇ
ସନ୍ଦିଗ୍ଧ କାଳାନ୍ତରରେ।
ସେଇ ଅଧ୍ୟାୟରେ ଦେଶ ମୋର
ତୋର ସୀମାରେଖାରୁ ବାହାରୁଥିବ
ପୁଣ୍ୟ ମୋର ଅକ୍ଷୟ ଦୀପଦାନର
ବାହାରୁଥିବ ରାଶିରାଶି ରଶ୍ମି ଜଗତର
ଜୈତ୍ରବନକୁ ଉଜାଡ଼ି ଦେବା ପାଇଁ ପଲକରେ।

ଠିଆହୋଇଥିବ ଜୀର୍ଣ୍ଣଦ୍ୱାର
ଏଭଳି ଗୋଟିଏ ଭବିଷ୍ୟତର
ଯାହାକୁ କେବେ ଲଂଘି ପାରିନି ମଣିଷ
ଯାହାକୁ କେବେ ଗଢ଼ିନଥିଲେ ଈଶ୍ୱର।

୭୩

ସେମାନଙ୍କୁ ଘୃଣା କରିପାରିନି ଦେଶ ମୋର
ଯେଉଁମାନେ
ରକ୍ତରୁ ମୋର ନେଲେ
ଅହଂକାରର ତୁଷାର,
ନେଲେ ପୌରୁଷରୁ
ଆହତ ଅଭୀଷ୍ଟ ମୋର
ଅଭୀଷ୍ଟରୁ ନାର୍ଥିବ ଶରୀର ।

ସେମାନେ ସନ୍ତାନ ତୋର-
କେହି ବି ନୁହନ୍ତି ମୋର ।
ତଥାପି ସେମାନେ ଥିଲେ ବୋଲି ତ ଏତେ
କଠୋର ହେଲା ନିଗଡ଼
ଏତେ କରୁଣ ହେଲା
ମୋର ପଳାୟନର ଝଡ଼,
ଈପ୍‌ସାର ପ୍ରାଚୀରରେ
ଏତେ ଉନ୍ମାଦ ହୋଇ ମାତିଲା ମୋର ଅସ୍ତରାଗ

ରକ୍ତ ବୋଳିଦେଲା ପଥରରେ
ଜାଳିଦେଲା ତୃଣରୁ ଶିଶିର ।
ସେମାନେ ଥିଲେ ବୋଲି ତ ମୁଁ ଶୁଣିଲି ନାହିଁ
ଡାକ ସପ୍ତର୍ଷିର
ଓହ୍ଲାଇଲି ଭ୍ରଷ୍ଟତାରା
ଲିଭିଆସୁଥିବା ଗୋଧୂଳିରେ
ଦେଲି ସଂଦୀପନ,
ସେମାନଙ୍କୁ ଦେଲି ମୋର
ନିରଂକୁଶ ଉତ୍ତରାଧିକାର ।

ଦେଶ ମୋର ମୁଁ କ'ଣ ଜାଣେନି
ସେମାନଙ୍କ ପାପ ଠାରୁ ବଡ଼
ସେମାନଙ୍କ ନଷ୍ଟ ଖେଳଘର !

୭୪

ସେମାନଙ୍କୁ ତୁ କେମିତି ଜନ୍ମଦେଲୁ ଦେଶ ମୋର ?
ତୋର ଗର୍ଭରେ କ'ଣ
ଏତେ ନିଆଁ ଥିଲା ଯେ ତାକୁ
ଲିଭାଇ ପାରିଲା ନାହିଁ ଶ୍ରାବଣ,
ଏତେ ଥିଲା ଆକ୍ରୋଶ ଯେ ତା'ର
ଆଲୁଅରେ ଦିଶିଲା କେବଳ
ମୁଖଶାଳାର ରସାତଳ ?
ଧ୍ୱସ୍ତ ଗୋଟେ ମନ୍ଦିରରେ ଆଉ
ଦେବତା ରହିବ କୋଉଠି ଦେଶ ମୋର
ଯଦି ସବୁ ସ୍ୱପ୍ନର ବୀଭତ୍ସତାରୁ
ଗଢ଼ିଦେଇଚି ସମ୍ବତ୍ସର
ଯଦି ଧାନଶିଁସାରୁ ମିଳୁଚି କ୍ଷୀର
ନଇଁପଡ଼ିଥିବା ଧନିଷ୍ଠାକୁ କାଳରାତିରେ !

ସେମାନେ ଏବେ ବଡ଼ ହେଲେଣି
ଜାଣିଗଲେଣି ସ୍ୱପ୍ନ ଦେଖିବା

ଖୋଲିଜାଣିଲେଣି ଜୋତା ପାଦରୁ
ଖାଇ ଜାଣିଲେଣି ଦେବତାକୁ ଜଳନେଇ ଗଣ୍ଡୂଷରେ
ଜୁଇରୁ
ଶିଖିଲେଣି ତୋଳି ଆଣିବା ତମାଳ,
ବୁଝିଗଲେଣି ତିନିପହରର ଡାକକୁ ଖେଳରେ
ନିଦରେ ଭୁଲିଶିଖିଲେଣି କେବେ ଦିନେ
ଥିଲା ଏ ପୃଥିବୀ କୁଆଁତାରାର
ନିର୍ଲୋଭ ନିଦ ହୋଇ,
ନୂଆ ଫିଟିଥିବା ଶାଳପତ୍ରର ଧାରରେ
ଟୋପାଏ କାକର ହୋଇ କରୁଣାର।

ସେମାନଙ୍କୁ କ୍ଷମା ମାଗି ନେ' ଦେଶ ମୋର
କହିଦେ' ତୋର
କ୍ଷୁଧା ନ ଥିଲା,
କ୍ଷୀରସାଗରରୁ
ଗୋଟେ ଦ୍ୱୀପ ଉଠିଥିଲା ଦିନର ମଳାଶେଯରୁ
ଜୀବନ୍ତ ହୋଇ ରାତିରେ
ସେମାନଙ୍କ ମରଣ ଆଗରେ
ଥିଲା ସବୁଠୁ ବଡ଼ ସୁଖ
ଅପରିଚୟରେ ବଂଚିବାରେ।

୭୪

କେହି ବି ଚାହେଁନି ପାଇବା ପାଇଁ
ଏମିତି ଗୋଟେ ଜୀବନ
ଯାହାର ଧୂଳିରୁ ଉଠି ପବନ
ଯିବ ଗହନ ଗଛଶାଖାର ଯୌବନକୁ
ଉଜାଡ଼ିଦେବ ନୀଡ଼
କହିବ ମୋର ଲୋଡ଼ାନାହିଁ ଦିଗର ଝିନବାସ
ଲୋଡ଼ାନାହିଁ କାରଣ
ଘନଘୋର ବର୍ଷାରେ ଫୁଟି
ମିଳାଇ ଯାଉଥିବା ଶ୍ୟାମରାଗର।

କେହି ବି ଚାହେଁନି ପାଇବା ପାଇଁ
ଅସମର୍ଥ ବରଦାନ
ଆତଙ୍କର।

ଦେଶ ମୋର ମୁଁ ଚାହିଁନଥିଲି ଏସବୁ ପାଇବା ପାଇଁ
ଜାଣିଥିଲି ଏ ନିଆଁରେ ମୋର ପ୍ରାଣ

ପିଣ୍ଡ ହୋଇ ପଡ଼ିବ
ଏଥିରୁ ତିଆରି ହେବ
ପାଉଁଶର ପ୍ରଣୟ ମୋର,
ପ୍ରୟୋଜନର
ସବୁ ତାରା ଲିଭିଯିବେ
ରାତି ହେଉହେଉ
ଅଦୃଷ୍ଟର ଭାଲପଟରେ।

ସେଇ ମୋର ପାଇବା ଦେଶ ମୋର
ସେଇ ମୋର ଜିଘାଂସା ପରାଜୟର।
ନିଜଠାରୁ ନ୍ୟୂନ ହେବାର
ଗୋଟେ ବ୍ୟୂହ ଅଛି ଏଥିରେ
ଯେମିତି
ମରଣ ଅଛି ଆଲିଙ୍ଗନରେ।
ତୁ ଭଲରେ ଥା'
ଥା' ସେମିତି ଶସ୍ୟଶ୍ୟାମଳା
ସୁଜଳାସୁଫଳା
କବିର କଳ୍ପନାରେ।
ସେ କଳ୍ପନାରେ ବି ଥାଉ ତା'ର ସବୁଠୁ ବଡ଼ କ୍ଷତ
ସବୁଠୁ ବଡ଼ ସମର୍ପଣ
ସବୁଠୁ ବେଶି ରକ୍ତସ୍ରାବର।

୭୬

କ୍ଷତ ଥିଲା ତୋର ଦେହ ସାରା
ତୁ ଜାଣି ନଥିଲୁ,
ଭାବିଥିଲୁ ଏ ହିମବନ୍ତରେ ଅଛି ଏତେ ସୁକୃତ
ଏତେ ଅକ୍ଷତ ଅଛି ଚିରସ୍ରୋତାର ପଣତରେ

ଯେ
ଚାହୁଁ ଚାହୁଁ ବିତିଯିବ ଜୀବନ
ଗୋଟିଏ ଆଲିଙ୍ଗନରେ ଫୁଟି ବାସିଉଠିବ ବଉଳ।

ନା ରେ ନା ଦେଶ ମୋର,
ତୋର ଦେହ ସାରା ଥିଲା କ୍ଷତ
ରକ୍ତରେ ଭିଜିଯାଇଥିଲା ଅଖଣ୍ଡ ବନବାସ
ହଜିଯାଇଥିଲା କୁହୁ
ନୀରବତାର କନ୍ଦରାରେ।

ମୁଣ୍ଡପିଟି ଫେରିଥିଲା ସାଗର
ଫେରିଥିଲା ଆଶାର ଅହଂକାର

ତୋର ନଷ୍ଟଦେହକୁ ଘେରି ବସିଥିଲେ
ଅସଂଖ୍ୟ ମୂକ ଅବତାର
ପାଷାଣର
ଟୋପାଏ ଲହୁ ପାଇଁ କାନ୍ଦି ଗଡ଼ିଯାଇଥିଲା
ସନ୍ତାନ ତୋର
ବ୍ୟଭିଚାରର ।

ତଥାପି ତୋ ପାଇଁ ଗଢ଼ା ହୋଇନଥିଲା ଦେଉଳ
ବିଗ୍ରହ ତୋର ଥିଲା ମୁଖଶାଳାରେ
ବିଦୀର୍ଣ୍ଣ ପଳାଶ ଭିତରେ ଥିଲା ତୋର କୀଟ ପ୍ରାରବ୍ଧର,
ତୁ ହସି ହସି କହିପାରିଲୁନି ଯେ
କାନ୍ଦୁଚି ତୋର ଅନ୍ତର ।
କ୍ଷତ ଦେଖାଇ କହିଲୁ ଦେଖ
ଉଇଁଚି ଏଠି ସୂର୍ଯ୍ୟ
ଏଠି ଘଡ଼ିମାରି ଉଠୁଚି ଚାନ୍ଦ ଚଉଠିର
ଲଗଂଳମ୍ବନରେ ଠିରିକା ମାଟି ଏ ମୋର ନୁହେଁ
ମୁଁ ମରିଚୀକା ବାଲିହରିଣର !

ତୋର ସେ ନିର୍ଦ୍ଦୋଷ ଆଖିରେ
କି ମାୟା ଥିଲା ଦେଶ ମୋର
ମୁଁ ଘୋଡ଼ାଇଦେଲି ସେ କ୍ଷତକୁ
କହିଲି ଥା', ଥା' ସେମିତି କ୍ଷତ ମୋର
ରାତି ପଛେ ନପାହୁ ମୋର
କାମନାର ।

୭୭

ଦେଶ ମୋର ମୁଁ ଥକିଗଲିଣି ଚାଲିଚାଲି
ହାରି ହାରି ବାଲି ହେଲିଣି
ବାଲି
ମୋତେ ଆଉ କି ସତ କହିବୁ ଦେଶ ମୋର
ମୁଁ ତ ବାନ୍ଧି ସାରିଚି ନୀଡ଼
ମିଛର ଗଛଶାଖାରେ
କହିସାରିଚି ପ୍ରମତ୍ତ ଝଡ଼କୁ ଯା' ଆସିବୁ
ତା'ର ଦେହ ଫୁଟିଲେ କିଆବଣରେ ।

ଏତେ କାହିଁକି ଅଭିମାନ ହେଲା ଜାଣିଚୁ ଦେଶ ?
ମୋର ଅଭିମାନରେ
ଥିଲା
ତୋର ସ୍ୱପ୍ନ
ତାକୁ ଗଢ଼ିନଥିଲା କେହି, କାହାରି ହାତରେ
ସେଇ ଦେଇପାରିନଥାନ୍ତା ତା'ର ଅଭ୍ରଧୂଳିରୁ ଟିପେ
ଦେଇପାରିନଥାନ୍ତା ଲଂଘିସାରିଥିବା

ଅସଂଖ୍ୟ ଶୃଂଗଙ୍କୁ
ଧାରେ ହସ
ଯେତେ ଚାହିଁଲେ ବି !
ତୋର ମିଛବସନ୍ତର ଆଉ
କି କି ରହସ୍ୟ ଅଛି ଦେଶ ମୋର
କେତେ ବାଟ ଆଉ ଚାଲିବି ତା'ର ପଛେପଛେ,
ସବୁ ତ ଲାଗୁଚି ଦେଖିଲା ଭଳି
ସବୁ ସ୍ୱପ୍ନରୁ ବାହାରି ସାରିଚି ନିର୍ମୋକ ମୋର
ବଳିଦାନର,
ଆଉ ଘଡ଼ିଏର ସୀମାନ୍ତରେ ଆମର
ଦେଖାନହୁଏ ଯଦି
ଭାବିବୁ ନାହିଁ ଯେ କାମ ସରିଲା ଏଇଠି ।
ଆମ ଆଗରୁ ଯିଏ ଯେତେ ଗଲେ
ସେମାନେ କେହି କହିନଥିଲେ କାହିଁକି,
କାହିଁକି କହିନଥିଲେ ଯେ
ଦିନରାତି ସମାନ ଏ ଧ୍ୱଂସବୀଥିରେ !

୭୮

ଅଭ୍ୟାସରେ ପଡ଼ିଗଲାଣି ସବୁ
ନିରବରେ ସରିଯିବାର।
ଶିପ ବି ଫୁଟାଇ ଜାଣିଲାଣି ମୋତି ପଡ଼ିପଡ଼ି
ଘନଘୋର ରାତିରୁ
ଫେରିଲେଣି ବର୍ଷାପବନ
ଦିନ ପରେ ଦିନ
ମୁଠାଏ କଂଚାପାଚିଲା ପତ୍ର ନେଇ ହାତରେ
ଅଭ୍ୟାସରେ ପଡ଼ିଗଲାଣି ଜୀବନ।

ଲୁଗା ଖୋଲି ଥୋଇବା ପଥରରେ
ଆଖିବୁଜି ପଶିଯିବା ପାଣିରେ
ବାଉଁଶବଣରେ ଛାଇ ଖୋଜୁଖୋଜୁ
ପଡ଼ିଯିବା ଭୂତ ହାବୁଡ଼ରେ,-
ଏସବୁ ଆଉ
ନୂଆ ଲାଗୁନି
ନୂଆ ଲାଗୁନି ଡାଳ ଭାଂଗିବା ବେଳେ

ଡଙ୍କ ବାଜିବା ବିଛାର
ଜହ୍ନରାତିର ସାପ ସର୍‌ସର୍ ହୋଇ
ଗଲାବେଳେ ଶୁଖିଲା ପତ୍ର ଭିତରେ
ଭୟ ବି ଲାଗୁନି ବଣଟାରେ।
ଭୟ ଲାଗୁଚି ଝାଳ ସରସର ଦେହରେ ଉଠି
କୋଳକରି ଧରିବା ସେ ସ୍ୱପ୍ନକୁ, ଯାହାର
କପାଳରେ ଲାଗିଚି କଳଙ୍କ ଗତରାତିର
ଯିଏ ଛିଡ଼ିଗଲା ପରେ ବି ଉଠୁଚି
ଚୈତ୍ରର ଚିରାଳ ହୋଇ
ସାରା ସକାଳ ଯାହାର ବିଷ ପିଇ
ପଡ଼ିଆସୁଚି ନୀଳ,
ନୂଆ ଲାଗୁଚି ମାଟିକାଦୁଅରୁ
ହାତରେ ଗଢ଼ି ବାହାର କରିବା
ସାଗର ଶୈଳ
କିଛି ନଥିବାର ଏ ମରୁଭୂମିରେ।

ଦେଶ ମୋର ମୁଁ କେତେଦିନ ଆଉ ରହିବି ତୋର
ଅଭିଶାପରେ ?
କେତେଦିନଯାଏଁ ଏମିତି ଚାଲିଥିବ
ଲେଖିଦେଇ ପୁଣି ଲିଭାଇ ଦେବାର
ଖେଳ ବିଜୁଳିର
ମେଘାସନରେ ?

୭୯

କ'ଣ କ'ଣ ଦେଖିଲୁ ଦେଶ ମୋର
କିଏ କିଏ ଥିଲେ
ସେ ସାଗରମନ୍ଥନରେ-
କିଏ ମେରୁ
କିଏ ରଜ୍ଜୁ
ବିଷ କାହା ଭାଗରେ, ଅମୃତ କାହାଭାଗରେ ?

ସେଠି ଥିଲେ କେହି ଦେବତା ?
ଥିଲା ଜଳଭାରର ଅର୍ଘ୍ୟ ମେଘରେ ?
ନା ଥିଲେ କେବଳ ଅସୁର ?
ମରିଭାସୁଥିବା ଜଳହସ୍ତୀର ଶୁଣ୍ଢରେ
ଥିଲା କଟୀ ବାମାର ?
କଳସରେ ଥିଲା ଟୋପାଏ ସନ୍ଦେହ
ଆମର ସାରା ଜୀବନର ସଂଚୟ ?
ନା କିଛି ନଥିଲା
ଘନତମସାରେ ଥିଲା କେବଳ ହଳାହଳ ?

ଭୟ ଥିଲା
ଭ୍ରାନ୍ତି ଥିଲା
ଥିଲା ବିଦେହର ଜୟଘୋଷ
ନିରନ୍ଧ୍ର କୋଳାହଳରେ ?

ସେଠି ତୋର ସାକ୍ଷୀ ହେବାର ଥିଲା
ଇତିହାସକୁ ଦେବାର ଥିଲା
ମାଟିମୁଠାଏ
ଶାଳପତ୍ରର ଠୋଲାରେ ମୁନ୍ଦେ ପାଣି,
ମନେରଖିବା ପାଇଁ
ମାଳ ସମ୍ବତ୍ସରର
କଂକାଳର ଗଳାରେ ।

ସେଠି ତୋର ଛୁଇଁବାର ନଥିଲା
ଅମୃତ ହେଉ ବା ବିଷ
ଜାଣିବାର ନଥିଲା କିଏ ଅସୁର କିଏ ଦେବତା;
ଆଖିବୁଜି ସାକ୍ଷୀ ହେବାର ଥିଲା ସତ୍ୟର
ଅନ୍ଧାରରେ ଖୋଜିବାର ଥିଲା
ଉତ୍ସ ନଈର,
ନିର୍ଜନ କାନ୍ତାର ଦେଇ ବୋହିଯିବାର
ଗୋଟେ ପ୍ରତିଶ୍ରୁତି ଛଡ଼ା ଆଉ କ'ଣ ତୋତେ
ଦେଇପାରିଥାନ୍ତା ସଂସାର ?

କ'ଣ କ'ଣ ଦେଖିଲୁ ଦେଶ ମୋର ?
ମୋତେ ଦେଖିଲୁ ସେଠି ?
ଦେଖିଲୁ କୂଅରେ ପଡ଼ି କେବେଠୁ ଛଟପଟ
ଆକାଶର ବିମ୍ବକୁ ମୋର ?

୮୦

କାହାରି କିଛି ଦୋଷ ନାହିଁ
ଯଦି
ସାରା ଦୁନିଆ ଉଜୁଡ଼ିଯାଇଚି ଝଡ଼ରେ
ଯଦି
ରହିଚି ତଥାପି ହଂସ ଲହୁର
ଜଳାର୍ଣ୍ଣବରେ ସନ୍ତକ ହୋଇ ପୃଥିବୀର ।

ନିରବତାରେ ଶିଣିଚୁ ସେ ଶୁଭ୍ର କଳରବ ଜୀବନର
ଶୁଣିଚୁ ଦେଶ ମୋର ?
କୋଉଠି କିଛି ନାହିଁ
ମରିଶୋଇଚି ଯିଏ ଯୋଉଠି
ସ୍ତମ୍ଭଭଳି ଠିଆହୋଇଚି
ମେରୁ ଉପରେ ମହାକାଳ
ନିଶ୍ଚଳ ।
ଛାଇ ବୁଲୁଚି ଦୀପହାତରେ
ଅନ୍ଧାର ମାଡ଼ି ଆସୁଚି

ଭରି ଆସୁଚି ସକାଳ
ପ୍ରତି ବୀଜରେ।
ଦିନର ନିଆଁ ଉଠୁଚି
ଦିଶୁଚି ଦୂରରେ ଲିଭିଯାଉଥିବା ତୋଟାମାଳରୁ
ଶେଷ ଆକାର
ଅବସାନର।
ସେଇ ନିଆଁରୁ ପୋଡ଼ି ବାହାରୁଚି
ଚିହ୍ନ ଧ୍ୱଂସର।

ଦୋଷ କାହାର ଯଦି ଶେଷ ନଥାଏ ଜୀବନର ?
ଦୋଷ କାହାର ଯଦି ବଳନଥାଏ ଧ୍ୱଂସର
ଲିଭାଇବା ପାଇଁ ଡହକୁଥିବା କଳରବର ଅଙ୍ଗାର ?

୮୧

ଯୋଉ ବାଟରେ ଗଲି
ସେ ବାଟରେ ତୋର ଦେହ ପଡ଼ିଚି
ଦେଶ ମୋର
ଟିକିଏ ଆଗରୁ ଆସିଥିଲା ଯୋଉ ଝଡ଼
ସେଥିରେ ଭାଂଗିପଡ଼ିଚି
ଘର, ମନ୍ଦିର ।
କୃଷ୍ଣସାରର ଯୋଡ଼ାଏ କଳାଡୋଳା ଅଛି
ସେ ଧ୍ୱସ୍ତକାନନରେ
ପୂଜା ପାଇନଥିବା ପଥରର ଦେବୀଟିଏ ବି ଅଛି
ଜୀର୍ଣ୍ଣ ପଣତକାନିରେ;
ସବୁଠି ଅଛି କିଛିନା କିଛି ଅହଂକାର
ଯୌବନର ।

ସେଠି ସେ ପାହାଡ଼ ଠିଆହୋଇଚି ସେମିତି
ମୁଣ୍ଡଉପରେ କଚାଡ଼ି ପଡୁଚି ବଜ୍ର
ରାତିର ଗର୍ଭରୁ ବାହାରି ବୋହିଚାଲିଚି ନଦୀର

ନିରବ ମନ୍ୱନ୍ତର
ତାକୁ ପିଇପାରିନି ଇତିହାସର ପଥର।
ନାଭିରେ ତୋର କମଳ
ଶୀତଳ ସଂତାପରେ ଓଦା ତୋର ବକ୍ଷସ୍ଥଳ
ଦେଶ ମୋର
ଭାବିଥିଲି ରହିଯିବି ବାଟରେ,
ପାଦ ମୋର ପଡ଼ିଗଲା
କଅଁଳି ଉଠୁଥିବା ନୂଆଘାସର ଶିହରଣରେ।
ମୁଁ ଭୁଲିଗଲି ଯେ ଅଲଂଘ୍ୟ ଦେହ ତୋର
ମାଟି ହୋଇସାରିଚି ଏ ଭିତରେ,
ସେଇ ମାଟିରୁ ଗଢ଼ିବା ପାଇଁ କୁମ୍ଭଟିଏ
ମୁଁ ଆସିଥିଲି ଏଠିକି
ଝଡ଼ମୁହଁରେ ଥୋଇଦେଇଥିଲି ପ୍ରଦୀପଟିଏ
ରାତିର।

୮୨

ଜିଣିବାର ନିଶା ନଥିଲା ମୋର
ହାରିବାର ଗୋପନ ଅଭୀପ୍ସା ଥିଲା
ସବୁ ଅଭିଯାନରେ ।
ଧାର ଥିଲା ଖଣ୍ଡାରେ
ଚୋଟ ହାଣିବାର ବଳ ବି ଥିଲା ମୁଠାରେ
ହେଲେ ମୁଁ ଚାହୁଁନଥିଲି ମୃଗନାଭି ଅଖଣ୍ଡ ମୃଗୟାରେ ।
ଏତେ ପରାଗ ଥିଲା ତୋର ଧୂଳିରେ ଯେ
ମୁଁ ଅନ୍ଧ ହୋଇଯାଇଥିଲି ତା'ର ସୁଗନ୍ଧରେ,
ମୁଁ ଜାଣି ନଥିଲି ଦେହରେ
ଏବେ ବନଗିରି, ଏତେ ଆକାଶପ୍ରାନ୍ତର
ଆଖି ମୋର ଭରିଯାଇଥିଲା
ବିପନ୍ନ ବିସ୍ମୟରେ ।

ମୁଁ ଚାହୁଁନଥିଲି ବିଜୟ,
ତୋର ଶୂନ୍ୟ ଜନପଦରେ
ଥିଲା କ'ଣ ଦେଶ ମୋର

ଯାହାକୁ କାଟିପାରନ୍ତା କରବାଳ
ଯାହାକୁ ଘେନିପାରନ୍ତା ମୋର କପାଳ
ରକ୍ତଚିତାରେ ?

ମୋର ସିଂହାସନ ପଡ଼ିସାରିଥିଲା ପଶ୍ଚିମରେ,
ମୋର ପାଦତଳେ ମେଘ ମାଳମାଳ ଶୋଇଥିଲେ,
ସପ୍ତର୍ଷିମଣ୍ଡଳ ଉଇଁଥିଲା
ସ୍ଥିର ଆକାଶରେ ।

ନିର୍ଜନ ସେ ଯୁଦ୍ଧଭୂମିରେ
ଭୟର ହାତଧରି ଚାଲି ଶିଖିବାରେ ଥିଲା ସୁଖ,
ଜିଣୁ ଜିଣୁ ହାରିଯିବାରେ ଥିଲା କଳା
ଜୀବନକୁ ଆଉ ଘଡ଼ିଏ ରୋକି ରଖିବାର ।

୮୩

କେହି କେବେ ଖାଲିହାତରେ ଯାଇନି
ତୋର ସମୁଦ୍ରକୂଳକୁ
ତୋର ଝାଉଁବଣରେ ବି କାହାରି
ପାଦ ପଡ଼ିନି ଖାଲିପେଟରେ ।
କେହି ଦେଖିନାହାନ୍ତି ବାତୁଳ ପବନକୁ
ଲୁହ ପୋଛିଲାବେଳେ ଶାଳଭଂଜିକା ଆଖିରୁ,
କେହି ଦେଖିନାହାନ୍ତି ଭଉଁରିରେ
ବୁଡ଼ିଗଲାବେଳେ ଯୋଡ଼ାଏ ହାତ,
ବିସ୍ମରଣର କୁହୁଡ଼ି ଘେରିଚି
ଯେତେବେଳେ,
କେହି ଜାଣିନାହାନ୍ତି ବରାଭୟର
ତାରା ବୁଡ଼ିଗଲା କେତେବେଳେ ।

ଶଂଖ ଗୁଡ଼କଙ୍କରେ
ଖେଳୁଚି ଦେଶ ମୋର
ଗଳା ଭରିଦେଇଚୁ ଶିପଶାମୁକାର ମାଳରେ,

କହୁଚୁ ମୋର ମାଟିରୁ ନିଅ ସୁଗନ୍ଧ ବର୍ଷାର
ନିଅ ଅସ୍ତରାଗର ଫଳ
ମୋର କାମନାରୁ।
କିଏ ନେବ ?
ଯାହା ହାତରେ ପଡ଼ିଚି ତୋର କେଶ ମୁଠାଏ
ଯିଏ ତତେ ଅସାଡ଼ କରି ଖୋଳୁଚି ତୋର
ଅପରାଜିତାର ଅଂଗବାସରୁ ରକ୍ତଟୋପାଏ
ସିଏ କ'ଣ ନେଇପାରିବ ତତେ ?

ବୟସ ବଢ଼ିଚି ତୋର ସମୁଦ୍ରର
ସମୁଦ୍ରକୂଳରେ କଳାପଡ଼ିଆସିବ ପକ୍ଷ୍ମ ସାରସର
ତୁ ମୁଠାଏ ବାଲି ହୋଇ ଝରିପଡ଼ିବୁ
ଭାଂଗି ପଡୁଥିବା ଦେଉଳ କାନ୍ଥରୁ,
ତତେ ଗୋଟାଏ ନେବା ପାଇଁ ନଇଁ ଆସିଥିବା
ହାତ ମୃଗଶିରାର
ପାପକୁ ଆଉ ଗୋଟାଏ ନାଁ ଦେବ ପ୍ରେମର।

୮୪

ମୋର ସେ ଖୋଜିବାର ଶେଷ ନଥିଲା
ଯେତେ ଚାଲିଲେ ବି
ଥକୁ ନଥିଲା ପାଦ
ଯେତେଥର ମୁଁ ଡାକୁଥିଲି ଆ'ରେ ମୋର ଧନ
ସେତେଥର ଉଠୁଥିଲା ସ୍ୱନ
ଶଂଖରୁ,
ସେତେଥର ଗଛର ମଲାଚେରରେ ପୁଲକି ଉଠୁଥିଲା ଜୀବନ
ଯେତେ ଚାଲିଲେ ବି ସରୁନଥିଲା ବାଟ।

ଖୋଜିଲେ କ'ଣ ମିଳେ ?
ଖାଲି ଖୋଜୁଥିଲେ କ'ଣ ମିଳେ କି ବାଲିରେ
ପୋତିହୋଇଥିବା ନେତ ?-
ସେଥିପାଇଁ ବାଲି ହେବାକୁ ପଡ଼େ ବାଲିରେ
ଗୋଟି ଗୋଟି ଗଣିବାକୁ ପଡ଼େ
ରେଣୁ ବିୟୋଗର
ସମର୍ଥ ସଂସାରକୁ ଲୋଟାଇ ଦେବାକୁ ହୁଏ ପାଦତଳେ।

ଦେଶ ମୋର ମୁଁ ଖାଲି ଖୋଜିଚାଲିଚି
କିଛି କରିନି ଖୋଜିବା ଛଡ଼ା
ଆଖିବୁଜି ଠିଆହେଲାବେଳେ ଭେଟିଚି ମନ୍ଦର ପାହାଡ଼କୁ
ଗାଲ ଦେଇ ବୋହିଯାଇଚି ମନ୍ଦାକିନୀ
ବିଦେହର ଛାଇକୁ ନେଇଚି କୋଳଧରି,
ଦୁର୍ଗମ ଦିନରାତିର ଦର୍ପରୁ ଉଠିଚି
ନିଷିଦ୍ଧ ପରାଂଗଭୋଜୀର ଲଟା ହୋଇ
ଚୋରାବସନ୍ତରୁ ରକ୍ତରାଗ ଆଣିଚି ଚୋରାଇ ।

ମୁଁ ତତେ ଖୋଜୁଚି ଦେଶ ମୋର
ନ ପାଇଲାଯାଏଁ ଖାଲି ରହିବ ଘର ।

୮୫

କେତେ କ'ଣ ଲେଖାହୋଇଥିଲା
　　　　　ସେ ଗୁମ୍ଫାକାନ୍ଥରେ-
କେତେ ସହସ୍ର ହାତୀ ଥିଲେ ହସ୍ତିନାରେ
କାହାର ପୁଅ ଶତବାହନ
　　　　　ମୟୂରାକ୍ଷୀର ଜଳାଶୟରେ
ଖର୍ଚ୍ଚହେଲା କେତେ ଅର୍ବୁଦ
　　　　　କୋଳାହଳରୁ ବାହାରିଲା
କି ଅପୂର୍ବ ନିରବତାର ତୋରଣ।

ହେଲେ ଲେଖାନଥିଲା କାହିଁକି ଏତେସବୁ
　　　　　ଘଟିଗଲା
　　　　　ଅକାରଣରେ
　　　　　ପୋକ ପଡ଼ିଗଲେ ପୟସ୍ୱିନୀରେ
　　　　　ଉପୁଡ଼ିଗଲା କଳ୍ପଲତା
ରକ୍ତ ଦେଖି ଶୀତେଇଗଲା ଦେହ ଘୃଣାରେ।

କାହିଁକି ଘଟିଲା ଏସବୁ
ଦେଶ ମୋର–
ତୋର ଗର୍ଭରେ କ'ଣ କମ୍ ଥିଲା ସୁକୃତ ଯନ୍ତ୍ରଣାର
କମ୍ ଥିଲା ଧାତୁ ପାଷାଣରେ ?
ସବୁ ତ ଥିଲା !
ଉଡ଼ି ଉଡ଼ି ଆସିଥିଲା କେତେଦୂରରୁ ଆତ୍ମା ତୋର
କେତେ ଗହୀରରୁ ପାଣି ଟୋପାଏ ଶୋଷିବା ପାଇଁ
ଲମ୍ବିଯାଇଥିଲା ଚେର ରକ୍ତର
କେତେକେତେ ବେଳ ଠିଆହୋଇଥିଲା
ସାକ୍ଷୀ ତୋର ଇତିହାସର
ଗର୍ଭବାହାରେ
ଅବିଚଳ ।

ତଥାପି କାହିଁକି ଘଟିଲା ଏସବୁ
ଘଟିଗଲା,
ତୋର ଆଖିରେ ଟୋପାଏ ପାଣି ନଥିଲା
ଲଜ୍ଜା ନଥିଲା ମୁହଁରେ ।

ଦେହ ସାରା ଘା'
ସୋର ସୋରି ଚିରାଲୁଗା ଶାଖାରେ
ଏଇ ବେଶରେ ତୁ ମନମୋହିବୁ ପୃଥିବୀର ?
ହଂସରାଳିକୁ ହିସାବ ଦେବୁ
ଊର୍ମିମାଳାର ?

୮୬

ମୁଁ ଯେଉଁଦିନ ଫେରିଥିଲି
ତୋର ଦୁଆର ମୁହଁରୁ
ଖାଲିହାତରେ
ମନେଅଛି ?

ମନେଅଛି ସେଦିନ
ଖୋଲାଥିଲା ସବୁ ପାପର ମଧୁବନ
ତୁ ବସିଥିଲୁ ଅଭିସାରିକାର ବେଶରେ
କାଳ ଆସିବ ବୋଲି ବୈଶାଖର ଚିତ୍ରରଥରେ ?
ତୁ ମତେ ଡାକିପାରିନଥିଲୁ,
ତୋର ଝଂଜାବାତରେ
ଥିଲା ଅଖଣ୍ଡ ପ୍ରଦୀପକୁ
ଲିଭାଇ ଦେବାର ଆକ୍ରୋଶ
ତୋର ବିବସନାରେ ଅନ୍ତଃପୁରରେ
ଥିଲା ଆତ୍ମଘାତୀ ସାହସ
ଉଲଗ୍ନ ଅଭିଳାଷର ।

ମୁଁ ସେଦିନ ଆସିଥିଲି ଦେଶ ମୋର
ମୁନ୍ଦାଏ ପାଣି ପାଇଁ

ଯାଯାବର ପାଦରେ ମୋର ଲାଗିଥିଲା
ଅନନ୍ତ ମରୁଭୂମିର ଶୋଷ,
ମୁଁ କୁହୁଳୁଥିଲି ଶୋଷରେ, ମୋର
ଆଖି ଲାଖିଥିଲା ତୋର ନିଷ୍ପ୍ରାଣ ଫୁଲଫଳରେ।

ମୁଁ ଲଦି ହୋଇଥିଲି କୁହୁଡାନରେ
ହେଲେ ମୋର ସ୍ୱର ନଥିଲା
ମୁଁ କହିପାରୁନଥିଲି
ହେ ମୋର କଳଙ୍କିତ ଦେଶ
ତୋର ବାସର ଶେଯରେ
ଅଭିଶାପ ବଢୁଚି
ପାପର ଭ୍ରୂଣ ହୋଇ
ଦିନେ କେବେ ପଡ଼ିବ ମଡ଼କ ତୋର ମଧୁବନରେ
ଦେହରେ ଫୁଟିବ ତୋର ଅଭିଶାପ
ବ୍ୟାଧିର,
ପିଂଗଳ ଦିଶିବ ଆକାଶ, ଜହ୍ନରୁ
ଫିଟିପଡ଼ିବ ରୁଧିର।
ସେତିକିବେଳେ ଖୋଜିବୁ ମୋତେ
ଶୂନ୍ୟଘରେ
ଅଥୟ ହାହାକାରଟିଏ ପିନ୍ଧାଇଦେବ
ଗଳାରେ ତୋର ବନମାଳ,
ସେଇ ବନମାଳରେ ଜୀବନ ମୋର
ଜିଅନ୍ତା ଚରାଚର,
ତୋର ରୋଶଣିରେ ଯେତକ ଅନ୍ଧାର
ସେତକ ମୋର
ମୁଁ କ'ଣ ଜାଣିନଥିଲି ଫେରିଲାବେଳେ
ଯେ
ଆଉ କେବେ ଦେଖାହେବନି ଆମର ?

ଚିରକାଳର ଅନ୍ଧାରରୁ ମୁଁ
ଫେରୁଥିବି ବାରମ୍ବାର
ସବୁ ଘରରୁ କବାଟ ପିଟି ସବୁଥର ପଚାରୁଥିବି
ଅଛି କି ଏଠି ଦେଶ ମୋର !

୮୬

ଦେଶ ମୋର ତୁ ମୋତେ ଦେଇଚୁ କ'ଣ ?
ବିଷ ଦେଇଚୁ ବିଶ୍ୱାସରେ
ଦେଇଚୁ
ବନ୍ଧ୍ୟା ମାଟିର ଋଣ ।
ଯୁଗଯୁଗ ଧରି ମୁଁ ବସିଚି ସେଇ ଗୋଟିଏ ତପସ୍ୟାରେ
ବଉଳି ଉଠିଚି ଆମ୍ରଗଛ
ପୋଡ଼ିଯାଇଚି କୁହୁଡ଼ିରେ
ଚଡ଼କ ପଡ଼ି ଚଉଚିର ହୋଇ ଫାଟିଯାଇଚି ଦେହ
ଶିଉଳି ଲାଗିଚି କାମନାରେ,
ମୁଁ ତଥାପି ଉଠିନି
ଭାବିଚି ଏଥର ଶେଷଥର, ଯାପରେ ଆଉ
ନଷ୍ଟ ହେବନି ଦେଶ ମୋର
ନୀଡ଼ଟିଏ ରହିବ ପତ୍ରଗହଳରେ ନିଜର ହୋଇ
ବାଧିବ ନାହିଁ ଝଡ଼ର ତାଳି
କାଟିବ ନାହିଁ ବିଜୁଳି ।

ସତକୁ ସତ ସୁନ୍ଦର ହୋଇଯିବ ଦେଶ ମୋର
ଅସହାୟ ଶାବକ ପାଟିରେ
ଦେବ ଦାନାଏ ଆଧାର
କପାଳରେ ତା'ର ଜଳିଉଠିବ ଦାଉଦାଉ ହୋଇ
ବଡ଼ ଟୋପାଏ ସିନ୍ଦୂର।

ତୁ ମୋତେ ସତରେ ଦେଲୁ କ'ଣ ଦେଶ ମୋର ?
ମାଗିଲୁ ମୋ' ପାଇଁ
ଆଉ କେତେଟା ଶବ୍ଦ କ୍ଷମାର
ଆଉଥରେ ଗଡ଼ିଗଲୁ ସେ ଅପରାଧର କଳଙ୍କରେ
ଉପାସ ପେଟରେ ଥିଲା ଆହୁରି ହଳାହଳ।
ଈଶ୍ୱରଙ୍କୁ ସାକ୍ଷୀ ରଖି ତୋର ଏ ପ୍ରତାରଣାର ଖେଳ
ତୁ ଭୁଲିଗଲୁ
ଯେମିତି କିଛି ହୋଇନି-

ଫେରିଲାବେଳକୁ ଜାଣିଯାଇଥିଲୁ ପଡ଼ିସାରିଥିବ ଅକାଳ
ମରି ସାରିଥିବ ସାଇତି ରଖିଥିବା ଗୋଟିଏ ବୋଲି ଦିନ।

ସେଇ ଗୋଟିଏ ଦିନ ମୁଁ
ମୁଁ ମରିନି ଦେଶ ମୋର
ଅକାଳ ମୋତେ ମାରିପାରିନି-
ଜଳିଯାଇଚି ମୋର ବିଲ ବନ
ବଂଜର ହୋଇଯାଇଚି ମାଟି ପ୍ରାର୍ଥନାର
ବୁଢ଼ା ହୋଇ ନଇଁପଡ଼ିଚି ଅଶୋକ
ଅଭ୍ୟାସର ତରବାରି ଉପରେ।

ତଥାପି
ବଂଚିଚି ତୋର ଭୟଙ୍କର ରକ୍ତକୋଷରେ
ଜୀବାଣୁ ମୁଁ
ମହାମାରୀର।

୮୮

ମୁଁ ଆଉ ଭୟ କରୁନି ସ୍ୱପ୍ନକୁ
ମୋତେ ଭଲଲାଗି ଆସୁଚି
ତା'ର ଘନଘୋର ଅନ୍ଧାର।
ମୁହଁକୁ ମୁହଁ ଦିଶୁନି ସେ ଅନ୍ଧାରରେ
ଖାଲି ଲାଗୁଚି ଯେମିତି
ଘଡ଼ିକ ତଳେ ଯାଇଥିଲା କେହି ଏ ବାଟେ
ଦେହ ତା'ର ମହକୁଥିଲା ଚୁଆଚନ୍ଦନର ବାସ୍ନାରେ।

ତୁ କ'ଣ ଜାଣିନୁ ମୋର ସ୍ୱପ୍ନକୁ ଦେଶ ମୋର
ଜାଣିନୁ କେତେ ଅସାର ତା'ର ଦାବୀ
ତୋର ଗଛବୃଛ ଜୀବଜନ୍ତୁ ଉପରେ ?
ତୁ କ'ଣ ଜାଣିନୁ ତା'ର ନିଦ ଭାଂଗିଲେ
ସେ ଖୋଜିବ ତା'ର ଅଧିକାରକୁ
ପଚାରିବ କହ କୋଉଠି ରଖିଚୁ ମୋର ସଂସାରକୁ
କୋଉ ସୁଗନ୍ଧରେ।

ସେ ସଂସାର ଗଲାଣି କେବେଠୁ
ମରିହଜି ଗଲେଣି କେତେ କିଏ
ପର୍ବତ ହେଲାଣି ସାଗର
ମାଟି ହେଲାଣି ବାଲୁଚର
ତୋର ଧୂସର ଆଖିରେ ବି ମାଡ଼ି ଆସିଲାଣି ପରଳ।

ସ୍ୱପ୍ନଟିଏ ଅଛି ବୋଧେ
ନ ହେଲେ କାହିଁକି ମଲ୍ଲି ଫୁଟନ୍ତା ସନ୍ଧ୍ୟା ହେଲେ
କାହିଁକି ଦିଶନ୍ତା
ସୂର୍ଯ୍ୟୋଦୟର ରକ୍ତପାତ ଏଡ଼େ ସୁନ୍ଦର ତୋର ଦିଗନ୍ତରେ !

ସେଇଟିକି ସ୍ୱପ୍ନ କ'ଣ ଆମର ନୁହେଁ ଦେଶ ମୋର ?
ଏକାଠି ଦେଖିନେ କେବେ ତାକୁ
ହେଲେ ତା'ର ଭଉଁରିରେ ଅଛି ଏମିତି ଯାଦୁ
ଯିଏ କହିଦେବ ଯେ
ତୁ କେବଳ ମୋର ହୋଇ ଆସିଥିଲୁ,
ମୋର ହରାଇବାର ଦୁଃଖ ଥିଲା ସବୁଠୁ ପୁରୁଣା
ନୂଆ ନୂଆ କଅଁଳୁଥିବା ପରୀମାନଙ୍କ ଡେଣାରେ।

୮୯

ମୁଁ ସେଇ ଗୋଟିଏ କଥା କହିଚାଲିଚି କେବଠୁ
ସେଇ ଗୋଟିଏ କଥା
ଶହେ ପାଟି ଯାହାର
ଶହେ ମଥା
ତୁ କେମିତି ଆସିଲୁ ଲଂଘି ଦୁସ୍ତର ପାରାବାର
କୋଳକୁ ମୋର
ଦେଶ ମୋର
କେମିତି ଦେହରୁ ପୋଛିଦେଲୁ ଏତେ କାଳି
ଛଡ଼ାଇଦେଲୁ ଶିଉଳି ଛାତିରୁ,
ମୁଣ୍ଡ ନୁଆଇଁ ଠିଆହେଲୁ
ମାଟିପଥରର ଦେବତା ଆଗରେ
ଆରଜନ୍ମଯାଏଁ ଗାରକାଟିଲୁ ନଖରେ !
କୁଆଡ଼େ ଗଲା ତୋର ଅନ୍ଧ ହୋଇ ଧାଇଁବା
ପବନ ପଛରେ
ହାତ ମେଲା ବାଳ ମୁକୁଳା
ପଡ଼ିଉଠି

ପ୍ରାଣବିକଳରେ ?
ନିଜକୁ ଲୁଚାଇବାର ଏତେ ଛଳ ଏତେ ଚାତୁରୀରେ
କୋଉଠୁ ଆସିଲା କର୍ପୁରମାଳି, ବଉଳପାଟ
ଅଳତାପାଟି, ଅଲିଭା ଦୀପ ?

ସ୍ଥିରହୋଇ ବସିଚୁ
ଲୁହ ବୋହିଯାଉଚି ଆଖିରୁ
ବାୟାଚଢ଼େଇର ନୀଡ଼ଟି ବି ଗଢ଼ାସରିଲାଣି ଏ ଭିତରେ !
ଖଣ୍ଡିଉଡ଼ା ଦେଇ ଘେରିଗଲେଣି ଶାବକମାନେ
ପୃଥିବୀ ଦିଶିଲାଣି ଆଗଠୁ ବେଶି ସୁନ୍ଦର,
କବାଟ ବାଡ଼େଇ ଡାକୁଚି ଅଧୀର ଧରାତଳ-
ଶୋଇପଡ଼ିଲୁ କି ସ୍ୱପ୍ନ ମୋର ନିଦରେ ?

୯୦

ଥାଉ ସେସବୁ ପୁରୁଣା କଥା-
କିଏ କ'ଣ ନେଲା ତୋ'ଠାରୁ
କେତେ ଗହୀରକୁ ଗଲା କାହାର ମୂଳ
କିଏ ଥିଲା ପଥର ଚଟାଣରେ
କିଏ ଶେଯରେ
କିଏ ଉଭା, କିଏ ପୋତା
କାହା ପାଟିରେ କେତେ ବିଷ
କେତେ ଓସାର କୋଉ ନଈର କୂଳ।
ସବୁ ତ ସେଇ ଗୋଟିଏ କଥା
ଶହଶହଥର ପୂଜରକ୍ତ ଭରିଚି ଯୋଉ ଗାଡ଼ରେ
ଶହଶହଥର ବାହାରିଚି ଯୋଉ ପ୍ରଲୋଭନର ଅନ୍ଧାରରୁ
ଆହତ ସୀମାରେଖା ସତ୍ୟର।
ଶହଶହଥର ଲୁଂଠନ ପାଇଁ ମୁଣ୍ଡଟେକି
ଠିଆହୋଇଚି ଯେଉଁ ମନ୍ଦିର
ସିଏ ସେଇ ଗୋଟିଏ କଥାର ଅର୍ଥାନ୍ତର
କେତେ ପୁରୁଣାର ଜନ୍ମଜନ୍ମାନ୍ତର

ଅନ୍ୱେଷଣ
କେତେ ନୂଆର ଅଭିସାର।

ସେସବୁ ଭିତରେ ଭୁଲିଗଲିଣି ଦେଶ ମୋର
ତୁ ଯେମିତି ଭୁଲିଯାଇଚୁ–

ରହିଯାଇଚି ଏତେଟିକିଏ ସନ୍ଦେହ ଖାଲି
    ମାଟିପିଣ୍ଡରେ
    ଇତିହାସର।
ସତରେ କ'ଣ ପ୍ରାଣ ଅଛି ସେ
    ମାଟିପିଣ୍ଡରେ ?
ସତରେ କ'ଣ ସେ ଉପୁଜାଇପାରେ
    ଅନ୍ନଜଳ
ଦୂଷିତ ଗର୍ଭରୁ ତା'ର
    ସତରେ କ'ଣ ବାହାରିପାରେ
    ଓଁକାର ?

୯୧

ଅନିର୍ବାଣ ଶିଖାକୁ ତୋର ଦେଖିଲି ସେଦିନ
ତେଲ ନଥିଲା ଦୀପରେ
ସରିଆସିଥିଲା ସଳିତା
ବର୍ଷୁଥିଲା ପ୍ରଶ୍ନର ତୀର ଘମାଘୋଟ ରାତିର ଅନ୍ଧାରରେ
ବୁଲୁଥିଲା ଝଡ଼ପବନ
ଆତତାୟୀର ବେଶରେ ।
ତୁ ଚାହିଁଲୁ ଦୀପକୁ ଥରେ
ଥରେ ତୋର ଲେଉଟିଥିବା ପ୍ରାର୍ଥନାକୁ
କହିଗଲୁ ଯାବତ ମିଛ ବିନାଦ୍ୱିଧାରେ ।

କହିଲୁ ତୋର ମାଟିରେ ପଡ଼ିନି
ପାଦ କାହାରି
କହିଲୁ ତୋର କପାଳ ଫାଟି
ରକ୍ତ ଝରିବାରେ ଦୋଷ ନାହିଁ କାହାରି
କହିଲୁ ଏଯାଏଁ
ଅଛି ସଂପଦ

ନିଃସ୍ୱ ପାଇଁ
ହୋଇପାରିନି କାହାର।
ସେଇ ମିଛର ଶୋଣିତରେ ଜଳି ଉଠିଲା ଦୀପ
ସ୍ୱେଦ ପିଇ କାଠହେଲା ମଣିଷ,
ଗୋଟାକଯାକ ଆକାଶ
ଜଳିଉଠିଲା ତୋର ଅମୃତର ଆଲୋକରେ।

କି ମିଛ ସିଏ ଦେଶ ମୋର ଯିଏ ସବୁଠୁ ବେଶି ସୁନ୍ଦର
ବାହାରେ ଭୀଷଣ ପ୍ରକୃତିର
ବ୍ୟୂହସଜ୍ଜା
ଭିତରେ ଗୋପନ ଅର୍ଥଟିଏ
ପଥ ଖୋଜିବାର।

୯୨

ମୁଁ ଏ ଭିତରେ ଭୁଲିଗଲିଣି ଯେ
ଦିନେ କେବେ ମୁଁ
ଚାଲିଥିଲି ତୋର ନର୍କରେ
ହାତବଢ଼ାଇ ଛୁଇଁଥିଲି ଯେତେ ଘଟ ପାପର
ପଚାରିଥିଲି ଏ ଛାଇ କାହାର କାନ୍ଥରେ
ଏ କିଏ ଗଲା ପାହାଡ଼ ତଳର ଗଛମୂଳକୁ
ଛୁରିଧରି ହାତରେ
ଏ କୋଉ ଫୁଲର ଦୁର୍ଗନ୍ଧରେ
ଶଢ଼ିଗଲା ପବନ କାନିତଳର ।

ଏ ତାତି
ଏ ଝାଂଜି
ଏ ମଦ ନିଶାରେ ବେହୋସ ରାତି
ଏ ହାଡ଼ ଭିତରର ଶୀତ
ଏ ରଡ଼ନିଆଁ
ଏ ଧୂଆଁ, କୁହୁଡ଼ି, କାକର

ଏ ଫେରିବନାହିଁ କହିଯାଇଥିବା ଦିନ ଝାଉଁବଣର
ଏ ଘୁଣଲୁଗା ଦେହର
ଟାପୁ, ବିବର
ସମସ୍ତଙ୍କୁ ମୁଁ ଚିହ୍ନିଗଲିଣି ଏ ଭିତରେ,
ସେଥିପାଇଁ ନାହିଁ ମନରେ
କୋଉ ଗୋଟାଏ ବି ଅଭିଳାଷ
ମନେରଖିବାର।
ଦେଶ ମୋର ମୁଁ ଭୁଲିଗଲିଣି ଯେ
ମୁଁ ବି ଆଣିଥିଲି
ଘଡ଼ିଏ ଦି'ଘଡ଼ିର ପାଉଁଶ
ସେଥିରୁ ଆଜି ଠିଆହେଲାଣି ହୁତାଶନ
ତୋର ଯଜ୍ଞବେଦିରେ।

ଯାଉ ଜଳିଯାଉ ଅଶ୍ୱମେଧରେ ଯେତେ ମୋର
ଦିଗ୍‌ବିଜୟର କଳ୍ପନା
ମୁଁ
ପାଉଁଶ ହୋଇ ମିଶିଯାଏଁ
ତୋର ପାଉଁଶରେ।

୯୩

ତୋତେ ପୁଣି ଦେଖୁଚି ନୂଆକରି
ସୀମନ୍ତ
ଅଳକ
କବରୀ
ସବୁ ନୂଆ, ସତେ ଯେମିତି ନୂଆକରି
ଗଢ଼ିଚି କିଏ ଇତିହାସର ତରୀ
ଲଂଘିବା ପାଇଁ ସାଗର
ବୋହିଆଣିଚି ନକ୍ଷତ୍ର ଦ୍ୱୀପରୁ ସଂକେତ
ପୁନର୍ବସୁର
ଦେବାପାଇଁ ଆଉଥରେ ରାତିକୁ
ରକ୍ତଜବା
ସ୍ୱପ୍ନକୁ ପ୍ରହରୀ ।
ଦେଶ ମୋର ତୁ ନୂଆକରି ପିନ୍ଧିଚୁ
ଦେହକୁ ମୋର
ଫିଙ୍ଗିଦେଇଚୁ ଅଥର୍ବତାର ଅଳଙ୍କାର
ଚାଲିଶିଖୁଚୁ ପିଣ୍ଡାଧାରରେ

ସ୍ମୃତିର କ୍ଷତ ଶୁଖୁଚି ଖରାରେ ।
ଦେହ ମୋର ଅବୋଧ ଆକୁଳ
ମୋହିତ ତୋର ଧୂପଚନ୍ଦନରେ
ମାଗିନି କିଛି
ମାଗିବା ପାଇଁ କିଛି ନାହିଁ ତୋର ଦରିଦ୍ର ଆଂଜୁଳାରେ ।
ତା'ର ସମ୍ମୋହନକୁ
ଚିହ୍ନିଥା' ଦେଶ
ଜାଣିଥା' ତା'ର ନିରର୍ଥ ଭଲପାଇବାକୁ ।

ସେତିକି ସତ ଯେତିକି ତୋର ନୂଆ ଦିଶିବା,
ଯେତିକି
ଚନ୍ଦ୍ରାଲୋକରେ ଗଢ଼ିହୋଇଥିବା ସ୍ଫଟିକ
ଟୋପାଏ ଲୁହରେ,
ଆଉସବୁ ମିଛ ।
ବଲ୍କଳର ତଳେ ରହିରହି
ଗଛଗଣ୍ଡିରେ ପିନ୍ଧିଉଠୁଥିବା ଖଣ୍ଡାଚୋଟ ତ
ସବୁଠୁ ବଡ଼ ମିଛ
ପଲ୍ଲବିତ ଆମର ଅଶୋକରେ ।

୯୪

ମୋତେ ମିଳିଯାଇଚି ମୋର ଠିକଣା-
କୋଉ ଗାଁ, କୋଉ ସହର
କୋଉ ଇଲାକା, କୋଉ ପ୍ରଗଣା
ପଚାରନା
ଦେଶ ମୋର ତୋର ଉଲ୍‌କାପିଣ୍ଡରେ
ଯେତେ ଜ୍ୱାଳା
ଯେତେ ତୀବ୍ରଗତି ତା'ର ପତନର
ତାକୁଇ ନେଇ ମୁଁ ଗଢ଼ିଚି ମୋ'ର ନୀଡ଼
ଆୟୁଷର ଭଂଗାଶାଖାରେ ।
ଏଇ ଯୋଉ ଧୂଆଁସୋରାଏ ଉଠୁଚି
ଦୂରର ସୋରିଷବିଲରୁ
ଉଠୁଚି ଅସଂଖ୍ୟ ଝରାପତ୍ରର ପାଦ ନେଇ,
ବର୍ଷାଆଗର ପ୍ରଥମ ଧୂଳି ତୋଫାନରେ
କଟକଟ ଡାକୁଚି ବରଗଛର ବାହୁ,
ପ୍ରଳୟର
ଘନଘନ ନିଶ୍ୱାସରେ ଥରିଯାଉଚି

ଶିଉଳିଫୁଲର ଓଠ
ଏଇଥିରେ ଅଛି ମୋର ପ୍ରତ୍ୟୟ ତୋତେ ପାଇବାର
ଧୂଳିରେ ମିଶି
ଧୂଳିମୁଠାଏରୁ ବି ବନହେବାର
ଗୋଟେ ନିଶାଘାରିଚି ମୋତେ
ନିବିଡ଼ରୁ ନିବିଡ଼ତର ହେଉଚି ମୋର ଆଲିଂଗନ
ଭଂଗୁରତାର
ଗଳାରେ ।
ତୋର ଖଣ୍ଡ ଖଣ୍ଡ ହୋଇ କଟାହେବା ମୁଁ ଦେଖୁଚି
ଦେଖୁଚି ତୋର ଝୁର୍ ଝୁର୍ ହୋଇ ଝରିପଡ଼ିବା ଘୁଣ ହୋଇ
କାଠରୁ,
ଲୁହ ଦେଖୁଚି, ଲହୁ ଦେଖୁଚି
ଦେଖୁଚି ସରଯୂ ବୋହିଯିବା ପାଟଳ ସୂର୍ଯ୍ୟାସ୍ତରୁ ।

ହେଲେ ଏତେ ଆସ୍ଥା କେବେ ନଥିଲା
ତୋର ଅପଚୟରେ
ସେଥିପାଇଁ ମୁଁ ବସିଚି ଏଠି ଧୂଳିଧୂଆଁରେ
ଧୂସର ହୋଇ
ଅପେକ୍ଷାରେ:
କେବେ ଆସିବ ବସନ୍ତ ମୋର ଦେଶରେ ?

୯୫

ଦେଶ ତତେ ନେଇ ମୁଁ କରିବି କ'ଣ ?
ଏଡ଼େ ବଡ଼ ଭାର ମୁଣ୍ଡରେ
ବାଟ ଆଡ଼େଇ ଚାଲିବା ପାଇଁ ବଳ ନାହିଁ ହାତରେ
ଗୋଡ଼ ଥରୁଚି ଭୟରେ,
ଏଣେ ଆଖିର କୋଉ କୋଣରୁ କେଜାଣି
ମେଘ ଘୋଟିଆସୁଚି
ଅବେଳରେ ।
ତୁ ଜଡ଼ିଯାଇଚୁ ମୋ' ଦେହରେ
ବାରମ୍ବାର ବେକରେ ହାତଗୁଡ଼ାଇ ପଚାରୁଚୁ:
ଘରେ ପହଂଚିବା କେତେବେଳେ ?

ଭାବିଚି ବେଳେବେଳେ କହିବି ତତେ-
ତୋଅରି ପାଇଁ ତ ଏତେ ଯାତନା
ଏତେ ଅନିଭୋଗ, ଛେପ ଥୁ ଥୁ, ଏତେ କାନ୍ଦଣା ।
କୋଉଠୁ ଆଣିବି
ଗାଡ଼ିମଟର ତୋ ପାଇଁ

ସିଧା ସଳଖ ରାସ୍ତା ବି କୋଉଠୁ ଆସିବ
ଏ ଅପନ୍ତରାରେ ?

କହିପାରିନି
ତତେ କୋଳରେ ଧରି
ଅଭିଯୋଗ କରିନି
ଥକିଗଲିଣି କହି ବସିଯାଇନି ।
ଯେତେଥର ଭାବିଚି ତତେ ଥୋଇଦେଇ
କୋଉ ଗୋଟାଏ ଗଛମୂଳରେ
ଲୁଚିବି ଯାଇ ବଣମଣିଷର କନ୍ଦରାରେ,
ସେତେଥର ତୁ
ନିର୍ଝର ହୋଇ ବାହାରିଚୁ ଗିରିପଥରୁ
ହ୍ରଦ ଖୋଜି ଖୋଜି ମୁଁ ଯାଇ ପହଞ୍ଚିଚି
ତୋର ଆଖିର ଉପକୂଳରେ ।

ଦିନକୁ ଦିନ ଟାଣି ଦେଉଚି ତୋର ବନ୍ଧନ
ଦୂରରୁ ଦୂରକୁ
ଆହୁରି ଦୂରକୁ
ଲମ୍ବିଯାଇଚି ଲକ୍ଷ୍ୟସ୍ଥଳ,
କୋଇଲି ଡାକରୁ ଜାଣିହେଉନି
ରାତି କି ଦିନ
ଆଖିକି ବି ଦିଶୁନି ଆଉ
ଚାରିଆଡ଼କୁ ଚାହିଁଲେ ।
ଛାତିରେ ମୁଣ୍ଡରଖି
ତୋର ଘଡ଼ିଏ ଶୋଇପଡ଼ିବା
ତ୍ରୟୋଦଶୀର ଚାନ୍ଦ ଉଇଁବା ଶାଳବଣରେ,
ରଣ କୁହୁଡ଼ିରେ
ଆଖି ମଳିମଳି ଉଠିବା ଏକୁଟିଆ ତାରାଟିଏ
ପାହାଡ଼ର ମୁଣ୍ଡଉପରେ,
ଏସବୁ କିଛି ଦିଶୁନି ମୋତେ,

ଯାହାକୁ ମୁଁ ଦେଖିଆସିଚି ଦିନ ପରେ ଦିନ
ସବୁ ଗଲାଣି ନଷ୍ଟ ହୋଇ
ଏ ଅନ୍ତହୀନ ଯାତ୍ରାରେ।

ମୁଁ ଆଉ ଆଖିରେ କିଛି ଦେଖୁନି
ଶୁଣୁନି କାନରେ, ଛୁଉଁନି ମୋତେ କିଛି
ମୁଁ ଅଛି ଏମିତି ଅଦ୍ଭୁତ ପୃଥିବୀରେ
ଯେଉଁଠି
ସଂକଳ୍ପ ଥାଏ ପାଷାଣରେ।

ତୋତେ ନେଇ ମୁଁ କରିବି କ'ଣ ଦେଶ ମୋର ?
ଯୁଆଡ଼େ ଯାଏ
ସବୁ ଯୋଉଠି ବି ବାଟ
ହେଉ ଯେତେ କଷ୍ଟ
ଲିଭିଯାଉ ପଛେ ଇତିହାସରୁ ନାଁ
ତୁ ରହିବୁ
ମୋର ଅଦୃଷ୍ଟରେ
ଅଭୁକ୍ତ ଭାଗ ହୋଇ କାଳର।

୯୬

କାଲି ତତେ ଦେଖିଲି ସ୍ୱପ୍ନରେ
ସବୁଥର ଭଳି ନୁହେଁ
ଅଲଗା ରୂପରେ ।
ଆଗରୁ ତୁ ଦିଶୁଥିଲୁ ଜହ୍ନଆଲୁଅରେ
ନଈପଠା ଭଳି
ଅସ୍ପଷ୍ଟ, ଆକାରହୀନ
ଜଳଧାର ଖୋଜି ଖୋଜି ଚକ୍ରବାଳଯାଏଁ
ପଡ଼ିଥିବା ତୋର ପାଦଚିହ୍ନ
ଦିଶୁଥିଲା ଚୋଟଖାଇ ଯାଇଥିବା
ବାଘୁଣୀର ଖୋଜ ଭଳି
ରକ୍ତିମ କରୁଣ ।

ଆକାର ନଥିଲା ବୋଲି ସବୁଥର ସ୍ୱପ୍ନରେ ମୁଁ
ନୂଆକରି ଗଢ଼ିଥିଲି ତତେ
ବାଲିରୁ ବାଲୁକେଶ୍ୱରୀ କରି ଗଢ଼ିବାରେ
ମୋ ନିଜର ଈପ୍ସା ଥିଲା ଅପ୍ରମେୟ,

ନଥିଲା ଆଗ୍ରହ ତୋର
ରେଣୁରେଣୁ ଉଡ଼ିବାରେ ଅଭ୍ୟସ୍ତ ତୋ ଦେହ
ଖୋଜୁଥିଲା ଛଳନାରେ ମୁକ୍ତିର ଅଭୟ।

କେତେବେଳେ ସ୍ୱପ୍ନରେ ମୁଁ ଦେଖୁଥିଲି
ତୁ ଆସୁଚୁ ଟାଣିହୋଇ ଶୈଳଶିଖରରୁ
ପଡୁଚୁ ପ୍ରପାତ ହୋଇ ଭୂମିରେ
ଭୂମିର ଚିହ୍ନବର୍ଣ୍ଣ ନାହିଁ
ଏଭଳି ଗହ୍ୱର ଯାହା ତତେ
ଆଉ ଏକ କାଳାନ୍ତର ପାଇଁ
ବୁଭୁକ୍ଷିତ ରହିଚି ଅନାଇ।
ଅଲଗା ଦିଶିଲୁ କାଲି
ଦିଶିଲୁ ବର୍ଷାରେ
ମନ୍ଦିରର ଚୂଡ଼ାଭଳି
ଦୂରରୁ
ପାଖକୁ ଆସିବାକୁ ଦିଶିଲୁ ଅଳନ୍ଧୁ
ଲାଗିଥିବା କାରୁକାର୍ଯ୍ୟମୟ ଚିତ୍ରଭଳି ଜୀର୍ଣ୍ଣପ୍ରାସାଦର,
ଡାକୁଥିଲୁ ମୋତେ, ଆସ
ଦିଅ ମୋତେ ମୋର
ନବକଳେବର
ସ୍ମୃତିକୁ ମୋ ସତ୍ତା ଦିଅ
ସତ୍ତାକୁ ଆକାର
ଆକାରକୁ ଦିଅ ଭୋଗିବାର
ପୂର୍ଣ୍ଣ ଅଧିକାର।
ତେଣୁ କାଲି ଦେଲି ମୋର ମନୋରଥ ତତେ
ଦେଲି ସ୍ପର୍ଶ
ଦେଲି ଗନ୍ଧ
ଦେଲି ଘ୍ରାଣ
ଦେଲି ଉଚ୍ଚାଟନ ନବାନ୍ନର
ଦେଲି ମୋର ଦୁର୍ଭାଗ୍ୟର ଅବଶେଷ
ଦୁଃସହ ରାତିର
ଉଷାଠାରୁ ଶେଷ ଅନ୍ଧକାର।

୯୭

କେହି ଆଉ ତତେ ଖୋଜିବେ ନାହିଁ ଏଣିକି
ତୁ ଲେଖିଦେଇଚୁ
କପାଳରେ ଯେ
ତୁ ନାହୁଁ କଟା ପିଆଶାଳ ଭଳି ପଡ଼ିଥିବା
ତୋର ପୁରୁଣା ଦେହରେ,
ନାହିଁ ତୋର
ଗୟସ ଫୁଲର ତୂଣୀରରେ ଆଉ ତୀର,
ନାହିଁ ତୋର କଳା ପଡ଼ିଆସୁଥିବା
କାଠଛତୁରେ ଜହର।

ସବୁ ଶେଷ ହୋଇଯାଇଚି
ଏକାଥରକେ
ଲୋପ ପାଇଯାଇଚି ବର୍ଷା ପାଣିରେ
ଭାସିଯାଇଥିବା
କାଗଜର ଡଂଗା ସହିତ
ସଂସାର।

ଖେଳରେ ମାତି ଧୂଳିଧୂସର ଦିନ କେଇଟା
ଗଲେଣି ଚାଲି
ସେମାନଙ୍କର ବି ଇଚ୍ଛା ନାହିଁ ହେବାକୁ ଇତିହାସର କାହାଣୀ।

ବାଲି ତାତୁଚି ଶୁଖିଲା ନଈରେ
ତାତୁ
ସେଇ ତ ଜୀବନ ଦେହଛାଡ଼ି ବାହାରିଯିବାର
ଆଷାଢ଼ରେ !

ଦେଶ ମୋର ତୁ ମେଘ ନେଇ ଆ'
ମରୁଭୂମିକୁ ମୋର
ବର୍ଷି ଯା'
ନ ହେଉ ପଛେ ବାଲୁଚର ମୋର
ଶସ୍ୟଶ୍ୟାମଳ
ନ କଅଁଳୁ ପଛେ ଭିଟାମାଟି ତଳେ
ପଡ଼ିଥିବା ମୋର ପିତୃପୁରୁଷଙ୍କ ହାଡ଼।

ଏମିତି ବି ତ ଥାଏ ଅରାଏ ବାଲି
ମରୁଭୂମିରେ
ଯୁଗଯୁଗର ଅକାଳ ଥାଏ
ଯାହାର ଫୁଲରେଣୁରେ !

୯୮

ମୋତେ କିଛି ମିଳିନି କେବେହେଲେ
ମୁଁ ସବୁବେଳେ
ଠିଆହୋଇଚି
ତୋର ଦାନଶାଳାର ବାହାରେ।
ହାତପତାଇ ମାଗିଚି ଦେ'
ହାଡ଼ଥରାଇ ଫୁଟାଇ ଦେ
ମଂଜରୁ ମୋର ଶସ
ବୁହାଇ ସେ ଆଖିବୁଡ଼ାଇ ରସ
ଭରିଦେ ଭରିଦେ ମୋର ଅଭୀଷ୍ଟକୁ
ଅହଂକାରରେ।

ତୁ କିଛି ଦେଇନୁ
ଆଖି ଟେକି ଚାହିଁଚୁ,
ପାଦରୁ
ଖୋଲିଦେଇଚୁ ଶିକୁଳି
ଉଡ଼ାଇଦେଇଚୁ ଅବୋଧ ମନୋରଥକୁ ମୋର
ନୈରତକୁ।

ଦେଶ ମୋର ମୁଁ ତଥାପି ଅଛି,
ବଢ଼ି, ମରୁଡ଼ି, ମହାମାରୀ
କେହି ମୋତେ କରିପାରିନି ହତାଶ,
କିଛି ବି ମୋତେ ମାରିପାରିନି
ନା ଅସ୍ତ୍ର ନା ଅମଳତାସ,
ମୁଁ
ଯୁଦ୍ଧ ହୋଇ ଫେରିଚି
ବିରହ ହୋଇ ଫେରିଚି
ମରୁ ମରୁ ବଂଚିବା ଶିଖିନେଇଚି
କଳିନେଇଚି ତୋର ଐଶ୍ୱର୍ଯ୍ୟ-
ସବୁବେଳେ
ସେଇ ଖାଲିହାତରେ ।

୯୯

ଆଖି ଖୋଲି ନଦେଖିବା ସବୁଠୁ ସହଜ
ସେହି ସହଜ ଶିଳାଲେଖକୁ ମୁଁ
ଲେଖି ରଖିଚି ମୋର ଗୁମ୍ଫାକାନ୍ଥରେ
ଯେବେ ଯେବେ ତୁ ଆସିବୁ
କଅଁଳ ନୂଆପତ୍ରରେ ଭରିଯାଇଥିବା
ପାହାଡ଼ର ଅନ୍ଧ ସୁନାରିଗଛ ମୂଳକୁ
ଗଛଛାଇରେ ଘାସରେ ଲୋଟି ଭାବିବୁ
ତୋର ଗର୍ଭରେ ଅଛି ଅକର୍ମଶିଳା
ମୋର ଅଭିଶାପର,
ସେବେ ସେବେ ମୁଁ ଦେଖାଇବି ତୋତେ ମୋର ଶିଳାଲେଖ,
ସହଜ ହୋଇ ବଂଚିବାର
ଗୋଟେ ନୂଆ ଅର୍ଥ ବାହାରିବ
ତା'ର ମୂଢ଼ପଣରୁ ।
ଦେଶ ମୋର ମୁଁ ସଜାଇ ରଖିଚି
ତୋରଣ ତୋର ଅଭିଷେକ ପାଇଁ
ମୋର ଅସମର୍ଥ ସିଂହାସନରେ,

ମୋର ସବୁ ବିଧ୍ୱସ୍ତ ବର୍ଣ୍ଣମାଳା କ'ଣ
ସୂଚନା ନୁହେଁ ସେ ଉତ୍ସବର ?
ସବୁ ଦେଖି କିଛି ନଦେଖିବାର ଏ ଶିକ୍ଷ
କ'ଣ ଗଢ଼ିଉଠିନି ଇତିହାସର ଆରମ୍ଭରୁ ?
ଯାକୁଇ ନେଇ କ'ଣ ନଭଚାରୀମାନେ
ଫେରିନାହାନ୍ତି ବ୍ୟୋମରୁ ?

ମୋର ଏ ଗୁମ୍ଫା
ତିଆରି ହୋଇଚି ଇତିହାସର ରକ୍ତମାଂସରେ
ସାକ୍ଷୀ ହେବାପାଇଁ
ଅସଂଖ୍ୟ କରୁଣ ଅଶ୍ୱମେଧର,
ସବୁ ଦେଖି କିଛି ନଦେଖିବାର
ଗୋଟେ ରାସ୍ତା ବି ଆସି
ପହଞ୍ଚିଲାଣି ପାହାଡ଼ ସେପଟୁ
ବାଟ କଢ଼ାଇ ନେବାପାଇଁ
ଦିଗ୍‌ବଳୟର ଅରଣ୍ୟରେ ।

୧୦୦

ତଥାପି ମୁଁ ସହଜ ହୋଇ ପାରିଲି ନାହିଁ
ଡାକିପାରିଲି ନାହିଁ:
ମା’ ଶୋଇବା ପାଇଁ କୋଳ ଦେ’
ଦୁର୍ବଳ ଗୋଟେ ପାହାନ୍ତି ଆଲୁଅର ମହଲଣରୁ
ଖୋଜିଦେ’ ମୋତେ ଅରୁନ୍ଧତୀ
ଜଗତ ଯାକର ଦୁଃଖ ନେ’
ଦେ’ ମୋତେ ସୁଖ ନିମିଷକର।

ମୋର ପାଟି ପଡ଼ିଗଲା
ଅନ୍ଧାର ଦିଶିଲା ରୁପାଥାଳିରୁ ଆଲୁଅ ହୋଇ
ବାହାରିଥିବା ନଈ,
ଦରପୋଡ଼ା ଖଣ୍ଡେ ଜହ୍ନର ଜୁଇ
ଆଖିରେ ମାଡ଼ିଦେଇ
ପବନ କହିଲା: ଯା ଏଥର ଘରକୁ ଯା’
ସବୁ ତ ଶେଷ, ଜୟ କାହାରି ନାହିଁ
ଏ ଘମାଘୋଟ ଲଢ଼େଇରେ।

ମୁଁ କହିପାରିଲି ନାହିଁ ଯେ
ଦେଶ ମୋର ଶୋଇନି ଏଯାଏଁ
କୋଳ ତା'ର ଏବେ ବି ଖାଲିଅଛି ମୋ' ପାଇଁ।

ଦେଶ ମୋର ମୁଁ ତୋର ନିଷ୍ଠୁରତାକୁ ଜାଣେ
ତୋର ମାଟିପଥରର ଦୁର୍ଗରେ ଉଡ଼େ
ଯେଉଁ ନିଶାଣ ନିର୍ମମତାର
ମୁଁ ଜାଣେ ତା'ର ଭେଦ,
ହେଲେ ଜାଣେନାହିଁ ତୁ କେତେବେଳେ
ଠିଆହୋଇଯାଉ କୋଉ ରୂପରେ-
ଏଇ ଯୋଉ ବନ୍ଧ ଉଜୁଡ଼ି
ମାଡ଼ିଆସୁଚି ବଢ଼ିପାଣି
ସେଥିରେ କ'ଣ ଭାସିଯିବ ମୋର
ଘରଦ୍ୱାର
ସ୍ରୁବ, ଦ୍ରୋଣୀ
ହାଣ୍ଡି, ଛାଂଚୁଣି ?
ନା
ସବୁ ରହିବ ଯେମିତି ସେମିତି ମୃଗଶିରାରେ,
ଖାଲି ଲାଗିଯିବ ପାତକ
ତତେ କେବେ ମା' ବୋଲି ଡାକି ନପାରିବାର
ଶୈଶବରେ ?

୧୦୧

ସବୁ ଶେଷର ସାଗର ଥାଏ
ଯେମିତି ଥାଏ ସବୁ ଆରମ୍ଭର କଳସ,
ଶୂନ୍ୟକୁ ଡାକି
ସିଂହାସନରେ ବସାଇବାର
ଶୁଭଦିନକୁ ମୁଁ ଚାକି ରହିଚି ଦେଶ ମୋର
ସେଦିନ କାନ୍ତାରରୁ ଉଠିବ ସାଗର
ଶେଷ ହୋଇଯିବ ଜନ୍ମଜନ୍ମର କ୍ଳେଶ

ଅଲୋଡ଼ା ଅଖୋଜା ହୋଇ ପଡ଼ିଥିବା ମୋର
ଯେତକ ଅବଶେଷ
ସେଇଥିରେ ତତେ ଗଢ଼ିଚି ମୋର ଦେଶ
ନଈ ପାହାଡ଼
ଅଛି ସେଇଠି
ଯୋଉଠି ଥିଲା
କିଛି ବି ବଦଳିନି ।
ସ୍ୱପ୍ନକୁ ଶେଷଯାଏଁ ଦେଖିବାର

ଗୋଟେ ନିଶା ଆସି
ଧରିଚି ମୋର ହାତ
ଅନ୍ଧ ହୋଇ ମୁଁ ପଶିଯାଇଚି
ମେଘର ମନ୍ତ୍ର ଭିତରେ
ଅମର ହେବି ବୋଲି ପ୍ରେମରେ ।

ହେବ କି ନାହିଁ ସେ ସ୍ୱପ୍ନ ପୁରୁଣା
ଆସିବିକି ନାହିଁ
ଲହୁ ନେଇ ପିପାସା
କଳଙ୍କ ହେବା ପାଇଁ ଜହ୍ନରେ-
କିଏ ଜାଣିଚି ?
ମୁଁ ଥୋଇଦେଇଚି ମୋର ସବୁ କୃତକର୍ମର
ଡାନମାନଙ୍କୁ ଏକାଠି କରି
ଗୋଟେ ବୀଣା ବି ବାଜୁଚି ରହି ରହି ସାରାରାତି
ଅସାଧ୍ୟ ତାର ନିଜ ଲୟରେ ।

କହ କେବେ ସକାଳ ହେବ
ଏ ଶେଷ କେବେ ପହଂଚିବ ତା'ର ସାଗରରେ
ଦେଶ ମୋର
ମୁଁ ତତେ ଦେଖିବି ଆଉଥରେ
ମୋ' ନିଜ ଆଖିର କିମ୍ବଦନ୍ତୀରେ ?

୧୦୨

ହେ ମୋର ଅସଂଖ୍ୟ ଦିନରାତି ନବପଲ୍ଲବର
ହେ ମୋର ଅସଂଖ୍ୟ କାଳାନ୍ତର ଶିଶିରର
ସ୍ତବ୍ଧ ନିମିଷର ମାଳ, ଗ୍ରହତାରା ଉଦୟଅସ୍ତର ଅନନ୍ତିକା
ଦେଶ ମୋର,
ମୁଁ ଆଜି ତତେ ଭସାଇଦେଲି-
ବିସର୍ଜନର ସେ ସାଗର
କେତେ ଗଭୀର ଜାଣେ କେବଳ
ଆଖି ମୋର।

ପୁଣିଥରେ ମାଟି ଫୁଟାଇ ଉଠିବ ଦିନର ଅଂକୁର
ପଥରଫୁଟାଇ ଉଠିବ ରାତିର ରକ୍ତବୀଜ
ଟୋପାଏ ଶିଶିର ରହିଯିବ
କୋଉ ନାଁ ଅଜଣା ଫୁଲର ପାଖୁଡ଼ାରେ
ପଳପଳ ହୋଇ ପ୍ରସରିଯିବ
ମୋର ଅନନ୍ତ ନଭ
ଝରିଝରି ପୀତାଭ ଶୃଂଗ ଉପରେ
ସଂତାପର।

ମୋର ଅବଶେଷକୁ ତୁ ନାଁ ଦେବୁ
ଡାକିବୁ ଆ'
କୋଳକୁ ଆ' ଧନ ମୋର
ପାଉଁଶ ତଳେ ରଖିଚି ଘାସ
ବାଉଁଶଧନୁର ଗୁଣତଳେ ରଖିଚି
ସୁଦୂରର ଲକ୍ଷ୍ୟସ୍ଥଳକୁ
ସୁନ୍ଦରତର କରିବାର ସାହସ ।
ମୁଁ ଠିଆହୋଇଥିବି ବଂଶୀଧରି ହାତରେ
ତୁହାକୁ ତୁହା ଘୋଟିଆସୁଥିବ
ଅନ୍ଧାର,

କୁଂଜରେ କେହି ନଥିବେ
ପାଦଚିହ୍ନଟେ ବି ନଥିବ ଯମୁନା ପୁଳିନରେ,
ସବୁତକ କାଳାନ୍ତରରୁ
ବାହାରୁଥିବ ବେଶଭୂଷା ହୋଇ
ଗୋଟିଏ ନିଶା ଅଭିସାରର,
ନିଦ ନଥିବ ଆଖିରେ ମୋର
ଥର ଥର କରି ଡାକୁଥିବ ସହସ୍ରଥର
ଦେଶ ମୋର
କ୍ଷମାକର
କ୍ଷମାକର ହେ ମୋର ଅବଶେଷର ଅକ୍ଷୟ
କୁଟାକାଠିର କଂକାଳ ।

୧୦୩

ସେସବୁ କିଛି ସତନୁହେଁ
ମିଛର ସେ ପାରିଧିରେ
କେହି କେବେ କହନ୍ତି ନାହିଁ ସତ,
ବାଘ ଭାଲୁ ଯିଏ ବି ମଲା
ସିଏ ମୃଗ ସେ କଳ୍ପନାର ।

ମୁଁ ବି ତ ନିଜକୁ ଭୁଲାଇଥିଲି
ଦେଶ ମୋର
ଭାବିଥିଲି ସକାଳଆଡ଼କୁ ଛାଡ଼ିଯାଇଥିବ
ବର୍ଷା
ମନ୍ଦରଗିରିରେ ନଥିବେ ଆଉ ଶିକାରୀ
ମୋର ପ୍ରାର୍ଥନାର ଅରଣ୍ୟ ଭରିଯାଇଥିବ
ପୁଷ୍ପିତ ମହୀରୁହରେ ।

ସତକୁ ସତ
ମିଛକୁ ସତ
କରିବାର ଏ କଳା

ମୁଁ ପାଇଚି ତୋ'ଠାରୁ ଦେଶ ମୋର,
ତୁ କ'ଣ ଜାଣୁନା
ସେଦିନ ତୋର ସେ
ଆତ୍ମଦାନରେ
ଥିଲା ସବୁଠୁ ବଡ଼ ସ୍ୱାର୍ଥ ନିଜର,
ଲୁଚି ଲୁଚି ଛାଡ଼ିବାରେ ନିର୍ମୋକ
ଥିଲା ପ୍ରବାସକୁ ଗୃହାଂଗନରେ
ଭୋଗିବାର ଚାତର !

ତତେ ଆଉ ମୁଁ ମାଟି ସହିତ ମାଟି ହେବାକୁ ଦେବିନି
ଦେଶ ମୋର
ଉଜୁଡ଼ି ଯାଉଥିବା ସବୁ ଗନ୍ଧ, ସବୁ ବାରଣ,
ସବୁ ସୀମାରେଖାର ଉପରେ
ଅଛି ଯେଉଁ ଶ୍ୟାମଳ ସମତଳ
ନୀହାରିକାର କେଦାର
ସେଇଠି
ପୋତିବି ବୀଜ ଉଲ୍‌କାର
ଗଢ଼ିବି ତତେ ନୂଆକରି,
ମାଟିରୁ ଯେମିତି
ନୂଆକରି ଉପୁଜେ ପଥର, ଯେମିତି
ପଥର କୋଟି ଅଥୟ ପଥ ବାହାରେ ଦେଶାନ୍ତର।

୧୦୪

ନୀଳକନ୍ଦରର ସେ ନିଆଁକୁ
ଦେଖିଚୁ କେବେ ?
ଦେଖିଚୁ ପ୍ରବଳ ବାଡ଼ବାନଳର
ନୌକାରେ ସାଗର ତରିବାର
ସେ ପ୍ରବାଳକୁ ?

ଦେଖିଚୁ କେତେ
ଭୟଙ୍କର ସେ କାଳିଜହ୍ନର
ଘଡ଼ିମାରି ଆସିବା
କେତେ ଅହଂକାର ସେ ଢେଉରେ
ନିଜକୁ ଏକାଠିକରି
ଗୋଟାଇ ନେଲାବେଳେ ବାଲିରୁ,
କେତେ କ୍ଷୁଧା ସେ,
ଭୁଆସୁଣୀର ଚୁଡ଼ି ରଣଝଣରେ ?

କଇଁଫୁଟିବା ପ୍ରତିଧ୍ୱନିର ଦର୍ପଣରେ
ନୁହେଁକି ତା'ର ବାସନା
ସନ୍ତର୍ପଣରେ

ଦ୍ୱାରଡେଇଁ ପଶିବା ଗମ୍ଭୀରାରେ ?
ତତେ ମିଛ ମୋତେ ସତ
ଏ ଧୂଳିଖେଳର ସଂସାର
ବୀତରାଗର ଏ ସମ୍ଭାର
ନଡ଼ିଆଗଛର ମୁଣ୍ଡଉପରେ ।

ପଚାରୁଚୁ କିଏ ତରିଚି ସାଗର
କୋଉ ଢେଉ ସେ
କୋଉ କ୍ଷୁଧା, କୋଉ ବାସନା
କାହାର ?
ତୁ ବୋଧେ ଜାଣିନୁ ଦେଶ
ମୋର ସବୁ ଅନ୍ଧାର
ଗଡ଼ି ଦିଏ ଯାହାକୁ ସଂଗୋପନର ଗୁହାରେ
ତାକୁଇ ନେଇ ମୁଁ ବାହାରେ
ନାଗାର ବନାଟି ହୋଇ ନିଆଁରେ,

ଯୋଉଠିବି ଥାଉ
ଆରଜନ୍ମର ଶାଣଟିକିଏ
ମରିଯାଉଥିବା ନଖଭଳି
ଏଡ଼େଟିକେ ଜହ୍ନରେ,
ନିଆଁ ଦିଶେ
ନୀଳକନ୍ଦରରେ ।

୧୦୫

କେହି ତାକୁ ବୁଝିବେ ନାହିଁ
କେହି ଜାଣିବେ ନାହିଁ,
ବିଶୁଦ୍ଧ ଅନ୍ତର ପାଇଁ ତାରାର
କେତେଥର ଜଳି ଭସ୍ମ ହେଲା ପୃଥିବୀ,
କେତେକୋଟି ଅଙ୍ଗାର
ଡହକିବାରୁ
ଖସିଲା ଟୋପାଏ ଶିଶିର।

କହି ପଚାରିବେ ନାହିଁ କାହିଁକି
ବସୁନ୍ଧରା ପଡ଼ିରହିଲା
ଯୁଗ ପରେ ଯୁଗ,
ଗୋଡ଼ହାତ ଛାଟିଦେଇ
କାଳପୁରୁଷର ନିରନ୍ତର ପଡ଼ିରହିବାରେ ବି
କି ସୁଖ ଥିଲା, ଥିଲା କି ଭୋଗ ?

ଦେଶ ମୋର
ମୁଁ କହି କହି ଥକିଗଲିଣି,
ତୋର ଗୋଟିଏ କୋଇଲି ଡାକକୁ
କହିପାରୁନି ଭାଷାରେ,
ସହସ୍ର ବଳିଦାନର ରକ୍ତରୁ ବି
ପାଉନି ତୋର ରଙ୍ଗ ହଳଦୀର।

ସାତଦ୍ୱୀପ ତେରପ୍ରାନ୍ତର
ବୁଲିବୁଲି
ପାଇଚି ମୁଠାଏ ମହକ
ଗୋଟିଏ ଗୁଂଜରଣ
ତାକୁ ଦେବି ତତେ ମୋର ଅସହାୟତାର
ସନ୍ତକକରି,
ସେତିକିରୁ ବି ଯଦି ବୁଝିନହୁଏ
ମୁଁ ଅଛି ଧରାରେ
ଜାଣନହୁଏ ଜୀବନ ଅଛି
ପାଉଁଶରେ,
କହିନହୁଏ କହିବା କଥା,
କମିନଯାଏ ବ୍ୟଥା ଅସ୍ଫୁଟ ମଂଜରୀର
ତେବେ ତାହାହିଁ ହେଉ
ଦେଶ ମୋର
ଯେମିତି ଅଛି ସେମିତି ଥାଉ ସବୁ
ଅବ୍ୟକ୍ତ ଥାଉ
କିନ୍ତୁ ଥାଉ ଅଧୀର।

୧୦୬

କାଳେ ସରିଯିବ ବୋଲି
ମୁଁ ଜମା କରି ରଖିଲି
ସବୁତକ କାଳ ମୋର
ସବୁ ନିଷ୍ଫଳ କ୍ରୋଧର କୋଟରରେ ରଖିଲି
ଧନୁ ଓ ତୂଣୀର ।
ତତେ କେବେହେଲେ କହିଲି ନାହିଁ ଯେ
କେହି ବଂଚିଲେ ନାହିଁ ସେ ଯୁଦ୍ଧରେ ।
ତ୍ରସ୍ତ ଇନ୍ଦ୍ରଧନୁଟିଏ ଉଙ୍କିଁବା ତୋର କପାଳରେ
ଖେଳଥିଲା ବର୍ଷିନପାରି
ମହୁଲମୂଳରୁ ମାଟିବିଦାରି ଫେରିଥିବା
ଅସହାୟ ମେଘର ।

ତତେ କହିଲିନାହିଁ
ଦେହସାରା ତୋର ରକ୍ତଦାଗ
କଳାପଡ଼ିଆସୁଚି ଆଖିତଳ
ଓଠ ଶୁଖିଲା
କାନି ମଇଳା

ଜର୍ଜର ତୋରି ନିମଗଛରେ
ମୁଠାଏ ହେବ ଫୁଲ
ଝରିପଡୁଚି
ଝରିପଡୁଚି
ଉଇହୁଂକାର ଯୋଡ଼ହସ୍ତ ସ୍ୱୀକାର ଉପରେ,
ନିଶ୍ଚଳ
ତପସ୍ୟାରୁ ତୋର ଉଠୁଚି ହ୍ରେଷା ଯୁଦ୍ଧଭୂମିର।

ପାଦପାତ କରି
ଆଗେଇ ଯାଉଚି ପ୍ରଦୀପ ହାତରେ
ଇତିହାସ
ପୃଥିବୀଠାରୁ ଅଲଗା ହେବାର ଦୀର୍ଘଶ୍ୱାସ
ନିଷ୍ପନ୍ଦ କରିଦେଇଚି ନିମିଉକୁ,
କିଛିନାହିଁ
କୋଉଠି କିଛିନାହିଁ
କହି କହି ଫେରିଯାଉଚି ସକାଳ
କେହି ଉଠିବା ଆଗରୁ।
ଯାକୁ ବି କ'ଣ ଗଣାହେବ ହିସାବରେ
ଦେଶ ମୋର
ଇଏ ବି କ'ଣ
ରହିବ ନୂଆ ଋଣ ହୋଇ
ପୁରୁଣା ପୃଥିବୀର ?

୧୦୭

ସେ ଧ୍ୱଂସକୁ ଦେଖି ମୁଁ ଡରିଗଲି
ଦେଶ ମୋର
ଭାବିଲି ଆଉ ଉଠିବନାହିଁ କିଛି ଏ ମାଟିରୁ
ନା ଅଙ୍କୁର
ନା ଆଲୋକ
କିଛି ଉଠିବ ନାହିଁ ଧ୍ୱସଂସ୍ତୂପରୁ ।

ଭୁଲ୍ ଥିଲା ମୋ' ଭାବିବାରେ
ମୋର ଅଙ୍ଗାର ହେବା
ସେତେବେଳକୁ
ହୋଇସାରିଥିଲା ନୈବେଦ୍ୟ
ତା'ର ନିରୁକ୍ତିର ।
ଶବ୍ଦଟିଏ ଉଠୁଥିଲା
ଜଳିପୋଡ଼ି
ଶୁଦ୍ଧହୋଇ
ଘନତମସାରୁ ।

ସେ ଶବ୍ଦ ନେଇ ରଖିବି କୋଉଠି ଦେଶ ମୋର ?
ତୋର ଯେତେ ନଦୀପାହାଡ଼
ବଣବିଲ
ଆକାଶପ୍ରାନ୍ତର
କୋଉଠି ନାହିଁ ଏତେଟିକିଏ ଖାଲିଜାଗା
କୋଉଠି ନାହିଁ ଏତେଟିକିଏ ସ୍ୱପ୍ନ
ନୀଡ଼ର।

ହେ ମୋର ନଦେଖିଥିବା ସ୍ୱପ୍ନ
ହେ ମୋର ଅପହଞ୍ଚ ପଥ ସୁଦୂରର
ମୁଁ ତମକୁ ଡାକିବି ନାହିଁ ଆଉ
ଖୋଜିବି ନାହିଁ ଶଂଖ ପାଇଁ ସାଗର।
ଥାଉ ଧ୍ୱଂସରେ
ଧ୍ୱଂସହୋଇ
ସାରାଜୀବନ,
ଦେଶ ବାହାରେ ନିର୍ବାସନରେ ଥାଉ ମୋର ପ୍ରତିଦାନ।

୧୦୮

କେତେ ଆଗକୁ ବଢ଼ିବ ସମୟ
କେତେ ଦୂରକୁ ଯିବ
ବିସ୍ମୃତିର ଲୟ ?
ମନ୍ଦିରଗାତ୍ରର କିନ୍ନରୀଠାରୁ
ଖୁଦକଣିକାଏ ବି କେବେହେଲେ ପାଇନଥିବା
ଏ ପାରାବଣିଙ୍କ ସଂପ୍ରଦାୟ
କେଯାଏଁ ରହିବେ ପୃଥିବୀରେ ?
ନା ଏମିତି ହେବ
ଦେଶ ମୋର
ଖାଲି ଖୋଜିବା ଲୋକେ ରହିବେ ଚିରଦିନ
ନମିଳିବା ହିଁ ହେବ ସଂଜୀବନୀ ଧରାନିବାସର,
ଯିଏ କହିବ ପାଇଚି
ତା'ର କାନ୍ଥ ଫାଟିବ କହିବାକ୍ଷଣି
ଭୁସ୍ ଭୁସ୍ ହୋଇ ପଶିଆସିବ ପ୍ରପାତ
ନୀପମୂଳର ପାଉଁଶ ଉଡ଼ି
ଅନ୍ଧାର ଦିଶିବ ଜଗତ !

ପାଇଥିବା ଲୋକେ ରହିବେ ନାହିଁ
ପାଇଚି ଭାବିଲେ ଆରମ୍ଭ ହୋଇଯିବ ବିନାଶ
ନପାଇବାର ଏ ସୁନ୍ଦର ପୃଥିବୀରେ
ରହିବ କେବଳ ପଥରରେ ଲେଖା ହସରୁ ଧାରେ
ଯାହାକୁ ପାଇହୁଏନି କେଉଁଥିରେ
ହେଲେ କହି ବି ହୁଏନି ଇଏ ନାହିଁ
ନିହାଣ ମୁନରେ।

ଦେଶ ମୋର
ମୁଁ ଡେଇଁ ଆସିଲିଣି କେତେ ପ୍ରହର ଏ ଭିତରେ
ଭୁଲି ଭୁଲି ଲିଭାଇ ସାରିଲିଣି କେତେ ହସ ରକ୍ତସ୍ରାବୀ
କ୍ଷତ ମୁହଁରୁ
ଗଲିଣି କେବଠୁଁ ବିଦାୟ ନେଇ ଗିରିଶିଖରରୁ
ଫେରି ବି ଆସିଲିଣି ପ୍ରଥମ ବର୍ଷାଟୋପା ହୋଇ
ବନ୍ଧ୍ୟାମାଟିକୁ କେତେ ଥର
କେତେଥର ନଷ୍ଟକରି ଗଢ଼ିସାରିଲିଣି ନୀଡ଼ ମୋର
କେତେଥର ଉଠାଇଲିଣି ଅସ୍ତ୍ର ମରଣ ବିରୁଦ୍ଧରେ।

କହ ଦେଶ ମୋର
ମୁଁ କୋଉଠୁ ପାଇବି
ଯାହାକୁ କେହି ପାଇନି କେବେ କୋଉଥିରେ।

୧୦୯

ଆୟୁଷକୁ ତୁ କରିପାରିବୁନି କ୍ଷମା ମୁଁ ଜାଣେ
ତୁ ଦେଇ ବି ପାରିବୁନି
ତୋର କରୁଣାରୁ ଗଣ୍ଡୂଷେ ସାଗରକୁ
ସ୍ତବ୍ଧ ହୋଇ ଚାହିଁବୁ କୋଉଠୁ ଆରମ୍ଭ ହୁଏ
ବାଟବଣା ସ୍ୱର ସନ୍ଦେହର
କୋଉଠୁ ଯାଏ
ଜଳଭାର ଉଚ୍ଛଳ ମରୀଚିକାର ମେଘକୁ
କୋଉଠୁ ଆସେ ମୃତ କେକାର ଉପତ୍ୟକାରୁ
ଧ୍ୱନି ପୁନର୍ଜନ୍ମର ।

ତୁ କହିପାରିବୁନି ତୁ ପାପ କରିନୁ ଚୁପ୍ ରହି,
ନିଷ୍ପାପକୁ ଦେଇ ବି ପାରିବୁନି ଅଭୟ କଥାରେ,
ଯାଇ ପାରିବୁନି ଧୂଳିଝଡ଼ର ପଛେପଛେ
ସେ ଭଂଗାଘରକୁ
ଯାହା ଠିଆହୋଇ ରହିଚି ଆମର ଏକାଠି ହେବା ଦିନଠୁ
ସାକ୍ଷୀ ହୋଇ;

ଉଠାଇ ନେଇ ପାରିବୁନି
ମାଟିରୁ ରକ୍ତଜବା,
ରହିପାରିବୁନି ପ୍ରେମର ପ୍ରଥମ ଶିରାନ୍ୟାସରେ
ଥରି ଉଠୁଥିବା ପତ୍ରଧାରରେ,
ନୂଆନୂଆ ତିଆରି ହୋଇଥିବା ଆମର ସ୍ୱର୍ଗରେ
ଆମେ ଡାକିନୁ ଏଯାଏଁ
ଦେବତାଙ୍କୁ
ଗଢ଼ିନୁ ଏଯାଏଁ ରକ୍ତମାଂସର ଈଶ୍ୱର,
ଶିଖିନୁ କଳା
ଅଶରୀରୀର।
ତୁ ସେମିତି କିଛି ନକହି ଥା' ମୋର ଦେଶ
କିଛି ଦେ'ନା କାହାକୁ।

କେହି ବି ତୋର ମାଟିଖୋଲି ପାଇନାହାନ୍ତି କିଛି,
କାହାରି ଆଖିକି ଲୁହ ଆସିନି ଜଡ଼ାଉର ନିବୁଜ ଖଡ୍ଗ ଦେଖି
କଂକାଳର ହାତରେ,
ସମସ୍ତେ ସେମିତି ବସିଚନ୍ତି
ଖୋଲାହେବା ଆଗରୁ
ନିଗୂଢ଼ ମୂର୍ତ୍ତି ହୋଇ ମଞ୍ଚରେ।

ଦେଶ ମୋର
ମୁଁ ଏକା ଏକା ସ୍ୱର୍ଗରେ
ରହିବାର ଅଭିନୟକୁ ମାନିନେଇଚି ସତ ବୋଲି
ମାନିନେଇଚି ଛଳଛଳ ଜଳଭରା ତମସାର ହିରଣ୍ମୟ ପାତ୍ରକୁ
ସକାଳ ବୋଲି।

୧୧୦

କେଡ଼େ ଛୋଟ ମୋର ପୃଥିବୀ
କେଡ଼େ ଅସହାୟ ମୋର ଦିନରାତି
କି ରକ୍ତମୟ ଏ ପ୍ରବାସ
ନିମିଷକର ଏ ଅସ୍ତଶିଖରରେ !
ହେ ମୋର ଦେଶ
ହେ ମୋର ଐଶ୍ୱର୍ଯ୍ୟ ଅନନ୍ତର
ହେ ମୋର ସାହସ !

ଯଦି ମୁଁ ଆଜି ଉଡୁ ଉଡୁ ଖସିପଡ଼େ
ଯଦି ଅନ୍ନମୟ ବ୍ରହ୍ମାଣ୍ଡରୁ
କଣିକାଏ ପାଇଁ
ଡେଣା ମେଲାଇ ଉଠିଥିବା ସୋରାଏ ନୀଳ ମୋର
ମଉଳି ଯାଏ,
ଯଦି ଆଜି କିଛି ବି ନଚାହେଁ
ଆଖି ବୁଜିଦିଏଁ

ଶବ୍ଦମୟ ନଭ ଯଦି
ସାଉଁଟିନିଏ ମୋର ନିରବତାକୁ
ତା'ର ଆର୍ତ୍ତ ସ୍ୱରବର୍ଣ୍ଣରେ,
ନିରନ୍ଧ୍ର ସଂଜ୍ଞାହୀନତାର ଗିରିଗୁହାରୁ
ପ୍ରସରି ଆସେ ଯଦି ସଂକେତ
ଶେଷ ସମର୍ପଣର,

ତୁ କ'ଣ ତଥାପି କହିବୁ କେଡ଼େ ବିରାଟ ଏ ପୃଥିବୀ
କି ଲେଲିହାନ ତା'ର ଦିନରାତି
ଉଦୟାଚଳରେ କି ମନୋହର ଏ ଧରାନିବାସ
କି ସୁନ୍ଦର ତା'ର ଆରତି ଘନ ତମସାର ?

୧୧୧

ମୁଁ ତତେ କେବେ ଅଲଗା କରି ରଖିପାରିନି
କାଟିଦେଇ ପାରିନି
ବରଓସ୍ତରୁ
ତୋର ପରାଂଗଭୋଜୀ ଲତା,
ଉଡ଼ାଇଦେଇ ପାରିନି
ତୋର ଲହଲହ ପାଚିଲା ଧାନକ୍ଷେତରୁ
ଅପଚୟର ବ୍ୟଥା।

ତୁ ସେମିତି ଅଛୁ ଦେଶ ମୋର
ତୋର ଅଭିଳାଷରୁ
ଉଠୁଚି ନିଆଁ
ଯୁଗଯୁଗର
ଜଳିପୋଡ଼ି ଛାରଖାର କୋଉ ଗୋଟାଏ
ନାଁ ନଜଣା ଗାଁର
ଗୋହରୀରେ ଖଣ୍ଡେ ପଥରର ମୁଣ୍ଡରେ
ଲାଗିଚି ଟୋପେ ସିନ୍ଦୂର,

ସେଇଥିରେ ସହଜ ହୋଇଯାଇଚି
ଅସାର୍ଥକ ଏ ଜିଇଁବାର ଯୋଗାଡ଼,
ରଣଭେରୀର ଡାକରେ ଯେତେବେଳେ
ଦୁଲୁକି ଉଠୁଚି ସାରାସଂସାର
ଅସଂଖ୍ୟ ପରିତାପର ସମ୍ଭାର ନେଇ ଆସୁଚି ଯେତେବେଳେ
ଯୁଗାନ୍ତର।

ଯେବେ ଯେବେ ଭାବିଚି ଚାଲିଯିବି
ଥାଉ ପଡ଼ିଥାଉ ଏ ମାଟି ଖଣ୍ଡକ
ଖାଇଲେ ଖାଉ କାଉ କୁକୁର
ନହେଲେ ନଉ ବଢ଼ିପାଣିର ଡଅଁର,
ସେବେ ସେବେ
ଆଖିରେ
ଖୁଂଦି ହୋଇ ଯାଉଚି ବଉଳ,
କୁହୁତାନରେ ଅତଡ଼ା ପଡ଼ିଚି କାନ
ବାତୁଳ ହୋଇ ମୁଁ ଠିଆହୋଇଯାଇଚି
ଜୟଯାତ୍ରାର ଧାଡ଼ିରେ,
ଇତିହାସର ଛାତିଫଟାଇ ବାହାରି ଆସିଚି
ଚଳାଏ ଲହୁ
ବସନ୍ତର।

ଆଜି ଶେଷଦିନ
ଶେଷ ଅଧ୍ୟାୟ ଆଜି
ଆଖ୍ୟାୟିକାର।
ଆଜି ବାହାରିବ ଆକାଶର ଅଂକୁର ମାଟିରୁ
ଆଜି ଶିଳାରୁ ଶିଳାଲେଖର ବାହାରିଯିବ ତ୍ରାସ,
ସାତଦ୍ୱୀପ, ତେରପ୍ରାନ୍ତର ଡେଇଁ
ଆସିବେ ଆଜି ସାରସ ବଧଭୂମିକୁ।
ଆଜିଠୁ ତତେ ମୁଁ ଖୋଜିବିନାହିଁ
ଆଜିଠୁ ମୋର ଅଦୃଷ୍ଟକୁ
ଆଖିଟେକି ଚାହିଁବା ହିଁ ହେବ ଦୋଷ।

ଭୁଲ୍‌ବାଟରେ ପଶିଯିବାର
ଦୁଃସାହସରୁ ବାହାରିବ
ନାବ ଅଥଳ ସମୁଦ୍ରରେ ।

ପ୍ରୟୋଜନକୁ ଥୋଇବା ପାଇଁ
ହେବ ଘଟର ଆୟୋଜନ,
ଘଟ ପାଇଁ
ତିଆରି ହେବ ଚକ୍ରବାଳର ନୀଳ ଦୁକୂଳ
ନୂଆକରି,
ପାଇଥିବା ସବୁ ଅନୁଭବରେ
ଲାଗିଯିବ ହାତ ହୁତାଶନର ।

ଶିଖାଟେକି ଉଠିବ ନିଆଁ
ଘାସ ଜଳିବ
ଜଳିବ କେଶ
ସେଥିସହିତ ଜଳିଯିବ ମୋର ଦୁଃସହ ବନବାସ ।

କେହି ବଂଚିବେ ନାହିଁ ସେ ଦହନରୁ
କେହି ବଂଚିବେ ନାହିଁ,
ସେତେବେଳକୁ ଦେଶ ମୋର,
ଆମର ଛୋଟ ସଂସାରରେ
ଆମେ ଶୋଇ ସାରିଥିବା ଖାଇପିଇ,
ଆମର ଅଦାହ୍ୟ ଦେହର
ଶିମ୍ବଲଟାରେ ଧରିଆସୁଥିବ ଫୁଲ
ସକାଳର ।

ତୁ ମୋତେ ପଚାରିବୁ ନିଦଭୋଳରେ
ଆଉ କେତେ ଯୁଗ ?
ମୁଁ ତତେ କୋଳେଇ ନେବି
ଘୋଡ଼େଇ ଦେବି ଦେହରେ ତୋର

ମୋର ଅଭ୍ରାନ୍ତ ପରିଚୟର ଉଷ୍ମ ଅବଶେଷ,
କହିବି: ଏଇତ ଫୁଟିଆସୁଚି ଦିନ ଆମର
କିଏ ଜାଣେ କେତେଯୁଗର ଅପେକ୍ଷା ଅଛି ସେଥିରେ
ଦେଶରେ ମୋର
କିଏ ଜାଣେ କୋଉ ଧ୍ୱଂସରୁ ଆସିଚି
ଆମର
ଏ ନବକଳେବର ?

ଆଲୋକିତ ବନବାସ

ଦ୍ୱିତିୟ ସଂସ୍କରଣ : ୨୦୧୮

ପାପ

ପଡ଼ୋଶିନୀ ଏକାକିନୀ
ସଂଦେହୀ ସମବୟସ୍କ
ନାହାଂତି । ପବନ
ପରିଷ୍କାର କରିଦେଲା ରାସ୍ତା ଓ ଖରାରେ
ଫୁଲ ଉତ୍ତେଜିତ ।
ଈଶ୍ୱର ଅନ୍ୟମନସ୍କ
ପିତାମାତା ରଖଂତି ସବୁ ଖବର, ମୁଁ
ଜାଣେ ମୋର ଭବିଷ୍ୟତ ।
ଫିଂଗା ଫୋପଡ଼ା ଓ ଗାଳିଗୁଲଜରେ
ପରୀକ୍ଷିତ, ଶକ୍ତ ଏବଂ ଅଲାଜୁକ ଦେହ
ସ୍ମୃତି ଅନିଶ୍ଚିତ ।
ସୂର୍ଯାସ୍ତର ଛାଇରେ ସମୟ
ର ବାରଂଡା ଲୋକାରଣ୍ୟ
ପାପ ପ୍ରତିଷ୍ଠିତ ।

ସକାଳ

ଗଛ ତାର ଚଉକି ସଜାଇ ଦେଲା। ସୂର୍ଯ୍ୟ
ଟହଲିଲେ ବାରଂଡାରେ।
ସ୍ମିତିସୁଖୀ ପ୍ରଜାପତି
ବଗଚାରେ ଉଡ଼ିବୁଲେ
ଆତ୍ମସଂତୋଷର ହଳଦିଆ ପ୍ରତାରଣା
ଦୁଃଖର ଦେବତା ଆସି ପହଂଚିଲେ। ନିର୍ଦ୍ଧାରିତ
ଆସନରେ ବସିଲେ ଓ ନତଜାନୁ ଯୁବକ ଭକ୍ତକୁ ଚାହିଁ
ଅଳପ ହସିଲେ।
ଯୁବକ ଭୟରେ ଆଖି ବୁଜିଦେଲା।

ଫେରିବାଲା

ଫେରିବାଲା ଡାକିଲା ଗଳିର ସବୁ ପିଲାଂକୁ। ପିଲାଏ
ରୁଂଡହେଲେ। ଚାହୁଁ ଚାହୁଁ ଖାଲିହେଲା ଖେଳଘର
ବାପମାଆମାନେ
ଦାଂଡ ଦୁଆରରୁ ଦୃଶ୍ୟ ଦେଖିଲେ।

ବଜାରରେ ହାହାକାର ପଡ଼ିଗଲା
କିଏ ଏହି ଫେରିବାଲା ? ପିଲାଂକୁ ଭଂଡାଇ ଦେଲା।
ମୃତ୍ୟୁ ବିଶ୍ୱାସର ପ୍ରତିବେଶୀ
ପିଲାଏ ଖେଳଂତି ପୂର୍ବଭଳି
ସମୟର ଉପର ମହଲା
ବାପ ମାଆଂକର ଅସ୍ଥିକଂକାଳରେ ପୂର୍ଣ ହେଲା।

ମଧ୍ୟବିତ୍ତ

ମାଂସ ଓ ପରିବାମୟ ରଂଧାଘର। ଅବିଶ୍ୱାସୀ
ପରିଚାରକ ଓ ଅନିତ୍ୟ ଶରୀର। ଏକ ସୁଖୀ
ମଧ୍ୟବିତ୍ତର ସୁଂଦର, ନିରାପଦ ଘର

ସେଦିନ ତାହାର ଜନ୍ମଦିନ। ତାର କଟାମୁଂଡ
ଥୁଆ ହୋଇଥାଏ ଟେବୁଲ୍‌ରେ। ସଂଧ୍ୟା ଭୋଜନରେ
ବସିଥାଂତି ସହସ୍ର ବଣିକ। ରକ୍ତ ବ୍ୟକ୍ତିଗତ
ପରାଧୀନତାର ପ୍ରତୀକ ଓ ବେକ
ସହିପାରେ ନାହିଁ ମୁଂଡର ଓଜନ। ବିଚଳିତ
ଭାରସାମ୍ୟ, ଭାଗ୍ୟ ପରାଜିତ।

ସେ ନିଜେ ଘୋଷଣା କଲା ମୂଲ୍ୟବାନ କୃତିତ୍ୱ ତାହାର।
ସବୁ ସଂତୋଷର ମୂଳ କାରଣ ଅଦୃଶ୍ୟ ଅହଂକାର।
ତାର କଟାମୁଂଡ ଚାରିଆଡ଼େ ଘେରି ବୁଲେ ତାର ଲଂବାହାତ।
ସମଗ୍ର ଖାଇବାଘର ବଣିକଂକ ଲୋଭରେ ବିହ୍ୱଳ।

ମଧ୍ୟବୟସ୍କ

କେହି ନୁହଁନ୍ତି କାହାର।
ଅସଂତୁଷ୍ଟ ପିତାମାତା
ଈର୍ଷାପର ଭାଇ। ଲୋକ ଗହଳିରେ
ଭାରିଜା ମୁହଁ ବି ବାରିହୁଏନାହିଁ।
ପିଲାଏ ଭୁଲାଇ ନେଇଯାଂତି ବଜାରକୁ ଓ
ଚିନିଘୋଡ଼ାରେ ପୂର୍ଣ୍ଣ ତାଂକର ଜାହାଜ ଫେରେ କୋଳାହଳମୟ
ବଂଦରକୁ।

ମଧ୍ୟରାତ୍ରି ବୋଲି ତାଲାପଡ଼ିଗଲା ପାନଦୋକାନରେ
ବେଶ୍ୟା ଠେଲିଦେଲା ପଲଂକରୁ ବିରକ୍ତିରେ
ଭାଂଗିଯିବାର ଅଦୃଶ୍ୟ କୌଶଳରେ ପାରଂଗମ
ଧାତବ ଦେହର ପ୍ରତିଧ୍ୱନି ଫାଂକା ଲଂବା ଘରେ।

କେବଳ ସ୍ୱପ୍ନହିଁ ନିରାପଦ! ହସ ହସ ପିତାମାତା, ଅନୁଗତ ଭାଇ
ପଛେ ପଛେ ଭାରିଜା ଚାଲଇ, ଗର୍ଭାଧାନ ଲୋଡ଼ା ବେଶ୍ୟାର ଓ

ମହୁପୂର୍ଣ୍ଣ ପିଲାଂକ ବଂଦର।
କିଏ ତାକୁ ଫିଂଗିଦିଏ ଭାତଥାଳି ମଝିକୁ ଓ ତାର
ନିଦ ଭାଂଗିଯାଏ।
ଖାଦ୍ୟ ରକ୍ତରେ ପରିଣତ, ରକ୍ତ ତରଳ ଓ
ଲୋହିତ ପଦାର୍ଥ। ଧନ୍ୟବାଦ ତାକୁ ଯିଏ ନିଦ ଭାଂଗିଦିଏ
ପୁଣି ଥରେ ବିଛଣା ଚଦର ବଦଳୁଛି।
ସ୍ୱପ୍ନ ଗତିଶୀଳ
ପବନକୁ ଥଟ୍ଟା କରୁଛଂତି ସକାଳର ଖେଳପ୍ରିୟ ଫୁଲ,
ଲକ୍ଷେ ଟଂକା ବିନିମୟେ ବୀମାକୃତ ଅବଶିଷ୍ଟ କାଳ।

ବୃତ୍ତ

କେହି କୁଆଡ଼େ ନଥିଲେ ମୁଁ ଏକା ଉଡ଼ି ଚାଲିଗଲି
କାହାକୁ ଖାତିର କଲିକି ଘର ବୋଲି ଯେଉଁ ପଦାର୍ଥ
ତା'ର ଭବିଷ୍ୟତ ବୋଲି କିଛି ନାହିଁ କେବଳ ନିତି ଦେଖୁ
ଥାଇ ଯାହା ତା'ର ରୂପାଂତର କହିଲେ ଘର ନ କହିଲେ
ଇଟାପଥର ଆଉ ସ୍ତ୍ରୀ ପିଲାଂକ କଥା କିଏ ନ ଜାଣେ ଛାଇ
ପଡୁଥିବା ଯାଏଁ କଳାକଟା ଛାଇ ନପଡ଼ିଲେ ଯିଏ ଯାହାର
ଯିଏ ତାହାର ସମୟ: ଘଂଟା ଅଛି ବୋଲିତ ଏତେ
ଘଂଟାଚକଟା ଘଂଟା ନଥିଲେ ମାଟି ଛୁଉଁ ଛୁଉଁ ଚମ
ଲୋଚାକୋଚା ସମୟ କ'ଣ ସମର୍ଥ ବୋଧେ ବାଂଧି ରଖିବା
ପାଇଁ ମୁଁ ଏକା ଉଡ଼ିଚାଲିଗଲି କାହାକୁ ଖାତିର କଲିକି

ସ୍ୱର୍ଗକୁ ଉଡ଼ିଗଲି ନାହିଁ ପାତାଳକୁ ସ୍ୱର୍ଗ କେବେ ନଥିଲା କି
ହେବନାହିଁ ଈଶ୍ୱର ମାଟିତଳେ କୀଟଶ୍ରେଷ୍ଠ, ପତଂଗରାଜ
ହାଃ ହାଃ ମୁଂଡପୋତିଦେଲେ ରାସ୍ତା ତଳକୁ ତଳକୁ

ଉଡ଼ି ଚାଲିଗଲି ଯେ କେଉଁ ପାତାଳକୁ ଖାତିର କଲିନାହିଁ ଯେ
କାହାକୁ

ଘର ଘର ସ୍ତ୍ରୀ ପିଲା ସ୍ତ୍ରୀ ପିଲା ସମୟ ସମୟ ସଂପର୍କର
ଭୟ କେବଳ କଟାମୁଂଡର ଜୟ ନା ଖଂଡାଧାରର
ସେହିତ ପ୍ରଶ୍ନ କେତେ ବା ଗଭୀର ମଳାଦେହର ପାତାଳ
ହେ କୀଟଶ୍ରେଷ୍ଠ ହେ ପତଂଗରାଜ ମାଟି ତଳେ ମଧ୍ୟ
ଘର ମାଟି ତଳେ ସ୍ତ୍ରୀ ପିଲା ମାଟି ତଳେ ଘଂଟାକଂଟା ଗଛଚେର

ଦର୍ପଣ

ତୁମ ମୁଖ ଦର୍ପଣକୁ ଚାହିଁଲେ ଦୋଷ
ନ ଚାହିଁଲେ
ବୟସ ସେ !
ପ୍ରତିବିଂବ ବଢୁଥାଏ ନିଜେ, କାହାର ସାହାଯ୍ୟ ଲୋଡ଼େ ନାହିଁ
ତୁମ ସାନ ଭଉଣୀର ଈର୍ଷା
ଆଉ କେତେ ଦିନ ? କି ସତ୍ୟ ପ୍ରମାଣ କରେ କ୍ଷଣସ୍ଥାୟୀ
ଯୌବନ ? ଦିନେ ତ ସାନଭଉଣୀର କାନ
ଲାଲ କରି ସୂର୍ଯ୍ୟ ଖସିଯିବେ ଆକାଶକୁ ! କି ସତ୍ୟ
ପ୍ରମାଣ କରେ ଏକା କୋଠରିରେ ଦୁଇ ଭଉଣୀଂକ ପ୍ରସାଧାନ ?
କେବଳ
ଲଜ୍ଜାର ଫାଟକ ଡେଇଁ ଗଲେ
ଓଦା ଓ ସଂତପ୍ତ ଦେହ
ସାନଭଉଣୀ ନା ତମେ ନା ମୁଁ
ଆଉ କିଏ ଲୋଡ଼େ କାହାର ସାଦୃଶ୍ୟ ?
ମୁଁ ଗୃହସ୍ଥ

ତମେ ନର୍ତ୍ତକୀ
ଓ ଗର୍ଭଯଂତ୍ରଣାରେ ଫାଟିପଡ଼େ ଭଉଣୀର କାନ
କେବଳ ସାହାଯ୍ୟ ଲୋଡ଼ ପ୍ରତିବିଂବ ଖୋଜୁଥିଲା ବେଳେ
ଯାହାକୁ ଡାକିଲେ ଭୟ ନ
ଡାକିଲେ
ସମୟ ଯେ !

ଗୃହସ୍ଥ

ମୁଁ ତୁମର ସ୍ୱାମୀ ଏବଂ ମଟର ଚାଳକ
ଏହା ବ୍ୟତୀତ ମୁଁ ଯୁବକ ଓ
ମୋର ରକ୍ତ ଆଲୋକିତ
କୁଂଠିତ ଫଳର ବିସ୍ଫୋରଣରେ
ମୁଁ
ଅବ୍ୟବହୃତ ଓ ଆସଂତା ବହୁ ବର୍ଷ ପାଇଁ
ମୋ ପୁରୁଷାକାର ସୁରକ୍ଷିତ।
କାହାକୁ ଭୟ ନାହିଁ।
ରାସ୍ତାର ଅଭ୍ୟସ୍ତ ଜାନୁ ସଂକଟରେ ଲୋହିତ
ତ୍ରିକୋଣର ଅଭ୍ୟୁଦୟ ଦେଖିଲି ଯେ
ନ ଦେଖିଲାପରି ଚାଲିଗଲି
ନିୟମିତ ସହବାସ ଠାରୁ
ବଡ଼ ଆଉ କେଉଁ ଦାୟିତ୍ୱ ? ମୁଁ ଆପାତତଃ
ମାନିଗଲି ଯେ ମୁଁ ସଂତୁଷ୍ଟ ଓ ମୋ'ର

ଲକ୍ଷ୍ୟ ସ୍ଥିର। ହେଲେ ଯେତେବେଳେ
   ତୁମ ଶିଶୁ ପୁତ୍ରକୁ ଭୁଲାଇ ନେବ
ଗଛ ଶୀର୍ଷର ଉଦ୍ୟତ ଫଳ
   ତୁମ ସହିତ ଏକାଠି କାଂଦିବା ବ୍ୟତୀତ
ମୋର ଅନ୍ୟ ଦାୟିତ୍ୱ ବା କ'ଣ ?

ଅଜ୍ଞାତବାସ

ମୋର ମଧ୍ୟ ଆନୁଗତ୍ୟ ବେଶି ନୁହେଁ
ମୁଁ କାହାକୁ କ୍ଷମା କରିନାହିଁ। ଏପରିକି
ପିତାମାତାଙ୍କୁ। ତାଂକର
ଅପତ୍ୟ ସ୍ନେହର ଅତ୍ୟାଚାର ବେଶିହେଲେ
ମୁଁ ପଳାଇ ଯାଇଚି ତ ନିୟମିତ
ପତ୍ନୀଂକର ଶୋକାକୁଳ ଓ ସଂତପ୍ତ ଶରୀରର
ଅଜ୍ଞାତବାସକୁ।
ତାଂକୁ ମଧ୍ୟ କ୍ଷମା କରନାହିଁ।
ସେ ମୋତେ ଓଟାରି ନେଲାବେଳେ ପର୍ବତରୁ
ଉପତ୍ୟକାକୁ। ମୁଁ
ଖସିଯାଇ ଶୋଇଛି ତ ଶୁଷ୍କ ଓ ପତିତ
ସରୋବର ତଳେ ଆବିଷ୍କୃତ ହିରଣ୍ମୟ ପାହାଚର
ଶୈଶବରେ।
ଦେଖ, ମୋର ଦୁଃସାହସକୁ। ମୁଁ
କେବଳ ଗର୍ବରେ
ସଂଭାଳି ନେଇଛି ତିନିଗୋଟି ରେରେକାର
ଆପାତତଃ ମୃତ୍ୟୁର ପରମ ସୌଭାଗ୍ୟରୁ ବଂଚିତ ଓ
ଘଂଟା ପଡ଼ିବା ପୂର୍ବରୁ ପଡ଼ିଆରୁ ବହିଷ୍କୃତ।

ପ୍ରମାଣ/ଅପ୍ରମାଣ

ଚାହୁଁ ଚାହୁଁ ଚିତ୍ରତାରକାର ମୁହଁ
            ଲିଭିଗଲା
            ମଧ୍ୟାଂତର
ରକ୍ତର ଲୋହିତ ପାର୍ଥକ୍ୟରେ ଅର୍ଥମୟ
ସମୟ
ଶୃଂଗାର
କେତେ ଦୀର୍ଘକାଳ ଆଳାପ ବା !
ମୁଁ ଦାଂଭିକ ରାଜକର୍ମଚାରୀ ! ମୋ
ପୌରୁଷ ଅଦ୍ୟାବଧି ଅପ୍ରମାଣିତ । ମୁଁ
            ଦ୍ରୌପଦୀଂକ ବସ୍ତ୍ରାପହରଣ କାର୍ଯ୍ୟରେ
ନିଯୁକ୍ତ ।
            ଦୃଶ୍ୟାଂତର
ଦୃଶ୍ୟ ବା କାହାର ସ୍ଥାୟୀ ସଂପତ୍ତି ? ଦ୍ରୌପଦୀ
ରକ୍ତମାଂସ କେତେ ଓଜନ ବା !
ସ୍ୱାମୀ ଅନୁପସ୍ଥିତି ଓ

ପାଂଚଗୋଟି ଜାରପୁରୁଷଂକ
ବଳାତ୍କାରେ ଭୁଲୁଂଠିତ ଦେହ
ପର୍ବତ ପ୍ରମାଣ ବସ୍ତ୍ର ଉଡ଼ାଳରୁ
ହସ ହସ ଦ୍ରୌପଦୀର ମୁହଁ।
ଚାହୁଁ ଚାହୁଁ ଘରେ ପହଂଚିବା, ପତ୍ନୀଂକୁ
ଖୋଜିବା। ଦେହ ଢାଂକିଦେବା ଲଜ୍ଜାରେ
ସବୁ ତ ଏକମାତ୍ର ଅନିଶ୍ଚିତ ପାର୍ଥକ୍ୟର ଖେଳ
କର୍ତ୍ତବ୍ୟ ସଂପନ୍ନ। ଭବିଷ୍ୟତ
ଉଜ୍ଜ୍ୱଳ ଓ ପ୍ରମାଣିତ କୃତିତ୍ୱ ସକଳ।
ଜୀବନ ସଫଳ।

ବଂଦୀ

ବଂଦୀ ଠିଆହୁଅ
            ଦୁଇ ଗୋଡ଼ ପୋତିଦିଅ
ମାଟିରେ ଓ ଦୁଇ ହାତ
            ଟେକିଦିଅ ଆକାଶକୁ

ଆଉ କେଉଁ ମୁକ୍ତି ?
କେଉଁ ନିଷ୍କୃତି ?

କେବଳ
ରୋକ୍‌ଠୋକ୍ ଯୁକ୍ତି ପବନର
            ଷ୍ଟାମ୍ପ୍ କାଗଜରେ
            ଟିପଚିହ୍ନ ଏ କାହାର
ତୁମର ତ ?
ଭବିଷ୍ୟତକୁ ପଚାର, ଭବିଷ୍ୟତ
ନ ଶୁଣିଲା ପରି ଘୁଂଚିଯିବ ଦୂରକୁ।

ଅତୀତ ଆପାତତଃ ଅନୁପସ୍ଥିତ ଓ ବର୍ତ୍ତମାନ

ନିଏ ନାହିଁ କେବେହେଲେ ଦାୟିତ୍ୱ କାହାର
ଧୈର୍ଯ୍ୟ ଧର !
ଚେର ଲାଗିଯିବ
ପାଦରେ । ହାତରେ
ଫୁଟିଯିବ ଫୁଲ
କେଉଁ ଭୂଚିତ୍ରର ଅଂଶ ତୁମେ
ବୃକ୍ଷ କେଉଁ ଅରଣ୍ୟର
 ପଚାରନା ।
ପତ୍ନୀଙ୍କୁ ସଂତାନ ଦିଅ
ସନ୍ତାନକୁ ଉତ୍ତରାଧିକାର
ଓ ତା' ପରେ
 ତାଳପତ୍ରର କୁହୁକ ଛତା ବୁଜିଦିଅ
ଦୁଃଖ ଅବାଂତର ।

ଭବିଷ୍ୟତ

ଭାଗ୍ୟରେ ଅଜ୍ଞାତ
ଡାକଘରର ମୋହର
କି ସୁନ୍ଦର
ଚିଠି ଲେଖିଆସେ ତାକୁ, ସେ ଚତୁର ସମୟକୁ
ଭାବକୁ ନିକଟ ସେ ଯେ ଅଭାବକୁ ଦୂର ।
ଋଣ ଶୁଝିଦେବା ମାସ ତିନିଟାରେ
ଘର ତୋଳିଦେବା
ଲୁହ ପୋଛିଦେବା ପତ୍ନୀଂକର
ପିଲାଂକୁ ବୁଲାଇନେବା ଛାଇ ଲେଉଟିଲେ
କାଳିପୂର୍ଣ୍ଣ କଲମ, ଅଲେଖା
ଧଳା କାଗଜ; ସହଜ ଭବିଷ୍ୟତ;
ଧାଡ଼ି ସିଧା ଓ ଅକ୍ଷର ପରିଷ୍କାର
ଆଖି ବୁଜିଦେବା ।
ବାକ୍‌ସପୂର୍ଣ୍ଣ ରେଜା ପଇସାରେ ।
ଶରୀର ଝଟକେ ସୁନା ଚୂଡ଼ି ଭଳି କଳା ସିଂଦୁକରେ ।

ହାତଭରା ଦେଇ ଠିଆହେବା ପତ୍ନୀଂକ କାଂଧରେ
ପିଲାଂକୁ ଭୁଲାଇଦେବା ଗୋଲକଧଂଦାରେ
ଏହା ପରେ ଆଉ କ'ଣ ?
ପିଲାମାନେ ଚିଠି ଲେଖି ଶିଖିବେ
ପତ୍ନୀଂକ କାଂଧ ନଇଁଯିବ ଓଜନରେ
ଘର କାଂଥ ଫାଟି ନଈପାଣି ଛୁଇଁବ ଶେଯକୁ
ଭବିଷ୍ୟତ ବୋଲି କିଛି ନାହିଁ- ଏ ଖବର
କିଏ ଖୋଲି କହିବ କାହାକୁ ?

ବିକ୍ରମାଦିତ୍ୟ ଓ ମୁଁ

ମୋ'ର କଥା ସରିନଥିଲା ସେ
ଉଠି ଚାଲି ଚାଲି ଗଲା ବାରାଂଡାକୁ
ତା'ର ଲକ୍ଷ ପ୍ରଶଂସକ ବାରାଂଡାରେ
ଚାହିଁରହିଥିଲେ ତା'ର ନିରୀହ ମୁହଁକୁ।
ନିଃଶବ୍ଦ କୋଠରି। ଶୂନ୍ୟ
ରକ୍ତମୟ ସିଂହାସନ
ଡାକିଆଣ ସେ ନିର୍ବୋଧ ବିକ୍ରମାଦିତ୍ୟକୁ।
ଶୁଣ, ରକ୍ତ ପଚାରୁଚି ରକ୍ତକୁ
ରକ୍ତର ଗତି
କେଉଁ ପାତାଳକୁ।
କିଏ ଦେବ ଉତ୍ତର କାହାକୁ ?
ସେ ଅଜ୍ଞାନ ହୋଇ ଟଳିପଡ଼ିଲା ତା' ନିଜ ପ୍ରଶଂସକଂକ ମଝିରେ
ମୋ'ର କଥା ସରିନଥିଲା ମୁଁ ପହଂଚିଲି ଘରେ
ଓଦା ମାଟି କାଂଥ ଆଉ କେତେ ଦିନ ?
କେତେ ବା ଉଜ୍ଜ୍ୱଳ

ତରୁଣୀ ଭାର୍ଯ୍ୟାର ମୁହଁ, ସୁନା ଅଳଂକାର
ନିଷ୍କଳଂକ ଇସ୍ପାତ୍ ବାସନ ?
ପ୍ରଶ୍ନ ସରିନଥିଲା, ମୁଁ ଉଠି ଚାଲିଗଲି
ବାରାଂଡାକୁ
ଲକ୍ଷ ପ୍ରତିଦ୍ୱନ୍ଦୀ ଚାହିଁରହିଥିଲେ ମୋ'ର
କଠୋର ମୁହଁକୁ
କାଂଧ ସହ ଗଛ ସମାଂତର ଯଦି
ଶବ ଯଦି ଜୀବଂତ ଶରୀର
ଏ ଭଳି ପ୍ରଶ୍ନ ବା କାହିଁ
ଯାହାର ମୁଁ ନ ଜାଣେ ଉତ୍ତର।

ରାଜତ୍ୱ (୧)

ଘରକୁ ଫେରିଲେ ଯୁଦ୍ଧ
ଯୁଦ୍ଧ ସରିଗଲେ
କାଲି ସକାଳତ !
ସୁନାର ଶିଡ଼ିରେ
ଉଠ୍ ପଡ୍
ଦେହ। ସୂର୍ଯ୍ୟମୟ
ରକ୍ତରେ ଅଚଳ
ରୁପା ମୋହରରେ ଠିକାର
ସହକର୍ମୀର ଈର୍ଷାରେ
ସଫଳ ଗର୍ବର
ମୁକୁଟ ଉଜ୍ଜ୍ୱଳ।
ଦିନ ଦଶଟାରେ ଦପ୍ତ ଫାଟକ ଖୋଲିଗଲେ;
ଏକମାତ୍ର ଦସ୍ତଖତ ଲେଉଟାଇ ଆଣେ ସିଂହାସନ।
– ତା' ପରେ ଜୀବନ

ଫେରିବା କଥା ତ !
ପାଦର ଗତିରେ
ପାଦେ ପାଦେ
ଦକ୍ ଦକ୍ ଭୟ । ରାଜ୍ୟମୟ ।
ଶତ୍ରୁ ଢାଲ ଟେକି ଦେବ ସୂର୍ଯ୍ୟକୁ ଅଂଧାର
ପଥ ଖଂଡାଧାର ।
ମୁଁ ଘରକୁ ଫେରିବି ତ ?

ରାଜତ୍ୱ (୨)

ଜୀବନ କାହାକୁ ଭଲଲାଗେ ନାହିଁ?
ଖାଲି ଯାହା
ଉଇହୁଙ୍କାରୁ
ପୈତୃକ ରାଜଗାଦି
ଘୁଞ୍ଚିଆସେ
ମୁଣ୍ଡ ଉପରକୁ।
ମୁଣ୍ଡରେ
ଗୋଛାଏ କହରା ବାଳ। କଇଁଫୁଲ ପରି
ତୋଫା ଗୋରା କପାଳ।
ଦୁଇ ଆଖି, ବିଶ୍ୱାସୀ ସରଳ।
ଆହୁରି କେଜାଣି, କେତେ କାଳ
ବାକି ଅଛି ରାଜତ୍ୱ!
ମାନଚିତ୍ର ସୁଲିଖିତ
ସୁଚିହ୍ନିତ ସୀମାରେଖା ନଦୀ ଓ ପର୍ବତ।

ଏତେ ଦୀର୍ଘ ରାଜତ୍ୱ କାହାକୁ ଭଲଲାଗେ ?
ଏତେ ନିଂଷ୍କଟକ ରାଜ୍ୟ ?
ଏତେ ଦୃଢ଼ ରାଜଗାଦି ?
ହାଇମାରିଦିଅ ବିରକ୍ତିରେ ।

କପାଳରେ କଳାଗାର, ଚମ ଲୋଚାକୋଚା
ବାଳ ନାହିଁ ମୁଂଡରେ । ଆଖିରେ ପ୍ରଚକ୍ଷୁ ଗରଳ ।

ଅଦୃଶ୍ୟ ପର୍ବତ ନଦୀ ସୀମାରେଖା
ଶତ୍ରୁ କବଳରେ
ଜୀବନ କାହାକୁ ଭଲଲାଗେ ନାହିଁ ?
ଖାଲି ଯାହା
ଇତିହାସ ହସୁଥାଏ ବିଜୟସ୍ତଂଭରେ
ହାଇମାରିଦିଅ ବିରକ୍ତିରେ ।

ଇତିହାସ

ଇତିହାସ ପୂର୍ଣ୍ଣ ବହୁ ଆକସ୍ମିକତାରେ
ଗଡ଼ିଗଲାବେଳେ ଶତ୍ରୁକୋଳକୁ ମଧ
ଖସିପଡ଼ିପାର ଇତିହାସର ଅଜ୍ଞାତ ପରିଚ୍ଛେଦରେ ।

ଶତ୍ରୁ-କୋଳରେ
ନିରସ୍ତ୍ର ଆଧିପତ୍ୟ
କଂକାଳର
                ଶତ୍ରୁ ଜାଣେ ନାହିଁ
ସେ ତ ନିମଜ୍ଜିତ
ନିରକ୍ତ ତରବାରିର
ଉଜ୍ଜ୍ୱଳ ପଂକରେ
                କରତାଳିର ପ୍ରତିଧ୍ୱନି
                ଲେଉଟେ ଓ ଘୂରେ
                ଜଟିଳ ଗୁଂଫାରେ
କିଏ ଜାଣେ ଇତିହାସ
ଗିଳିଦେବ କେତେବେଳେ
ମୂଢ଼ ଚଂଡାଶୋକକୁ ଯେ କେଉଁ
ଅନୁଶାସନର ଅଶୁଦ୍ଧ ବର୍ଣ୍ଣରେ !

ମଧୁଶଯ୍ୟା

ମୁକୁଟରେ ମାଛଚିହ୍ନ। କୁଂଭଧଡ଼ି ଶାଢ଼ିର
ମୁକୁଟ
ଖସିପଡ଼ିଲା ମୁଂଡରୁ କି
ବନାରସୀର ଧଡ଼ି ଚିରିଗଲା
ସେ ଜୀବନ
କେଉଁ ତୋରଣରେ ଆସେ, ଯାଏ କେଉଁ
ପତାକା ତଳକୁ
ଜଣାନାହିଁ।
ଧଳା ପଲଂକ କଳା ମଶାରି
ସୁଂଦରୀ
ଶେଯ ଲେଉଟାଇ କବରୀ ଫିଟାଇ କର ଭରି କୁଚ
ସଂଧିରେ
ଖୋଜେ କାହାକୁ ? କିପାଇଁ ?
କେଉଁ ହାଡ଼ର ଖୁଂବରେ ବିଜୟୀ ମାଂସର
ପତାକା ସେ ? କେଉଁ ସ୍ୱୀକୃତିର ରୂପାଂତର
ଶୂନ୍ୟ ମଧୁଶଯ୍ୟା ?

ନା ସେ ତ ନାହିଁ। ନା ଶେଯ ତଳେ
ନା ମୁକ୍ତ କବରୀରେ ନା କୁଚ ସଂଧିରେଂ
ଜନ୍ମ-ଜନ୍ମାଂତର,
ସହସ୍ର ମୁକୁଟ ମାଛ, କୁଂଭ, ଶାଢ଼ି ସତ୍ତ୍ୱେ
କେଉଁ ତୋରଣରେ ଯେ ସେ ଆସେ
ଯାଏ କେଉଁ ପତାକା ତଳକୁ!

ଗୁପ୍ତଦ୍ୱାର ନେଇ ଖସିଯାଏ
ଅଜ୍ଞାତବାସକୁ
            ଜଣାନାହିଁ
ହାଡ଼ର ଉଜ୍ଜ୍ୱଳ ପଲଂକ ଯେ
ଅଂଧକାର ରକ୍ତର ମଶାରି
            କେଉଁ ଅପେକ୍ଷାରେ
ରୂପାଂତର ମଧୁଶଯ୍ୟା ? ନିଷ୍କୃତି କାହାର ?
ପଳାତକ ସ୍ୱାମୀର ? ନା ସୁଂଦରୀ ପତ୍ନୀର ?

ଅବତାର

ସେ ବା କେଉଁ ମହାମୂଲ୍ୟ ଅଧିକାରରୁ ବଂଚିତ ?
ତା'ର ଅନିବାର୍ଯ୍ୟ ତୀରରେ ଖଚିତ ଭବିଷ୍ୟତ
ତା'ର ବର୍ତ୍ତମାନ ନିତ୍ୟ ପ୍ରମାଣିତ ।
ଆଉ କ'ଣ ଅଛି ତା ଉତ୍ତାରେ ?
କେବଳ ମୃତ୍ୟୁ ନା ପୁନର୍ଜନ୍ମ
ନା ଫଟା କାଂଥର ଶିଉଳିରେ ଛୁରି ଘଷିବାର ପ୍ରଲୋଭନ ?
କ'ଣ ଅଛି ଆଉ ? ନା ଆୟୁଷ ନା ଆକାର
ଶିଆଳୀ ଲଟାରେ ଲାଲ୍ କାନ ହରିଣର !
ପ୍ରତାରିତ ଧନୁର୍ଦ୍ଧର
ଖସିପଡ଼ ଏଥର ତମର
ସର୍ବୋଚ୍ଚ ଶୂନ୍ୟର ଅଂତରାଳୁ
ଅଲକ୍ଷିତ ଲକ୍ଷ୍ୟସ୍ଥଳ
ଲେଉଟ ତୀରରେ ବଂଧା ଅନ୍ନଜଳ
ଶେଯର ସହଜ କ୍ଷୀରାବ୍ଧିରେ
ଦିନ ରାତି ମାସ ବର୍ଷ ଅନଂତ ବିସ୍ତାର ।

ବର୍ତ୍ତମାନ

କିଏ ଦେଖିବ ବର୍ତ୍ତମାନକୁ ?
ସେ ସକାଳୁ ଉଠି ଗଛମୂଳକୁ ଚାହେଁ। ତା'ର ବୟସ
୨୫ ସ୍ୱାଧୀନ ମାଂସର ଚିରା ପତାକା ଶୀର୍ଷରେ
ତାଳପୂର୍ଣ୍ଣ ଛୁରୀ ବଂଧୁକରେ।

ତାକୁ ତା'ର ନାମ ପଚାରେ କିଏ ? କିଏ
ଖୋଜି ଖୋଜି ଆସେ ତାକୁ ?
ସେ ତ ନାହିଁ
ଉଡ଼ା ପତ୍ରର ଦସ୍ତଖତ ତା'ର
ଗଛମୂଳକୁ ହିଁ ଚିହ୍ନାଇ ଦିଏ।

ଗଛମୂଳରେ ଭଂଗା ସ୍କୁଲ୍ ଘର। "ବର୍ତ୍ତମାନ"
ଲୁଚିଲୁଚି ଆସେ ଡେରିରେ
ଉପସ୍ଥାନ ଖାତା ଭିତରକୁ, ତା'ପରେ
ମିଶି ପାଣିଫାଟିଯାଏ
ଅଣଚାଶ ବର୍ଷର ଚଟାଣରେ।

ସେ ଆଉ ଚିହ୍ନି ପାରେ ନାହିଁ ତା'ର ଗଛମୂଳକୁ
ମୁଂଡପାତି ପରିଚୟ ପଚାରେ ସ୍କୁଲ୍‌ଘର କାଂଥକୁ। ଅକ୍ଷରର
ଗୁଳିମାଡ଼ କେତେବେଳେ ତ ଛୁରୀମାଡ଼ କେତେବେଳେ
ଗଛମୂଳେ କେହି କେବେ ଦେଖିନାହାଂତି ଆତତାୟୀକୁ
ଦେଖିଛଂତି ଲୋଚାକୋଚା ଖବରକାଗଜକୁ
କାଖ ତଳେ। ବାସ୍
ଆଉ କିଛି ନାହିଁ। ବର୍ତ୍ତମାନ
କିଏ ଧୋକା ଦେଇଚି ତା'ର ବୟସକୁ ?
ସ୍ୱପ୍ନରେ କି ସାଇକେଲ ରେ ସେ
ଫେରିପାରିବ ନାହିଁ ତ ତା'ର ଅଫିସ୍ ଘରର
ନିର୍ଦ୍ଧାରିତ ଚଉକିକୁ ?

ଛୁରୀ ବଂଧୁକର ଦାୟିତ୍ୱରେ ସୁରକ୍ଷିତ
ମାଂସର ସ୍ୱାଧୀନତା। ଚିରା ପତାକା ଉଡୁଚିତ
ଉଡୁଚି କିଏ ନ ଜାଣେ ?
କିଂତୁ କିଏ ଦେଖିଚି ବର୍ତ୍ତମାନକୁ ?

ଅବର୍ତ୍ତମାନ

ଭାସିଯାଅ ଏମିତି ନଦୀରେ ଯା'ର
ଆରଂଭ ବା ଶେଷ ନାହିଁ।
କେବଳ ଉଦ୍ଦଂଡା ସ୍ରୋତ ଲକ୍ଷ୍ୟ ସୀମା ବାହାରେ। ନିଷ୍ଫଳ
ଶିକାରୀ ଚାଲେ କୂଳେ କୂଳେ। ଆଉ ଧୈର୍ଯ୍ୟ ନାହିଁ।

ଟେଲିଫୋନ୍ ଖବରକାଗଜ
ଏମିତି ବା କି ସାକ୍ଷୀ ଯେ କୃତକର୍ମ
ଲୁଚିଯିବ ନାହିଁ ଗୋଡ଼ତଳେ !

ପେଟ ଖାଦ୍ୟ ମାଗୁଥିଲା
ମିଳିଗଲା। ଏଥର
ମୁଂଡ ଗୁଂଜିଦିଅ ଦୁଇ ଜଂଘ ମଝିରେ ସେ
ରକ୍ତନଦୀ ଆରଂଭ ଯେଉଁଠୁ ଶେଷ ସେହିଠାରେ।

ଭାସିଯାଅ ଏମିତି ନଦୀରେ ଯା'ର
ଆରଂଭ ବା ଶେଷ ନାହିଁ। ଟେଲିଫୋନ୍ ଖବରକାଗଜ
ବିବର୍ଜିତ ଇତିହାସର ଅସଂଖ୍ୟ ସହଜ
ପରିଣତି।

ସହସ୍ର ଜ୍ଞାତିଂକ ଶବ ମଝିରେ ଜୀବନ
ନିଷ୍ଫଳ ଶିକାରୀ ଚାଲେ କୂଳେ କୂଳେ।
ଆଉ ଧୈର୍ଯ୍ୟ ନାହିଁ।
ଆଜି ନୁହେଁ ଆଉ କେଉଁ ଦିନ।

କାୟା-ପ୍ରବେଶ

କିଂତୁ ସେ ପ୍ରକୃତ ରାଜା କାହିଁ ? ଗୁଂଫା କାଂଥରେ
ଅସଫଳ ପୂର୍ବଜନ୍ମ । ବ୍ରହ୍ମଚାରୀ
ବିହ୍ୱଳ ?
ସୁଂଦରୀ ରାଣୀଂକ ପାଶ ଅଂକୁଶ । ପଦ୍ମବନରେ
ହାତୀର ବଳ ବଢ଼େ ସିନା ବୟସ ? ଚଉଷଠି କଳା
ସ୍ରୋତମୁହଁରେ ଛାରଖାର । ରଥ ଚକର
ସୁବର୍ଣ୍ଣ ଧୂଳି ଉଡୁଥାଇପାରେ ଯାଏଆସେ ନାହିଁ
ଜାନୁ ଯଉବନ ଦେଖିଲାବାଲାର । ମାତ୍ର

ଶହେ ଶ୍ଳୋକରେ ରାଣୀ ବେହୋସ୍ । ବେହୋସ୍
ଶ୍ଳୋକ ଲେଖିଲାବାଲା । ଯୁକ୍ତିର ଜୟ ନା
ଜାନୁଦ୍ୱୟର ସେଇ ତ ପ୍ରଶ୍ନ । ପୂର୍ବଜନ୍ମ
ଯଦି ଅସଫଳ ଏ ଜନ୍ମ ଏମିତି କ'ଣ ସଫଳ ଯେ ?
ଜଳଂତା ନଈକୁ ପାଣିଟୋପେ ମିଳିଯିବ
ଥରେ ମୁହଁ ଖୋଲି ମାଗିଦେଲେ ।

ପ୍ରକୃତ ରାଜା କିଂତୁ ବେକାର୍। କେତେବେଳେ
ଖାଲି ହାତରେ ଘୋର ଜଂଗଲରେ ତ କେତେବେଳେ
ସ୍ମୃତିର ସଶସ୍ତ୍ର ସିଂହାସନର କେତେବେଳେ
ମୋଟେ ନାହାଂତି ଇତିହାସରେ

ଶହେ ବର୍ଷ ପରେ ଗୁଂଫା କାଂଥରୁ କିଏ ପଢ଼ିବ କର୍ମଫଳ ?
ବ୍ରହ୍ମଚାରୀ ବିହ୍ୱଳ।

ଅନୁପାତ

କେଜାଣି କେଉଁଠୁ
ପକ୍ଷୀଟିଏ ଆସି ବସିବ
ପୁଅ ମୁଣ୍ଡର ଦିପିଦାଂଡିରେ ଘର ମଝିରେ

ପୁଅ ବାପଠୁ। ବାପଠୁ ବେଶି
ଓସାର, ବେଶି ଗଭୀର, ପୋଖରୀର
ଦିପିଦାଂଡିର
ଏମିତି କ'ଣ
ରହସ୍ୟ ଅଛି ପୋଖରୀରେ ? ପୋଖରୀ ତ !
ପକ୍ଷୀର ଓଃ ପକ୍ଷୀର କ୍ଳାନ୍ତିର
ଏମିତି କ'ଣ ଜାଲ ଅଛି ଢେଉର ?
ଉଡ଼ନ୍ ଛୁ ଉଡ଼ନ୍ ଛୁ ମୋତେ ଛୁଁ
ବୟସ କେତେ ହେଲା ବାପର ?

କେଜାଣି କେଉଁଠୁ ପକ୍ଷୀଟିଏ ଆସି
ପୋଖରୀର ପଥର ପାହାଚରେ ଗୋଡ଼ ଘଷୁ ଘଷୁ

ପାଦ ଖସିଯିବ । ଖସୁ ଖସୁ
ବୟସ କେତେ ହେଲା । ପୁଅର ?
କେତେ କେଜାଣି ? ବୟସ ତ !
ପାଣି ତଳେ ତଳେ ଜାଲ ବୁଲୁଥିବ
ଜାଲ ଗର୍ଜି ଗର୍ଜି ସୁ ସୁ

ଶେଯର ଅଭଂଗା ଅପ୍ରତ୍ୟୟ

ରାତିଅଧରେ ଟପ୍ କରି ଖସିବ
ଲୁହ ଟୋପେ। ଫଟା ଦର୍ପଣର
ଲାଲ ଗାଲରେ। ସେ ମୋତେ

ଆଉ ଚାହିଁବ ନାହିଁ
ଛାତିର ଯୋଡ଼ା କବରରେ
ମଲା ଲୋକର ଭୂତ
ଆଉ ଦିଶିବ ନାହିଁ
ଦର୍ପଣର ଫାଟ ପରିଷ୍କାର
ଡାକି ଆଣିବ କାଲି ସକାଳକୁ
ଶୌର ଅଭଂଗା ଅପ୍ରତ୍ୟୟକୁ
ଆଉ ଚିହ୍ନି ପାରିବ ନାହିଁ ତାକୁ।

ସିଂହାସନ

ଗୋଟିଏ ଦିନ ଚିରଦିନ ହୋଇ
ବସିଛି ସିଂହାସନରେ। ଜଂଗଲ
ଆଉ ଘଂଚ ହୋଇନାହିଁ ମହାରାଜଂକ
ଦିବ୍ୟ ଦୃଷ୍ଟିରେ।
ମୃତ୍ୟୁ ଏଥର।
ମୃତ୍ୟୁର ପର୍ଦ୍ଦା ଟେକିଦେଲେ
ରାଣୀହଂସପୁର। ମାତ୍ର ଗୋଟିଏ ଗୁଳିରେ
ଜଖମ୍ ଚିତାର ଅସଂଖ୍ୟ
ରୂପାଂତର। ମାତ୍ର ଗୋଟିଏ ମୁହୂର୍ତ୍ତର
ନାଚ ଗୀତରେ
ଜନ୍ମାଂତର।
ଆଉ ଦୁଃଖ ବୋଲି କିଛି ନାହିଁ। ଦୁଃଖର
ପର୍ଦ୍ଦା ଟେକିଦେଲେ ଜଂଗଲର
ଶେଷ ଭୋର୍ ଝରଣାର ଶୋଷ ଜଳଧାର

ମିନିଟ୍ ମିନିଟ୍ ହୋଇ ଘଂଟାଏ। ଘଂଟାରୁ
ପୁଣି ଦିନେ। ଉଆସ ବାହାରେ
ସିଂହମୁହଁରେ, ତୋପମୁହଁରେ ଚିରଦିନର
ଶିଳାଲେଖ ନା କବର ?

ଭଂଗାକାଚରେ ଭଂଗାକାଚ

ଭଂଗାକାଚ ଖଂଡେ ମିଳିଲା ଅଂଧାର
ଘରକୋଣରୁ। ବାକି ସବୁ
ପାଣି ଫାଟିଗଲା କର୍ମଦୋଷରୁ। ଭଂଗାକାଚରେ
ଭଂଗାକାଚ

ପାଂଚ ଆଂଗୁଠିର ଧୂଳି ପାଉଁଶ
ତଳେ ପୋତି ହୋଇ ହାଡ଼ ମାଉଁସ
ଭୁଲି ହୋଇଗଲା କେମିତି କେଜାଣି
ସୁନା ପାହାଚ
ଘରକୋଣରୁ
ଭଂଗା କାଚ ଖଂଡେ ମିଳିଲା ଅଂଧାର
ଘରକୋଣରୁ
ଲୋଭର ମୁହଁ ଲାଲ୍। ହାତର
ପାଂଚ ଆଂଗୁଠି ତଳେ ମୁହଁର ଗୋଲ
ରାସ୍ତାରେ ଦାଂତ, ଆଖିର ବତି ଜଳୁଚି

କେଉଁଦିନରୁ
ଭଂଗାକାଚରେ ଭଂଗାକାଚ
ରକ୍ତରେ ଥା ମଜ୍ଜାରେ ଥା
ଖୋଲି ଖୋଲି ଖାଉଥା। ଜୀବନ
ଶେଷ ହେଲାଯାଏଁ ଅଂଧାର
ଚାଲିଗଲାଯାଏଁ ଘରକୋଣରୁ

ସହକାରୀ

କୁଂଜବିହାରୀ କୁଂଜରେ ନାହିଁ ।
ଉଡ଼ାପତ୍ରର ଲାବଣ୍ୟ ଦୋଳାରେ
ଶାୟିତ କରାଳ ମୂର୍ତ୍ତି ଅଶରୀରୀ
ମୁଂଡର ସରୋବରରେ ଗୋଟିଏ ବୋଲି କଇଁ
ଫୁଟିଚି ତ ଫୁଟିବ ସେ
ନା ତା' ପାଇଁ, ନା ତୋ' ପାଇଁ, ନା କାହାରି ପାଇଁ

ସହସ୍ର କଲମ ଶବ୍ଦରେ ଭୀଷଣ ରାତି ।
ସହସ୍ର ସହକାରୀଙ୍କ ମୁଣ୍ଡ ଉପରେ ଉତ୍ତୋଳକରେ
ଉପରକୁ ଗଲେ ଈଶ୍ୱର । ମୁଖ୍ୟମଂତ୍ରୀଂକ
ପାଦ ଧରି ଶୋଇପଡ଼ିଲା କୁଂଜବିହାରୀ

ସକାଳକୁ କିଏ କାହାର ସହକାରୀ ?
କୁଂଜବିହାରୀ କୁଂଜରେ, ପତ୍ରଦୋଳାରେ, ସହସ୍ର
କଇଁଲଟାରେ ଆବଦ୍ଧ ଅସମାହିତ ।

କଲମଗାରକରେ ଶାୟିତ ମୂର୍ତ୍ତି
ପୁଣି ଉଠିଲା । ଝାଡ଼ିଝୁଡ଼ି ହୋଇ
ଉଠି ବସିଲା ସାଇକେଲ୍ ରେ, ତା'ପରେ
ସହକାରୀ ପାଇଁ ବଂଦ୍ ହୋଇଗଲା ଦପ୍ତର
ଶୋକସଭାରେ
କିଏ କାଂଦିଲେ କିଏ ? ମୁଖ୍ୟମଂତ୍ରୀ ?
ଈଶ୍ୱର ? ନା ହତଭଂବ କାଗଜପତ୍ର ? ନା
ଛିଟ ଲୁଗାରେ ଢଂକା ଆସନ୍ନସଂଭବା ପେଟ ନା
କେହି କାଂଦିଲେ ନାହିଁ । କୁଂଜବିହାରୀ
ପତ୍ରଦୋଳାରେ ଝୁଲିଝୁଲିଝୁଲି ଯାଉଚି
ଦୂରକୁ । ତା'ର ହାଡ଼ମାଂସର ପୋଲ
ଉଦ୍‌ଘାଟିତ । ଲାଲ୍ ଫିତାରେ
ଦୋଦୁଲ୍ୟମାନ ଈଶ୍ୱର । ଭବିଷ୍ୟତର

ସୁସ୍ଥ ଅକ୍ଷର । ପୋଖରୀରେ
କଲମଗାର । ନା ସେ ତୋ' ପାଇଁ, ନା ତା' ପାଇଁ
ନା କାହାରି ପାଇଁ ।

ବିରତି

ଅଂଧାର ଘରେ ଗୋଟା ଶେଯରେ
ଇତିହାସର ଫେରାର୍ ତୋପ
ଆହାଃ, ତୋର ସୁବର୍ଣ୍ଣ ଛାଉଣି ତୋର ଗୋରା ଆଟୋପ !

ପାଟିର ଲାଳରେ, ଆଖି ଲୁହରେ
ଆବଦ୍ଧ ଜାନୁର ପତାକାରେ ସ୍ୱପ୍ନରେ
ସ୍ମୃତିରେ କାହିଁ ଦିଶିଲା ନାହିଁ ତ
କିଛି ? ଆଂବ କାଠର କବାଟ, ପୋଲାଂଗ
ତେଲର ଦୀପ ବୁଢ଼ାପାହାଡ଼ର ଦେହରେ
କୁଂଚିତ ଚଂଦ୍ରାଲୋକ

ଭୁଲ୍‌ରେ ଭୁଲ୍‌ରେ ଭୁଲ୍‌ରେ
ଗଛ ତୀଖରେ
କିଏ ପିଟିଦେଲା ଝରାପତ୍ରର ପିରିଖ ?

ପ୍ରତ୍ନତତ୍ତ୍ୱ

ରାସ୍ତାର ନିଦ ଭାଂଗିଦିଅ। ନ ହେଲେ
ଶଢା ପୋତା ମାଲ୍‌କୁ ଜଗିବସିଥାଅ ଚିରକାଳ
ଯୋତାହିଲ୍ ର ଠକ୍ ଠକ୍ ମିଳାଇଯିବ, ଯାଉ।
ପ୍ରତ୍ନତତ୍ତ୍ୱର ପେଟରେ ଅମୂଲ୍ୟ ଏକୁଟିଆ
ହୀରାଖଣ୍ଡେ ସ୍ୱପ୍ନରେ ଉଜ୍ଜ୍ୱଳ

ରାସ୍ତାର ନିଦ ଭାଂଗିଦିଅ, ନହେଲେ
ଯୋଡ଼ା ଯୋଡ଼ା ହୋଇ ସାହେବ ମେମ୍
ଭୁତକୋଠିର ଅଳଂଧ୍ରୁ ଫାଂକରୁ
ଭଂଗା ଗ୍ଲାସ୍, ପଚା ରୁଟି, ଚିରା ଫଟୋର ଫ୍ରେମ୍
ସମସ୍ତେ ଓହ୍ଲାଇ ଆସିବେ ଇତିହାସକୁ।
ମାଟି ଖୋଳିଦେଲେ ତଂବାପଟାରେ ଅନୁଶାସନ
ସେତେବେଳେ, କିଏ ପଚାରିବ କାହାକୁ ?

କେଉଁ ମୃତ୍ୟୁର କୋଳାହଳରେ
ନିହତ

ନିଃଶବ୍ଦ ଜୀବନର
            ମୂଳ ?
ରାସ୍ତାର ନିଦ ଭାଂଗିଦିଅ, ନ ହେଲେ
ଶବ୍ଦର ପୋତାମାଲକୁ ଜଗିବସିଥାଅ
ଚିରକାଳ ।

କାଳେ ଫେରିବ କିଏ ? କାଳେ
ଶବ୍ଦ ଫୁଟିଯିବ ବିନା ବାରୁଦରେ କାଳେ
ପ୍ରାଣ ସହଚରୀ ମିଳିଯିବ ଶେଯତଳେ ଲୁପ୍ତ
ଇତିହାସରେ । ମଂଦିର କାଂଥରେ ଛୋଟୀ
ଅପ୍‌ସରୀର ବାଂକ ଚାହାଣିରେ ।

ଶବ୍ଦର ଶୃଙ୍ଖଳା ଚେର ଚିପିଧରେ
ନିଶବ୍ଦ ନଈର ଓଦା ବାଲୁଚର
କାଳେ ଫେରିବ କିଏ ? କେଉଁ
ହଳଦିଆ ପବନରେ ମିଳିଯିବ ହାଡ଼ମାଂସ
ସୁଂଦରୀର କାଳେ
କାଳେ କଥାମଝିରେ ଭାସିଉଠିବ
ମଲା ଅକ୍ଷର, କାଳେ ମାଟି ଖୋଳୁ ଖୋଳୁ
ଖୋଳି ହୋଇଯିବ କବର ?

ସାକ୍ଷୀ

ଈଶ୍ୱର ସର୍ବୋଚ୍ଚ ସାକ୍ଷୀ, ସର୍ବନିମ୍ନ
ପାପର ପାତାଳ ପୂର୍ଣ୍ଣ ପକ୍ଷୀର କଂକାଳ
ବିମୂଢ଼ ବିଚାରକର ଏକମାତ୍ର ସାଂତ୍ୱନା

ବିଚାରାଳୟ ଦେବାଲ୍ ଘଂଟାରେ
ଶୁଭସୂଚନା ଅପରାଧୀର ଏକମାତ୍ର ସଂବଳ
ଆଉ କିଏ ସାକ୍ଷୀ ଅଛି କୃତକର୍ମର ?
ଈଶ୍ୱର ଈଶ୍ୱର ଆଃ ଈଶ୍ୱର ସର୍ବୋଚ୍ଚ ସାକ୍ଷୀ
ଆଖି ପାଇବ ନାହିଁ ବିଚାରକର

କାଲି ସକାଳ ଫିଟିଆସିବ ଘଂଟାମିନିଟ୍‌ର ହାଜତରୁ
ଅପରାଧୀ ତଳକୁ ଚାହିଁବ ପାତାଳକୁ। ହେ ସର୍ବୋଚ୍ଚ ସାକ୍ଷୀ

ପକ୍ଷୀର କଂକାଳପୂର୍ଣ୍ଣ ଯେଉଁ ପାପର ପାତାଳ
ସେଠାରେ ମଧ୍ୟ ଅଛି କିଛି ଭିଡ଼ିବାର ପ୍ରତିଶ୍ରୁତି

ବୋଲି ତ ଅପରାଧୀର ଖିଆଲ୍ ବନ୍ଦ୍ କରି
ପାରିନାହିଁ ଘଂଟାର ଚକକୁ ।
ଅପରାଧୀ ପାଇଁ ଦଂଡ ନାହିଁ ବିଚାରକ ! ତମ
ବିଚାରାଳୟ ଦେବାଲ୍ ତାର ଛେପ ଥୁଥୁରେ ବିବର୍ଣ୍ଣ
କୁଆଡ଼େ ଗଲେ ତମର ସତ୍ୟଭାଷୀ ଈଶ୍ୱର
ସର୍ବୋଚ୍ଚ ସାକ୍ଷୀ ସର୍ବନିମ୍ନ ପାପର ?

ମହାଭାରତ

ରକ୍ତନଦୀର ଉଭୟ କୂଳରେ
ସୂର୍ଯ୍ୟ ବର୍ଚ୍ଛା ପୋତିଦେଲେ। ଅନ୍ୟାନ୍ୟ ଯୋଦ୍ଧା ନକ୍ଷତ୍ର
କ୍ଷତର କଠିଣ ଲାଲ୍ ଆଲୋକ ଫିଂଗିଦେଲେ
ଅସ୍ତ୍ରାଗାର ଉପରେ।

ଶରୀର ଗୋପନ ଅସ୍ତ୍ରାଗାର
ସୂର୍ଯ୍ୟ ବର୍ଚ୍ଛା ପୋତିଦେଲେ
ରକ୍ତନଦୀର ଉଭୟ କୂଳରେ

ରକ୍ତନଦୀରେ ସହସ୍ର ଯୋଦ୍ଧାଂକର ଶରୀର
ଭାସିଗଲା। ଦୁଇଟିଯାକ ବର୍ଚ୍ଛା ଜଳିଉଠିଲେ
ଅଦୃଶ୍ୟ କ୍ଷତର ଆଲୋକରେ

ସୂର୍ଯ୍ୟଂକର ତ ଆଲୋକ ନ ଥିଲା! ନକ୍ଷତ୍ର
ନଥିଲେ ଶତ୍ରୁପକ୍ଷର ଶିବିରରେ! କେଉଁ ସୂର୍ଯ୍ୟ

ତେବେ ? କେଉଁ ନକ୍ଷତ୍ର ? କେଉଁ ବର୍ଛା ?
କେଉଁ କୂଳରେ ?
ମହାକାବ୍ୟର ପରିଣତି କିଏ ନ ଜାଣେ ?
କାଲି ସକାଳେ ମହାକାବ୍ୟ ଲେଖାହେବ
ମହାକାବ୍ୟର ଥଂଡା ରକ୍ତରେ। ସୂର୍ଯ ବର୍ଛା
ପୋତିଦେବେ ନାହିଁ, ନକ୍ଷତ୍ରର କ୍ଷତ
ଦିଶିବ ନାହିଁ
ଅସ୍ତ୍ର ଅସ୍ତ୍ରକୁ ଚିହ୍ନିବ
ହାଡ଼ର ବାରଂଡାରେ। ରକ୍ତର ପ୍ରଖର ସ୍ରୋତମୁହଁରେ
ଶିଦ୍ଧଜାଲରେ ଧରାପଡ଼ିଯିବ ବଂଶୀଧାରୀ ମହାକବିଂକ ଅଙ୍ଗାତରେ।

ମୟୂର ସିଂହାସନ

କିଂତୁ ସେ ପ୍ରସିଦ୍ଧ ମୟୂର ସିଂହାସନ
ଆପଣଂକ ପରେ କାହାର ପ୍ରାପ୍ୟ ?

ଏତିକିବେଳେ
ଇତିହାସର ତଂଟି ଶୁଗିଗଲା । ଓଟ ପିଠିରେ
ମରୁଭୂମିରେ ସାହାନ୍ ସା’
ହସ୍ତାଂତରିତ ସୂର୍ଯ୍ୟାସ୍ତ ସ୍ୱପ୍ନରେ
ଦାନପତ୍ରର କାନ ପୂରିଗଲା ।

ଆପଣଙ୍କର ପ୍ରକୃତ ପୁତ୍ର ନଈମଝିରେ,
ଚୌକାପେଟରେ
ପତାକାର ଫର୍‌ଫରକୁ ଚାହାଂତୁ
ବଡ଼ବାଡ଼ରେ ମହାରାଣୀଂକ କାଂଚୁଲା
(ଦାସୀପୁତ୍ର ପୁତ୍ର ନୁହେଁ ଆପଣଂକର ?)
ଧର୍ମାବତାର

ମହାରାଣୀଂକ ପେଟରେ ହୀରା ନୀଳା
ଉତ୍ତରାଧିକାର ସୂତ୍ରରେ ଖଂଜା ସୂକ୍ଷ୍ମମେଖଳା

ଯୌବନର କାରୁକାର୍ଯ୍ୟ
ଆପଣ ଦେଖିନାହାଂତି, ସିଂହାସନରେ ମୟୂର ପୁଚ୍ଛରେ
ଦାସୀପୁତ୍ର ଦେଖିଲା।

ଆପଣଂକ ଉଚ୍ଛିଷ୍ଟରେ ପୂର୍ଣ୍ଣ
ପରିଖାନଳା, ଆପଣଂକ ବିଷ୍ଠା ପରିସ୍ରା
ରକ୍ତ, ବୀର୍ଯ୍ୟ, ସ୍ୱେଦ
ପତାକାର ଫରଫର
ନଈମଝିରେ, ନୌକାପେଟରେ
ମୟୂରସିଂହାସନ
ପ୍ରାପ୍ୟ କାହାର ?

ଇତିହାସର ବାରବୁଲା
ପୁତ୍ର ଆପଣଂକର
ଏତିକି ବେଳେ
ଇତିହାସର ତଂଟି ଶୁଖିଗଲା।

ରାମଲୀଳା

ଝଡ଼ବର୍ଷାରେ ସେତୁବନ୍ଧ
ଦିଶେ କି ନଦିଶେ । କୋଟିକମର
ଫାର୍ସା ଝଲସିଗଲା

ସ୍ୱେଦରକ୍ତର ପର୍ବତରେ । ପଥର

ଭାସିଗଲା ପାଣିରେ । ଢେଉ ଗିଳିଦେଲା
ପର୍ବତକୁ । ନିଆଁ ଲାଗିଗଲା
ରାମାୟଣରେ ।

ସଂଭାବନାର କୁଟୀର ଦ୍ୱାର ଖୋଲା
ସଂଭାବନାର କୁଟୀର ଦ୍ୱାର ଖୋଲା

ରାମ ଫେରିଆସିଲେ ମୃଗୟାରୁ
ସୀତା ଥିଲେ କି ନଥିଲେ ? ସଂଭାବନା
ନିଜ ସଂତାନ ତା'ର । କାହାର କଳ୍ପନା

ଉଡ଼ାଇ ଯେ ନିଏ ଦଶ ଦଶ ମୁଂଡର ଦୈନ୍ୟକୁ
ଅଶୋକବନର ଛାଇକୁ ବିଜିତ ବୈକୁଂଠକୁ !
ଅବୟବର
ଅଭିଶାପର
ଲଂବା ପଥରବଂଧ। ଦିଶୁ କି ନଦିଶୁ
ଦୀର୍ଘଶ୍ୱାସର ମେରୁଦଣ୍ଡ। ରୂପର ଫାର୍ସାରେ

ବେକ କଟିଯାଇ ଗଡ଼ିଗଲା ପରେ
ଯୋଡ଼ହସ୍ତ ରାବଣମୂର୍ତ୍ତି ଅଖଂଡ
ରାମଲୀଳାରେ।

ରେସ୍‌କୋର୍ସ

ଧଳା ଜିତିଲା ନା କଳା ?
ନା କେହି ନୁହେଁ ନିଦରୁ ଉଠିଆସିଲା
ଘୋଷରା ମୁକ୍ତିର ଖୁରା: କଷରା
ଟାଣ ମାଂସପେଶୀର ତୀର ବାଜିଲା
ଭାଗ୍ୟର କପାଳରେ ।
ଛାଇ ବୁଲିଗଲା
ଗ୍ୟାଲେରୀରେ ।
ସମାଂତରାଳ ବେକର ଧାଡ଼ି କଟିଗଲା
ତୀର୍ଯକ୍ ଗତିର ଝାପ୍‌ଟାରେ
ନୀରବ ରେସ୍‌କୋର୍ସ
ଘରେ ବାରାଂଡାରେ ପହଁରିଗଲା
ଘୋଡ଼ାଲାଂଜର ଚାମର ସ୍ୱପ୍ନର କଟାଦାଗରେ
ଚଂକାଗଛର ଶାଖା-ପ୍ରଶାଖାରେ ପାଶ ଅଂକୁଶ-
ଜକିର ହାତଗୁଣ ନା ଘୋଡ଼ାର ଯୌବନ, କିଏ
ତୋଳି ଆଣିଲା ଗତିର ପୋଡ଼ାଫଳକୁ ଘାସର
ମଖମଲ୍ ରୁ ? କିଏ ?

ଟଂକାଗଛରେ ଫୁଲ ଫୁଟିବ। ପାଶଅଂକୁଶର
ଖାନ୍‌ଦାନ୍ ପୂର୍ଣ ହୋଇଯିବ
ସ୍ୱେଦରକ୍ତର ସୌଂଦର୍ଯରେ
ଘୋଡ଼ାପିଠିରେ: ଅଚଳ ନୋଟ୍‌କାଗଜରେ
ଜାଲ୍ ସ୍ୱପ୍ନର ଦସ୍ତଖତ୍, ସମାଂତରାଳ ପାପର ଅସ୍ତାବଳରେ।

ଧର୍ମ

ଜାଣେ, ଜାଣେ ମୁଁ ଜାଣେ
ପାପର ପ୍ରାୟଶ୍ଚିତକୁ ଏକା
ଧର୍ମ ଆସିଲେ ନାହିଁ
ଧର୍ମ ଠିଆ ହୋଇ ରହିଲେ
ଚକ୍ରନେତର ମଧ୍ୟାହ୍ନରେ।

ଧର୍ମଙ୍କ ସ୍ୱେଦରେ ଆର୍ଦ୍ର
ମଂଦିର ବେଢ଼ାରେ ଈଶ୍ୱରଂକ
ସ୍ଥାୟୀ ଯଶକୁ ଚିହ୍ନେ। ଜାଣେ, ଜାଣେ
ମହାତ୍ମାଂକର ଅସ୍ଥାୟୀ ଯଶର ଦୃଷ୍ଟିକୁ।
କିଂତୁ ସେଦିନ ଯେଉଁ ଦିନ
ବିନା ଅନ୍ନରେ
ବିନା ଜଳରେ
ଶୂନ୍ୟ ଉଦରର ହାହାକାରରେ
ସ୍ୱେଦରକ୍ତ ଫେରିଲେ ନୀଳାଚଳକୁ

ସେଦିନ-
କଳ୍ପତରୁର ଛାଇରେ ଲଂଗଳା ହୋଇ
ଠିଆହେଲେ ପାପନାଶନ। ଧର୍ମ ଓହ୍ଲାଇ
ଆସିଲେ ଚକ୍ରନେତର ମଧ୍ୟାହ୍ନରୁ
ଧର୍ମଂକ ମହାର୍ଘ ବସ୍ତ୍ରରେ ସ୍ୱେଦଦାଗ ରକ୍ତଦାଗ

ଧର୍ମ ଅଶୌଚ ଶୂନ୍ୟକୁ ଚାଲିଗଲେ, ଶୂନ୍ୟର
ଅପ୍ରାପ୍ତ ମଧ୍ୟରାତ୍ରିକୁ।
ଈଶ୍ୱର ଚିହ୍ନିଲେ
ପାପକୁ
ନୀତିର ମଳିନ ମୁକୁଟରେ ମଣିମାଣିକ୍ୟର ନିବୃତ୍ତିକୁ।

ରୋଗଶଯ୍ୟାରେ ସମ୍ରାଟ୍

ଦେହର ଖାଲି ଖୋଳରେ
କଂପାନୀର ନାମ କେବଳ : ଯୌବନର

ଇତିହାସପ୍ରସିଦ୍ଧ ବ୍ୟାଂଡେଜ୍ ମୁଂଡରେ
ବୀରପୁରୁଷ ଅଶ୍ୱପୃଷ୍ଠରେ ଶୃଂଗାରରେ

ଯୌବନ ଯୌବନ ପଢ଼ିହୁଏ କେବଳ
ଯୌବନ ନିର୍ମିତ କାଚ ବୋତଲରେ ରକ୍ତ।
ମାଟିତଳେ କାଠଖଂଡାର ନିଖୋଜ ଚୋଟ।
ଧଳାମାଂସରେ ରଂଗ ଲାଗେ। ଶୂନ୍ୟ ଉଦ୍ଦେଶ୍ୟର
ଅଂତରାଳେ ଭାସମାନ କ୍ଷତ।

ପୁଅ ମୁଂଡର ଯାଆଁବାଳରେ
ବୟସର ମୁକୁଟ। ଭବିଷ୍ୟତ ଆଂଗୁଠି ଟିପରେ
ନଖତଳେ କଳାରକ୍ତ। କ୍ଷତର ପାହାଚ ଚଢ଼ି

ଉଠିଆସିବ ପୂର୍ଣ୍ଣଚଂଦ୍ର ରୋଗଶଯ୍ୟାର
ପ୍ରଳାପ ପର୍ଯ୍ୟଂତ।
ରୋଗଶଯ୍ୟାରେ ସମ୍ରାଟ୍ ଶେଷ ମୁହୂର୍ତ୍ତରେ
ସ୍ୱପ୍ନକୁ ଠେଲିଦେଲେ ଯୁଦ୍ଧର କୌତୂହଳକୁ
ଯୌବନର ପତାକା ପୋତିଦେଲେ ଗିରିଶୃଂଗରେ
ରାଣୀକରିନେଲେ ସୁଂଦରୀ କ୍ରୀତଦାସୀକୁ।

ଅପ୍‌ସରା

ଅଂଟାତଳକୁ ପଥର
ଅଂଟା ଉପରେ ମୁଂଡର ଛୁରୀଖେଳ
ଛୁରୀଖେଳରେ
ରକ୍ତଟୋପାଏ ନାହିଁ ଛୁରୀମୁନରେ !
କଥାର ଗୋରା ଚମଡ଼ା ତଳେ
କଟାଦାଗ,
ହାଡ଼ମାଂସର ଗୁଂଫାରେ
ସହସ୍ର ଛୁରୀରେ ମୁକୁଟରେ ।
ରକ୍ତର ମଣି ଟିକିଏ କେଉଁଠି
ଜନ୍ମ ଜନ୍ମର ଅଭିଶାପ
ସୃଷ୍ଟି କାହାର ? ନରପତିଂକର ନା
କାଳର କଳହପ୍ରିୟ ଦଂପତିର ନା
କେବଳ ଜ୍ୱଳନ୍ତ ତୃଷାର ?
ତୋ'ର ମୋକ୍ଷର ନଦୀରେ ତ
ପାଣି ଟୋପାଏ ନାହିଁ ଅପ୍‌ସରା !

                  ଲୁହ ଟୋପାଏ ନାହିଁ ଆଖିରେ !
ରକ୍ତର ଅମୂଲ୍ୟଧନ
ଫଟା କାଂଥର ସିଂଦୁକରେ
ଲୁଚାଇ ରଖ୍
            ଯାହାର ଜୀବନ ଯାଉ
            ଛୁରୀଖେଳରେ
ରକ୍ତ ଟୋପାଏ ନାହିଁ ତୋ'ର ଛୁରୀମୁନରେ

ମ୍ୟୁଜିଅମ୍‌ର ଅଂଧ ଗାଇଡ୍‌

କାଳର ଭିତ୍ତିଚିତ୍ରରେ କରାଳ ମୂର୍ତ୍ତି
କୁ କିଏ ଚିହ୍ନି ଚ? ଦୈବାତ୍‌
ମ୍ୟୁଜିଅମ୍‌ର ଅଂଧଗାଇଡ୍‌ ଝୁଂଟିପଡ଼ିଲା
ବରଗଛର ଶିରାଳ ମୂଳରେ। ସେଇଠୁ
ଦର୍ଶକମାନେ ଚିହ୍ନିଲେ ଯେ ଚିହ୍ନିଲେ ସେ
ମୂର୍ତ୍ତିକୁ। ଆଉ ଭୁଲିବେ ନାହିଁ
ଯାବତ୍‌ ଚଂଦ୍ରାର୍କ

ମନେରହିଲା କେବଳ ମୃତ୍ୟୁର
ଛାୟାଲୋକ: ମୁକ୍ତିର ମ୍ୟୁଜିଅମ୍‌
ଉପରେ ସୂର୍ଯ୍ୟ ଚଂଦ୍ରଂକର ଆକ୍ରୋଶ
ସକାଳ ସଂଧ୍ୟାର ସିଂଦୁରବୋଳା,
ଘରବାହାରର ପାଚେରି ଘେରା
ତରୁଣୀ ଦେବୀର ଅନଂତ ଶୋକ।

ଅଂଧ ଝୁଂଟିପଡ଼ିଲେ ସ୍ମୃତି
ନ ଝୁଂଟିଲେ ଅନାବିଷ୍କୃତ ଭିତ୍ତି ଚିତ୍ର
ଅଦୃଶ୍ୟ କରାଳ ମୃତ
ସମତଳ ଶୀତଳ ବିସ୍ମୃତି

ଦିନେ ସକାଳେ :
ମୂର୍ତ୍ତି ଓହ୍ଲାଇଗଲା ପଥରର
ଭିତ୍ତିଚିତ୍ରରୁ
ଚେର ଉପୁଡ଼ିଗଲା ବରଗଛର
ସ୍ମୃତି-ବିସ୍ମୃତି ମଝିରେ ଅଂଧଗାଇଡ୍
ଆଖି ଖୋଲିଦେଲା ।
ବହୁଦିନରୁ ମନେ ନଥିଲା ଦର୍ଶକର ।

ଘର

ଅପେକ୍ଷାରେ ଖୁରଧାରରେ ଖିଅର ହୁହ
ଲିପ୍‌ଷ୍ଟିକ୍ ଦାଗ ପୋଛିଦିଅ ଗାଲରୁ

ଘର କିଏ ତିଆରି କରିଚି ? କାହା ପାଇଁ ?
ଇଟା ସିମେଂଟ୍ ମଧୁମାଳତୀର ବାସ୍ନା ଜାଣଂତି ?
ନା ଜାଣଂତି ନାହିଁ ? ବୁଗେନଭିଲା
ଘାସଲନ୍‌କୁ ଥଟ୍ଟା କରେ ନା ଘାସଲନ୍
ପରବର୍ତ୍ତୀ ଦୃଶ୍ୟର ଘାତକକୁ ?

ନା ସବୁ
ରାଜମିସ୍ତ୍ରୀର ? ମାଳିର ?
ସବୁଜ ରଂଗର ଦ୍ୱୀପରେ ହଳଦିଆ ସାପର
ଭିଡ଼ିମୋଡ଼ି : ଚମକାତି ଆବରଣ ପୋଷାକପତ୍ର ସବୁ
ଗୋଟିଏ ପ୍ରଶ୍ନରେ ଜଳିପୋଡ଼ି
ଟାକ୍‌ସି ମିଟର୍‌ରେ ଅଂତର୍ଧାନ ?

ରାତି ବାରଟାରେ ଘରକୁ ଫେରିବା ପାଇଁ
ଟାକ୍‌ସି ? ମହାଶୟ ଭିକାରୀକୁ ରୁଟି ଦିଅଂତୁ
ଆପଣଂକର ଧର୍ମ ହେବ

ଛୁରୀ ଖସି ପଡ଼ିବ ଘାତକ ହାତରୁ ପରବର୍ତ୍ତୀ ଦୃଶ୍ୟରେ

ଗୁପ୍ତଜ୍ଞାନ

ନିକାଂଚନ ପଡ଼ିଆରେ, ବଜାରର
ଘୋ-ଘୋ ରେ ସିଦ୍ଧାର୍ଥ
ନିରଂଜନା ନଦୀକୂଳରେ

ଜୀବନର ଅର୍ଥ ଫୁଟିଲା ଲାଲ୍ କଢ଼
ପଳାଶ ଡାଳରେ, ଜୀବନର
ମୁହଁ ଦିଶିଲା ଗଳିମୋଡ଼ରେ। ନିଶବ୍ଦ ଏକାକୀ
ଜଳସ୍ରୋତରେ, ଜନସ୍ରୋତରେ
ଘୋ-ଘୋ କୁଳୁକୁଳୁ
ସଂଗମର ମହାଶୂନ୍ୟତାରେ

ସେ ଦ୍ରୁମର ଚେର କେତେ ଗଭୀର ?
କେତେ ଗଭୀରରୁ ଓଟାରି ହୋଇ ଆସିଲା
ମାଟିର ଗୁପ୍ତଜ୍ଞାନ ମସ୍ତିଷ୍କକୁ। ତା'ପରେ
ଶାଖା ପ୍ରଶାଖା/ଅବ୍ୟର୍ଥ ଜରିକାମ

ମୋକ୍ଷର ଚୌଦୋଳରେ
ବୁଦ୍ଧଦେବ ଓ
ବୁଦ୍ଧକଠିଣ କଳଦାଂତରେ
ନିବନ୍ଧ ତାଂକର ପ୍ରସିଦ୍ଧି
କେଉଁ ଗୁପ୍ତଦ୍ୱାର ଦେଇ ଆସିଲା ଶୋଇବାଘରକୁ ?
ଦୁଇ ଦେହର ରଜ୍ଜୁରେ ବଂଧା ମୋକ୍ଷ କାହାର
ସାରା ରାତି ଝୁଲେ ଭଂଗା ଆକାଶରେ ।
ପ୍ରତିଛବିର ନଖଦାଂତ
କାୟାକୁ ପଚାରେ: ନିଷ୍ପ୍ରଭ ବିଜୁଳିବତୀ
ଫାଟିଲା ଆଶ୍ଚର୍ଯ୍ୟ ପାହାଂତାର
ମୁହଁ ଫୁଟିଦିଶିଲା ଭଂଗା କାଚର
ଆଇନାରେ
ସିଦ୍ଧାର୍ଥ ସିଦ୍ଧାର୍ଥ ଚୌଦୋଳକୁ ଚାହଁ
ଚୌଦୋଳର ଜରିକାମକୁ-
ଗୁପ୍ତଜ୍ଞାନର ଗୁପ୍ତଦ୍ୱାର
ଚୌଦୋଳରୁ ଚଉଠିରାତିକୁ
ବୁଦ୍ଧଦେବ ମୋକ୍ଷ ପାଇବେ ନାହିଁ ଏହାପରେ ।

ପ୍ରେମ

ସ୍ୱପ୍ନର ଚୌଷଠି କଳାରୁ କେଉଁଠି
ପସଂଦ ତମର ? ଲୁହର ଧୂଆଁଧାର ନା
ଖଣିଗାଡ଼ର ଅଂଗାର

ସ୍ୱପ୍ନରେ ବଂଦୀ ଯୋଗିନୀ କେଶବିନ୍ୟାସର
ତମେ ରାତିର ଡାକିନୀ ଶୋଷିନିଅ ରକ୍ତ ତମେ
ଦିନର ଶଂଖିନି ହସରେ ହସରେ ଗଡ଼ାଇଦିଅ
ସୋଫା ତଳକୁ । ଜୀବକୋଷ ପୂର୍ଣ
ଛିଂଡା ତମସୁକରେ । କେବେ ଦେହର କୋଣାର୍କ
ଭାଂଗିପଡ଼ିବ, କେବେ ଚୌଷଠି ଯୋଗିନୀ ଯିବେ
ବଜାରକୁ । ମୁଂଡର ଦାମ୍ କେତେ-
ତମେ ହୃଦୟ ଖୋଲି ଦେଖାଇଦିଅ ରାଜକୋଷକୁ

ଛିଂଡା ତମସୁକ ବଦଳରେ ରାଜକୋଷ
ତମେ ରାଜକୋଷରେ ବଢ଼ାଅ ଫଂଗପାଳ
ଜୀବକୋଷ ଖାଅ, ଖାଉଥାଅ ନିଶ୍ଚିଂତରେ

ନା ଶୋକ ନା ମୁକ୍ତି ଏ ବଂଧନ
କେଉଁ ପ୍ରହରର ?

ପ୍ରତିବିଂବ

ଦର୍ପଣର ଦ୍ୱାରସ୍ଥ ହୁଅ। ପଚାର-
ପ୍ରତିବିଂବ ଫେରିଲାଣି, ପ୍ରତିବିଂବ ମୋର ?
ପ୍ରତିବିଂବର ବଜାରବୁଲା ଶେଷ ହେବ
ସଂଧ୍ୟାହେଲେ, ସେତେବେଳକୁ ଦେହ
କାର୍ନିସ୍ ତଳେ, କ୍ୟାନା ବୁଦାରେ
ଛାଇର ହାତମୁଠାରେ ଦିନ କେବଳ ଦିନ। ଦିନର
ଆଲୋକ ଲିଭିଯିବ।

ହାତମୁଠାର ଖୋଲା ଆକାଶକୁ
ଟାଣିହୋଇ ଆସିବ ସ୍ୱପ୍ନର କଂକାଳ

ପ୍ରତିବିଂବର ରୂପା ମୋହର
ସକାଳର ବଂଦ କାଉଂଟର୍‌ରେ। ଦୁଇ ଦେହର

ଫାଂକ ମଝିରେ ସକାଳ

ପ୍ରତିବିଂବ ଫେରିବ ନାହିଁ ମୋର !

ଗନ୍ଧ

କେହି କେବେ ପଚାରେ ନାହିଁ କାହିଁକି
ଶୃଂଖଳାରେ ବଂଧା ଦୁଇହାତ ଭାସି ଭାସି
ଆସି ଲାଗେ ଉପକୂଳରେ। ପବନ
ପ୍ରଥମେ ଚିହ୍ନିଦିଏ ତା'ପରେ ଥଟ୍ଟା କଲାଭଳି
ବାଲିବଂତକୁ ଚାହିଁଦିଏ ଥରେ ଝାଉଁର ଗଭୀର
ଆବର୍ତ୍ତକୁ। ଶୃଂଖଳରେ

ବଂଧା ଦୁଇହାତ ଭାସି ଭାସି ଭାସି ଫେରେ
ଶେଷରେ ଜଳହସ୍ତୀର ଆହାର ହୁଏ।

ଜଳହସ୍ତୀ ପହଁରି ପହଁରି ଚାଲିଯାଏ ଭୁଲ୍ ଉପକୂଳକୁ
କେହି କେବେ ପଚାରେ ନାହିଁ କାହିଁକି

ପ୍ରେମିକ ନା ଆତତାୟୀ କିଏ ଲୁଚି ଲୁଚି ଆସେ
ଝାଉଁର ଜଟିଳ ଅପରିଚୟରୁ, ପବନର ବାଲିଶେଯରୁ
ଭଂଗାଘରର ଶିଢ଼ିରେ ଓହ୍ଲାଇ ଆସେ

ସ୍ୱପ୍ନର ଗୋଟିଏ ତୀରରେ ଶିକାର କରେ ଜଳହସ୍ତୀକୁ

ଜଳହସ୍ତୀର ପେଟରେ ମିଳାଇଯାଏ ହାଡ଼ମାଂସ, କେବଳ
ଶୃଂଖଳର ବଂଧନ ବୁଲେ ଉପକୂଳରୁ ଉପକୂଳକୁ

ଆଉ ଦୁଇଟି ହାତଖୋଜେ, ବହୁଦୂରରୁ ଭଂଗାଘରର
କାଂଥଫାଂକରୁ ପବନ ଚିହ୍ନାଇ ଦିଏ।

ଅନ୍ନ-ଜଳ ସୂତ୍ର

ଅନ୍ୟ କାହାର ନୁହେଁ, କେବଳ ମୋ'ର
ଅନ୍ନ-ଜଳ ସୂତ୍ରରେ ବଂଧା ପ୍ରତିମାର
ଉପର-ତଳ ଚଳପ୍ରଚଳ। କେବେ
ଦର୍ପଣର ଫାଟରେ ପାରଦରେଖା। କେବେ
ପ୍ରତିଛବିର ଅବ୍ୟକ୍ତ ପାତାଳ। ଲେଉଟ ତୀରରେ
ଲେଖା ନାମ ମୋର। ପ୍ରତିଛବିରେ ମୁଁ
ଅବିକଳ ମୁଁ ତ ! ମୋ'ର ନିଜ ନୌକାରେ
ବୋଝାଇ ତାରା ଝିଲ୍‌ମିଲ୍। ମୋ'ର ସଂଧ୍ୟା ସକାଳ
ପଡ଼ିରହିବେ ନାହିଁ କୂଳର ବାଲିରେ, କଂଟାବୁଦାରେ
ଦର୍ପଣର ଆହାର ହେବେ ଦର୍ପଣର।

ତାହାହିଁ ହେଲା। ଦର୍ପଣର ଆହାର ହେଲେ
ମୋ'ର ସଂଧ୍ୟା-ସକାଳ। ସୂର୍ଯଂକର ନାମ ନଥିଲା
ଚରିତ୍ରଲିପିରେ, ନା ଥିଲେ କେହି ସଂଶୋଧନ
କାଳପୁରୁଷ। କଳଂକି ଲାଗେ ତୀରମୁନରେ

ଦର୍ପଣର ଫାଟ ଲୁଚାଇଦିଏ ଏତେବଡ଼ ଶିକାରକୁ
ମୁଁ ଖୋଜେ ମୋ'ର ପ୍ରତିଚ୍ଛବିକୁ, ମୋତେ
ଖୋଜଂତି ମୋ'ର ସଂଧ୍ୟା-ସକାଳ
ସୂର୍ଯ ନଥାଂତୁ ପଛେ ଆକାଶରେ,
ଆଲୋକର ଅଭାବ ନାହିଁ ମୋ'ର

ଅନ୍ନ ଖୋଜେ
ଜଳଖୋଜେ
ମୋ'ଠାରୁ ଉପରେ ଉଠେ
ମୋ'ଠାରୁ ତଳକୁ ଖସେ
ନିଜର କହିଲେ ଭାଂଗିପଡ଼େ

ଦର୍ପଣକୁ ଖୋଜେ ପ୍ରତିଚ୍ଛବି
ଫୁଲ ବୋଝାଇ ନୌକା ଫେରେ
ଋତୁର ବିପରୀତରେ
କଂଟାବୁଦାର ଡଂଟି ଚିପିଧରେ ପବନ
ଜଳେ, ପୋଡ଼େ
ଫୁଟେ, ଝଡ଼େ ସୂର୍ଯ ନଥାଂତୁ ପଛେ ଆକାଶରେ

କେବେ ପୁଣି ସୂର୍ଯ ଫେରଂତି ଆକାଶକୁ
ଗୋଟିଏ ବୋଲି ତାରା ପଡ଼ଂତି ନାହିଁ
ସୂର୍ଯଂକର ବନ୍‌ସୀ ଥୋପରେ। କେବଳ
ଭାସିଯାଏ ଛାଇ ସହସ୍ର ତାରାର ସଂଭାବନାର
ବହୁପରିଚିତ ସ୍ୱପ୍ନ ପେଟରେ
ବଂଦୀ ଦୁଇହାତ ବୁଲିବୁଲି ଖୋଜେ ଅନ୍ନଜଳ।
ନା ଫୁଲ ଖୋଜେ ନା ତାରା ଖୋଜେ

ନା ସଂଧ୍ୟା ଖୋଜେ ନା ସକାଳ।

ସୂର୍ଯ୍ୟ

ପତ୍ରରେ ଫାଂକ ନଥାଏ ବର୍ଚ୍ଛାମୁନ ପାଇଁ
ଲୋମକୂପରେ ସ୍ୱେଦ ଟୋପାଏ ନଥାଏ
ବୋହିଯିବାର ଥାଏ ରକ୍ତର କେଉଁ ସମୁଦ୍ରକୁ
କିଂତୁ ବୋହିଯାଏ ନାହିଁ।

ସହସ୍ର ଜନ୍ମର ତୃଣଶଯ୍ୟାରେ
ନିରହଂକାର ଶିକ୍ଷକ
ଲୁଚାଇ ରଖଂତି ତର୍ଜନୀର ଅଗ୍ନିକୁ
ଆସଂତା ସହସ୍ର ଜନ୍ମ ପାଇଁ

ଗୋଟିଏ ନିରପରାଧ ଗୋଲ୍ ମୁହଁ କେବଳ
ପର୍ବତ ଉପରୁ ଚାହେଁ ଉପତ୍ୟକାକୁ।
ଯୁଦ୍ଧକୌଶଳ ଜାଣେ ନାହିଁ ବାଳକ
ଜାଳିପୋଡ଼ି ଦିଏ କବିର କଳ୍ପିତ ଭାରତକୁ

ପତ୍ର ପଚାରେ ପତ୍ରକୁ କହ
ବର୍ଚ୍ଛାମୁନ ଲାଗିଚି ତୋ' ଦେହରେ ?
ଲୋମକୂପ ପଚାରେ ଲୋମକୂପକୁ କହ
ସ୍ୱେଦ ଫୁଟିଚି ତୋ' ଦେହରେ ?
ରକ୍ତ ପଚାରେ ରକ୍ତକୁ କହ
ମିଶିଗଲୁଣି ତୁ ମହାସମୁଦ୍ରରେ ?

ଶିକ୍ଷକ ତର୍ଜନୀ ଟେକି ଦେଖାଂତି ସେ
ଦୂର ଦିଗ୍‌ବଳୟକୁ । ସହସ୍ର ଜନ୍ମପରେ
ମଧ୍ୟ ଚିହ୍ନିହୁଏ ବାଳକକୁ ।

କୋଟି ବ୍ରହ୍ମାଂଡ ସୁଂଦରୀ

ଅକ୍ଷର ପେଟରେ ବାରହାତ ଖଂଡା
ଅକ୍ଷର ପେଟରେ ବାରହାତ କେଶ

ନଖରେ ପୃଥିବୀ ଚିରେ, ଚିରୁଥାଏ ସୁଂଦରୀ
ଦୁଇଫାଳ ନିଶ କବିର ଅଂତର୍ଧାନ
ଗୋଟିଏ କଟାକ୍ଷରେ

ଗୋଟିଏ ବ୍ରହ୍ମାଂଡ ଯଥେଷ୍ଟ
ଏଂଡିପୋକର କୋଷାବୁଣା ପାଇଁ
ଯଥେଷ୍ଟ ଜଣେ ସୁଂଦରୀ
ଅକ୍ଷରର ରାଜପୁତ୍ର ପାଇଁ

କୋଟି କୋଟି ଜନତା କିଂତୁ ଜାଣଂତି ନାହିଁ

ଗଭୀର ରାତିରେ, ଲଂଠନ ଆଲୁଅରେ
ଅକ୍ଷରକୁ ଚିହ୍ନେ ଜନତା। ଚିହ୍ନେ କି ?
ଅକ୍ଷରର ଛାଇ ପଡ଼େ ପେଟର ଫଂପା କାଂଥରେ

କାଂଥ ସେପଟେ କୋଟିବ୍ରହ୍ମାଂଡ ସୁଂଦରୀ
ସ୍ୱୟଂବର ପାଇଁ ଶୃଂଗାର କରେ।
ସ୍ୱୟଂବରରେ କାହାକୁ ଚାହେଁ?
କୋଟି ବ୍ରହ୍ମାଂଡର କୋଟି ସୂର୍ଯଂକୁ ନା
ଗୋଟିଏ ଅକ୍ଷରର ନିଷ୍ପ୍ରଭ କଳାଛାଇକୁ?
କୋଟିଏ ଜନତାଂକୁ? ନା ଗୋଟିଏ ରାଜପୁତ୍ରକୁ?

ଛାଇରେ ଛାଇରେ ଖେଳଚାଲେ
କଥାର ଚିତ୍ରର। ଅଶୁଦ୍ଧ ଅବର୍ଣ୍ଣ ଅଣଚାଶ
ବୋହି ଆସେ। ଶୂନ୍ୟ ପେଟର ଏଂପୋରିଅମ୍‌ରେ
ସୁଂଦରୀ ନାସାର ବିଂଦୁଏ ହୀରା
ଚମକେ, ଚମକେ, ଚମକୁଥାଏ
ଭବିଷ୍ୟତର ନାୟକ ପାଇଁ

କବି ସୁଂଦରୀକୁ ଦେଖେ ପ୍ରତି ସକାଳେ
କେନାଲ୍ ପାଣିରେ ନା ସଂଧ୍ୟାରେ ରିକ୍‌ସାରେ ଆନିକଟ୍‌ରେ
କୋଟିକୋଟି ଜନତା ପୃଥିବୀର ଚିରାଖୋଳରେ
ଭରିଦେଇଯାଂତି ସ୍ୱପ୍ନ, ସ୍ୱପ୍ନର ପ୍ରତିଦିନ
କବିର ଦିନେ, ରାଜପୁତ୍ରର ଚିରଦିନ
କବିର କୁଶଳୀ ହାତ, ଗୋଟାଇ ନିଏ ଅକ୍ଷରକୁ
ହାତୀ ପାଦତଳୁ, ଅଗ୍ନିକୁଂଡରୁ
ଅତଳ ସମୁଦ୍ରରୁ

ପାଗଳ ଜନତା ଜାଳିଦିଏ ଘର, ବଜାର
ସୁଂଦରୀ ପେଟରେ ରାଜପୁତ୍ରର ଗୋଟିଏ
ସ୍ୱପ୍ନର ଖଂଡାଖେଳ ଚାଲିଥାଏ ଚିରଦିନ

କବି ବୁଢ଼ା ହୁଏ, ମରେ
ସୁଂଦରୀ କିଂତୁ ଗୋଟାଇ ନିଅ ଖଂଡାଧାରରୁ
ଅକ୍ଷରର ଅଂନତ ଯୌବନ

ଦ୍ରୌପଦୀ

ଏତେ ପ୍ରଶ୍ନର ଆଭରଣ
କେବେ ସରିବ ? କେବେ

ଦେଖିବେ ସଭାର ସହସ୍ର ନାଗରିକ
ଦେହର ସ୍ନିଗ୍ଧ ଛୋଟ ପକ୍ଷୀଟିକୁ
ଉତ୍ତରର ଭଂଗା ଡାଳରେ । ପକ୍ଷୀ
ହସିଜାଣେ, କାଂଦିଜାଣେ । କିଂତୁ
ଜାଣେନାହିଁ ସଭାର ଅନୁଶାସନ ।

ଗୋଟିଏ ଡାକରେ ପକ୍ଷୀର
ମୁକୁଟ ଖସେ ରାଜାର, ହାତପାଦ
ଶିଥିଳ ହୁଏ ଯୋଦ୍ଧାର, ଦର୍ଶକ
ଆଖି ବୁଜିଦିଏ ଭୟରେ । ଦେହର
ଉଦ୍‌ବୃତ୍ତ ଅଂଧାର, ଦିନକୁ କରେ
ରାତ୍ରି । ରାତ୍ରି

ଏମିତି ଆସେ । ଶାଢ଼ିରୁ ମୁକ୍ତ
ମୁକ୍ତ ଅଳଂକାରରୁ, ମୁକ୍ତ

ଚେତନାର ପାଂଚିପତିଂକର କ୍ଷୁଧାରୁ

ବିନାପ୍ରଶ୍ନରେ ଉତ୍ତର ମିଳେ ବହୁଜନ୍ମର
ବାମସ୍ତନର ଲୋଲୁପ ତିଳଚିହ୍ନକୁ
ଚିହ୍ନେନାହିଁ ଚକ୍ରପାଣି ନା ଚିହ୍ନେ ମୁଦ୍ରିକା ଖଚିତ
ଅନାମିକାକୁ। ପ୍ରଶ୍ନର ଅଜ୍ଞାତବାସ ପରେ
ଭୁଲିବ ଚକ୍ର: ବହୁଗୁଣ ଗୌଣ ଉତ୍ତର
ଭାସିଯିବେ ରକ୍ତନଦୀରେ।
କେବଳ
ଶେଷ ଉତ୍ତର ହିଁ ପହଁରି ପହଁରି
ଖସିଯିବ ଭବିତବ୍ୟର ଖରଶାଣରୁ
ଛୋଟ ଉତ୍ତର:
ଅନାଥ ଶିଶୁ
କାଂଦିଜାଣେ, ହସିଜାଣେ, ଜାଣେନାହିଁ କେବଳ
ନିଟୋଳ ଆଖିର ସ୍ୱପ୍ନତଳେ, କୋମଳ ଓଠର
ଲାଲିମା ତଳେ କେଉଁଠି ଥାଏ ପଶୁ
ଚକ୍ରରେ ଥାଏ ନା
ଚୂର୍ଣ୍ଣ କୁଂତଳରେ
କବି ତୁଂଡରେ ନା ହୋମ କୁଂଡରେ ?

ଚକ୍ରପାଣି ଚକ୍ର ବୁଲାଏ। ମୃଗଛାଲ
ଘୋଡ଼ାଇ ହୋଇ ଶୋଇଥାଏ ମଲା ବାଘ
ବାଘମୁଂଡଶୋଭିତ ଲାଉଂଜ୍‌ରେ
ଦ୍ରୌପଦୀର ଚିକୁର ସଜ୍ଜିତ ନାଗ ନିର୍ମୋକରେ

ହାତପାଦ ବୁଲେ, କ୍ଳାଂତ ହୁଏ
ଭାଂଗିପଡ଼େ

କୁଢ଼ କୁଢ଼ ହାଡ଼ମାଂସ ଭିତରୁ
ଛୋଟ ପକ୍ଷୀଟିଏ ଡାକେ

ଡାକିଦିଏ ପୁଣି ଚୁପ୍ ହୋଇ ଶୁଣେ-

ଦେହ ଫିଟିଯିବାର ଶବ୍ଦ ଧନୁହୁଳରୁ
ତୀର ଭେଦି ଯିବାର ଶବ୍ଦ-

ଶୁଣେ, ଶୁଣୁଥାଏ।

ଋଷ୍ୟଶୃଂଗ

ଏ କେଉଁ ତରୁ, ଏ କେଉଁ ଫଳ ଏ
କେଉଁ ନିର୍ଝରର ଜଳ ?

ପ୍ରଶ୍ନର ଗଭୀର ଗୁଂଫା ଭିତରେ
ଛାଇନିଦରେ ତପସ୍ୱୀ-

ସ୍ତନକୁ ଚାହେଁ, ଜାନୁକୁ ଚାହେଁ, ଯୋନିକୁ ଚାହେଁ

ଏ କେଉଁ ତରୁର ଛାଇ, ଏ କେଉଁ ଫଳର ସ୍ୱାଦ ଏ
କେଉଁ ଜଳର ନୀଳ ?

ଗୋଟିଏ ଜନ୍ମର ଶୃଂଗରୁ ମେଘ
ଆଉ ଏକ ଜନ୍ମର ଶୃଂଗକୁ ଯାଏ
ଭାସିବୁଲେ ଓହ୍ଲାଏ ନାହିଁ ତଳକୁ
ଭସାଇ ରଖେ ଅଜରାମର ମହାକାଳ

ଉପାସ୍ଥିର ଶୂଳ, ମୈଥୁନର ଚକ୍ର, ଯୌବନର
ପାଶ । ତପସ୍ୱୀ ଇଂଦ୍ର ଦେବସଭାରେ

ନିରାଭରଣ ଉତ୍ତରର ନୃତ୍ୟ ଦେଖଂତି
ଦେବଗଣ । ମେଘ
ଚାପିଦିଏ ମହାକାଳକୁ । ଶୃଂଗରୁ ଶୃଂଗକୁ
ବ୍ୟାପିଯାଏ ଅସୂର୍ଯ ଅଂଧକାର । ଜନ୍ମଜନ୍ମର
ଅନୁଶାସନ ପଢ଼ିଜାଣେ ନାହିଁ ତପସ୍ୱୀ
ଏବେ କିଂତୁ ଚିହ୍ନେ ସ୍ତନକୁ, ଚିହ୍ନେ ଜାନୁକୁ
ଚିହ୍ନେ ଯୋନିକୁ । ଫଳ ମାଗେ ଜଳ ମାଗେ
ପ୍ରଶ୍ନର ଗୁଂଫାରୁ ଶରୀର
ରାଜଦଂଡକୁ ଆସେ ଘୋରବର୍ଷାରେ
ବଜ୍ର-ବିଜୁଳୀରେ ଟଳମଳ

ମହାକାଳର ପେଟଭିତରେ ଇସ୍ପାତର
ଛୁରୀ ଖଂଡେ ପଡ଼ିରହେ ପଡ଼ିରହେ
କଳଂକି ଲାଗେ । ଦେବସଭାରେ
ନିରାଭରଣ ଉତ୍ତରଟିଏ ନାଚି ନାଚି ନାଚି
ଅବଶ ହୁଏ, ବାଂଧିହୋଇପଡ଼େ ନିଜ ତାଳରେ
ନିଜେ । ତପସ୍ୱୀ
ସେହି କଳଂକିଲଗା
ଇସ୍ପାତ୍ ଛୁରୀରେ, ହତ୍ୟାକରେ
ଦେବଗଣଂକୁ
ନିରଙ୍କୁଂଶ ଇଂଦ୍ର ହୋଇ ବସେ
ବୃଷ୍ଟି ମାଗେ, ସୃଷ୍ଟି ମାଗେ

ନା ନା ନା ଉତ୍ତର ଦିଏ ମହାକାଳ

ପ୍ରଶ୍ନର ଗଭୀର ଗୁଂଫା ଭିତରକୁ
ଫେରିଯାଏ ପୁଣି ତପସ୍ୱୀ । ନା ଫଳକୁ
ଚିହ୍ନେ, ନା ଜଳକୁ ଚିହ୍ନେ

ଅପେକ୍ଷା ପୁଣି ପରଜନ୍ମର ଉତ୍ତରକୁ ।

ସୋଲ୍ ଝେନିତ୍‌ସିନ୍

କ୍ୟାନସର ୱାର୍ଡ଼ରୁ କ୍ୟାନସର ରୋଗୀ
ଲୁଚି ଲୁଚି ଯେ କେତେବେଳେ...

ମୁହଁରେ ପାଟିର ଲଂବା ଲାଲ୍ କ୍ଷତ
ଆଖିରେ ଗଭୀର ନୀଳ ଦୃଷ୍ଟିର ଆବର୍ତ୍ତ
ଟାଇପ୍‌ରାଇଟର୍ ଖଟ୍‌ଖଟ୍‌ରେ, ସ୍ୟାହିର
ସହଜ କାଳିମାରେ ଶବ୍ଦର ବିଚିତ୍ର ବିସ୍ଫୋଟକ

ପବନରେ ଚଂଦ୍ରାଲୋକରେ
ନରମ ରେଶମ ରକ୍ତ-
ଯୋତା ଠକ୍ ଠକ୍ ଶୂନ୍‌ଶାନ୍ ହାଡ଼ର ବାରଂଡାରେ
- କପାଳରେ ଅଦୃଶ୍ୟ ମୁକ୍ତିର ଚୋଟ
ସ୍ୱପ୍ନର ଅକୃତକାର୍ଯ୍ୟ ଡାକ୍ତର। ମୃତ୍ୟୁର
ନିଷ୍ଫଳ ଉପଚାର

ଛାଇର ବ୍ୟାଂଡେଜ୍ ଘେରା
ନକ୍ଷତ୍ର ଆଲୋକ ଫାଟି ଝରେ ଅଂଧକାର

ଦୂରତ୍ୱର ଚକବଂଦୀ
ସତ୍ତାର ! ସ୍ୱତ୍ୱର !
କ୍ୟାନ୍‌ସର୍, କ୍ୟାନ୍‌ସର୍

ଏମ୍ : ଏଫ୍ : ହୁସେନ୍

କକ୍ଷ୍ୟଚ୍ୟୁତ ତୀରକୁ ଚିହ୍ନେ
ଚିହ୍ନେ ଗତିର ଖୁରଧାରରେ କଟା
ନିଷ୍କାମ ନାସ୍‌ପାତିକୁ

ସ୍ଥିର ଆଲୋକରେ
ତରଳେ ଦୃଶ୍ୟର ଇସ୍ପାତ୍ ରେଖା । ପ୍ରକୃତିର
ଆଦେଶ ବଦଳେ ମକ୍‌ବୁଲ୍ । ବଦଳେ ତ ?

ଝଲ୍‌ମଲ୍ କେଶର ଅରଣ୍ୟରେ
ସୁବର୍ଣ୍ଣ ଫଳ ତୀରମାଡ଼ରେ ଝଡ଼େ ନା
ନିଜ ଇଚ୍ଛାରେ । ନିଜ ଇଚ୍ଛାରେ
ଫଳ ଝୁଲେ ଡାଳରେ ନା ଝୁଲାଇ ରଖେ
ଧନୁର୍ଦ୍ଧର ?

ଦୃଶ୍ୟର ସ୍ଫଟିକ, ଅଦୃଶ୍ୟର
ଅପ୍ରାପ୍ତ ଆଲୋକ ! ସବୁ

ଯଚକାଚ ସବୁ ପାର୍ଥିବ ଅଳୀକ
ଚିହ୍ନାଏ ନିଜର ଯାହା। ଯାହା ନୁହେଁ
ନିଜର ତା'ପାଇଁ ଗଢ଼ାହୁଏ ଇତିହାସ
ଇସ୍ପାତ୍‌ର ଘୋର ଅରଣ୍ୟରେ
ଫଳଭରା ନାସ୍‌ପାତି ଗଛ
ଥରେ କଂପିଯାଏ ବତାସରେ
ଆଉଥରେ ଅପୂର୍ଣ ଆସକ୍ତ ନିଶ୍ୱାସରେ

ପ୍ରକୃତି କି ଆଦେଶ ଦିଏ? ନାସ୍‌ପାତି
ଗୋଟିଏ ଫାଳରେ ଦାଂତଚିହ୍ନ ସମୟର-
ଆଉ ଫାଳକରେ ଭାଗ୍ୟଲିପି ତମର ଓ ମୋ'ର

ଲକ୍ଷ୍ୟଚ୍ୟୁତ ତୀର କେବେ ଯଦି ଫେରିଆସେ
ଅଲକ୍ଷିତ, ଅତର୍କିତ। ଶବ୍ଦର ଫଳକ

ଫାଟି ଝରିପଡ଼େ ଯଦି ମଧ୍ୟାହ୍ନରେ
ରକ୍ତର ଗୋଲକ
ତମେ କି ଉତ୍ତର ଦବ ମକବୁଲ୍?
ବୁଲ୍‌ବୁଲ୍‌କୁ ଚିହ୍ନେ, ଚିହ୍ନେ କଂଟାମୁନକୁ
ଚିହ୍ନେନାହିଁ କେବଳ ଗତିର ତୀର୍ଯ୍ୟକ୍‌ରେ
ଭସ୍ମସାତ୍ ସ୍ମୃତି ଫଳକକୁ: ଦୁଇଫାଳ ଚେତନାର
କେଂଦ୍ରପ୍ରତିମାକୁ।

ଫ୍ରାନ୍‌ଜ୍ ଫେନନ୍

ମାଟିର ଚେର ଆକାଶରେ। ସୂର୍ଯ୍ୟ
ପାତାଳରେ ରକ୍ତ ଶୋଷଂତି ସହସ୍ର
ବାମନଂକର। ସ୍କାଇସ୍କ୍ରେପର୍‌ର ସ୍ୱର୍ଗରେ
ଦେବତାମାନେ ଗୋଟିଏ କିନ୍ନରୀର
ମେଖଳା ସୂତ୍ରରେ ବଂଧା।

ସୂର୍ଯ୍ୟ ଫେରଂତି ନାହିଁ ଉପନିବେଶକୁ।

ଚିନି ଜାହାଜର ଚକ୍ରବର୍ତ୍ତୀର
ଶାସନ ଅଧା ସ୍ୱପ୍ନ ଅଧା ସତ୍ୟ ଅଧା
ସୂର୍ଯ୍ୟ ବାମରେ ଯଦି ତେଜ ଦକ୍ଷିଣରେ
ଏ ଅଧା ସ୍ୱପ୍ନ ଏ ଅଧା ସତ୍ୟକୁ ସ୍ୱୀକାର କରେ
ଚକ୍ରବର୍ତ୍ତୀ ନା କରେନାହିଁ।

ଗରିଲା ଜାଣେ, ଜାଣେ ବାମନ
ଆଖୁ କ୍ଷେତରେ ପବନ ରସ ଶୋଷେ

ରସ କେବଳ, ଗଛର ଶୁଖିଲା ହାଡ଼
ହାତ ବଢ଼ାଇ ଦିଏ ମେଘକୁ ମୃତ୍ୟୁକୁ
ଚିନି ଜାହାଜର ଚକ୍ରବର୍ତ୍ତୀ ଜାଣେ
ପରଦିନର ତୋଫାନ୍‌ରେ
ଜାହାଜ ଫେରିବନାହିଁ ବଂଦରକୁ, ପାଣି
ଫାଟିଯିବ ବହଳ ମିଠାରକ୍ତ ଧମନୀରେ

ଅଦୃଶ୍ୟ ତେଜର କିନ୍ନରୀର ସହସ୍ର ଦ୍ୱାର
ସହସ୍ର ନାଗରଂକ ପାଇଁ ସହସ୍ର ରାତି ଖୋଲା
ରହେ। ତମର ଗୋଟିଏ ରାତି
ଗୁଳିମାଡ଼ରେ,
ଗଳିମୋଡ଼ରେ
କେଉଁ ସୁରତିର ତୁଂଗ ଖୋଜେ?

ଗରିଲା ଜାଣେ
ବାମନ ଜାଣେ
ନା ମଣିଷ ନା ଦେବତା କେହି ଜାଣଂତି ନାହିଁ
ବିରତି କେବଳ ବିରତି: ବର୍ଷ-ମାସ-ଦିନ-ରାତି
ଭୁଲାଇ ଦିଏ।

କେହି ଜାଣଂତି ନାହିଁ
କେବେ ମାଟିର କ୍ଷୁଧା ଗ୍ରାସକରେ ଆକାଶକୁ
କେବେ ଲୁହ ଟୋପାଏ, ରକ୍ତ ଟୋପାଏ
ମିଳାଇ ଦିଏ
ସତ୍ୟର ଅମୃତ ଜିଭ ଅଗରେ
ସଂଚିତ ଦାନାଏ ଦେବତ୍ୱକୁ।

ଓଡ଼ିଶା

ଦ୍ୱାରବଂଧରେ ଚିତ୍ରିତ ଭବିଷ୍ୟତ
            ଅଂଧକାର ଶଯ୍ୟାର କୋଣାର୍କ
ଶଗଡ଼ ଚକରେ ବଂଧା ଇତିହାସ
            ଅଳଂକୃତ ସ୍ୱର୍ଗ ମଶାଣିର
ଅପ୍‌ସରା ହୃଦୟରେ ଶୃଂଗ
            ଅପ୍‌ସରା ନାଭିରେ ଗହ୍ୱର
ଅପ୍‌ସରାର ରୂପାଂତର
            କଙ୍କବଟ ଛାଇରେ ନିଷ୍ଫଳ ଅର୍ଦ୍ଧନାରୀଶ୍ୱର
ମାନଚିତ୍ରର ଉଦର ସ୍ଫୀତ ! ଉଦରରେ
କି ଲୌହମୂଷଳ !
            କେଉଁ ଦଂଡ ଦେବ ଦିଅ ଦଂଡଧାରୀ
            ମୁଁ ତ ବିପନ୍ନୀକ ଜନ୍ମଦାତା ଓଡ଼ିଶାର ।

ଦେଶ

ଦେଶ କାହାକୁ ଅପେକ୍ଷା କରେ ନାହିଁ
ସହସ୍ର ଶହୀଦ୍ ରକ୍ତ ଦେବା ପାଇଁ
ଅପେକ୍ଷା କରିଥାଂତି। ଦେଶ କିଂତୁ
ଚାଖିନେଇଥାଏ ରକ୍ତ ଅନେକ ଆଗରୁ

ପୋଡୁକ୍ଷେତରୁ
ଗଡ଼ି ଗଡ଼ି ଆସେ
ମୁଂଡ। ପାହାଡ଼ ନଈର
ସୁଅରେ ଭାସେ। ଭାସିଭାସି
ଯାଏ। ଭକ୍ତ
ହାତଯୋଡ଼ି ମାଗେ ଧନଯୌବନ
ଦେବତା ଘାଟ ଉପରୁ
ଗଡ଼ିଯାଉଥିବା ଇଟାବୋଝାଇ
ମୃତ୍ୟୁକୁ ଗହେଁ। ଯାଚି ଯାଚି
ଦିଏ ମଧୁମାଳତୀର ଦଂଶନଭରା

ଦଶମହଲା
ଘର ଭାଂଗିଯାଇଥାଏ ଅନେକ ଆଗରୁ
ପତାକାଟିଏ ଖୋହୋଇଥାଏ ଡିହ ଉପରେ
ଦେଶ
ମୁକୁଟ ପିଂଧେ
ଦେଶର
ପାଦଧୂଆ ଚାଲିଥାଏ
ଦିନରାତି
ଦେଶ
ଗର୍ଜିଗର୍ଜି ଡାକେ
ଅନା ଦେଶକୁ
ସୀମାଂତରୁ ସୀମାହତରୁ କ୍ଷୀଣ ଲାଲ ରେଖାଟିଏ
ବୋହିଯାଏ
କିଏ ଚିହ୍ନେ ଦେଶକୁ ?
ସ୍ତ୍ରୀ ନା ପୁରୁଷ ?
ନା କେବଳ ମାଟି ?
ପୋଡୁ କ୍ଷେତର ପାହାଚ ନା
ପାହାଡ଼ି ନଈର ସୁଅ ନା
ନିର୍ମଳ କାଗଜର ଶେଷ ପୃଷ୍ଠାରେ
ଦସ୍ତଖତକାରୀ ଆଂଗୁଠି ? କିଏ ?

ଦେଶର ନିଜ ପରିଚୟ ଜାଣେନାହିଁ
ଦେଶ। ସ୍ୱପ୍ନର ପରପୃଷ୍ଠାରେ ଥାଏ
ସତ୍ୟର ଅପ୍ରତ୍ୟକ୍ଷରେ

ରକ୍ତ ଚାଖେ
ସ୍ୱେଦ ଚାଖେ
ନା ଧନ ନା ଯୌବନ ନା ଜୀବନ
କାହାରି ଫାଶରେ ବାଂଧିହୁଏ ନାହିଁ

ବହୁ ଦୂରତ୍ୱର ତୀର ଗଳିଯାଏ
ମାନଚିତ୍ରରେ କିଂତୁ
ଦେଶ ବଦଳେ ନାହିଁ।

ମନ୍ତ୍ରପାଠ

ଦ୍ୱିତୀୟ ସଂସ୍କରଣ : ୨୦୧୮

ବସୁଂଧରା

ପ୍ରସ୍ତୁତ ବସୁଂଧରାକୁ
ଭୋଗ କରିବା ପାଇଁ
ସମୟ କାହିଁ ହାତରେ ?

ସାରା ଦିନର ଫାର୍ସ ଚଲାଇ
କେବଳ ଈର୍ଷାରେ
ବଢ଼ି ଯାଉଥିବା ଅମରୀ ଲଟାର
ମୁଣ୍ଡ ହାଣିବା କାମ

ରାତିରେ, ଶୋଇବା ଘରର
ଚଟାଣ ତଳେ
ଚେର ବ୍ୟାପିଯିବାର ଭ୍ରମ ।

ଆଉ ସମୟ କାହିଁ ?

ଦିନେ କେବେ ସମୟ ହେବ,
ସେଦିନ ଅମରୀ ଲଟାରେ
ବାଂଧିହୋଇଯିବ ପର୍ଶୁରାମ,

ଶୋଇବା ଘରର ଚଟାଣ ଫଟାଇ
ଉଠିଆସିବ ମହାଦ୍ରୁମ
ସେଦିନ ସମୟ ଥିବ
କିନ୍ତୁ ପ୍ରସ୍ତୁତ ନଥିବ ବସୁଂଧରା,
ତୃଷା ନଥିବ ମାଟିରେ।

ଗୋଟିଏ ଦିନ

ମଲାଚେରର ଜାଲରେ ଆଜି
ଧରି ନେଇଚି ମହାକାଳକୁ
ଗୋଟିଏ ଦିନ
କେବଳ ମୋର ଖସିଯାଇଚି

ଆଜି, ସମୟ ଅଛି ହାତରେ
ଗୋଟିଏ ଦିନ କେବଳ ନାହିଁ
ବ୍ୟାଧର
ମଲାହାତର ଅରଣ୍ୟରେ
ଫୁଲ ଛୁଇଁପାରେ ? ନା।
ଫଳ ଛୁଇଁପାରେ ? ନା।

ଛୁଇଁପାରେ ନିଶ୍ଚଳ ଶାଂକୁଚକୁ ?
ଛୁଇଁପାରେ।

ଗୋଟିଏ ଦିନର ଖସିଯିବାର କ୍ଷୋଭ

କେବଳ। ଲୋଭନାହିଁ
ମହାକାଳକୁ ଧରିନେବାରେ

ଗୋଟିଏ ଦିନର
ଅଂକୁରି ଉଠିବା ଯଥେଷ୍ଟ
ଶାଂକୁଚ ପିଠିରେ
ନଚେତ୍ ଅଶୌଚ ପାଦତଳେ
ମାତ୍ର ନିମିଷକର ପାପରେ।

ପରିଚୟ

କେହି କାହାକୁ
ଚିହ୍ନିପାରେ ନାହିଁ,
ପରିଚୟର ଅଂଧତ୍ୱରେ ହିଁ
ଦିଗ ବଦଳିଯାଏ ।

ପରସ୍ପରର ତୀରରେ ବିଦ୍ଧ
ଯୋଦ୍ଧା ଦିଜଣ
ଏକା ବସ୍‌ରେ ଘରକୁ ଫେରନ୍ତି
ବ୍ରିଫ୍‌କେଶ ହାତରେ
ଗଳି ମୋଡ଼ରେ
ପରସ୍ପରର ଛାଇ ଦିପଟେ
ବିହ୍ୱଳ ଶତ୍ରୁ ଦିଜଣ
ପରସ୍ପରକୁ ଫେରାଇ ଦିଅନ୍ତି
ମଲା ହସର ଶ୍ମଶାନକୁ

ସେଇଠି, ବଦଳିଯାଏ ଦିଗ
ଜଳିପୋଡ଼ି ଯାଏ ଅହଂକାର
ବ୍ରିଫ୍‌କେଶ୍‌ରେ ପଥର ହୁଏ
ହାତବୋମା
ଗଳି ମୋଡ଼ରେ
ହତ ଅଶ୍ୱତ୍ଥାମା
ଗୁଂଜର! ଗୁଂଜର!

କେହି କାହାକୁ
ଚିହ୍ନିପାରେ ନାହିଁ
ପରିଚୟର ସେ ଅଂଧତ୍ୱରେ
ଯୁଦ୍ଧ ସରିଗଲା ପରେ
ଦେଖାହେବ

ଓଃ ଦେଖାହେବ
ଆଜିଠାରୁ ବହୁ ବର୍ଷ ପରେ
କେବେ ଦିନେ

ସତ୍ୟର ସିଦ୍ଧବଟ ମୂଳେ
ନଚେତ୍ ସଂଧ୍ୟା ସାତଟାରେ
କଫିହାଉସ୍‌ରେ।

ଯୋଗୀ

ଉଠିଆସ କରତାଳିର
କଂଠିଆସ କରତାଳିର
କଂଦରରୁ ଯୋଗୀ
ଆଉ ଯଶ ନାହିଁ ମୃତ୍ୟୁରେ

ମୃତ୍ୟୁ ସରଳ
ଲଂପଟ ଚିତାଗ୍ନିରେ
ଦ୍ରୋହୀ ଆଂବୁଲାନ୍‌ସରେ।

କରତାଳିର କଂଦରରେ
ମୃତ୍ୟୁ ଏକା

ଦେହର ପଣ୍ୟଭରା ଜାହାଜ
ରାତିର ବଂଦରରେ
ପଥର ଶେଯରେ ନଖର ଗାର ଯୋଗୀ
ନିଷ୍ଫଳ କାୟାକଳ୍ପରେ।

ସହସ୍ର ନୀରବତାର
ବାହୁପାଶରେ
ମୃତ୍ୟୁ ଏକା-
ଗଳିଯିବାର
ଫେରିଯିବାର
ବୋହିଯିବାର
ମିଶିଯିବାର
ମହାସଂଗମରେ ଏକା

ମିନିଟ୍‌ଟିଏ ଏକା
ରହିଯିବାର
ଥକିଯିବାର
ଦର୍ପଣରେ।
ଦେହ ବାଷ୍ପ,
ସରଳ ଆକାଶରେ
ମେଘ ଉଡ଼ିଯାଏ
ଏ ଶୃଂଗରୁ ସେ ଶୃଂଗ
ଛାୟା ଅବଶେଷର ମାଟିରେ।

କଂଦରରେ ଦୁଇହାତ ମଝିରେ
ଶୂନ୍ୟତା କେବଳ
କରତାଳି ପ୍ରତିଧ୍ୱନିରେ ବିହ୍ୱଳ ?

ପ୍ରତିଧ୍ୱନି ଲେଉଟେ ନାହିଁ ଯୋଗୀ,
ଛାଡ଼ି ଚାଲିଯାଏ ଚିରଦିନ,
ଉଦାସ ରାତିଦିନର
ବାହୁପାଶରେ ଦେହ କାହାର ?
ସମୟର ?
ସମୟର।

ଲେଉଟେ କେବଳ ସ୍ୱପ୍ନ
ଦେହର ହ୍ରଦ ଜଳକୁ,
ଦର୍ପଣ ଭଳି ପ୍ରତିବିମ୍ବର
ଆଲୋକକୁ,

ଯଶ କ୍ଷୁଧାରେ
ଯଶ ତୃଷାରେ
ଯଶ ମୃତ୍ୟୁରୁ ଜନ୍ମିତ ଜିଜୀବିଷାରେ ।

ଅବସାଦର ରଥରେ ଜଣେ ଅର୍ଜୁନ

ଅବସାଦର ରଥରେ ଜଣେ ଅର୍ଜୁନ
ଆଉ ଦେଖି ପାରେ ନାହିଁ
ଉପତ୍ୟକାର ଲୋଲୁପ ଲାଲ୍
ପତାକାଟିକୁ,

ତୀର ମୂନରେ
ମୃତ୍ୟୁ ନିଜକୁ ମାରେ
ନିଜର ବର୍ଣ୍ଣନାରେ ଆତ୍ମହରା
କ୍ଷତ ଚିହ୍ନକୁ ।
ତୀର ଖସିଯିବାର ତ ଥିଲା ଧନୁରୁ
ଖସିଲା ନାହିଁ କାହିଁକି ?

– ଜ୍ଞାତିର ରକ୍ତ ଲାଲ୍
ଶତ୍ରୁର ରକ୍ତ ଲାଲ୍

ଅବକ୍ଷୟର ମୟୂର ଚୂଳ ମଥାରେ ଖୋସି
ନାୟକ ମୋର

– ରକ୍ତ ଲୋଭରେ ଜ୍ଞାତିର
ରକ୍ତ ଲୋଭରେ ଶତୃର
କଟା ମୁଣ୍ଡର ସ୍ଥିର ଆଖିରେ
ଚାହିଁଦେଲା ଥରେ ନିଜର
କୁହୁକ ପ୍ରତିଛବିକୁ
ଥରେ ଅର୍ଜୁନକୁ

ବିଷାଦ କେତେ ପ୍ରକାରର, କିନ୍ତୁ
ବିଷାଦ କାହିଁ ତୀର ମୁନରେ
ଖଣ୍ଡାଧାରରେ ?

ବିଷାଦ କେବଳ
ଅବସାଦର ।
ଅବାଦର ଚକ୍ର ନଚାଏ
ହାତ ନଥାଏ

ନାୟିକା ମୋର

– ରକ୍ତ ଲୋଭରେ ପ୍ରେମର
ରକ୍ତ ଲୋଭରେ ଈର୍ଷାର
କଟି ଉପରେ କଳସ କେବଳ
ଅପଚୟର ।

ନିଜ ଦଂଶନର ଶେଯରେ ନିଜେ

ସବୁଦିନ ଏହିଭଳି
ବଂଚି ହୁଏନାହିଁ ସବୁଦିନ ।

କିଛି ବଦଳିଯାଏ ? ଯାଏ ?

ଗତ ରାତିର ନିଆଁରେ ଜଳି
ସୁବର୍ଣ୍ଣ ମୋର ସୁବର୍ଣ୍ଣ ଫଳ

ଫଳରେ ବିଷ
ବିଷରେ ନାହିଁ ସ୍ୱାଦ
ନିଜ ଦଂଶନର
ଶେଯରେ ନିଜେ
କିଛି ବଦଳିଯାଏ ? ଯାଏ ।

କେତେବେଳେ
ଛୁରୀ ହାତରେ ଅଂଧକାରରେ

ଗଳିମୋଡ଼ରେ ଏକା
କେତେବେଳେ ରାଜମାର୍ଗରେ
ହେମନ୍ତର ଉଡ଼ାପତ୍ର ପଛରେ
ମୁଁ ଓ ମୋର ଛାଇ
ନା କ୍ଷୁଧା ନା ତୃଷା
କେବଳ ଦୃଶ୍ୟ ବଦଳିଯାଏ। ଯାଏ।
ଯାଏ ଯାଏ କଟିଯାଏ ବେଳ

ରକ୍ତ ସ୍ରୋତରେ ଭାସମାନ
କଟା ମୁଣ୍ଡର ନାମ ନଥାଏ।
ନା ବଂଚିହୁଏ ଏହିଭଳି
ନା କିଛି ବଦଳେ-

କର୍ମଫଳର ଅବଶେଷରେ
ନା ମୁଁ ଥାଏ ନା ମୋର ଛାଇ
କୃତକର୍ମର ଭଙ୍ଗାକାଚରେ
କେବଳ ରକ୍ତଟୋପାଏ ଲାଗେ
ଯାଏ ଯାଏ ଆଉ ସବୁ ବଦଳିଯାଏ
ମୁଁ ଗତ ବହୁବର୍ଷର
ଯୋଦ୍ଧାଙ୍କୁ ପଚାରେ, ତା ପରେ
ଦିନ ଦିନ କରି
ଏକାଠି କରେ ମୋର ଜୀବନ

ଅବଶେଷ ଯାହା
ଭବିଷ୍ୟତ ମୋର
ଛାଡ଼ିଯାଏ ତାକୁ ଇତିହାସରେ
ଅଭୁକ୍ତ ଅକ୍ଷୁର୍ଣ୍ଣ।

ପରଦିନର ସକାଳ ତମର !

ଏକାକୀ ଅଶ୍ୱାରୋହୀକୁ ପଚାର ।
ପଚାର ମର୍ମର ପାହାଚରୁ
ଓହ୍ଲାଇ ଆସୁଥିବା ଦ୍ୱିଜକୁ
ନଚେତ୍ ନିମିଷକର ଧୃତିରେ ଧରା
ତ୍ରିକାଳକୁ ।

ତମର ରାସ୍ତା ଯେ ସରିବ ନାହିଁ,
ତମର ପାତାଳ ଯେ ଅନେକ ତଳେ
ତମେ ଯେ ନିହିତ ବୀଜ
ଇହକାଳର ମୃତ୍ତିକାରେ
ତେଣୁ, ଏକାକୀ ଅଶ୍ୱାରୋହୀକୁ ପଚାର :

କେଉଁ ଲକ୍ଷ୍ୟର ଅଭ୍ୟଂତରକୁ
ଅଶ୍ୱ ଚଳାଇନିଏ
କେଉଁ ଜନପଦକୁ ?

କେଉଁ ଜଳଧାରକୁ ?
କେଉଁ ଦୁର୍ଗର ଛାଇରେ ଛାଇରେ ଯାଏ ?
ଡେଇଁପାରେ ନାହିଁ କେଉଁ ପରିଖାକୁ,
ଲକ୍ଷ୍ୟର ଗ୍‌ରିସୀମା ଘେରି
ବୋହି ଚାଲିଥିବା ନିଷ୍ଫଳତାକୁ ?
ତେଣୁ ଦ୍ୱିଜକୁ ପଚାର :
ମର୍ମର ପାହାଚରେ ଲିପ୍ତ ରକ୍ତ
ଶ୍ୱାପଦର ନା ସନ୍ନ୍ୟାସୀର ?
ଦେବତା କେଉଁ ହାତରେ
ଲୁଚାଇରଖେ ନିଷ୍କାମ ସୁଖ ?
ଆଉ କେଉଁ ହାତରେ
ବଢ଼ାଇ ଦିଏ କର୍ମଫଳ
ପରଦିନର ଗ୍ରାସ ମୁହଁକୁ ?
ତେଣୁ ତ୍ରିକାଳକୁ ପଚାର :
ଗୋଟିଏ ଦିନର ପ୍ରଦୀପ ଜଳେ
ଚିରଦିନର ହିଲ୍ଲୋଳରେ,
ଜଳେ ନିଭେ ପୁଣି ଜଳେ
ନା ଗତ ଦିନର ଅଂଗାର ଥାଏ
ନା ପରଦିନର ସଂଦୀପନ, ତେଜ
ମାଟିରୁ ଉଠେ ବାୟୁରେ ଭାସେ
ଲୀନ ହୋଇଯାଏ ବ୍ୟୋମରେ, ବୀଜ
କ୍ଷୟ ହୋଇଯାଏ ଶୃଂଗାରରେ,
କିଏ ଜଳାଇ ରଖେ
ପ୍ରଦୀପକୁ ତେବେ କିଏ
ଚିହ୍ନାଇଦିଏ ଧୃତିକୁ ତମର ଧରାତଳକୁ ?
ପରଦିନର ସକାଳ
ତମର ନୁହେଁ। ପରଦିନକୁ-

ଅଶ୍ୱାରୋହୀର ଶବ
ପଡ଼ିଥିବା ପଶ୍ଚିମରେ
ପରଦିନକୁ ଆତୁର ଦ୍ୱିଜ
ଗିଳି ସାରିଥିବ କର୍ମଫଳକୁ
ପରଦିନକୁ ଉଡ଼ିଯାଇଥିବ ତ୍ରିକାଳ ତମର
ନିମିଷକର ଅପଚୟରୁ
ଚିରାୟତର ଦ୍ୱିଧାକୁ।

ନାୟକ

ନିଦରେ ଚାଲେ
ଚାଲି ଚାଲି ପରଦିନର
ପାତାଳରେ ପହଂଚେ, ତା ପରେ

ଆଉ ଫେରିବାର ପଥ ନଥାଏ
ଦିନ ଦଶଟାର ସୁଡଂଗ ପଥ
ଆଚ୍ଛାଦିତ ନାୟକର
ଅପାରଗତାରେ ।

ଖଂଡା ଚଳାଇ ଜାଣେନାହିଁ ନାୟକ
ଖେଳି ଜାଣେ ନାହିଁ
ହାତ ଉଠାଇ
ଅଟକାଏ କେବେ
ଖସିପଡୁଥିବା ଛାୟାପଥକୁ
କେବେ ଖସିପଡ଼େ
ନିଜ ଚଲାପଥରେ
ଅଟାଇଦିଏ ଭାସିଯାଉଥିବା
ପ୍ରତିଚ୍ଛବିକୁ ।

ଶତ୍ରୁର ଛୁରୀ ଝଲସେ
ନାୟକର ବଂଦ୍ ମୁଠାରେ
କାଟି ପାଇଁ ଥାଏ
କଟା ଆଙ୍ଗୁଠିର ନିର୍ଦ୍ଦେଶ
ରୁମାଲ୍‌ରେ ବନ୍ଧା
ଗୋଟିଏ ରାତିର ଅବଶେଷ

ତା ପରେ ସ୍ୱପ୍ନକୁ
ଫିଙ୍ଗି ଦେବାର କଥା-
ନାୟକ ଫିଙ୍ଗେ ନାହିଁ

ନିଦରେ ଚାଲେ
ଚାଲି ଚାଲି ପରଦିନରୁ
ଆଜି ଦିନର ଚକ୍ରପଥରେ ବୁଲେ
କଙ୍କାଳ ହୁଏ ଶେଷରେ,

କଙ୍କାଳ, ଦିନ ଦଶଟାର ସୂର୍ଯ୍ୟାସ୍ତରେ
ଆଉ ଫେରେ ନାହିଁ ସୁଡ଼ଂଗ ପଥରେ

ଦେହ ମାଟିତଳେ ସଢ଼େ
ଯୁଗ ବିତେ ।

ଇତିହାସ ଲେଖାହୁଏ ଯେବେ
ଶତ୍ରୁର ଫାଶ ଲେଉଟେ
ପ୍ରତିହିଂସାର ରଜ୍ଜୁରେ ଚେର
ଓଟାରି ହୋଇ ଆସେ
ମାଟିର ନିଘଂଚ ସର୍ପବଂଧରୁ
ସ୍ଫୀତ ବୀଜର ସ୍ଫଟିକକୁ

ନାୟକ ପର ଦୃଶ୍ୟକୁ
ଓହ୍ଲାଏ, ଦୃଶ୍ୟର
ଶବାଧାରରେ ସୁପ୍ତ
ଆଉ ଏକ ଯୌବନର
ଅଂଧତ୍ୱକୁ ।

ସ୍ୱପ୍ନ

ପ୍ରେମରେ ବିଷ
ସ୍ପର୍ଶରେ ବିଷ
ବିଷ ଉପଲବ୍ଧିରେ

ନିର୍ମଳ କେବଳ ସ୍ୱପ୍ନ
ବିଷ ନାହିଁ
ହାତ ମୁଠାରେ
ଖସିପଡ଼ିଥିବା
ଉଲ୍‌କା ପିଂଡରେ।

କାଲି ସକାଳକୁ
ଜାମଳାର୍ଜ୍ଜୁନରେ
ବାନ୍ଧି ରଖିଥିବା ପବନ
ମୁକୁଳିତ କରି
ଭାସିଯାଇଥିବା ପ୍ରେମ
ଓ ନିଗୂଢ଼ ଲୋଭରେ
ଗିଳିଦେଇଥିବା ଉପଲବ୍ଧି-

କେହି ଜାଣନ୍ତି ନାହିଁ
ଯେ କାଲି ସକାଳ
ଆଜି ରାତିର ସ୍ୱପ୍ନରେ ହିଁ ଆସେ
ହାତମୁଠାକୁ,
ଅଗାଧ ଶୂନ୍ୟରୁ
ଖସିପଡ଼ିଲା ବେଳେ
ଉଲ୍‌କାପିଂଡ

ପ୍ରେମ ନଥାଏ
ସ୍ପର୍ଶ ନଥାଏ
ନଥାଏ ଉପଲବ୍ଧି
ବନ୍ଦ୍ ଆଖିର କୂଳେ କୂଳେ
ଏକା ଚାଲିଥାଏ
ଅମୃତଲୋଭୀ ପୟଗମ୍ବର
ଉଲ୍‌କା ପିଂଡକୁ ଧରିନେବା ପାଇଁ
ଖାଲି ହାତରେ ।

ପୃଥିବୀ : ପ୍ରଥମ ରାତି

ଅପଚୟର ପ୍ରଥମ ରାତି :
କାହାକୁ ଦୋଷ ଦେବାର ନାହିଁ
କାହାକୁ କ୍ଷମା କରିବାର ନାହିଁ।

ଛାୟାପଥରୁ ଫେରି ଆସିଥିବା
ଜଣେ ଦିଜଣ ନୀହାରିକା କେବଳ
ଚିହ୍ନି ପାରିବେ ନାହିଁ
ଅପଚୟର ପ୍ରଥମ ରାତିରେ,

ଉଡ଼ିଯାଉଥିବା ଆକାଶ ପିଠିରେ
ମାଟି ଖୋଳା ହୋଇ
ମଞ୍ଜି ପୋତା ହେବାର
କାରଣ କ'ଣ

ଜାଣି ପାରିବେ ନାହିଁ
ଜଣେ ଦି'ଜଣ ଚୀନାଂଶୁକା,

ଦେହର ଗଭୀରତାକୁ
ତାଡ଼ି ବିଦାରି ମାପି ଚାଲିଥିବା
ଜଣେ ଦି'ଜଣ କାବ୍ୟନାୟିକା,
ପ୍ରକୃତି ଏମିତି-
ଜଣେ ଦିଜଣଙ୍କ ଅପରିଚୟର
ସୀମା ବାହାରେ

ମାଟି ଖୋଳା ହେବାର ପୁଣି
ମଞ୍ଜି ପୋତା ହେବାର ବିସ୍ମୟ :
ଛାୟାପଥର ନିଗୂଢ଼ କୁହୁକରେ
ବନ୍ଦି ଦିଗ୍‌ବଳୟ

ଅକ୍ଷୟ ଅନ୍ଧାରର
ତୃଣାଂକୁରରେ ତେଣୁ
ବାନ୍ଧିରଖ ଏ ପୃଥିବୀକୁ-

ଅପଚୟର ପ୍ରଥମ ରାତି
କାହାକୁ ଦୋଷ ଦେବାର ନାହିଁ
କାହାକୁ କ୍ଷମା କରିବାର ନାହିଁ।

ଅପ୍ରାପ୍ତ

କିଛି ଗୋଟାଏ ପାଇବା ପାଇଁ ?

ଝିଂଟିକା ପାଟିରୁ ଖସିଯାଇଥିବା
ପୋକ, ପତ୍ରର ଲାଳସାରୁ
ବଳକା ହୋଇ ଖସିପଡ଼ିଥିବା
ଶିଶିର, ସାରା ଦିନର
ଖୋଳପା ପଟାଇ ରାତିକୁ
ବାହାରି ଆସିଥିବା
ଅଙ୍କୁର,

କିଛି ଗୋଟାଏ ପାଇବା ପାଇଁ ?

ଯୋତା ତଳେ
ଘାସର ରଂଗ ବଦଳାଇବା,
ପର୍ବତ ମିଳାଇଯିବା
ମଦଗ୍ଲାସ୍‌ରେ,

କିଛି ଗୋଟାଏ ପାଇବା ପାଇଁ ?

ପୃଥିବୀକୁ ଫେରାଇଦେବା
ବାୟା ଚଢ଼େଇର ଚଂଚୁକୁ,
ପ୍ରକୃତିକୁ ବଂଦ କରିଦେବା
ସୁଟ୍‌କେଶ୍‌ର ବାଙ୍ମୟରେ
ବଂଶଦରମାନଙ୍କ ପାଇଁ,

କିଛି ଗୋଟାଏ ପାଇବା ପାଇଁ ?

ଏମିତି ଗୋଟାଏ ସୂତ୍ର ଅଛି
ସମୟର, ଯାହାର ଖିଅ ସବୁବେଳେ
ଖସି ଯାଇଥିବା ଲୋକ ହାତରେ ।

ତେଣୁ, କିଛି ଗୋଟାଏ
ମିଳିଯାଇପାରେ ପୋକକୁ
ଶିଶିରକୁ ଅଙ୍କୁରକୁ ପର୍ବତକୁ
ଘାସକୁ ପୃଥିବୀକୁ ବଂଶଧରକୁ

ପାଦ ବଢ଼ାଅ ଆଗକୁ ।

କେଳିକଦମ୍ବ

ଦ୍ୱାପରକୁ ଫେରିଆସିଥିବା
ଗୋପପୁର, ଏଇନେ ଥିଲା
ଏଇନେ ନାହିଁ ଇତିହାସରେ

ଗୋଟିଏ ପରେ ଗୋଟିଏ ଯୁଗ
ହାତ ହଲାଇ
ଚାଲିଯାଇଚନ୍ତି ପର ଯୁଗକୁ
କେଳିକଦମ୍ବର
ତଥାପି ଆଶା ଦୁଇପତ୍ରରେ।

ଦେହକୁ କେବେ
ଛୁଇଁଦେବ କହ୍ନାଇ,
କେବେ ପବନର
ପ୍ରାର୍ଥନା ଶୁଣି ସ୍ଥିର ହୋଇଯିବ
ସମୟ, ଲୁଗା ଖସାଇ

ନେଇଥିବା ହାତ କେବେ
ଛୁଇଁଦେବ ପାଷାଣର
ରକ୍ତରେ ପୁଷ୍ଟ କୁଞ୍ଜଲତାକୁ
ଥରକ ପାଇଁ।

କେଳିକଦମ୍ବ,
ହୁଏତ ବୁଢ଼ା ହୋଇଯିବ
ଦୁଇପତ୍ରରେ, କାହାକୁ କେବେ
ଛୁଇଁ ନ ଥିବା ଯୌବନର
ରସଭାରରେ।

ଖେଳ ଚାଲିଚି

ନଟୀ ମୁହଁରେ ସେଇ ଗୋଟିଏ କଥା-
ଗଲାଣି ତ ଗଲା କଥା ଗଲାଣିତ,

ତେଣୁ ଭାବିନେବାକୁ ହୁଏ
ଖେଳ ଚାଲିଚି (ଚାଲିଚିତ!)
ସେତିକି ଭାବିନେବାହିଁ
ବଡ଼କଥା, ଗଲା କଥାର ଦ୍ୱାପରରୁ
ଏ ଯାଏଁ କୌଣସିମତେ
ବଂଚିରହିବା, ଜଣେ ଦିଜଣ
ଗୋପାଳଙ୍କ ଲୀଳାଖେଳା ପାଇଁ
ସେଇ ବଡ଼ କଥା।

ଦିନ ବଢ଼ି ଚାଲିଚି। ଦିନ
ଖାଇ ଚାଲିଚି ଦିନକୁ।

ନଟୀ ମୁହଁରୁ କଥା ଛଡ଼ାଇ
ଜଣେ ଗୋପାଳ ଚାଲିଯାଇପାରେ
ଆଉ କେବେ ନ ଫେରିବାର ଯୌବନକୁ,
ଆଉ ଜଣେ ଗୋପାଳ

ବୁଢ଼ା ହୋଇଯାଇପାରେ
ଗଲା କଥାର ଫେରି ନ ଆସିବା ପଛରେ
ବିସ୍ମୃତ ଯୌବନର ପର ସକାଳକୁ,

ଭବିଷ୍ୟତ ପାଇଁ
କଣ ଆଉ କରାଯାଇପାରେ
ଏଭଳି ଅବସ୍ଥାରେ ?

ଖେଳ ଚାଲିଚି ବୋଲି
ଭାବି ନେବା ପରେ
ଆଉ କିଛି ଘଟିନପାରେ,

ଅଥଚ, ସାରା ପୃଥିବୀ
ଅପେକ୍ଷା କରି ବସିରହେ
କିଛି ଗୋଟାଏ ଘଟିଯାଇପାରେ
ଏହି ଆଶାରେ ।

ଖେଳାଳି ଯଯାତି

ଦର୍ପଣର ଧୂଳି ପଛରେ
ଛାଇ ଆଉ ସମୟ ନାହିଁ
ପ୍ରତିଚ୍ଛବିକୁ ଖେଳ ସରିଚି ବୋଲି
କହିବା ପାଇଁ।

ଛାଇ ପଛରେ
ସାଇକେଲ୍‌ରେ ଗୋଡ଼ାଇଯିବା,

ଛାଇର ଶୋଇପଡ଼ିବା
ଖେଳପଡ଼ିଆରେ
ଖେଳ ଶେଷରେ,

ଖେଳାଳିର ଦେହ ପଛରେ
ଯଯାତିର ମିଳାଇଯିବା,

ଉଦାର ପ୍ରତିଚ୍ଛବିର
ପେଟ ଭିତରେ ଭୀଷଣ ପିତୃତ୍ୱର
ବଢ଼ିଚାଲିବା,

ଯୌବନଟିଏ ଜନ୍ମ ନେବା
ପରିବା ଥଳିର ଶ୍ମଶାନରେ।
ଏ ସବୁ ମିଛ
ପରିବା ଥଳିର ପେଟ ଚିରି
ଓହ୍ଲାଇ ଆସିବା ଖେଳପଡ଼ିଆକୁ

ବୁଢ଼ା ଖେଳାଳିର,
ଛାଇ ପଛରେ ଗୋଡ଼ାଇ ଚାଲିବା
ଚିରକାଳ

ଏଇ ଶେଷ ଖେଳ
ଯଯାତିର,
ହେଲେ ସମୟ ନାହିଁ
ଏତିକି ସତ ବୁଝିବା ପାଇଁ।

ଅପତ୍ୟ

ପଥର ପାଲଟି ଯାଇ
ସୂର୍ଯ୍ୟର ପ୍ରଶସ୍ତ ପଲଙ୍କକୁ
ଜଗିବସିଥିବା ବାପ ମା'
କ୍ଷମାକରିଦିଅନ୍ତି,
ଦିନେ ହଠାତ୍
ଗୁଡ଼ି ହାତରେ
ଐତିହାସିକ ମୀନାର
ଚୂଡ଼ାରେ
ମିଳାଇଯାଇଥିବା
ଅକୃତକାର୍ଯ୍ୟ ପୁଅକୁ।

ବିଛଣା ଚଦର ତଳେ
ଅକ୍ଷୟ ଭାସ୍କର୍ଯ୍ୟ ନିର୍ମାଣରେ ରତ
ଘଂଟାର ଦୁଇ ହାତ
ଲୁଚାଇ ରଖେ ପୁଅର

ଅବଶେଷକୁ
ପୃଥିବୀ ଶେଷ ହେଲା ଯାଏଁ,

ପଥର ପାଲଟି ଯାଇ
ସୂର୍ଯ୍ୟ ପ୍ରଶସ୍ତ ପଲଙ୍କକୁ
ଜଗିବସିଥିବା ବାପ ମା
ଉଡ଼ିଗଲାଯାଏଁ।
ପୁଅର ଅବଶେଷରେ
ଗଢ଼ା ବାପ ମା'ଙ୍କର
ନୀଡ଼ ହିଁ ଅକ୍ଷୟ
ଭାସ୍କର୍ଯ୍ୟ ଘଂଟାର
କୃତିତ୍ୱତାର
ପୁଅର ଗୁଡ଼ି ହାତରେ
ମିଳାଇଯିବା, ପୁଅର
ଲୁଚି ରହିବା ହାତ ତଳେ,
ବାପ ମା'ଙ୍କର ଉଡ଼ିଯିବା
ଶାପମୁକ୍ତ କ୍ଷମାର
ପ୍ରଥମ ପ୍ରହରରେ।

ରାଜପ୍ରାସାଦ

କିଛି ଗୋଟାଏ ଭୁଲ୍ ଥିଲା ନିଶ୍ଚୟ
ରାଜପ୍ରାସାଦର ଜ୍ୟାମିତିରେ-
ଯେତେ ଭୂରୁ ଟେକିଲେ ବି
ସୂର୍ଯ୍ୟକିରଣ ପଡ଼ିଲା ନାହିଁ
ବଡ଼ଭୀରେ,
କାନ୍ଥର ଶଙ୍ଖମର୍ମର ଉପରେ
ଆସକ୍ତ ହୋଇ ଶୋଇରହିଲା ଶାର୍ଦ୍ଦୂଳ,
ଶୀତ୍କାର ଉଠିଲା ନାହିଁ
ସ୍ତନାଂକୁରରେ।

ସେଥିପାଇଁ
ସ୍ୱପ୍ନକୁ ଭାଙ୍ଗିଦେବାକୁ ହେଲା,
ପୋତି ଦେବାକୁ ହେଲା ହିରଣ୍ମୟୀକୁ
ଇଟା କୁଢ଼ରେ।

ରାଜପ୍ରାସାଦ ବଦଳରେ
ରାଜପ୍ରାସାଦ
ସବୁବେଳେ ହିଁ ଥିଲା।

କିଛି ଗୋଟାଏ ଭୁଲ୍ ଥିଲା କେବଳ
ରାଜପ୍ରାସାଦର ଜ୍ୟାମିତିରେ।

ଦିଗ୍‌ବିଜୟ

ଏମିତି ଅନେକ ବର୍ଷ ବିତିଯାଇପାରେ,
ତମର ମୁହଁରୁ
ଲୁହର ଦାଗ ଟିକିଏ
ଲିଭାଇବାକୁ ଯାଇ

ମୁଁ ବାଷ୍ପ ହୋଇ ଉଡ଼ିଯାଇପାରେ
ଅଟଳ ସିଦ୍ଧାନ୍ତର
ବଳୟ ଉପରେ ।

ଅକର୍ମଣ୍ୟତା ପାଇଁ
କ୍ଷମାକର ।
ବର୍ଷବର୍ଷର କୋରଡ଼ାମାଡ଼
ଏମିତି ପଡ଼ିଚାଲିଥିବ
ବରାବର । ପଡ଼ିରହିବାକୁ
ହେବ ବୋଲି ହିଁ

କର୍ମକକ୍ଷଣର ନିର୍ମୋକ ତଳେ
ବଂଚି ଚାଲିଥିବ ଅଜଗର।

ମୁଁ ସବୁ କରିପାରିବି-
ଏମିତି ଭାବି ପୃଥିବୀକୁ
ଖୋଳି ଚାଲିଥିବା ବୀରବରର
କିଛି ନକରିପାରି
ଫେରି ଆସିବା ହିଁ,
ଦିଗ୍‌ବିଜୟ ଆମର।

ସକାଳର ଶରଶଯ୍ୟାରେ
ସୂର୍ଯ୍ୟର ଶୋଇରହିବା
ଜୀବନ,
ରାତିର ହର୍‌ପାରେ
ସୁଡ଼ଂଗ-ଖନନ ବି

ସହିବା ପାଇଁ ଶହେବର୍ଷ
ଆଉ ଶହେବର୍ଷ
ଅନ୍ଧ ଲୋମକୂପରୁ
ସ୍ୱର୍ଗର ଉଦ୍ଧାର ପାଇଁ
ଗାଲ ଉପର ଦେଇ
ବୋହିଯାଉଥିବା ଲୁହଧାର
ପୋତି ହୋଇ ଯାଇଚି
କେତେବେଳେ ଏ ଭିତରେ।

ଟିପରେ ମୋର ତପସ୍ୟା
ବାଷ୍ପରୁ ବରଫ ହୋଇ
ଫେରିଆସିଲା ଯାଏଁ
ଅପକ୍ଷାକର।

ଭୂତ

ତମେ ମୋର ପଛେ ପଛେ
ଚାଲିଚ ପୃଥିବୀ ଆରମ୍ଭରୁ
ବା ମୁଁ ତମର ପଛେ ପଛେ
ଚାଲିଚି ପୃଥିବୀ ଶେଷ ହେଲା ଯାଏଁ,
କେହି କାହାକୁ
ଛାଡ଼ିନି ତ ନିରୋଳା କାନ୍ଥକୋଣରେ
ଝିଟିପିଟି ପେଟରେ !

ତେଣୁ ତମ କଥା ଭାବିବା
ଯେମିତି ବହୁଦୂର ଦୌଡ଼ାଳିର
ଛାଇକୁ ଅଲଗାକରି
ଫିଙ୍ଗିଦବା ଦୂରତ୍ୱର
ଅପଚୟରୁ
ଝିଟିପିଟିର
ପେଟ ଚିରି

ବାହାର କରିବା କ୍ଷମା
ନୀରବତାର ହିଂସ୍ର ଜଠରରୁ।

ମୋର ଏମିତି
ବସି ରହିବା ସାରାଦିନ
ଖବରକାଗଜ ପଛରେ
ଲୁଚାଇ ରଖିବା ଆଖି ବା
ରାତି ଅଧରେ
ଦୁଇହାତରେ ଗୋଟାଇ ଆଣିବା
ଦି ଚାରିଟା ବାସିତାରା
ଶିରିଶ ଗଛ ମୂଳରୁ ବା
ଫାଙ୍କା ଖେଳଘରେ
ଓହ୍ଲାଇ ପଡ଼ିବା ରାତି ବାରଟାରେ
ଝବିଦିଆ ମେଲ୍ ଟ୍ରେନ୍‌ରୁ
- ସବୁ ମିଛ

ଉପାୟ କେବଳ
ବଂଚିଯିବା ପାଇଁ
ଖେଳାଳି ଭୂତର
ଛାୟାହୀନ ପରିହାସରୁ।

ମୃଗୟା

ଶୃଂଗାର ଯଥେଷ୍ଟ ନୁହେଁ,
ଯଥେଷ୍ଟ ନୁହେଁ
ସଂତାନର କଂଟାବାଡ଼ ଡେଇଁ
ଶେଯର ଏପଟକୁ ଖସିଆସିବା,
ସହସ୍ର ଦୁଷ୍ୟନ୍ତ ଅଧ୍ୟୁଷିତ ଏ
ଅରଣ୍ୟରେ ଯଥେଷ୍ଟ ନୁହେଁ
ଶକୁନ୍ତଳାକୁ ଗୋପନରେ
ଭୋଗ କରିବା ।

ସହସ୍ର ଦୁଷ୍ୟନ୍ତ
ଗୋଟିଏ ଶକୁନ୍ତଳାକୁ
ବିଦାରି ଦେଇ ଯାଆନ୍ତି
ଖାରବେଳ ନଗର ପଡ଼ିଆରେ
ଅଥଚ, ସ୍ୱେଦ ଟୋପାଏ
ନ ଥାଏ ଶକୁନ୍ତଳାର
ଲୋମକୂପରେ ।

ପ୍ରତିଦିନ ଖଂଡା ଉଁଚାଇ
ଦେହକୁ ଶତ୍ରୁ କବଳରୁ
ବଂଚାଇ ନେଉଥିବା ଭର୍ତ୍ତା,
ପ୍ରତି ରବିବାର ସଢ଼ା ପରିବାକୁ
ପନିକି ଧାରକୁ ତୋଳି ଦେଉଥିବା
କର୍ତ୍ତା, ମଢ଼ ଉପରେ

ଝାଂପି ପଡ଼ିଥିବା ଶାଗୁଣା ପଛରେ
ଗୋଡ଼ାଇଥିବା ବେବର୍ତ୍ତା,
କାହାରି ସାମର୍ଥ୍ୟ ନାହିଁ,
କେବଳ ଧନୁହାତରେ
ମୃଗୟାର ବାହାନା
ନିତ୍ୟ ନୈମିତ୍ତିକ ଅରଣ୍ୟରେ
ସହସ୍ର ଦୁଷ୍ୟନ୍ତ ମଗ୍ନ
ନିଜନିଜର ବ୍ୟଭିଚାରରେ।

ମନ୍ତ୍ର

ଇସ୍ପାତ୍‌ର ଶେଷ କେଉଁଠି
ଆକାଶର ଆରମ୍ଭ କେଉଁଠୁ
ଜାଣେନାହିଁ ।

ସରଳ ବିଜୟର
ଉଲ୍ଲାସରେ ମତ୍ତ ସୁକୁମାର
ବନ୍ଦୀ, ମାଟିର
ଗର୍ଭାଧାନରେ ।

ମାଟିର ଗର୍ଭ ଓଟାରି
ଦେଖୁଚି ପୁଅ
କିଛି ନାହିଁ ମାଟିରେ ।

ଚେରର ଧସାଇ ପଶିବା
ପଥରରେ, ଶାପଗ୍ରସ୍ତ

ହାଡ଼ ଖଂଡେ ଉଠିଆସିବା
ଦିବ୍ୟରୂପରେ-

ସବୁ ବୁଢ଼ା କବିର କଳ୍ପନା,
କାନ୍ଦ୍‌ନା
ଜେଟୀରେ
ଜାହାଜ ପେଟ ଭିତରକୁ
ରତ୍ନ ଠେଲିଦେଉଥିବା
ଇସ୍ପାତ୍‌ର ହାତକୁ ଦେଖ୍,

ଚନ୍ଦ୍ରକୁ ଚାବି ରିଂ ଭଳି
ଘୂରାଇ ଘୂରାଇ
ଭାର୍ଗବୀ ନଈକୁ
ଫିଙ୍ଗି ଦେଇଥିବା ଇସ୍ପାତ୍‌ର
ଆଙ୍ଗୁଠିକୁ ଦେଖ୍।

ଆକାଶକୁ
ଫୁଟାଇ ଦେଇ ଆରପଟକୁ
ଚାଲିଗଲେ ହିଁ ଯଥେଷ୍ଟ,

ଫଳକଟା ଛୁରୀରେ
ଲାଗିଥିବା ଭୟଙ୍କର
ଦୁଃସ୍ୱପ୍ନର ରକ୍ତକୁ ଦେଖ୍।

ନଚେତ୍,
ମାଟିତଳେ ସଂଚିତ
ପିତୃପୁରୁଷର ଅଭିଶାପ
ତୋତେ ଛୁଇଁଦେବ
କାଲି ସକାଳକୁ।

ଶ୍ୱାପଦ

କେବଳ ବଂଚି ରହିବା ପାଇଁ
ଝୁଣି ଚାଲିଚି ସ୍ୱପ୍ନକୁ ତମର,
ମୋର ଲାଳସା ନାହିଁ,

ସ୍ୱପ୍ନ ତମର ହାଡ଼ ଖଂଡେ
ନିଅଂଟ ଶ୍ୱାପଦ ପୃଥିବୀର
ଭୋକ ପାଇଁ।

ପ୍ରତିଦିନର ଅନ୍ଧକୂପରେ ମୋର
ଦି ଚାରିଟା ବାସିତାରା, ନଈପଠାରେ
ଦି ଚାରି ଟୋପା କାକର,

ଆଖି ବୁଜି ଗଣି ଚାଲିଚି
କେତେବେଳେ ହିସାବ ସରିବ ପ୍ରତିଶୋଧର।

ସିଦ୍ଧି

ସ୍ୱପ୍ନର ଭିତର ଖୋଲି
ଦେଖିପାର
ଏମିତି କିଛି ନାହିଁ ତା ଭିତରେ
ଯାହା ନଥିଲା ଆମର ଦିନଦିନର
ଅସାର ଅଭ୍ୟାସରେ ।

ଗ୍ଳାନିରୁ ବଂଚିଯାଇଚ ଯଦି
ସତରେ, ସ୍ୱପ୍ନ ଧରି ନେଇଚି
ଅପ୍ରାପ୍ତ ସିଦ୍ଧିର ଗଛ ମୂଳରେ ।

ଗଛମୂଳର କୋଳି ବିକାଳି ବୁଢ଼ୀ
ଯିଏ, କେହି ନ ଦେଖିଥିବା ଗଛଡାଳର
କୋଇଲି ସିଏ,
ତମେ ଗପି ଚାଲିଚ
ଅନର୍ଗଳ, ଏ ଭିତରେ

ଓହ୍ଲାଇ ଚାଲିଚି ସିଦ୍ଧି
ଆଖିପତା ଉପରେ
ଧୀରେ ଧୀରେ ।

ବିଗ୍ରହ

ଦିନେ ଫେରିପାଇବି ସବୁ-
ନିଷ୍କାମ ସମୁଦ୍ର ଠାରୁ ଯଶ
ନିର୍ଲୋଭ ତାରା ଗର୍ଭରୁ ଶୃଂଗାର
ଜିଭର ଅଶୁଦ୍ଧ ଆସ୍ୱାଦରୁ ଓଁକାର ବି।

ସେଦିନ ଆରମ୍ଭ ହେବ
ଉପହାସ ସମୟର
ଦେହକୁ ଭାଗ ଭାଗ କରି
ବୁଲି ଯାଉଥିବା ହାତର
ନା ତଡେ ଚିରି ନାରଖାର କରି
ଖଟତଳକୁ ଗଡ଼ାଇ ଦେବାର
ଅଧିକାରର-

କାହାର ଜୟ ନାହିଁ
ସେଦିନ, କେବଳ
ଜୟ, ହାତପାଦହୀନ
ବିଗ୍ରହର, ଜୟ
ନିଷ୍କମ୍ପ ଆଲିଙ୍ଗନରେ
ଆବଦ୍ଧ ଆଶାର

ଉପାୟ

ରକ୍ତ ଦେଖି ଡରନା ।
ବଳି ମାଂସର ଏ ଭାଗଟି
ତମର-ନିଅ, ରାନ୍ଧ,
ପିଲାଙ୍କୁ ଦିଅ, ନିଜେ ଖାଅ,
ଯାଅ ।

ପରମ୍ପରାକୁ
ଭୋଗ କରିବାର
ଇଏ ବି ଗୋଟିଏ ଉପାୟ
କେତେ ନିର୍ଭୟ ମୁଁ
ମୋତେ ଦେଖ ।

କାଲି ରାତିରେ
ସ୍ୱପ୍ନ ସହିତ ହାତହାତିରେ
ହୁଏତ ଟୋପାଏ

ରକ୍ତ ଲାଗି ଯାଇଚି ଗଙ୍ଗଶିଉଳି
ଗାଲରେ,

ଏଥିରେ ଭୟ କଣ ?
କ୍ଷତ ତ ଟିକିଏ ବୋଲି
ଆଉ ସବୁତ ଉଦୟ !
ହାତଗୋଡ଼ ନଥିବା ପରମ୍ପରାକୁ
ଫୁଲ ସିନ୍ଦୂର ଲଗାଅ ନନା,
ବାଜା ବାଜୁ,
କାଳିସୀ ନାଚୁ,

ଆଜି ଦିନକୁ ଭୋଗ କରିବାର
ଇଏ ବି ଗୋଟିଏ ଉପାୟ ।

ଜୟ-ପରାଜୟ

ଗୋପୀନାଥରର ଏମିତି
ନିଷ୍କଳଙ୍କ ଚାହିଁରହିବା,
ପରୀ ଗାଲରେ ଶିଉଳି ଭଳି
ଭବିଷ୍ୟତର ମାଡ଼ି ଚାଲିବା-
ଏସବୁ ପ୍ରତିଦିନର ପରାଜୟ,
ତୋର ଲୁହ ପୋଛିବା ପାଇଁ
ଉଠିଆସି ପୁଣି ଫେରିଯାଇଥିବା
ହାତର କ୍ଷୋଭମୟ ଆଶ୍ରୟ
ବିଜୟ :
ଗୋପୀନାଥର
ମର୍ମର ହାତର
ଅପାରଗତାରେ ଆବଦ୍ଧ
ଦେବତ୍ୱକୁ ଫିଟାଇ ଦେବା।

ବିଜୟ:
ଆସନ୍ତାକାଲିର
ଶୁଣ୍ଢ ଦେଖାଇ
ରୂପକଥାର ସୁଡ଼ଙ୍ଗ ଶେଷରେ
ପରୀଠାରୁ ବିଦାୟ ନେବା।

ପୁରୀ

ବଡ଼ଦାଂଡରେ
ଗଜପତିଙ୍କର ପହଁରାଦବା
ଅରୁଣ ସ୍ତମ୍ଭ ମୂଳରେ
ଗଜି ମହାରଣାର
ହିପ୍‌ପୀ ତରୁଣୀକୁ ମନ୍ତ୍ର ଦବା
- ଏସବୁ ଦେଖି ନାହାନ୍ତି
ମଠ ପିଣ୍ଡାରେ ବାଘଛେଲିରେ
ମାତିଥିବା ଟୋକାଦଳ ।

ଭାଂଗ ନିଶାରେ
ଆଗକୁ ଆଗକୁ
ମାଡ଼ି ଆସୁଥିବା ମହାକାଳ
ଯେ ଧରିନେଇପାରେ
ଗଜିକୁ ଗଜପତିଙ୍କୁ
ଏକଥା ଜାଣିନାହାନ୍ତି
ମୁକ୍ତି ମଣ୍ଡପରେ
ଯୁକ୍ତିରେ ମାତିଥିବା

ପଣ୍ଡିତକୁଳ
ସମସ୍ତଙ୍କ ଅଲକ୍ଷ୍ୟରେ
ଜଗମୋହନରେ,
ଶେଷ ଗୋଟିପୁଅ
ଶିଖିଯାଉଚି
ଭାଙ୍ଗିପଡ଼ିବାର କୌଶଳ ।
ଭ୍ରଷ୍ଟ ନିଶାତଳ

ଖଜୁରାହୋ

ମୈଥୁନରତ ଦମ୍ପତି
ଫେରି ଗହିଁନାହାନ୍ତି କେବେ
ପଲଙ୍କ ଘେରିଆଡ଼େ
ଘୂରି ବୁଲୁଥିବା ଅଶ୍ୱାରୂଢ଼
ସତ୍ୟକୁ

ପୃଥିବୀ ପ୍ରଦକ୍ଷିଣ କରି
ଫେରି ଆସିଥିବା ନଗ୍ନପାଦ
ସୂର୍ଯ୍ୟକୁ,
ଜ୍ୱଳଜ୍ୱଳ ଅଗ୍ନିକୁ
ଶୂନ୍ୟଗର୍ଭା ଡାକିନୀକୁ
ଶହ ଶହ ବର୍ଷ
ଭାସି ବୁଲିଚି ବୀଜ
ପବନରେ

ଭ୍ରୂଣ ଅଙ୍କୁରି ନାହିଁ।

ଯିଶୁଖ୍ରୀଷ୍ଟ

ତୁ ଏତେ ଦୂରରେ
ଅଥଚ ତୋର ନିଶ୍ୱାସର
ପାଦଶବ୍ଦ ମୁଁ ଶୁଣିପାରେ
ପବନର ବାରାଣ୍ଡାରେ।

ଥା, ଦୂରରେ ଥା।
ଦି' ଗରିଟୋପା ରକ୍ତ ବିନିମୟରେ
ସାରା ଇତିହାସକୁ
କିଣିନଥିବା ବିବେକ ମୋର
ଆଉ କିଛି ଦିନ ହସୁ
କୁଶର କକ୍ଷଣରେ।

ଶେଷରେ ଦିନେ
ଦେହକୁ ମୋର
ଠିଆକରାଇବି ତୋର
ଅବିଶ୍ୱାସର ପିରିଖ ଉପରେ

ତୋତେ ହିଁ
ମିଳିବ ଯିଶୁଖ୍ରୀଷ୍ଟ
ବିବେକର ଚଦର ବଦଳ ବେଳେ
ଇତିହାସର
ଚିରଂଜୀବୀ ଶବାଧାର ।

ହୁମାୟୁଁଙ୍କ କବର : ଦିଲ୍ଲୀ

ଉଡ଼ିଗଲା ଭଳି
ଘାସର ଖଣ୍ଡା ଧାରରୁ
ଶିଶିରର ରକ୍ତଟୋପାଏ
ଯାଏ ସବୁ ଉଡ଼ିଯାଏ
ଅଶୋକ ଆକାଶର ପାଦଚିହ୍ନ ବି
ପବନର ଗଂବୁଜରୁ

ମୋତେ ଆଉ ଭୁଲାଅନା ହୁମାୟୁଁ
ତମର କବର ପଛର
ଘାସ ପଡ଼ିଆରେ
ବଢ଼ିଚାଲିଥିବା ଆଦର୍ଶ
ଆଉ ଦି'ଚାରି ବର୍ଷ ଏମିତି
ବଢ଼ି ଚାଲିବ, ତା'ପରେ

ଆଦର୍ଶର ବି କବର
ଖୋଳା ହେବ ଇତିହାସର

ପାଦଚିହ୍ନ ଉପରେ
ଅଛ କି ନ ଅଛ ଭାବିବା ଭିତରେ
ମାର୍ବଲର କାନ୍ଥ ଉଠିବ
ମୁହଁ ଉପରେ।
ତା ପରେ ତମର ପ୍ରଶଂସା
କାଗଜର ଚକ୍ରବ୍ୟୂହ ଉପରେ
ଅନବରତ ଉଡ଼ିଚାଲିଥିବା
ମାଛି ମୁହଁରେ।

କ୍ଷମା

ଧୀରେ ଧୀରେ ବଢ଼ିଚାଲିଚି
କ୍ଷମାର ସୀମା

ନୌକା ସହିତ ନଦୀ
ସୂର୍ଯ୍ୟ ସହିତ ତାରାମଣ୍ଡଳ
ଓ ରାତି ସହିତ ନିରୁକ୍ତି
ବର୍ତ୍ତମାନ ମୋର କ୍ଷମାର ପରିଧିରେ।

ଏହାପରେ ତମେ ହିଁ ଆସିବ ଶବ୍ଦ
ମୋର କ୍ଷମାର ଚେରରେ ଶୋଷିହୋଇ
ଅକ୍ଷମଣୀୟ ଏ ପୃଥିବୀକୁ
ମୋତେ ମୁକ୍ତ କରିବା ପାଇଁ
କ୍ଷମାଦାନର ଅଭିଶାପରୁ।

ପଲକରେ ମୁଁ ପାଲଟିଯିବି
ହିଂସ୍ର କବି
ଶ୍ୱାପଦ ସ୍ନିଗ୍ଧାର ଅରଣ୍ୟରେ।

ଗ୍ରହଣ

ଭାବିବା ପାଇଁ ସମୟ ନାହିଁ,
କିଛି ଗୋଟାଏ କରିଦେବାକୁ ହେବ
ଏଇ ମୁହୂର୍ତ୍ତରେ, ନଚେତ୍
ପଥର ପାଲଟିଯିବ ସାରା ସକାଳ
ପର ଦୃଶ୍ୟରେ ।

ବ୍ୟାଧିକୁ ରଖ ବୀଜରେ,
ଅଭିମାନକୁ ଆଦର୍ଶରେ,
କ୍ଷୋଭକୁ କ୍ଷମାରେ ଓ
ହିଂସ୍ରତାକୁ ହସରେ,

ତା ପରେ
ବଦଳିଯାଅ ଏମିତି
କିଛି ହୋଇନି ଯେମିତି-
ସବୁଦିନର ଦ୍ୟୁତରେ ମତ୍ତ

ନବଦମ୍ପତି।
ସୂର୍ଯ୍ୟକୁ ସାକ୍ଷୀରଖି କୁହ :
କିଛି ହୋଇନଥିଲା କାଲି ରାତିରେ
ଖାଲି ଟିକିଏ ଗ୍ରହଣ
ଲାଗିଯାଇଥିଲା ଚନ୍ଦ୍ରମାରେ।

ତାଜମହଲ

କେବେ ପାଇବି ସେ ସ୍ୱପ୍ନକୁ ସତରେ ?
ସେ ସ୍ୱପ୍ନ : ଯାହାକୁ ଦେଖିଥିଲିଚି
ସେଦିନଠାରୁ ଏଯାଏଁ
ବହୁଥର ଦେଖିଲାପରେ ଯାହାର
ଶିଉଳିରୁ ଶାଣ ଖାଇ ଉଠିଆସିଚି
ଦୁଇଧାରବାଲା ଛୁରୀ ଜ୍ୟୋସ୍ନାର
ସେ ସ୍ୱପ୍ନ : ଯାହାର ହିଂସ୍ରତାରେ ଦିନେ
ଗଢ଼ାହେବ ଅନ୍ଧତ୍ୱର ତାଜମହଲ ଆମର ।

ମାର୍ବଲରୁ ମାଂସକୁ ଅଲଗା କରି
ଆରମ୍ଭରୁ ଦେଖିବି
ସେ ସ୍ୱପ୍ନକୁ ପୁଣି ଥରେ ?

ନା ତମେ ହିଁ କହ-
ସ୍ୱପ୍ନକୁ ସତରେ ପାଇବାକୁ ହେଲେ
ଆଉ କି ଉପାୟ
କରାଯାଇପାରେ ।

କର୍ମଯୋଗ

ଶାଗ ପଟାଳିରେ
ସୂର୍ଯ୍ୟର ରକ୍ତଢଳା ଚାଲିଚି
ବୁଢ଼ିଆଣୀ ଜାଲରେ
ସକାଳର ମୁକ୍ତା ସଂଚୟ ବି ।

ଏଇତ ମୋଟାମୋଟି ଅବସ୍ଥା : ଦରିଦ୍ର
ପୃଥିବୀର ପରମାର୍ଥ ଓ କୃପଣତା ।

ଏଇତ ସମୟ, ଏତିକିବେଳେ
ଇହକାଳର କାମ ସାରିଦେବାକୁ ହେବ :

ଚୁମ୍ବକରେ କହିଲେ- ଧୂଳିରେ ଲୋଟି
ଖେଳି ଚାଲିଥିବା ଅବୋଧ ଐଶ୍ୱର୍ଯ୍ୟକୁ
ଉଠାଇ ନେବାକୁ ହେବ କୋଳକୁ,
ଏତିକିବେଳେ ।

ୟା’ ପରେ
ଜୁଇଜାଇର ବାରଣ୍ଡାରେ
ଆରମ୍ଭ ହୋଇଯିବ
ସେଇ ପ୍ରସିଦ୍ଧ ପୋକଟିର
ପଦଚ୍ଚରଣା : ଶେଷହୋଇ ଆସୁଥିବା
ପ୍ରଲୋଭନର ସୁବାସ ଭିତରେ
ପୃଥିବୀ ବଦଳିଯିବ ।

ପରକାଳର ପ୍ରଶ୍ନ ଉଠାଇଲ ଯେ ନନା,
ପରକାଳରୁ କିଏ ଦେଖିଚି ?

କର୍ମଫଳକୁ
ଏଇନେ ପାଇ
ଏଇନେ ଖାଇ
ମୁହଁ ପୋଛିଦେବା ହିଁ କର୍ମଯୋଗ
ଆମର ।

ପରକାଳ ପହଂଚିଲେ
ଦେଖିବା, ସେଠି ବି କିଛି
ଉପାୟ ଥିବ ବଂଚିଯିବାର ।

କମଳାଚୋପାର ଅବିନଶ୍ୱରତା

ଏତେ କାଳ ପରେ
ଚିହ୍ନିଲି ତାକୁ,
ଯେତେବେଳେ, ଗାଡ଼ି ଛାଡ଼ିବାକୁ
ଆଉ ପାଂଚମିନିଟ୍ ବାକି,
କମଳା ଚୋପା ଉପରେ
ବାରଂବାର ଜିଭ ବୁଲାଇ,
ଶେଷରେ ଚୋପା ସହିତ
ତାର ଲୋଲୁପତାକୁ
ଗିଳିଦେଇଚି ଛାଇ।
ଏଇ ତାହାଲେ ବାସ୍ତବତା !

-ଯାରି ପାଇଁ
କଳ୍ପନାକୁ ରୁଦ୍ଧକରି ରଖିଲି ଏଯାଏଁ
ଅସୂର୍ଯ୍ୟପଶ୍ୟା ବାଙ୍ମୟରେ ?

-ଏଇ ସେ
ଯାହାକୁ ଶୁଣିପାରିଲି ନାହିଁ
ସନ୍ଧ୍ୟା ସକାଳର ଅନୁନାସିକ ଗାୟତ୍ରୀରେ ?

- ଏଇ ସେ ଯାହାର ଆଉ ପାଂଚମିନିଟ୍‌ରେ
ବିଦାୟ ନେବାର କଥା, ଯାହାର
ଗିଳିବାରେ କ୍ଷୁଧା ନାହିଁ
କେବଳ ଅଭ୍ୟାସଗତ ପାଶବିକତା ?
ଯାକୁ ଇ କହନ୍ତି
କମଳାଲେମ୍ବୁପାର ଅବିନଶ୍ୱରତା ।

ମଲ୍ଲୀମାଳ

ମଲ୍ଲୀମାଳ ଶ୍ୟାମକୁ ଦିଅ ନର୍ତ୍ତକୀ
ମୋତେ ଦିଅ
ମଲ୍ଲୀମାଳର ଭ୍ରମ,
ସେତିକି ଯଥେଷ୍ଟ ଆପାତତଃ
ବଂଚିଯିବାପାଇଁ ଆଜି ସଂଧ୍ୟାର
ଅବିବେକିତାରୁ

ସବୁ ଦର୍ଶକଙ୍କୁ
ଜଣେ ଦର୍ଶକର ନମସ୍କାର।
ଯାଏଁ ଏଥର, ଦେଖେଁ
କି ଅବସ୍ଥାରେ ଅଛି ମୋର ଘର।

ଘରେ :
ଖୋଲା ଟ୍ୟାପ୍‌ରୁ ପାଣିଝରି ପ୍ରଳୟ
ଝରିଚଉତା ଲୁଗା ଭିତରେ ଭୟ

ଘରେ :
ଅଇଁଠା ବାସନରେ ଭୋକ
ଅସର୍ପାଙ୍କ ସପ୍ତର୍ଷି କାନ୍ଥରେ
ଅକାମୀ ଏରିଏଲ୍‌ର ଆଖପାଖରେ
ଧରାଦେଉଥିବା ମୋକ୍ଷ ।
ଏଇମାନଙ୍କୁ ନେଇ ତ ଜୀବନ ମହାଶୟ
ତେଣୁ ମନ ତୋଷିବାର ଇଏ ବି ଗୋଟିଏ
ଉପାୟ

ନାଚ ଅଧାରେ ଘରକୁ ଯିବା,
ଅବଶିଷ୍ଟ ସ୍ୱପ୍ନକୁ ଲଗାଇଦେବା
ମାଟିହଣାରେ ପାଣିଅଣାରେ,
ଅବଶିଷ୍ଟ ସ୍ୱପ୍ନକୁ ଗୁଡ଼ାଇଦେବା
ବେଳରେ, ମଲ୍ଲୀମାଳ ଭାବି
ଭୁଲ୍‌ରେ ଭୁଲ୍‌ରେ ଭୁଲ୍‌ରେ ।

ଫରାସୀବିପ୍ଳବ

(ରିଭୋଲିରେ ରାତି : ପ୍ୟାରିସ୍)
ଗିଲୋଟିନ୍‌ରେ ବେକ, ଝୁଁ ଜେଲୀର
ଚିତ୍ରଶାଳାରେ ଦାଁତନ୍ ଭୂମିକାରେ
ଜେରାଲ୍‌ଡ ଦାପ୍ରଦିଉ ।

ଲୁଭ୍‌ରୁ ଖାଲି ହାତରେ
ଫେରିଥିବା ଅସଂଖ୍ୟ ପର୍ଯ୍ୟଟକ ଓ କାଉ ।

ରାସ୍ତାକଡ଼ର କାଫେରେ ବସି
ବନ୍ଦ୍ ଆଖିରେ
ବ୍ୟୋମରୁ ବିଜୟକୁ ଅଲଗା କରୁଥିବା
ନୋପୋଲିଅନ୍‌ର ଦେହରେ ଆଉ
ଜୀବନ ନାହିଁ
ସ୍ଥାପତ୍ୟ ହେବା ପାଇଁ ପରଜନ୍ମର ।

ଲାଫାଏତ୍‌ର ଅତର ଦୋକାନରେ
ଫୁଲରୁ କେଶରକୁ ଉଡ଼ାଇ ଦେଇଥିବା
ଛଦ୍ମବେଶୀ ଶିଳ୍ପୀର ସୂକ୍ଷ୍ମ ଆଙ୍ଗୁଠିରେ ଲାଗିଚି
ମାୟା ପୃଥିବୀର
ପଥର ହୋଇଯାଇଥିବା ଶରତ୍ ପାଇଁ।
ଚିତା କୁଟାଇବା ପାଇଁ
ନିଟୋଳ ଜଙ୍ଘ ଦେଖାଇ
ବସିଥିବା କଣ୍ଢେଇର ଆଖିରେ ଭରିଚି

ଯାଦୁ-ଲ୍ୟାଂପ୍‌ପୋଷ୍ଟ ତଳେ
ରୁପାର ରଣପା ପିନ୍ଧି ଠିଆହୋଇଥିବା
କଙ୍କାଳସାର ବେଶ୍ୟାର।

ହଳଦିଆ ହୋଟେଲ୍‌ରେ
ଘୁଣ ଧୂଳିର ଶେଯଜରେ
ଘୋଷାରି ହୋଇ ଚାଲିଥିବା
ଅଧମରା ସାପ ପେଟରେ ମୁଁ।

ଗାଲ ଉପରେ ମୋର
ମାଡ଼ି ଚାଲିଚି ଅବିଶ୍ୱାସର
ପିଙ୍ଗଳ ଛଉ : ସମସ୍ତଙ୍କର
ଦାନରେ ମୁଁ?
କ୍ଷୋଭରେ ମୁଁ?
କୌଶଳରେ ମୁଁ?
ପରାକାଷ୍ଠାରେ ମୁଁ?

ମିଛ

କାହାକୁ କିଛି ନକହିପାରି
ରୁନ୍ଧି ହୋଇଯିବା ନିଜର
ଅକ୍ଷମତାରେ, ଚୁଲିରେ
କଂଚା କାଠର କୁହୁଳି ଚାଲିବା
ଯାବଜ୍ଜୀବନ, କାଳ୍ପନିକ
ହାଣ୍ଡିରେ ମିଛଭାତ
ଫୁଟି ଚାଲିବା ଟଗ୍‌ମଗ୍ :

ଏଇ ବୋଧହୁଏ
ସାରା ଜୀବନର ସ୍ଥାପତ୍ୟ
ଯାକୁଇ ବଦଳାଇ ଦେବାକୁ ହେବ
କୋଣାର୍କରେ ମରିଯିବା ଆଗରୁ

ପାରିବି ?

ମନ୍ତ୍ର ଜାଣେ
ତନ୍ତ୍ର ଜାଣେ

ସାଦୃଶ୍ୟ ସାମଂଜସ୍ୟରୁ
ବାସ୍ତବତାକୁ ବାହାର କରି
ଜାଣେ। ହେଲେ
ଜାଣେନାହିଁ ଭୋକକୁ
ରକ୍ତମାଂସରେ ବଦଳାଇ ଦେବାର
ନ୍ୟାୟ, ତର୍କକୁ
କୋଣାର୍କରେ ସାକାର କରିବାର ଉପାୟ-
ସେଇଥି ପାଇଁ
ଏତେ ସଂଦେହ, ଏତେ ଭୟ।
ସଂଧ୍ୟା ପରେ
ଦର୍ପଣର ପରିହାସ ଯଦି
ବଦଳିଯାଏ ପଥରର ପ୍ରୟୋଜନୀୟତାରେ
ରାତି କାଟିବା ପାଇଁ
ଦି'ଘରିଜଣ ଖୁନୀ ଅପ୍‌ସରାଙ୍କ ଛଡ଼ା
ଯଦି କେହି ରହନ୍ତି ନାହିଁ କୋଣାର୍କରେ

ତେବେ, ଝୁଂଟି ପଡ଼ିଲା ବେଳେ
ବାଲିରୁ ବୈଦୁର୍ଯ୍ୟକୁ
ଅଲଗା କରିବା କାହିଁକି ?
କାହିଁକି ବଦଳାଇ ଦେବା
ଆଜି ଦିନର ମୂଳ ସ୍ୱୀକୃତିକୁ
ଅମରତ୍ୱରେ ? କୋଣାର୍କକୁ ବା
ଖୋଜିବା କାହିଁକି ଭାତ ହାଣ୍ଡିରେ ?

ବରଂ, ଦି'ମୁଠା ମିଛଭାତକୁ
ଚକ୍‌କଣ କରି ବାଢ଼ ମିଛ ଥାଳିରେ
ହାଣ୍ଡିର ପେଟରେ ଚିତ୍ର ଲେଖ ମାଛର
କୁହୁଳୁଥାଉ କଂଚା କାଠ

ସେମିତି ଚୁଲିରେ ଧୀରେ ଧୀରେ
ଲୁହ ଥାଉ ସେମିତି ଆଖିରେ
ଯେମିତି କିଛି ନ କହି ପାରିବାର ଅକ୍ଷମତା
ଆମର ବର୍ଷବର୍ଷର ଆଲିଙ୍ଗନରେ।

ଅମଣିଷ

ପାଣିର ଚମତଳେ
କଇଁଫୁଲର ଆଙ୍ଗୁଠିରେ
ନଖ ବଢ଼ିବା ଦେଖେ

ମାଂସର ଧଳାପଡ଼ିବା ଦେଖେ
ଭୟଙ୍କର ଅବିଶ୍ୱାସର ଜ୍ୟୋତ୍ସ୍ନାରେ

ବହୁ ଆବଶ୍ୟକତାରେ ଗଢ଼ା
ମୋର ଅମଣିଷତ୍ୱକୁ
ପ୍ରାୟ ପ୍ରତିଦିନ ଦେଖେ ।

ଦିନେ ହଠାତ୍ ବଦଳିଯାଏ ମୁଁ
ଦେଖୁ ଦେଖୁ,
ମଣିଷ ହୋଇ ଆଉ ରହେନାହିଁ
ପୃଥିବୀରେ ।

ମୋତେ ଖୋଜୁଚ କିଏ
ଛାତରୁ ଖସି ତଳେ ପଡ଼ିଥିବା
ଖରାର ଫଳକରେ
ଅଥୟ ଧୂଳିକଣାର ନାଚରେ ?
ମୁଁ ଆଉ ନାହିଁ ଏସବୁ
ନାହିଁ ନାହିଁରେ
ଗ୍ଳାନିମୟ କଳ୍ପନାର ଖୋଷା ଭିତରେ
ମେଦର ନଖ ବଢ଼ାଇବାର
ମହାନତାରେ ।

ମୋତେ ଖୋଜ
ଚିତ୍ରାର୍ପିତାକୁ ଘୁଣ ଖାଉଥିଲା ବେଳେ
ଅନ୍ଧାର ଘରେ,

ମୁଁ ସେଇଠି ଥାଏ
ମାଦଳ ହୋଇ
ଛୋଟ ବଡ଼ ଅନେକ ଆଲିଂଗନରେ ।

ଅଯୋଗ୍ୟତା

ତମେ ତ ଜାଣିଚ ମୋର ଅଯୋଗ୍ୟତା

କିଛି ଗୋଟାଏ ପାଇଯାଇଚି ଯଦି
ରକବପାରିନାହିଁ ଶେଷ ଯାଏଁ
ତମକୁ ତେଣୁ ରଖିଥାନ୍ତି କେମିତି
ଧ୍ରୁବତ୍ୱର କଳ୍ପନାରେ କେବଳ ?

-ଧ୍ରୁବତ୍ୱର ମାନେ ଧନୁରେ
ଶରନ୍ୟାସର ଅପ୍ରମେୟତା
-ଧ୍ରୁବତ୍ୱର ମାନେ ଲକ୍ଷ୍ୟ ଏବଂ ପ୍ରୟୋଜନ
ଉଭୟର ଭୟାବହ ବିଶାଳତା ।

ବାସ୍ ଏଇ କଳ୍ପନାରେ ସାରିଦେଲି
ଜୀବନ,
ବୁଝାଇ ପାରିଲି ନାହିଁ

ଆଞ୍ଜୁଳେ ପାଣିରେ
ମୂକ ଆଦର୍ଶର
ବିଂଚିତ ହେବାର ଯଥାର୍ଥତା,
ତଥାପି ବିଶ୍ୱାସ ଅଛି
ଅଯୋଗ୍ୟତାରେ-
କିଛି ନ ପାଇ
ସବୁ ପାଇଯିବାର
ବିଡ଼ମ୍ବନାମୟ ଚତୁର୍ଯ୍ୟରେ।

ଆଖ୍ୟାୟିକା

ତୋର ଉଚ୍ଚାଟ ସମର୍ପଣରେ
କିଛି ଗୋଟାଏ ଅଭାବ ଥିଲା ନିଶ୍ଚୟ

ମୋର ନିରସ୍ତ୍ର ପାଇବାର
ବ୍ୟୂହ ରଚନାରେ ବି ।

ତୁ ସମର୍ପଣକୁ
କରି ପାରିଲୁ ନାହିଁ
ଲୋଭଠାରୁ ବେଶୀ ଫେନିଳ
ବେଶୀ ବାଷ୍ପମୟ

ମୁଁ ପାଇବାକୁ
କରି ପାରିଲି ନାହିଁ
ଆଶାଠାରୁ ବେଶୀ ମାଂସଳ
ବେଶୀ ନିଃସନ୍ଦେହ

ସେଇଥି ପାଇଁ
ଆକାରହୀନ ଶବ୍ଦକୁ ଆଜି
ଉଠାଇ ନେଲି
କାଚର ଆଙ୍ଗୁଠିରେ
ଆବଶ୍ୟକତାର ବିଷକୁମ୍ଭରୁ
ସେଇଥିପାଇଁ
ତ୍ୟାଗକୁ କଲି ଆଜି
ଆହୁରି ବେଶୀ ଲାଲ୍
ଆହୁରି ବେଶୀ ଲୋମହର୍ଷକ
ଭୋଗଠାରୁ ।

ଯା'ପରେ
ଲୋମକୂପରେ
ବର୍ଚ୍ଛା ଲୁଚାଇ ଚାଲିଥିବା
ଜରି ଜଂବୁରୀର ଯୋଦ୍ଧାକୁ ତୁ
ଭେଟିବୁ ଦିନେ
ଆଖ୍ୟାୟିକାର
କରୁଣତମ ଅଂଶରେ-

ସେଠି
ନା ସମର୍ପଣ ଥିବା ନା ପାଇବା
ଗାରିମା ବି ନଥିବ
କ୍ଷତର ନିରବଧି ରକ୍ତଦାନରେ
କଷ୍ଟ ବୋଲି କିଛି ନଥିବ
କଟାମୁଣ୍ଡର

ହସରେ ରଞ୍ଜିତ କରି କରବାଳକୁ
କେବଳ ଟେକିଦେବାକୁ ପଡୁଥିବ
ଥରକୁକୁର
ଶତ୍ରୁ ହାତକୁ ।

ଦ୍ୱାପର

କେବଳ ଗୋଟିଏ ବିହ୍ୱଳ
ଲଂଜାତାରାର ଆଲୁଅରେ
କୁଞ୍ଜକୁ ସକାଳଯାଏଁ
ହାଲୋଳ କରି ରଖିଥିବା
ସେ ଅଭିସାରକୁ ଦେଖିନ ଯଦି

ଦେଖିନ ଯଦି
ମୋହାବେଶରେ
ରାତିର ଜଳନ୍ତା ହାତ ଗୋଟିକୁ

ପେଟ ଭିତରକୁ
ଟାଣିନେଇଥିବା ସେ ଶୃଂଗାରକୁ

ତେବେ ବିଶ୍ୱାସ କର
ଆଉ କିଛି ନଥିଲା
ସେ ଦି'ଜଣଙ୍କ ଭିତରେ

ଏମିତିକି
ଲାଲ ଟୋପାଏ ବି
ଝାଳ ଟୋପାଏର
ସୁଠାମ ଗଣ୍ଠିଟିଏ ବି ନଥିଲା
ମାଟି କାମୁଡ଼ି ପଡ଼ିରହିଥିବା
ଅଗଣାର ମୁଥା ମୂଳରେ

ଛାତ ଉପରେ ପତାକାର
ଯେଉଁ ଫର୍ ଫର୍ ଦେଖୁଚ
ସେଇଟା ବି କିଛି ନୁହେଁ,

ଗୋଟାଏ ଠିକ୍ ଜାଗାରେ
ବାଜିନଥିବା ଘେଣ୍ଟ ସେଇଟା
ସମୟର,
ଛଟପଟ ହେଉଚି
ତା'ର ନିଜର ଶାଣ ଭାଙ୍ଗିଯିବାର
ଯନ୍ତ୍ରଣାରେ ।

ଚର୍ଯ୍ୟାପଦ

ତାରାଟାଏ ମନସ୍ତାପରେ
ଶୁଖି ଶୁଖି କଂଟା ହେବା ଯାହା,
ଚୁଲୀରୁ ଧୂଆଁ ଉଠିବା ସେଇଆ।

ଫୁଲଦାନୀରୁ ମଲାଫୁଲଟିକୁ
ଉଠାଇନେବା ଯାହା,
କାରୁଣ୍ୟର ଅପୂର୍ବ ମେଘ ଉଠାଇ
ବର୍ଷା ନହେବା ସେଇଆ।

ଡଙ୍ଗାରେ ଚୁଡ଼ା ଚାଉଳ ନେଇ
ବୈତରଣୀ ପାର ହେବା ଯାହା,
ବ୍ୟାକୁଳ ପକ୍ଷୀଙ୍କର
ଅସ୍ତାଚଳକୁ ଯିବାବି ସେଇଆ।

ସୁଖ

କାହାକୁ ଯଦି ମିଳିନି କେବେ
ମୋତେ ମିଳନ୍ତା କେମିତି
ଗୋଟାକଯାକ ସୁଖ ? ମୋର
କବିତ୍ୱ କଣ ଯଥେଷ୍ଟ
ଆଦାୟ କରିନବା ପାଇଁ
ତା'ର ନିଜର ମାଂସ ପୁଳାକ
କାଳର ବିପୁଳ ଅଶ୍ୱମେଧରୁ ?

ଏମିତି ବି ନୁହଁ ଯେ
ସୁଖ ବୋଲି କିଛି ମିଳିନି କେବେ,
ମିଳିଚି-

ଯେମିତି ସେଦିନ
ଭୋଗମଣ୍ଡପରୁ
ଉଠିଯାଉଥିବା ଉପରଓଳିର

ପରିତୃପ୍ତ ଖରା ଲାଖି ରହିଲା
ଆଉ କିଛି ସମୟ
ଓଠରେ

ଯେମିତି ସେଦିନ
ଘୋର ବର୍ଷ ରାତିରେ
ଶେଷ ଟାଉନ୍‌ବସ୍‌ରୁ
ଓହ୍ଲାଇପଡ଼ି
ଶୋଇବା ଘରର ଅରାଏ

ଦୀପାଲୋକ ଭିତରକୁ
ଓଦା ସରସର ହୋଇ
ପଶି ଆସିଲା ପବନ,

ଯେମିତି ସେଦିନ
ଚୌରାଳିଶି ମହଲାର
ଛାତ ଉପରୁ ଡେଇଁ ପଡ଼ିଲାବେଳେ
ପାଦ ଛନ୍ଦି ଦେଲା ବିଜୁଳି
ସବୁ ବୁଝିଲା ପରି
ବାଟ ଆଗୁଳି ଠିଆହୋଇଗଲା
ସାମ୍ନାରେ,
ନିଆଁର ଯୋତା ହଳେ ଧରି ହାତରେ,

ହଉ ସେତିକି ହଉ
ନ ମିଳୁ ପଛେ କୋଉଠି ଗୋଟେ ଥାଉ
ଗୋଟାକଯାକ ସୁଖ-

ମରୁଭୂମିର ଫସଲରେ ନଥାଉ ପଛେ
ମରୀଚିକାର ଦା'ରେ ଥାଉ।

ଯାତ୍ରା : ରାତି

ରଙ୍ଗ ବୋଳା ସରିଚି
ରାତିର ଧଳା ବାଳରେ,

ଅଗଣାରୁ ଗୋଟା ସରିଚି
ପୁଷ୍ପବର୍ଷୀ ମେଘର ଅଦାଗଢ଼ା କୁଆପଥର

ପାଲରେ ଭରା ସରିଚି
ଦୋଦୋପାଂଚ ଦକ୍ଷିଣା

ଯୋତା ପିନ୍ଧା ସରିଚି ଦୈତ୍ୟର
ନୈମିଷାରଣ୍ୟରେ ଋଷିମାନେ
ଏକାଠି ହବା ଆଗରୁ

ଏ ସବୁ ଭିତରେ ଆନମନା ହୋଇ
ଜ୍ୟୋସ୍ନାର ପଥର ଖଂଡେ ବସିପଡ଼ିଚି

ନଈକୂଳର ଅନ୍ଧାରରେ,
ପାଦ ଲମ୍ବାଇ ଦେଇ
ପାଣି ଭିତରକୁ।

ଯା'ପରେ କଣ ହେବ ?
କଣ ହବ ଯା'ପରେ ?
କିଛି ହବ ନାହିଁ ଯା'ପରେ,
ବୁଝିବାକୁ ହେବ

ରାତିର ରାସ୍ତା ଏଇଠି ଶେଷ
କଙ୍କିରୂପିଣୀ ପରୀଟି ଯା'ପରେ
ଉଡ଼ିଯିବ ନିଆଁହୁଳାର ମୁଠା ଉପରୁ।

ସବୁଥର ଭଳି ଏଥର ବି
ଫେରିବାକୁ ହବ ଏଇଠୁ,
ଅବଶିଷ୍ଟ ରକ୍ତ ଟିକକ ନିଗାଡ଼ି ଦେଇ
ଜଣେ କାହାପାଇଁ

ରାସ୍ତା ଶେଷର ପଥର ଉପରେ।

ଅନ୍ଧପଣ

ସାରା ପୃଥିବୀର
ଯେଉଁ ନଗଣ୍ୟ କାତରତାକୁ
ଗୋଟାଇ ନେଇ କହୁଚ-
କ'ଣ ଗୋଟାଏ ଭାସିଗଲା ଦେଖ୍
ଖର ସ୍ରୋତରେ,
ତାକୁ ମୁଁ କେବେ
ଦେଖିଚି ନା ଦେଖିପାରିବି ସତରେ !

ବୁଡ଼ିଯାଉଥିବା ଅନୁମାନର
ମୁଣ୍ଡ ଉପରୁ
ଉଠାଇ ଆଣିଥିବା ଟୋପିଟି
ନିପଟ ତାତ୍ସଲ୍ୟର ବୋଲି
ଭାବିଦେଇଚି । ସେତିକି ଭାବି
କୃତାର୍ଥ ହୋଇ ବସିଚି
ନଈକୂଳରେ ।

ଘଂଟାରେ ସାତ୍ ବାଜୁ କି ଆଠ୍
ମୁଁ ଫେରେଁ କି ନଫେରେଁ
ସାରା ଜୀବନର ଶଠପଣକୁ
ଏକାଠି କରି ଦିଏଁ କି ନଦିଏଁ
ଗଳାରେ ତାର ବଣନିଆଁର ଚନ୍ଦ୍ରହାର

- ସେଇଠି ଥିବି
ସେଇତ ମୋର ଦାର୍ଶନିକତା
ବିହ୍ୱଳ ଅନ୍ଧପଣର !

ଗର୍ଭଗୃହ

ଦ୍ୱିତୀୟ ସଂସ୍କରଣ : ୨୦୧୮

ଦେହ

ଛୁଇଁ ପାରିବ ଯଦି ଛୁଅଁ।

ପାଉଁଶ ଓ ପୀତାମ୍ବରୀ ମଝିରେ
ଯେତିକି ଦେଖୁଚ ସୁନାରଙ୍ଗର ସନ୍ଦେହ
ସେତକ କିଚି କମ୍ ନୁହଁ-

କାଠକଟା କୁରାଢ଼ୀରେ
ଯେତେଇଚ୍ଛା କାଟିପାରିବ ତାକୁ;

ଝକମକିର ନିଆଁରେ ତାକୁ
ଜାଳିପାରିବ ସାରାଜୀବନ;

ପିଣ୍ଡଭଳି ଭସାଇ ଦେଇପାରିବ
କଦଳୀ ପଟୁକାରେ;

ପାଇପାରିବ ଯେଉଁଠି ଚାହଁ
ସେଇଠି;

ମିଛିମିଛିକା ତାରାଭଳି
ଛାଇନିଦର ଅଳନ୍ଧୁରେ।

ଅକ୍ଷୟ

ଦେଖ୍, ବଦଳି ଚାଲିଚି ମୋର ଦେହ
ଘାସ ଅଗରେ ମୁକ୍ତାବୁହା ତଥାପି ଚାଲିଚି
ଖେଳଚାଲିଚି କନିଅର ଡାଳରେ ଗୁଣ୍ଡୁଚିର
ଦେଖ୍, ବଦଳିଚାଲିଚି ରଙ୍ଗ ଆକାଶର
ତଥାପି, ତାରାଗଣା ଚାଲିଚି କବିର।

ସବୁ ସରିଯିବା ପରେ ବି ତତେ
ଖୋଜିବି କ୍ଷୟର ବଳୟରେ,
ଆଶାର ବଳକା ହସରେ
ବାନ୍ଧିରଖିବି ତୋର ବିଶ୍ୱାସକୁ,
ବାରମ୍ବାର ଫେରିଆସିବି ପୃଥିବୀକୁ,

ସବୁ ସରିଯିବା ପରେ ବି
ହାତରେ ତୋର ରଖିଯିବା ପାଇଁ
ଅବଶେଷ ଅକ୍ଷୟକୁ।

ହଂସ - ନାରାୟଣୀ

ଦୁଃଖ କଣ ? ସୂର୍ଯ୍ୟାସ୍ତରେ
ହଂସ ନାରାୟଣୀ ଭୁଲାଇପାରେ
ହଂସକୁ, ମୋତେ ନୁହେଁ -

ମୁଁ କାନ୍ଦିଲାବେଳେ ବି
ଖାଉଥାଏ ମୋର ଥାଳିପୂର୍ଣ୍ଣ ସୁଖକୁ,
କୋଳ କରିଥାଏ ସଂଗ୍ରହିଣୀକୁ ।

ମୋର ଦୁଃଖ କଣ ?

ପଛରେ ପଛରେ ଭାଇଭଳି
ଗୋଡ଼ାଉଥିବା ଦୁଃଖକୁ
ଫେରି ଚାହିଁନାହିଁ ବୋଲି ଏତେ
ଦୁଃଖ ତୋର ? ବେଶ୍

ନାରଙ୍ଗୀ ମେଘ ଗାଲରେ
ଲାଲ୍‌ରଙ୍ଗର ଲୁହଟୋପାକ ତ
ଦେଖିବା କଥା, ଦେଖିନେବି

ଯେତେବେଳେ ଛାଇନଥିବ
ହଂସର ଭାସିଲା ବେଳେ
ହଂସର ଭାସିଲା ବେଳେ
ହ୍ରଦର ପାରଦ କୁହୁକରେ

ସୁଖ ନଥିବ ପ୍ରତିଦିନର ଖାଲିଥାଳିରେ ।

ନୀଳାଞ୍ଜନ

ଉପରୁ ତଳକୁ ଚାହିଁବା ପାଇଁ
ସାହସ ନୁହେଁ କେବଳ
ପ୍ରତାରଣା ବି ଲୋଡ଼ା।

ଦେହ ମୋର ଉଡ଼ିଚାଲିଚି ଉପରେ,
ଦେହର ଛାଇ ପଡୁଚି ତୋର
ଦୁଇ ନିଷ୍ପାପ ହାତର ଖରାରେ
ତଥାପି ଶୁଖିନଥିବା ଆଖିରେ।

ବିଶ୍ୱାସ କର୍, ପାରିଲି ନାହିଁ
ଚାହିଁପାରିଲି ନାହିଁ ତଳକୁ-

କେତେବେଳେ ବଦଳିଗଲା
ରଙ୍ଗ ବଙ୍ଗୋପସାଗରର,
ବଦଳିଗଲା ଦେହର ସୀମାନ୍ତରେ
ପରିଚୟ ସୁଖର,
ଦେଖିପାରିଲି ନାହିଁ।

ତୋ'ଠାରୁ ତେଣୁ
ବିଦାୟ ନେବିନାହିଁ କେବେ :

ତୋର ଆଖିର କୂଳେ କୂଳେ
ସଜାଇଦେବି ଆକାଶକୁ
ସନ୍ଦିଗ୍ଧ ସୁଖର ନୀଳାଞ୍ଜନରେ

ଆତ୍ମଦାନ

ମନେ ନଥାଏ
କିଏ କେତେବେଳେ
ରହିଲା କାହାର ନିଜର ହୋଇ
କାହାକୁ କିଏ
ଥରଟେ ଖାଲି ଡାକି ଦେଇଗଲା
ଯିବା ଆଗରୁ-

ଅଥର୍ବ ଜାମୁଡାଳ
ପିଟି ହେଲାବେଳେ
ବିଦାୟର ଅଧାଆଉଜା
କବାଟ ଉପରେ।

ମନେ ନଥାଏ
ଯାଉ ଯାଉ କିଏ ଫେରିଲା
ଧ୍ୱଂସର ଚିତ୍ରବିଥିରୁ,

ଧାଡ଼ିବାନ୍ଧି ଠିଆ ହୋଇଥିବା
ଅସଂଖ୍ୟ ଗୀତର ମୌନତାରେ
ବାଂଟିଦେଇ
ମାତ୍ର କେଇଟାପଦର ଆଡ଼ମ୍ବରକୁ।
ମନେ ନଥାଏ
କିଏ ଝୁଲିଗଲା
ସବୁ ନୀଡ଼ର ଐଶ୍ୱର୍ଯ୍ୟକୁ
ଏକାଠି କରି
ନିଜ ହାତରେ ସଜାଇଥିବା
ନିଜର ସମୃଦ୍ଧ
ବରାଭୟର ଫାଶୀରେ।
ସବୁ ପାଶୋରି
ଆଗକୁ ଆଗକୁ ଆହୁରି ଆଗକୁ
ଯିବାକୁ ହୁଏ-

ମାଛ ପେଟରୁ
କାଢ଼ିବାକୁ ପଡ଼େ ମନ୍ତ୍ର
ନିଷ୍ପାପ ଶିଉଳିର,

କଇଁଚ ପିଠିରେ
ଥୋଇବାକୁ ହୁଏ ଭାର
ଅଭିଶପ୍ତ ଆଦର୍ଶର,

ଦାନ୍ତରେ ଧରି
ଟେକିବାକୁ ହୁଏ ରସାତଳକୁ
ଧରିଯାଉଥିବା ମାନ
ମେରୁର,
ଲଙ୍ଗଳରେ ଖୋଳି
ମୂକ ପ୍ରାର୍ଥନାର ବଂଜରରେ
ପକାଇବାକୁ ପଡ଼େ
ପ୍ରୟୋଜନର ସିଆର,

ଭୀଷଣ ପ୍ରତିହିଂସାରେ
ଖେଳିବାକୁ ବି ହୁଏ
ରଣ ଶୁଝିବା ପାଇଁ
କୃପଣ ଇତିହାସର

ବିଶ୍ୱାସ କର
କେତେ ଯେ କଣ
ହବାକୁ ହୁଏ,
କେତେ ରୂପରେ
ଯିବାକୁ ପଡ଼େ
ଉଠି ପଡ଼ି ଭାଙ୍ଗି ଉଜୁଡ଼ି,
ମନେ ନଥାଏ
ଟିକିଏ କିଛି-
କିଏ ଯେମିତି

ମାଟି ଉପରେ ଆଗକୁ ଯିବାର
ଧଇଁସଇଁରେ
ପୋତି ଦେଇଥାଏ
ମଞ୍ଜି ଛାଏଁ ଛାଏଁ
ଭୁଲିଯିବାର ।
ଆଗକୁ ଆଗକୁ ଆହୁରି ଆଗକୁ
ଯିବାକୁ ହୁଏ,

କିନ୍ତୁ ସେ ଯାଏଁ
ଗଳିମୁଣ୍ଡର ଖଣ୍ଡିଆଭୂତ
ପିଣ୍ଡାଯାକେ ଆସିବା ତ ଦୂରର କଥା
ବିଚରାର କୁଟାକାଠିର
ପାଦ ବି ତିଆରି ସରିନଥାଏ,
ତାକୁଇ ନେଇ
କାନ୍ଥ ଉପରେ

ଚାଲିଥାଏ ଖରାର
ହାତୁଡ଼ି ମାଡ଼।
ଧୂଳିମୁଠାଏ ହାତରେ ନେଇ
ସୁନା କିରୀଟ ଗଢ଼ିବା ପାଇଁ
ବାହାରିଥାଏ ଯିଏ-

ଆହୂତି ତା'ର
ପଡ଼ିସାରିଥାଏ ନିଆଁରେ
ହେଲେ,
ଆତ୍ମଦାନର ଶିଖା
ତଥାପି
ଉଠିନଥାଏ କୁହୁଳୁଥିବା
ଅଙ୍ଗାରରୁ।

ଆକ୍ରୋଶ

କେହି ତାକୁ ରଖିପାରିଲେ ନାହିଁ ସେଦିନ ।

ସେ କାହାରି ଡାକ ଶୁଣୁନଥାଏ
ନା ଅସୁସ୍ଥ ପବନର ନା ଆତଙ୍କିତ ବର୍ଷାର
ସେ ସେମିତି ବସିଥାଏ ମୁରାରି
ପାଣିଗ୍ଲାସ୍ ଓ ପ୍ରାର୍ଥନା ମଝିରେ
ଦାରୁଭୂତ ।

କିଏ ତାକୁ କଣ ବା ଦବ ?

ନିଆଁରେ ଜଳି ତାଓ୍ୱାର ତିତିକ୍ଷାରୁ
ଉଠିଥିବା ଦିପଟ ରୁଟି ବାଂଫମୟ ଅଭିଶାପର ?

ଚେରଜଡ଼ାଇ ଫଟାକାନ୍ଥକୁ
ସମ୍ଭାଳି ନେଇଥିବା ଦୂରଭିସନ୍ଧି
ଆତ୍ମୀୟ ଅଶ୍ୱତ୍ଥର ?

ବଜ୍ରମାଡ଼ରେ ଭାଙ୍ଗି ପଡୁପଡୁ

ରହି ଯାଇଥିବା ଚଉକିଟିଏ
ଆତ୍ମଘାତୀ ଚିତ୍କାର ପାଇଁ କାଠର ?
ଭୋର୍‌ର ତାରରେ ବନ୍ଧା
ବିଭୋର ଶୁଦ୍ଧସାରଙ୍ଗ
ନିରୁପାୟ ବେହେଲାର ?

ଧୂଳିର ଧୂମାଳ ବର୍ଣ୍ଣମାଳା
ଦୂରତ୍ୱର ?

କେହି କିଛି ଦେଇପାରିବେ ନାହିଁ,
କିଛି ମାଗିବାର ବି ନାହିଁ ତା'ର ।

ସେ ଜାଣିଚି
ସେ ଯେମିତି ବସିଥିବ ଅସମାହିତ
କେହି ତାକୁ କଷିପାରିବେ ନାହିଁ
ଦବାନବାର ଗଣିତରେ ।

ପାଣିଗ୍ଲାସ୍‌ରେ ନା
ପ୍ରାର୍ଥନାରେ ନା
ରୁଟିରେ ନା
କାନ୍ଥରେ ନା
ଚଉକିରେ ନା
ବେହେଲାରେ ନା
ଧୂଳିରେ ନା

ଉଠିବା ଆଗରୁ ସେ ଶୁଣିବ
ଅନ୍ତତଃ ଥରକ ପାଇଁ
ନିଆଁର କବାଟ ସେପଟୁ
ହସ ଜଳପ୍ରପାତର

ତା'ପରେ
ଗୋଟିଏ ପାଲଟି
ଆଉ ଗୋଟିଏ ଲୁଗା ପିନ୍ଧିବ
ଆକ୍ରୋଶର ।

ମରୁଭୂମିର ଆତ୍ମା

ବଦଲେଆରଙ୍କୁ

ତିରସ୍କାରର ଏ ତୋରଣ
କଣ ଘୂର୍ଣ୍ଣିହାତରୁ
ପାଇଥିବା ସବୁ
ଉଦ୍‌ଭ୍ରାନ୍ତ ପତ୍ରର
ଏକାଠି ହବା ନୁହଁ ?

କିଛି ନ କହିବା କ'ଣ
ସବୁଠାରୁ ବଡ଼ ଆୟୋଜନ
ନୁହଁ କବିତାର ?

କାଲି ଯେତେବେଳେ
ମରୁଭୂମିର ଆତ୍ମା ବାହାରିବ
ଜରିର ଜାମା ପିନ୍ଧି
ଚନ୍ଦ୍ରଉଦିଆ ରାତିରେ-

କିଏ ଡାକିବ ତାକୁ ?
କିଏ କାନ୍ଦି କାନ୍ଦି ଗଡ଼ିଯିବ
ତୁହାକୁ ତୁହା
ପ୍ରଶ୍ନ ଶୁଣି କବିର ?
କିଏ ମୁହଁ ଲୁଚାଇ
ଭଲପାଇବ
ବାଲିବନ୍ତର ସ୍ତନ୍ୟ ପିଇ
ମୃଗଯୂଥରେ ବସିଥିବା
ମରିଚୀକାକୁ ?

ନାଃ, କୋଉଠି କିଛି ନାହିଁ
ନ ଚିହ୍ନିବାର,

ନୀରବତାର କଂଟାବୁଦାରେ
ଲାଗିଚି ଯାହାର ପଳାୟନର
ଉତ୍ତରୀୟରୁ ଟିକିଏ,

ତାଆରି ହସରେ ଫାଟିପଡୁଚି
ଭୂତକୋଠି ଅତୃପ୍ତ ଶବ୍ଦର।

ଘାଟୀରେ ଈଶ୍ୱର

ଆମେ ତାରାଗଣି ଗଲିଚେ
ସେତିକିବେଳୁ,

ଏ ଭିତରେ କିଏ
ନଈ ସହିତ ନୈରତକୁ
ପଳାଇ ଯାଉଥିବା ପାହାଡ଼ର
ଅଂଟାରୁ ଖୋଜି
ବାହାର କଲାଣି
ଧାରୁଆ ଛୁରୀଖଣ୍ଡେ ଭଳି
ସକାଳ !

ଇଏ କ'ଣ ସିଏ
ଯିଏ ଗତକାଲି ଘଂଟାରେ
ସାତଟା ନବାଜୁଣ୍ଡୁ
ତାରାମଣ୍ଡଳର ପୁରୁଣା

ଝାଲର୍ ଖଣ୍ଡେ ଫିଙ୍ଗିଦେଲା
ସୋରିଷବିଲର ଦେହ ଉପରକୁ ?

ଇଏ କ'ଣ ସିଏ ଯାହାକୁ
ଦେଖିବା ତ ଦୂରର କଥା
ଭାବିପାରିନେ ଆମେ
ଘାଟୀ ପାର୍ ହେଲାବେଳେ ବସ୍‌ରେ ?

ଭୋଜଭାଜି

ଭାବିଲେ ଭୟ ଲାଗେ :

କୋଉ ମେଘ କେତେ ମୃଣ୍ମୟ,
କିଏ ପୂର୍ଣ୍ଣକରିବ ଏ ବର୍ଷର
ଅଧାଗଢ଼ା ପୋଲକୁ ଆରବର୍ଷ,
ଏକବିଂଶ ଶତାବ୍ଦୀରେ ଥିବି କି ନଥିବି ମୁଁ ?

ଏସବୁ ଭାବିଲା ପରେ
ମେଘରେ ଆଉ ଆସ୍ଥରହେନା
ସେଇ ଗୋଟିଏ ସୂକ୍ଷ୍ମ ଆଶାକୁ
ବାରମ୍ବାର ଫଳାଇବାକୁ ପଡ଼େ
ଓଲଟପାଲଟ କରି
ପୁରୁଣା ହସର ଉଷରରେ
ସତରେ ହେଉ କି ମିଛରେ ।

ପୋଲ ବାନ୍ଧିବାର
ଆବଶ୍ୟକତା ନଥାଏ

ଭବିଷ୍ୟତ ପାଇଁ, ବୁଢ଼ାକୁ
କୌଣସିମତେ
ଉଠାଇ ଦିଆଯାଏ
ଏକବିଂଶ ଶତାବ୍ଦୀର ଟ୍ରେନ୍‌ରେ ।
ହେଲା ଏଥର ? ନା
ତଥାପି ଅପେକ୍ଷା ଅଛି
ଭୋଜବାଜିର ?

ଅଛି ଅଛି ।

ଦେଖିବାପାଇଁ ବାକି ଅଛି
ନିଆଁରେ ଲେଖା ଶବ୍ଦ କେତେଟା
ଲୁଚାଇଦେଇ ମେଘ ପେଟରେ
ଦୋଷୀ ପବନର ଫେରିବା ଗହନ
ଆମ୍ବତୋଟାକୁ
ଉନ୍ମାଦ ହୋଇ କୁହୁତାନରେ,

ଦେଖିବାପାଇଁ ବାକି ଅଛି
ଅଧାଗଢ଼ା ପୋଲର ଅଦରକାରୀ
ଇସ୍ପାତରେ
ଭବିଷ୍ୟତର ଚେର ଥାପିଦେଇ
ଉଡ଼ିଯିବା ବୋମାବର୍ଷୀ ବିମାନର
ଯୁଦ୍ଧଶେଷରେ,

ଦେଖିବା ପାଇଁ ବାକିଅଛି
କେତେନା କେତେ ସ୍ୱପ୍ନ
ରସାଳ ବାର୍ଦ୍ଧକ୍ୟର-
ପୋଡ଼ାଭୂଇଁରେ ଟାକୁଆପୋତି
ଫେରିଲାବେଳେ
ଖାଲିହାତରେ ।

ଅବତାର

ଆଉ କାହାରି ସମୟ ନାହିଁ-
କିଏ ବାହାରିଚି
କ୍ୟାରିଅର୍‌ରେ କଖାରୁ ନେଇ
ହରିରାଜପୁର ହାଟକୁ ତ
କିଏ ଚାଲିଚି ଖୋଜି ଖୋଜି
ଅସଲ ଚଢ଼େଇଟିଏ
ଶିକାର ପାଇଁ
ମୁରଲିଟାଲିର ଲିନୋଖେଦେଇରୁ।

ଏକା ମୋଅରି ସମୟ ଅଛି-
ମୁଁ ବହିପଢ଼ା ଓ ସିଡ଼ିଚଢ଼ା କାମ
ସାରିଦେଇଚି ଆଗରୁ,
ପିପାସା ବୋଲି ଯେଉଁ ନଈ
ବାହାରି ସାରିଚି ଗାଧୋଇ ସାରି
ସେଥିରୁ,

ପୋଖରାଜର ଆଲୁଅ ହୋଇ
ବୁଲୁଚି କେବଠୁଁ
ବୁଲୁଚି କେବଠୁଁ
ଏ କାଚରୁ ସେ କାଚ
ଧ୍ୱଂସର ଧୂଳିଧୂସର
ଗନ୍ଧୁଆ ଉପରେ ।

ଏତିକି ଟିକିଏ ଶୁଦ୍ଧତାକୁ
ଏତେବଡ଼ ଦେବତା କରି
ବସାଇ ଦେଇଚି ଯେହେତୁ :

ମୋତେ ହିଁ ଶେଷରେ ଯିବାକୁ ହେବ-

ଶଂଖର କହୁଣୀଟିକୁ ପୋତି ଦେଇ ପଙ୍କରେ
ପିତ୍ତଳର ପାଦଦିଓଟି ହଜାଇଦେଇ ବାଲିରେ

ଶେଷବସ୍ତ୍ରର ଧୂଳିପଟଳ
ମାଡ଼ିଗଲା ବେଳେ ବିଦାୟର
ନିର୍ନିମେଷ ଆଖିରେ ।

କିମାଶ୍ଚର୍ଯ୍ୟମ୍

ସେ ସବୁ କିଛି
ଦିଶେନାହିଁ ଖାଲି ଆଖିକୁ,

ନିର୍ବାସନର ଦୀପଟିଏ
ହାତରେ ନେଇ
ଯେଉଁ ଛାଇଟି ପିଣ୍ଡାଡେଇଁ
ପାଦ ଦେଇଚି ଅଗଣାରେ,
ତାର ଯିବାର କଥା, ସେ ଯିବ।

ଯାହାକୁ ଦେଖୁଚ
ଅସାଢ଼ ହୋଇ ପଡ଼ିଚି
ଅଲଂଘ୍ୟ ଶେଯର
ଅବାସ୍ତବ ଦୁଇକୂଳ ମଝିରେ
ସେ ସେ ନୁହେଁ
ସେ ତାର ଅଭିଶପ୍ତ

ନିଦ ଯୁଗ ଯୁଗର
ପଥର ହୋଇଯାଇଚି
ସୁଅ ଖୋଳିଲା ବେଳେ ଇତିହାସ
ଭରାନଈରେ।
ଏଥିରେ ଆଶ୍ଚର୍ଯ୍ୟ ହବାର
କଣ ଅଛି ?

- ଅଛି କି କିଛି
ଅସାଧାରଣତା
ନିଦଭୋଳରେ
କୀଟର କେଶରରୁ
ମୁକ୍ତହେବାର ପ୍ରୟାସରେ ?

- ଅଛି କି କିଛି
ଚତୁରତା
ଦୂରପର୍ବତର ଶିଖରରେ
ଦିନ ଥାଉଁ ଥାଉଁ
ସନ୍ଧ୍ୟାର ଛବିଳ ସୂତ୍ରପାତରେ ?

ଯାହା ପ୍ରାପ୍ୟ
ସବୁ ଯଦି ଦାନ ରଂଭୋରୁର
ତେବେ,
ମାଟିର ମାଧ୍ୟାକର୍ଷଣ
କାହିଁକି ଟାଣେ ?
କାହିଁକି ତାକୁ
ଉଠିଯିବାକୁ ହୁଏ
ଅଧରାତିରେ
ସେ ଯାଏଁ ଶୂନ୍ୟରେ
ଖଣ୍ଡ ଖଣ୍ଡ ହୋଇ
ପଡ଼ିଥିବା ଉଷାର ଅପୂର୍ବ

ଅବୟବକୁ ଏକାଠି କରି
ଗଢ଼ିଦେବାର ପ୍ରଲୋଭନରେ ?

ଭୋଗିଲାବେଳେ ଯୋଷାକୁ
କାହିଁକି ସେ ଭାବେ
ଆକାଂକ୍ଷାର ଅପାର୍ଥିବ
ନଖରେ ତାର
ଲାଗିଚିକି ଛଟପଟ
ରକ୍ତ ଟୋପାଏ ଅସହାୟ
ରାତିର ?

ରହିଯାଇଚି କି
ତଥାପି ଟିକିଏ ଅବିଗୁଣ
ତାର ଅପାରଗତାର
ଭୀଷଣ ସିଂହଠାଣିରେ ?
. . . . .

ଜାଣେନା ସେ
କେତେବେଳେ
ସକାଳ ହବ

ଦୂରଦେଶରୁ ଭ୍ରାନ୍ତିର
ନାନା ଫଳମୂଳ ନେଇ
କେବେ ଫେରିବ ସେ
ନିର୍ବାସନରୁ,
ଏତିକି ଜାଣେ,
ସେତେବେଳକୁ
ଉଠିସାରିଥିବ ତାର ନିଦ,

ଆତତାୟୀ
ଅପେକ୍ଷାକରି

ଠିଆ ହୋଇଥିବ
ଶୈଯର ନିବିଡ଼
ଚିତ୍ରଲତାର ଅନ୍ତରାଳରେ
ସମ୍ମୋହନର
କ୍ଷିପ୍ର ଜାଲଟିଏ ଧରି
ହାତରେ।

ଏଥିରେ
ଆଶ୍ଚର୍ଯ୍ୟ ହବାର
କଣ ଅଛି ସତରେ !

ନିଦରେ ନୀହାରିକା

କେତେ କଣ ମୁଁ ନ କହିଚି
କେତେକଣ ବୋହି ନ ନେଇଚି
ଋତୁର୍ଯ୍ୟର ଘରପୋଡ଼ି ବେଳେ
ନିଆଁ ମୁହଁରୁ, ହେଲେ

ଗୋଟିଏ କଥାକୁ
ଦେଇପାରିଚି କି ପରକଥାର
ମନ୍ତ୍ରରୁ ପଦେ ?

ଜାଣିପାରିଚିକି
ବଧୀର ପତ୍ରର ଶିରାଭିତରେ
ଏତେ ଦିଆନିଆ
ଋଲିଚି ବୋଲି
ନେତିନେତିର
କାନ ହଲିଲା ବେଳେ ଶିଂଶପାର
ବର୍ଷାପୂର୍ବର ତୋଫାନ୍‌ରେ ?

ଜଣେ କିଏ ତ ପାରିବ
ଜଣେ କାହାକୁ ତ ହାତବୁଲାଇ
ପୋଛିନେବାକୁ ହେବ
ଝାଳ କଳାନିଦର
କପାଳରୁ
ଜଣେ କାହାକୁତ
ଯିବାକୁ ହେବ ପ୍ରଥମେ,
ଅନ୍ଧାରରେ ବାଡ଼ି ଠକ୍‌ଠକ୍ କରି,
ଗୋଟିଏ ଭଙ୍ଗାରୁ
ଆଉ ଗୋଟିଏକୁ ଅଲଗା କରି,
ପାଦପକାଇ ସାବଧାନରେ,
ସନ୍ଧ୍ୟାର ସୁଠାମରୁ
ଧସିବା ଆଗରୁ
ଅଧାଗଢ଼ା ସ୍ଥାପତ୍ୟ ଦେହରୁ ?

ନିଦରେ ଶୋଇଚ ନୀହାରିକା
ଶୋଇଥାଅ ।
ମୁଁ ଏଇଠି ଅଛି
ଶୋଇନି ଏଯାଏଁ ।

ବେଳ ଅଛି
ଅନେକ ଜାଗା ବି
ବଳିଚି କାଲିର ଧ୍ୱଂସସ୍ତୁପ ଉପରେ

ରହିଚି ତଥାପି ଅବଶେଷ
ବଳକା କାମର କୋଟିକମ
ନୈରାଜ୍ୟର ଉଲ୍‌କାର ପିଠିରେ ।

ବିଦାୟ

ସକାଳକୁ ମୁଁ ନଥିବି ।

ନଥିବି ମାନେ -
ରୂପେଲି ଖାଲି ଟ୍ରେରେ
ଅଇଁଠା ଚ' କପ୍‌ଟାଏ
ଥିବ ହୁଏତ, ହେଲେ
ନଥିବ ଆସୁଚି କହି
ଯାଇସାରିଥିବା ରାତିର ଅତିଥି ।

ମୋତେ ପାଇବ ନାହିଁ କୋଉଠି -
ପିଲାଦିନର ସାଙ୍ଗକୁ ବା
ସଜାଗ ବୁଢ଼ାଓସ୍ତର ସିନ୍ଦୂରିମାକୁ,
କେହି କହିପାରିବେ ନାହିଁ -
ମୁଁ ବାଁକୁ ଗଲି ନା ଡାହାଣକୁ
ପାଦ ଠିକ୍ ପଡୁଥିଲା କି ନା,

ଦେହସାରା ଅସଂଖ୍ୟ ଉଲ୍‌କାର
ପୋଡ଼ାଦାଗ ଲୁଚେଇବା ପାଇଁ
ପିନ୍ଧିଥିଲି କି ନା
ଧୋବ ଫର୍‌ଫର୍ ଜାକେଟ୍ ଉପରେ ଅନ୍ଧାରର
ଗାଢ଼କଳା ରଙ୍ଗର ଚନ୍ଦିନୀ ?

ଯିବି ଯିବି ବୋଲି କହିଚି ତ
କେତେଥର । କହିନି ?
ମାଛରୁ କଂଟା କାଢ଼ିଲାବେଳେ
କହିଚି, କହିଚି ଛେପ
ଢୋକିଲା ବେଳେ
ପଦ୍ମପତ୍ରରେ ଢଳଢଳ ଟିଳକୁ ଦେଖି
ତୁମ୍ଭ ଜଂଘରେ ।

ତମେ ଶୁଣିବି ଶୁଣିନ
ଯେମିତିକି ସାପ୍ତାହିକୀର
ତୂରୀ - ଭେରୀରେ
ଛାଟିପିଟି ହୋଇ ପଳାଉଥିବା
ଦଗାବାଜ୍ ଗୋଟାଏ କାନ୍ଦ ସେଇଟା
ଗଣତି ନାହିଁ ଯାର
ସୁଖର ହିସାବରେ ।

ଶୁଣ,
ମୁଁ ଯାଉଚି ରାସ୍ତାର ଆରପଟକୁ ।
ଯାଉଚି ମାନେ -
ଫେରୁଚି ଯୋଉଠୁ ଆସିଥିଲି ସେଇଠିକି,

ମୋତେ ଖୋଜିବ ନାହିଁ,
କବାଟ ବି ଖୋଲିବ ନାହିଁ ଆଉକାହାକୁ ।

ପଡ଼ୋଶୀ

ଯିବାଆସିବା ଲାଗିରହିବ ଏଣିକି
ଆପଣଙ୍କର ମୋ ଘରକୁ, ମୋର
ଆପଣଙ୍କ ଘରକୁ। ସୁଖଦୁଃଖରେ
ଆପଣ ଲୋଡ଼ିବେ ମୋତେ, ମୁଁ ଆପଣଙ୍କୁ।

ଇଏ ବି ଗୋଟିଏ ଖେଳ - ଆପଣ
କଥାରେ କଥାରେ ହାଣି ଦେଉଥିବେ ମୋତେ,
ମୁଁ ଆପଣଙ୍କୁ। ରକ୍ତର ଛିଟାଟିକେ ବି
ପଡୁନଥିବ ନୂଆ ନୂଆ ଚୂନଧଉଳା କାନ୍ଥରେ
ଘା' ଶୁଖିଯାଉଥିବ ଆପେ ଆପେ।

ସାଙ୍ଗହୋଇ ବସୁଥିବା ଗୋଟିଏ ନାହାରେ
ବେଳଦେଖି ଆପଣ ମୋତେ ଠେଲି ଦେଉଥିବେ
ପାଣିକୁ, ମୁଁ ଆପଣଙ୍କୁ।

ହସିବାଛଡ଼ା ଆଉ ଉପାୟ ନଥିବ
ମଝିନଈରେ।

ଖେଳରେ ଖେଳରେ
ସନ୍ଧ୍ୟାହେବ ଯେତେବେଳେ -
ଅନ୍ଧକୂଅରେ ଦୁଲ୍‌ଦାଲ୍ ହୋଇ
ପଡ଼ିବେ ଆସି ଆକାଶ ଦାଢ଼ରୁ
ଉହୁଁକି ପଡ଼ି ଖେଳ ଦେଖୁଥିବା
ଉଦଗ୍ର ତାରା ପଂଝାଏ,

ଆପଣ ମୋତେ ପଚାରିବେ - ଆପଣ
କିଏ ? ମୁଁ ବି ଆପଣଙ୍କୁ
ପଚାରିବି - ଆପଣ କିଏ ?

କୂଅରେ ପଡ଼ି ଧୀରେ ଧୀରେ
ମଣିଷ ହେଉଥିବା ତାରା ପଂଝାଏ ଭାବିବେ -

ଗାଡ଼ି ଯଦି ତୟାର୍
ଏମାନେ ଯାଉନାହାନ୍ତି କାହିଁକି ?
ଜଣେ ଜାମାଯୋଡ଼ ହୋଇ
ଯିବ ଯିବ ହଉଚି କେବଠୁ
ଆଉଜଣେ ପଟେ ଧାରୁଆ ହସର
ଖଣ୍ଡାକୁ ବସି ଆଉଁସୁଚି
ସେତିକିବେଳୁ।

ଏଇଥରକ

କେତେକଣ ଏକାଠି କରି
ଗଢ଼ିଚି ମୋତେ -
କେବେ ଶୁଖୁନଥିବ ନଈରୁ
ନେଇଚ ପାଟିଟୋପାଏ,

ନିଆଁଟିକିଏ ପାଇଚ ରସାଳ
ପିଆଶାଳକୁ ଘସି ବୃଷାଳ
ମେହଗାନୀରେ,

ଧୂଆଁ ସୋରାଏ
ଭସାଇ ଆଣିଚ କେତେଦୂରର
ଘରପୋଡ଼ିରୁ,

ତାଳବଣିର ଘେରରୁ ପାଇଚ
ବଳକେରାଏ
ମରୁତ୍‌ର

ଉଡ଼ିଗଲା ବେଳେ ଝଡ଼ିପଡ଼ିଥିବା
ଭଦଭଦଳିଆ ପରରୁ ନେଇଚ
ନଭ ଚେନାଏ,
ଏତେ କଷ୍ଟରେ ଗଢ଼ିଚ ମୋତେ
ଭାଙ୍ଗିଗଲେ କଣ
ଗଢ଼ିପାରିବ ଆଉରି ଥରେ ?

ଏଇଥରକ ସୁଯୋଗ ଦିଅ :

ପବନହାତରେ ଦୀପଟି ଥୁଏଁ
ଝୁଲଉଡ଼ାଇ ପାଉଁଶରୁ
ନିଆଁଲଗାଏଁ ଅଣ୍ଡାତାରାରେ ।

ଶେଷଯାମ

ଡେରିଅଛି ସକାଳ ପାଇଁ,
ଚକର ଅଖ ତିଆରି
ସରିନି ଏ ଯାଏଁ।

ଶୁଣ,
କୋଉଠି କଣ ଗଢ଼ାଚାଲିଚି
କରତ ଚଲା ଶବ୍ଦ ଶୁଭୁଚି
ପବନରେ,

କାଠକୁ ଯୋଡ଼ିବା ପାଇଁ
କାଠରେ, ତାରାର
କଂଟାପିଟା ଚାଲିଲା ସାରାରାତି
ଆକାଶରେ।

ଏ କ'ଣ ସତ ?

ହଁ, ଯାଦୁକରର ଯନ୍ତାରୁ
ଜୀଅନ୍ତା ପାରା ବାହାରିବା
ସତ ଯେମିତି,
ସତ ଯେମିତି
ବଢ଼ିପାଣିରୁ ବାଘାର
ଶବ ଉଦ୍ଧାର।
ଯେମିତି ଚହିଁବ
ସେମିତି ଦିଶିବ ସବୁ,

ଖାଲି ଚହିଁଲେ ହେଲା
କାଠ ହୋଇ କାଠକୁ
ରାତିର ଶେଷଯାମରେ।

ନୂଆବର୍ଷ

ଜାମାର ବୋତାମଦେବା ମୁସ୍କିଲ୍
ଯୋତାର ଫିତାବାନ୍ଧିବା ମୁସ୍କିଲ୍
ମୁସ୍କିଲ୍ ଗତିକୁ ନା କହିବା
ତାରାଭିଡ଼ ଠେଲି
ଧସାଇ ପଶିବା ମୁସ୍କିଲ୍
ରାତିର ଜୁଆଖାନାରେ

ବିଦାୟର ଐକତାନ
ବାଜୁଚି ଯଦି ବାଜୁ,
କିଛି ବୋଇଲେ କିଛି ନଥାଉ
ପାଖରେ,
ନା ଭେରୀ ନା ତୂରୀ ନା ନାରୀ ନା ଛୁରୀ
ନା ପାଟିର ପ୍ରବାଳ ନଉକାରେ ନିତିଦିନର ନାଉରୀ।

ଚୁପ୍‌ଚାପ୍ ଯାଇ ଫୁଲଦାନୀରୁ
ପୁରସ୍କୃତ ଗୋଲାପଟିକୁ

ଉଠାଇନେବା କଥା ଆମର,
ନେବା ।

ରାତିର ବଗିଚାରେ
ଫଳ ପାଚିଲା ବୋଲି
ଜାଣିବା ନାହିଁ, ଠିକ୍
ପାଶାପାଲିରେ
ପାଚିଲା ଦାନର
ମୋକ୍ଷଲାଭକୁ ବି
ଗଣିବା ନାହିଁ
ସୁଖରେ, ଠିକ୍ ।

ବିନିମୟ

ତମେ ପର୍ଦ୍ଦା ଉଠାଇ
ବର୍ଷା ଦେଖୁଚ ? ଦେଖୁଚ
ବର୍ଷାରେ ବୁଡ଼ିଚିକି ନା
ଓଳିତଳର ବନ୍ଦର ?
ଦୂରରୁ
ରାତିର ସମୁଦ୍ରରୁ
କିଏ ଯେମିତି ଡାକୁଚି ଆ'
କୋଳରେ ବସ୍, ଗୀତଟିଏ
ଗାଆତ ଦେଖି ଭଲ ପାଇବାର।

ତମେ ଡରିଯାଉଚ
ନିଜ ଶବ୍ଦରେ ନିଜେ,

ଫଣାଟେକି ଠିଆ ହୋଇଥିବା
ପ୍ରତିଧ୍ୱନୀର ଭୟରେ

ଜଣାଇଦେଉଚ
ଘରର ପ୍ରାଚୀନ ଦେବତାକୁ
ରକ୍ତାକ୍ଷରା ମେଘର ସଂଦେଶ
ସଂକ୍ଷେପରେ,
ସବୁ ଡାକକୁ ଭାବିନେଉଚ
ଚେଡିଗ୍ରତୁରୀ ଗ୍ରହିଁଲା ବୋଲି

ମୁହଁ ଲୁଚାଇ
ଗାଢ଼ ଲାଲ୍ ଓ
ଜରି ଝଲମଲ୍
କନାଖଣ୍ଡକ କେତେବର୍ଷର
ସାଇତି ରଖୁଚ
ସିନ୍ଧୁକରେ।

ଏ ଭିତରେ କେତେ
ବଦଳିଯାଇଚ ତମେ!

ହସିପାରୁନ ସହଜରେ
କାନ୍ଦି ବି ପାରୁନ,
ମାଗିପାରୁନ ହାତବଢ଼ାଇ
ଦେ' ବୋଲି,
ଦେଇବି ପାରୁନ
ଖୋଲା ହାତରେ -

ହଳଦିଆ ମୁଖାମୁହଁରେ
ଅଙ୍କା ହୋଇଚି ଯୁଗଯୁଗର
ଭୁଲତାଟିଏ କଳାପ୍ରଶ୍ନର,
ନଇ ଖାଉଚି ଉତ୍ତରକୁ
ସାତମହଲାରେ
ରଖା ହୋଇଥିବା
ସିନ୍ଧୁକରେ।

ଘୋର ବର୍ଷାରେ
ଓଳିତଳର ବନ୍ଦରରୁ
ବାହାରିଥିବା ସେ ଡଙ୍ଗାଟିର
କଣ ହେଲା କେବେ
ପଚାରିନ।

ଜାଣିଚ ଶେଷରେ
କଣ ହେଲା ସେ ଡଙ୍ଗାଟିର ?

ଡଙ୍ଗା ତମର ଏ ଭିତରେ
ପହଂଚି ଯାଇଚି
ନାହିଁନଥିବା ଦ୍ୱୀପରେ,
ସାଧବମାନେ ବାହାରିଚନ୍ତି
ସତସତିକା ହାତୀଦାନ୍ତର
ଭାର ନେଇ ବଜାରକୁ -

ଆକାଶର
ଉତ୍ତରୀୟରୁ ଖଣ୍ଡେ
ଆଣିବେ ବୋଲି ବଦଳରେ।

ରୂପକଥା

ଏତେବଡ଼ ରୂପକଥାକୁ
ସାରି ଦେ'ନା ଏଡ଼େ ସହଳ -

ରହିରହି କହ,
ପାଗ ଭିଡ଼ିବାକୁ ସମୟ ଦେ'
କୁମର କୁ,
ବାହାରିବାକୁ ଦେ'
ଘୋଡ଼ା ଛୁଟିବାର ଘଡ଼ିକୁ
ଘୋର ସଂଶୟର
ଜଟାଜୂଟରୁ ।

କହନା, ଏଡ଼େ ସହଜ
କହନା -

ରାତିକ ଭିତରେ
ଆଖିବାଳରେ

କିଏ ସେ ବୁଣିଲା
ବାଟ ଚହିଁବାର ସହସ୍ରପାଟ,
ସସାଗରା ଧରା
ଶୁଖିଗଲା ବେଳେ
କୋଉଠି ଥିଲା,
କାହା ପଛେ ପଛେ
ଧାଇଁ ଧାଇଁ ଗଲା
କଲୁରିବେଂଟ,

କଅଣ ଏଇନେ କହୁଥିଲିଟି
କହି ପୁଣିଥରେ ଆରମ୍ଭ କର -

ବୁଢ଼ା ରାଉତ ନଈକୁ ଯୋଉଠୁ
ଦି'ଭାଗ କଲା ଫରୀ ଖଣ୍ଡାରେ
ଗାୟାଳ ଟୋକା ଯୋଉଠୁ ଗଲା
ଫୁଲକୁମାରୀର ସଖି ଘରକୁ ମାଛିରୂପରେ
ସାର୍‌ନା, କଥା ସାର୍‌ନା
ପହଂଚିବାର ନାଁ ନେ ନା ଏ ବନସ୍ତରେ

ଖିଅ ଲମ୍ବିଥାଉ,
ଖୋଜା ଚଲିଥାଉ।

ଟଙ୍କ

ସାରକଥାଟି କୁହା ହୋଇନାହିଁ ଏ ଯାଏଁ
ଖୋଜାଚାଲିଚି ଉପାୟ :

ଥିଲେ ଯେତେ ସମର୍ଥ ଉପମା
ଆଖପାଖରେ
ସମସ୍ତେ ଗଲେଣି
ଗାଧୋଇ ଯମୁନାକୁ
ବିଜାର୍ ହୋଇ ବାହୁଲ୍ୟରେ,

ଉପଲକ୍ଷ୍ୟ କେତୋଟି କେବଳ
ବାଡ଼ି ଠକ୍ ଠକ୍ କରି
ଚାଲିଚନ୍ତି ରାତି ଡିଉଟିରେ,

ଭୂଇଁ ଦୁଲୁକାଇ
ସାଢ଼େ ପାଂଚଟାରେ

ବାହାରିଥିଲା ଯେ ମେଲ୍
ଦି' ଦି' ଥର ପାଣିନେଲାଣି
ହାତୀଶୁଣ୍ଢରୁ
ପହଂଚିବାର ନା ନାହିଁ
ମୋଗଲସରାଇରେ
ନାରଙ୍ଗୀ ବମ୍‌କାଇର
ଉଚ୍ଛୃଙ୍ଖଳ କାନିରେ
ତମେ ବାନ୍ଧି ସାରିଲଣି
ଯେତେ ଯାହା ସୁକୃତ ରାତିର,

ଯିବା ଯିବା କହି
ଠିଆ ବି ହେଲେଣି
ଅଭ୍ୟାଗତ ଶେଷ ପ୍ରହରର

କୁହା ହୋଇନାହିଁ ତ ତଥାପି,
ଆଉ ଘେରାଏ ବୁଲିଆସିବାର
ବେଳ ହେଲାଣି ଚକର।

ସୂର୍ଯ୍ୟ : ଶତ୍ରୁ

ସବୁ ଜରୁରୀ ।

ସୁଭାଷଙ୍କୁ ଷ୍ଟେସନ୍‌ରୁ
ରିସିଭ୍ କରିବା ଜରୁରୀ,

ଜରୁରୀ ଚଢ଼େଇ ହୁରୁଡ଼େଇବା
ବିଲରୁ,

ବାଇଶିଟି ଯାକ ପାହାଚ ଡେଇଁ
ଉପରେ ପହଂଚିଯିବା ଜରୁରୀ

ପିପିଲିରୁ ଚାନ୍ଦୁଆ କିଣିବା
ଜରୁରୀ ।

ତରତର ହୋଇ ଜନ୍ମ ହୋଇ ପଡ଼ିବା
ଜରୁରୀ ଜୈତ୍ରବନରେ,

ଯାତ୍ରାର ଜୋକର୍ ପାଇଁ
ଜୟଯାତ୍ରାରୁ ଓହରିଯିବା
ଜରୁରୀ,
ନିଆଁର ଛତାଖଣ୍ଡେ ଧରି
ଖାଲିପାଦରେ ବାହାରିଥିବା
ଶତୃକୁ ମୋର ଦେଖ –

କିଛି ବି ତ ଜରୁରୀ ନୁହେଁ
ତା ପାଇଁ,

ଯୋଉବାଟରେ ଯିବା
ସେଇବାଟରେ ଆସିବା,
ଛିଣ୍ଡିଗଲେ ବି ମରାଳମାଳା ବାଟମଝିରେ
ଜରୁରୀ ନୁହେଁ ଗୁନ୍ଥିବା।

ଛଦ୍ମବେଶ

ମୁଁ ନଥିବା ବେଳେ, ତମର
କାଞ୍ଚନିକ ସୁଖର ପେଟଚିରି
ଦେଖିବ ଦିନେ ମୁଁ ହିଁ ଥିବି
ତା ଭିତରେ ଛଦ୍ମବେଶରେ।

ତମରି ଅଭିଶାପର ବାଡ଼ି ହାତରେ
ମୁଣ୍ଡରେ ତମରି ଘୃଣାର ମାଙ୍କଡ଼ଟୋପି,
ତମରି ଅବିଶ୍ୱାସର ଯୋତା ପାଦରେ।
ଜାଣ ? ମୋକ୍ଷ ନାହିଁ ସୁଖରେ
ସେଇଥି ପାଇଁ ତ ସୁଖ ପେଟରେ
ମୋର ପୁନର୍ଜନ୍ମ ଦୁଃଖବେଶରେ।

ଉପଦେଶ

ଯାହା ଚାହୁଁଚୁ କର
ମୋତେ ପଚାରନା -

ମୁଁ ଏଇମାତ୍ର ଫେରିଚି ଦେଖୁନୁ
ସୁଟ୍‌କେଶ୍ ବି ଖୋଲିନି ବି ଏ ଯାଏଁ

ଉଭୟ ଫଳ ଓ
କାମନା ଫଳର ବନ୍ଦ୍
ତା ଭିତରେ ।

ଗଲାବର୍ଷ ଏଇ ସମୟରେ
କୋରାପୁଟରୁ ଫେରିଲା ବେଳେ
ଅନ୍ଧମଉସା କହିନଥିଲେ
ଗାଡ଼ିଚଳାଇ ଶିଖ୍ ବୋଲି ?
କହିନଥିଲେ ? - ସେଇଆ କର୍

ଗାଡ଼ିଚଳାଇ ଶିଖ୍
ମାଡ଼ିଯା ଯୁଆଡ଼େ ଆଖି ପାଉଚି
ଦୁର୍ଘଟଣାକୁ ଡର୍‌ନା -
କ'ଣ ବା ଆଉ କରାଯିବ
ଉନ୍ମନା ମୟୂରଟାଏ କଦବା କେବେ
ପୁଚ୍ଛମେଲାଇ ଠିଆହୁଏ ଯଦି
ବାଟମଝିରେ !

ମାରିବାକୁ ହେବ କ୍ରୌଂଚକୁ ?
ମାର୍।

ଆଉ ଟିକିଏପରେ
ମୁଁ ଖୋଲିବି ମୋର ସୁଟ୍‌କେଶ୍
ଫଳ ଓ ଫଳର କାମନାକୁ
ଥୋଇବି ଅଲଗା କରି
ହାତ ପାଆନ୍ତାରେ,

ଆଖିବୁଜି ବସିଚି ଘଡ଼ିଏ
ଅଧାପଢ଼ା ଉପନ୍ୟାସଟେ
ଲେଉଟାଇବି ହୁଏତ;

ତା'ପରେ ଶୋଇପଡ଼ିବି
ଫଳର ସୁଗନ୍ଧଭରା ବିପୁଳ ନିଦରେ।

ଯାହା ଚାହୁଁଚୁ କର୍
ମୋତେ ପଚାର୍‌ନା।

ପଶ୍ଚିମ

ଛୁଇଁପାରିବି ? ହାତରେ ଧରି
କହିପାରିବି ଏତକ ମୋର ବୋଲି ?

ନିଶ୍ଶୂନ୍ ଘରେ
ଅଲୋଡ଼ା ହୋଇ
ପଡ଼ିଚି ଯେଉଁ
ଭଙ୍ଗା କରତାଳିର
ବାୟାଁରୁ କି ଡାୟାଁରୁ ପଟେ
କେରାଏ କାଇଁଚ ମାଳି କି
ଖଡ଼ିଗୋଟାଳିରୁ ଗୋଟେ,

ଏକାଠି କରି ସେତକ
ସମ୍ପୂର୍ଣ୍ଣ - ୦ - ଟିଏ କରି
ଥୋଇପାରିବି କି ପଶ୍ଚିମର
ଭାଲପଟରେ ?

ପାରିବି ନାହିଁ ଯଦି
କହିଦଉନି କାହିଁକି ?
କାହିଁକି ଧନ୍ଦି ହଉଚି
ସେବଠୁ - ଖୋଲୁଚି
ବନ୍ଦ୍ କରୁଚି ମୁଠା,
ବନ୍ଦ୍ କରୁଚି, ଖୋଲୁଚି,
ହାଣ୍ଡ୍‌କାଟ୍‌ରେ ମାତିଚି
ସାରାଦିନ,
ଚିରି ଦିଫାଳ କରି
ଶୁଆଇ ଦେଇଚି ସୋଦର ସମାନ
ନଈକୁ,
ଓଢ଼ଣାଟାଣି ଆଡ଼ରେ
ବସିପଡ଼ିଥିବା ପାହାଡ଼ର
ସରୁନାକରୁ
ଭିଡ଼ିଓଟାରି କାଢ଼ିଚି
ପଥରବସା
ନୋଥ ଚଉଠିରେ।

କହିପାରିନି -

କାହିଁକି କହିନି
କିଏ ଜାଣିଚ ?

କିଏ ଜାଣିଚ କହିଲାପରେ
ଆଉ ରହିବ କି ରହିବ ନାହିଁ
ସୁନ୍ଦର ଭ୍ରୂଭଙ୍ଗୀର କିମିଆ
ଅସ୍ତାଚଳରେ,
ଫୁଟିବ କି ଫୁଟିବ ନାହିଁ
ଫୁକିଆ ତାରା
ଅଧାକାନ୍ଥିର ଆରପଟରେ ?
କିଏ ଜାଣିଚି ?

ଅୟମାରମ୍ଭ

ଫଣା ଦେଖି
ଫେରି ଚାହିଁବାର ନାହିଁ,

କହିବାର ନାହିଁ,
ପଛେପଛେ ଚାଲୁଥିବା
ଛାଇକୁ - ନିର୍ବୋଧ, ଦୂର୍ ହ'

ସିନ୍ଦୂରା ଫାଟିଲାବେଳେ ପଶ୍ଚିମରେ
ଢାଳିବାର ନାହିଁ ସକାଳର
ଶୂଳୀରେ ବ୍ୟର୍ଥରେ
ଏତେ ଗାଢ଼ ରକ୍ତ ପଳାଶର,

ଦିଶିଲେ ବି ପାଚିସାରିଥିବା
ଓଠଭଳି ରସାଳ ବିମ୍ବକୁ
ଭୁଲ୍‌କରି ତୋଳିବାର ନାହିଁ,

ଲୋଭକରି ଧୂଳିରୁ ଗୋଟାଇ
ରୁମାଲ୍‌ରେ ଗଣ୍ଠିଦେଇ
ରଖିବାର ନାହିଁ
କାଉର ଥଣ୍ଟରୁ ଖସି
ପଡ଼ିଥିବା ଦି ଗଚ୍ଛରିଟା
ଫଳ କଞ୍ଚନାର,

ଘୋର ନିଦରେ ବି
ରାତିର ବୀଭତ୍ସଶିଅ
ଧରି ଧରି
ଧଇଁସଇଁ ହୋଇ
ଉଠିବାର ନାହିଁ ଉପରକୁ,

ଏଇ ଶେଷ -
ଏଇଠି ଥାଇବି
ହୃତ୍‌ସ୍ପନ୍ଦନ
ଶୁଭିବା ଦୂରର ଢୋଲଭଳି,
ରହି ରହି ସାରାଦିନ ଡାକିବା
ବାତୁଳ ବଇଁଶୀର
ନାଁ ଧରି,
ଢାଳି ଅସରାଏ ବର୍ଷିଯିବା
ତୋଫାନ୍ ଆଗରୁ,

- ସବୁ ଶେଷ ଆରମ୍ଭ
ସେଇଠୁ ।

କ୍ରିୟା

ବସି ବସି ପାହାଡ଼ ହେବି ଦିନେ

ଘାତକ ହାତର କାତି ବୁଲି ବୁଲି
ଛୁଇଁବ ଯେବେ ଛାତିକି
ମଲି ମଲି କହି ପଳାଇବାର
ବାଟ ନଥିବ କଟକରେ ।

ରୋଷର ଚୌକଷ ମୁଗୁନିରେ
ଗଢ଼ାହେବ ହଁ ଗଢ଼ାହେବ
ଦେହ ପାହାଡ଼ର,
ସେଇଥି ପାଇଁ -
ନିତିଦିନର ଚିତେ ଉଁଚର
ନିଅଁ ଉଜୁଡୁଚି ଥରକୁ ଥର,
ନୀଡ଼ ଖୋଜିଲା ଚଢ଼େଇ ନୁହେଁ
ଭୁଲଟତାଟିଏ ଆଶାର

ହରାଇଥିବା ଆଖିଖୋଜୁଚି
ପାଉଁଶଗଦାରେ ଆକାଶର।
ଜାଣିଚି ବୋଲି ତ ବସିଚି -

ବଉଳଫୁଲ ସଢ଼ିଯାଇଚି
ପଡ଼ିପଡ଼ିକା ଶେଯରେ
ଛୁଇଁଚି ଦିନେ ?

କେତେଶିଳାର ତୂଳା ଉଡ଼ିଚି
ଦିନଦିନର ତୋଫାନ୍‌ରେ
କହିଚି କିଛି ?

ଶବ୍ଦଟିଏ ବାଛୁଚି
ହଁ ବାଛୁଚି
ଜଣେ କାହାକୁ ଦେବିବୋଲି
ବାଛୁଚି ନିଜ ହାତରେ
- ପାହାଡ଼ ହେବା ଆଗରୁ।

ଜୀବନୀ

ଦେହ ଛୁଇଁ ଶିର୍ ଶିର୍ ହୋଇ
ବୋହିବ ଯେବେ ରାତିଶେଷର ପବନ
ହାଡ଼ର ଶୁଖିଲା ରିଡ୍ ଉପରେ
ଚାଲିବ ଯେବେ ଏକାସାଙ୍ଗରେ
ପାଂଚଟିଯାକ ଆଙ୍ଗୁଳି

ସେତିକିବେଳେ
ବୁଝିବା ଆମେ
ଭୁଲ୍‌ହେଇଚି ଭୁଲ୍‌ହେଇଚି
ଆମର -

ଗୀତଟି ବୋଧେ
ଗାଇଦେବାର ଥିଲା ଆଗରୁ,
ଯେତେଯାହା କହିବାର ଥିଲା
ବସନ୍ତର, ଶୁଣିନେବାର ଥିଲା

ସେତିକିବେଳେ,
ବେଳ ଥାଉଁଥାଉଁ
ଗେରୁ ପାହାଡ଼ର କୁଳ ଉପରେ
ଖୋସିଦେବାର ଥିଲା
ଯୋଡ଼ିକଯାକ ପର ଧୂଆଁର

ପୁରୁଣାରାତିର
ଲୁହାଫ୍ରେମ୍‌ରେ
ବାନ୍ଧିଦେବାର ଥିଲା
ଦ୍ୱିତୀୟାର ଦରହାସକୁ,

ସମୁଦ୍ରରେ ପଡ଼ିଲାପରେ ବି
ନୂଆନଈକୁ ଡାକି
କହିବାର ଥିଲା - ଯା'
ଆଉ ମୁଠାଏ ବାଲି ଆଣ୍ଡେ କୂଳରୁ !

ପେଟରୁ କାଟି
ଅନ୍ତହୀନ ଯାତ୍ରାରୁ ଦି'ପାଦ
ରଖିନେବାର ଥିଲା
ଅବଶେଷର କାହାଣୀ ପାଇଁ,

କିଛିଦିନ ପାଗଳ ହୋଇ
ଯିବାର ଥିଲା ତ
କିଛିଦିନ ମାତାଲ୍ ହୋଇ।

ବ୍ରହ୍ମଜ୍ଞାନ

ଟେରା ଭିତରେ ଯେମିତି
ଦେଖିଦେଇଚି ଅପୂର୍ବ ନାରୀଟିକୁ
ଚିତ୍‌କାତ୍ ହୋଇ
ପଡ଼ିଯାଇଚି ବିଚରା -

ସୋର୍ ନାହିଁକି ଶବ୍ଦ ନାହିଁ
ଟଭାଗଛର ଡାହିରେ
ଆପଣାଛାଏଁ ପାଚିଯାଉଚି
କଷି ଧରୁ ଧରୁ ଖରା,

ପାଣିଦଉଚି ମେଘ
ମରି ଆସିଥିବା
ଦିପହରର ମୂଳରେ
ଥରକୁ ଥର,

ପବନ ତୋଳିଲାଗିଚି
ଏକାଠିକରି ଶୁଖିଲାଲୁଗା
ଅପରାହ୍ନର ଛାତରୁ,
ଏ ଭିତରେ -

ଗେଟ୍‌ର ଆଁ ଭିତରକୁ
ପଶି ସାରିଲେଣି
କେରାଏ କୁଶହାତରେ ରଥେ,
ତାଙ୍କର ପଛେ ପଛେ
ଅରଣା ଗାଈଗୋଠ
ଗୋଧୂଳିର।

ସୁଲୁସୁଲୁ ବାଆ ବୋହୁଚି
ଦକ୍ଷିଣରୁ, ଖିଆଲ୍ ନାହିଁ

ଆକାଶରେ ମଲ୍ଲୀ ଫୁଟିଚି କି
ମରୁଆ, ଖିଆଲ୍ ନାହିଁ

ହୋସ୍ ଆସିନି ଏ ଯାଏଁ।

ଖେଳଘର

କୋଉଠି କିଛି ନାହିଁ ବୋଲି
ତୁ କଣ ଜାଣି ନ ଥିଲୁ ଆଗରୁ ?

ମୁଁ ପରା ନିଜେ ତୋର ନମୁନା
ଧୂପଦର ସୁନେଲି ଟୋପା
ଦ୍ୱିପ୍ରହରର ହୁତାଶନରେ !

ମୋତେ ଦେଖି, କହିପାରିବୁ
ମୁଁ ଅଛି କି ନ ଅଛି
ଲେଖାହୋଇ ଧୂଳିର କପାଳରେ ?

ଆ' ଗଢ଼ିଦେଇଚି ଖେଳଘର
ଖେଳିବୁ ଆ'

ଦୁଧଢୋକେ ଦେ' ରବରର ସାପକୁ
ତୂଳାର କାକତୁଆକୁ ଉଦ୍ଧାରକର୍

ଭବଜଳରୁ,
ଯୋତାଫିତାର ପ୍ରଜାପତିକୁ ଧର୍
ପାହାଚ ଡେଇଁଯିବା ଆଗରୁ
ପୟର।

ଆଉ କୋଉଠି କିଛି ନାହିଁ,
ଯେତେ ଯାହା ଖାନତଲାସ୍ ପ୍ରାର୍ଥନାର
ସବୁ ଖାନାପୁରି କେବଳ,
ୟା ଠୁ ଅଧିକ ମଞ୍ଜୁର୍ କରିନାହାନ୍ତି ଈଶ୍ୱର
ଖେଳିବୁ ଆ'

ନେତ

ସ୍ୱାଗତ ପାଇଁ
ଗନ୍ଧ କି ଫାନ୍ଦ
କିଛି ନାହିଁ ଆକାଶରେ,
ତରାଫରା
କେହିନାହାନ୍ତି କୋଉଗୋଟାଏ
କୋଣରେ

ଅନ୍ଧାର ରାତିରେ
ଓହ୍ଲାଇପଡ଼ି ବସ୍‌ରୁ
ଶଗଡ଼ଗୁଳାରେ
ସାଇକ୍ଲ ମାରି
ଗ୍ରହଗ୍ରହାନ୍ତର ଛୁଟିଚି ଯିଏ,
ଜାଣିବା ଯାହାକୁ
ଅନ୍ଧାର ଘରେ
ଗୋରାବେକର ସୁନାଚେନ୍‌ରୁ,

କୋଉଠି ସିଏ ?
ରାସ୍ତା ଆଉ ଦିଶୁନି ବୋଲି
କହନା
ପଶିଯା ଦୂରରୁ ଦିଶିଯାଉଥିବା
ନେତ ଉପରେ ନଜର ରଖି

ଅପାଂକ୍ତେୟତାର
କଟୁରିରେ କାଟି
ଉଡ଼ାଇ ଦେ
ଶିଆଳୀଲଟାର ଲମ୍ବା ପରେଡ୍,
କାନସମେତ
ଯାବୁଡ଼ି ଧର୍ ମୃଗୁଣୀକୁ
ଗୁଳିମୁହଁରେ ।

ବିଷଫିଷ କିଛିନାହିଁ କୋଉଠି
ମୁହଁଲଗାଇ ପି' ଯେତେ ପାରୁଚୁ
ନିଆଁର ପ୍ରସ୍ରବଣରୁ,

ଆଜିର ଫେରିବା
ସବୁଦିନର ଫେରିବାଠାରୁ
ଅଲଗା ।

ଉପାଖ୍ୟାନ

କିଏ ଜଣେ କହିଲା : ଯିବାକୁ ହବ
ଯିବାକୁ ହବ
ଯିବାକୁ ହବ
ରାବି ଉଠିଲେ
ଅସଂଖ୍ୟ କାଉ କଜଳପାତୀ
ଶିଶୁକାଠର ଖଟବାଡ଼ରେ,

ଭିଡ଼ିମୋଡ଼ି ହୋଇ
ନିଆଁ ଉଠିଲା ଧୂଆଁରୁ,

ଟଳମଳ ହୋଇ
ଉଠିଆସିଲା ଭଅଁର ଚିତ୍ରର
ଚଅଁର ଉପରୁ,

ହଁ ହଁ କହି
ଉବୁକି ଉଠିଲା

ପ୍ରତ୍ୟାଖ୍ୟାନର
ତାଲି କୁଅରୁ,
ରାସ୍ତା ବନ୍ଦ୍ ରାସ୍ତା ବନ୍ଦ୍
ବାଟଆଗୁଳି ଠିଆ ହେଲା କିଏ
ଅଧାସତର ବେକହାଣିଲା
କୁରାଢ଼ୀ ହାତରେ,
ଅଧାମିଛର ଚମଓଲରା
ଛୁରୀ ଅଂଟାରେ,

କେହି କୁଆଡ଼େ
ଗଲେନାହିଁ ଆଉ ଭୟରେ,
ପାଦେ ହେଲେ ବି
ଚଳିଲା ନାହିଁ
ମେରୁ,

ସହର ମଝିରେ
ଜଙ୍ଗଲଟାଏ
ତିଆରି ହେଲା ଶେଷରେ।

ଶୃଙ୍ଗାର

ବନ୍ଦ୍ ଓଠର ଦୁଆର ଉପରେ
ତୁହାକୁ ତୁହା ବର୍ଷାମାଡ଼,

ଖୋଲାଆଖିର ଅଣଓସାର
ପିଣ୍ଡା ଉପରେ ଜମିଗଲାଣି
ଆକାଶଯାକର କୁଆପଥର,

ଏଇ ଭିତରେ,
ମଣିନାଗର ଗୁହାରୁ ଯଦି
ଡାକ ଶୁଭିବ ମୟୂରୀର
ଓ'ଟି ମୋରି ବଢ଼ାଇ ଦେବି
ଆଁ ଭିତରକୁ ପଥରର,
ସାରଙ୍ଗ ଗୋଡ଼ ଯୋଡ଼ିକ
ଗୁଡ଼ାଇ ଦେବି ଅଂଟାଦିପଟେ
ପାଣିର,

ଉଠିବି ଯେବେ
ଋହିଁବି ତାକୁ
ପ୍ରଥମ କରି :
ଲୁହ ଟୋପାକ କେଡ଼େ ସୁନ୍ଦର !
କହିବାପାଇଁ ସତରେ କେତେ ନିଅଁଟ
ପୁରୁଣା ଶବ୍ଦ କେଇଟାର ଛତାଋମର !
ଏଡ଼େ ବିରାଟ ଆଟପଟାଳି ହରଗଉରାର
ସତରେ କେତେ କମ୍, ଦେହ ଲୁଚିବା ପାଇଁ ପୃଥିବୀରେ !

ରୂପାୟନ

(୧)
ମୁଁ ଏଠୁ ଉଠିବି ନାହିଁ।

ଉଠିଲେ କାଳେ
ଲାଞ୍ଛିତ ହେବ ମୋର ପ୍ରେମ,
କାଳେ ବରାଭୟର
କ୍ଷୀର ଶୁଖିଯିବ
ରାତିର ଛାତିରୁ, କାଳେ
ଅଜଣା ଡୋରରେ
ଛନ୍ଦା ସରିଥିବା
ଦୁଇହାତରେ ଆଉ
ଫୁଟିବ ନାହିଁ କୃତାଞ୍ଜଳି,
କାଳେ ବିସର୍ଜନର
ସାତତାଳରୁ
ଉଠିପଡ଼ିବ ଭ୍ରମ !

ଯିଏ ଯୁଆଡ଼େ
ଯାଉଚ ଯାଅ,
କେହିବି ତମେ
ପାଇବ ନାହିଁ ତାକୁ,
ମାଟି ତଳେ ତଳେ
ଆଗକୁ ଆଗକୁ
ଗଢ଼ିଲିଚି ତା'ର ପ୍ରାର୍ଥନା,

ଥାକ ଥାକ ହୋଇ
ରକ୍ତବୋଳା ଆହାଟି ମାନ ତାର
ଥୁଆ ଗଢ଼ିଲିଚି
ସୂର୍ଯ୍ୟାସ୍ତର କାନ୍ଧ ଉପରେ,

ଅନ୍ଧାରରୁ ଆଲୁଅକୁ
ନେବ ବୋଲି ସେ ଯାହା
କହିଥିଲା, ସେଥିରେ
ମିଛ ତ ନଥିଲା କିଛି,
ମିଛ ଥିଲା ତମର
ବୁଝିବାରେ ସେ
କିଛି କୋଉଠି ନାହିଁ
ଯୋଉ ଅନ୍ଧାରକୁ
ସେଇ ଅନ୍ଧାର
ସବୁଠି।

ବାଘନଖରେ
ଚିରା ସରିଥିବା
ଜ୍ୟୋସ୍ନା ଦେହରେ
ନଈର ରୂପେଲି
ଅଂଟାସୂତାରୁ ଖିଏ
ତଥାପି ଅଛି

ଏକଥା ଜଣାନଥିଲା,
ଜଣାନଥିଲା
ତଥାପି ଅଛି
ଦେହର ଚିହ୍ନ ଟିକିଏ
ଦେହ ବାହାରେ।

(୨)
ଯିବା ଆସିବା
ଲାଗିରହିବ ଏମିତି –
କେବେ ଇଏ ତ
କେବେ ସିଏ,

ଓଠ ପିଠିରେ
ଓଁକାର ନେଇ
ଆସିବ ଯଦି ଜଣେ
ଦୂରଦେଶରୁ ପଥିକ,
ଏଠୁ ଜଣେ ଯିବ
ଦୂରଦେଶକୁ
ପାଥେୟ ନେଇ
ଅଭିଶାପର,

ଓଦାକାନ୍ଥର
ଆଖିନଥିବ
ଦେଖିବା ପାଇଁ :
ଦରଗଡ଼ା ଅକ୍ଷରରେ
ବାଂଟି ହୋଇଯିବ
ଏତେ ଯୁଗର ପରିଚୟ –
ଶ୍ଳୋକରେ,
ଶିଉଳିରେ,
ଶିଳାଲେଖରେ।

(୩)
ସେ ବସିଥିବ
ସେମିତି,
ସରଳ ହାତଦିଓଟି
ମେଲାଇ ଦେଇ
ଉଡ଼ିଯିବାର
ଭଙ୍ଗୀରେ।

ବିଶ୍ୱାସ କର,
ସେ ଉଡ଼ିବ ଦିନେ
ସତକୁ ସତ,
ମୋର ସ୍ଥବିରତାର
ଉପର ଦେଇ
ପବନ ହୋଇ,
ସବୁ ଶୁଖିଲା ପତ୍ରକୁ
ଏକାଠି କରି
ଜାଳିବା ପାଇଁ
ସୂର୍ଯ୍ୟାସ୍ତର ଶେଷ କିରଣରେ।

(୪)
ତାକୁ ଜାଣିଚ ?
ଜାଣିଚ ସେ କିଏ ?

ପାହାଡ଼ର ମଧୁର ସ୍ୱାଦ
ମିଳାଇ ଗଲାବେଳେ
ଦୂରଦିଗନ୍ତର ପାଟିରେ,
ଦେଖିନ ତାକୁ
ବିଭୋର ହୋଇ
ଲୋଟି ପଡ଼ିବାର
ସବୁଠାରୁ ବଡ଼ଘରର
ମେହେରାବି ଉପରେ ?

ମଞ୍ଜି ପୋତିବା ପାଇଁ
ମାଟି ହାଣିଲା ବେଳେ
ପଥରର
ବାଜିଚି ଯେତେବେଳେ
କୋଦାଳ,
ଦେଖିନ ତାକୁ
ଛଟପଟ ହୋଇ
ଉଠି ଆସିବାର
ରକ୍ତ ଜୁଡୁବୁଡୁ
ଶେଯରୁ -

ଶୁଖି ସାରିଥିବା
ଅମୃତର
କଳସ ହାତରେ ?

ଅନ୍ତରାଳ

କୋଉଠି ଲୁଚେଇବି
ତମକୁ ?

ନା ଲୁହରେ
ନା ଲୁହରେ
କୋଉଠି ନାହିଁ
ଏତେଟିକେ ବି ଜାଗା
ଲୁଚିବା ପାଇଁ !

ଏଡ଼େ ବିରାଟ ତମେ
ଯେ ଖରାର ପାପୁଲି ଉପରେ
ପାହାଡ଼ ଭଳି ଲାଗ,

ଲାଗ ଆଖିର ଖାଲି ଘରେ
ଭୁଲ୍‌ରେ

ଧସାଇ ପଶିଥିବା
ସଶସ୍ତ୍ର ଆଲୁଅ ଭଳି,

କୋଉଠି ଲୁଚାଇବି
ତମକୁ ?

କୋଡ଼ିଏ ତିରିଶ ବର୍ଷର
ଚିରାଫଟା ଇତିହାସରୁ ହଠାତ୍

ପାଗଳ ଶବ୍ଦଟାଏ
ବାହାରି ଆସି
ତମର ଗୁଣଗାଇବା
ଅସମ୍ଭବତ ନୁହଁ,

ଅସମ୍ଭବ
ତାକୁ ଲୁଚାଇଦବା
ସବୁ ସୁନ୍ଦର କଥାକୁ
ଘୋଷି
ଘୋଷି
ଘୋଷି
ଅସାର କରି ସାରିଥିବା
ପୃଥିବୀର ଓଠକୋଣରେ ।

ତମକୁ ଛୁଇଁଲା ବେଳେ
କୋଉଠି ଥିଲା ତେବେ
ଭୟ ? -
ଲୁଚିବାରେ ନା
ଲୁଚାଇବାରେ ?

ନିଅ,
ଏ ହାତଟି ମୋରି ନିଅ

ଛାତି ଉପରେ ରଖ
ତାର ଅବୁଝାପଣକୁ ଗେଲକର
ଲିଭାଇଦିଅ ଦୀପ ।
ଗାର ଟାଣିଲା ଭଳି ପାଣିରେ
ଯେତିକି ସତ ସେମିତି ମିଛ
ହେଉପଛେ ଆମର ମିଳନ ଅନ୍ଧାରରେ -

କେହି କେବେ ଜାଣିବେ ନାହିଁ
ତମେ ଅଛ -

ନୂଆ ନୂଆ
ଛଳକରି ଶିଖୁଥିବା
ଅବୋଧ ପ୍ରେମର
ପିଲାଦିନରେ ।

କଥା

କହିଦେଲା ପରେ
କୁଆଡ଼େ ଯାଏ କଥା ?

ସିଧାସଳଖ ଯାଏ
କ୍ରୂର ହୋଇ ସାରିଥିବା
ଆସ୍ଥାର ସୈକତ ଉପରକୁ
ଜହ୍ନରାତିର ଜୁଆର ଭଳି ?

ନା ଜଳି ଜଳି ଜଳି
ଭୁଲିଯିବାର ଚିତାରେ
ଅଙ୍ଗାର ହୋଇ ଦମକେ
ପବନର ଅନ୍ଧ ଆଖିରେ ?

ନା ମୁଁ ଜାଣେ
ନା ତମେ ଜାଣ।

ଦିନ ଶେଷରେ, ମୁଠାଏ
ଗୋଡ଼ିଧୂଳି
ହାତରେ ଧରି
ଫେରିବାର କଥା ଆମର
ଫେରିବା,
ଆହୁରି ଟିକିଏ
ସୁନ୍ଦର କରି
ସଜାଇଦେବା ମରଣକୁ
ମାଟିର କଳସ ଉପରେ,

ଓଁ କହି
ଚେର ସମେତ
ଓଟାରି ଆଣିବା
ଅପରାଜିତାର
ନୀଳପାଂଶୁଳ ଲତାଟିକୁ
ହୁଏତ,

ତଥାପି ରହିବ
କଥାପଦକ
ସେଇଠି -

ଯୋଉଠିକି
ଆଖିପାଇବ ନାହିଁ
ଆମର,

ଯୋଉଠି ତମେ
ମାଟିରେ ଗଢ଼ା
ଓଠକୁ ତମର
ଗଢୁଥିବ ଆହୁରି ଥରେ
ନୂଆକରି

ରଙ୍ଗଦେବା ଆଗରୁ,
ଯୋଉଠି
ସବୁତକ
ଭଙ୍ଗାଉଜୁଡ଼ା ଶବ୍ଦକୁ
ଏକାଠି କରି
ମୁଁ ଅର୍ଥ ଲେଖୁଥିବି
ପୁନର୍ଜନ୍ମର ।

କଥାପଦକ
ଯିବାକୁ ହୁଏତ
ଚାହୁଁଥିବ
ଆଉ ଗୋଟିଏ
ଅଧ୍ୟାୟ ଭିତରକୁ,

ହେଲେ ବନ୍ଧ ଡେଇଁ
ବାହାରିଯିବାର
ସାଧ୍ୟ ନାହିଁତ !

କହିଦେବାହିଁ ବୋଧହୁଏ
ସବୁଠାରୁ ବଡ଼ ଆଲେଖ୍ୟ ଆମର
ନୀରବତାର ମୁଖଶାଳାରେ,

ମୂକ ସନ୍ଧ୍ୟାକୁ
ହଠାତ୍ ମୁଖର କରିଦେବା
ନୀଡ଼ଫେରନ୍ତା ଚଢ଼େଇଙ୍କ
ଅର୍ଥହୀନ କୋଳାହଳରେ-

ଏ କଣ କମ୍ !

ଗର୍ଭଗୃହ

ଏତେ ଅନ୍ଧାର କାହିଁକି ଘର ଭିତରେ ?
କାହିଁକି ଏତେ ଅନ୍ଧାର ?

ସକାଳ ବି ତ ରାତି ଭଳିଆ ଏଠି
ମେରୁଖୁମ୍ବକୁ ଆଉଜି ଠିଆହେବାର
ସେଇ ଗୋଟିଏ ଧାରୁଆ ଠାଣି,

ସେଇ ଗୋଟିଏ କଳାକନାରେ
ମୁହଁ ଓ ମୟୂଖ ପୋଛିନବାର
ଭୟ ସବୁଠି,

ଦୂରରୁ କିଏ ଡାକିଲା ଭଳି
ଶୁଭିଗଲାଣି ନାଦ,
ଲାଗିଗଲାଣି ସବୁ ପଥରର
କପାଳ ଉପରେ ଟିପା ଲହୁର,

ତଥାପି,
ଏତେ ଅନ୍ଧାର କାହିଁକି ଘର ଭିତରେ ?
କାହିଁକି ଏତେ ଅନ୍ଧାର ?

ଖୁଣୀ ଅପ୍ସରା

ଦ୍ୱିତୀୟ ସଂସ୍କରଣ : ୨୦୧୮

ନିରସ୍ତ୍ର

ମୋ ପାଖରେ ଅନେକ ଅସ୍ତ୍ର ଥିଲା
ହେଲେ କୋଉ ଗୋଟାକରେ ବି ନଥିଲା
ଧାର କି ମୁନ
ନଥିଲା ଫାଟିବାର କି ଫୁଟିବାର କି
ଭେଦିବାର କି ଖେଦିବାର ବଳ,
ଯୁଗଯୁଗର ଧୂଳି ଜମିଥିଲା
ତା' ଉପରେ।
ମୁଁ ଚାହିଁଥିଲେ ବି
ତମ ଉପରକୁ ଫିଙ୍ଗି ପାରିନଥାନ୍ତି ସେଥିରୁ
କୋଉ ଗୋଟିଏ,
ଅସ୍ତ୍ର ଧରି ଧରି
ପଥର ହେଇଯାଇଥିବା ମୋର ହାତ
ତମକୁ ଭିଡ଼ି ଆଣି ପାରିନଥାନ୍ତା ତମର
ଶିରୀଷ ଫୁଲର ରଥରୁ।
ସେଇଥିଯୋଗୁ ମୁଁ ଠିଆହେଲି କେବଳ

ଅବାକ୍ ହୋଇ ଯୁଦ୍ଧଭୂମିରେ
ଦେଖିଲି ତମର ତୀର ବର୍ଷୁଚି
ଘନ ତମସାରେ
ଆବୃତ ହୋଇ
ରହିଚି ଆକାଶ
ଥରକୁ ଥର ଚମକିଲା ବେଳେ ବିଜୁଳି
ଦିଶୁଚି ମାଟିରେ ପ୍ରତିଥର ମରି ଶୋଇଚି କିଏ ଜଣେ ନିଜର
ତମେ ମାରିପାରୁନ ମୋତେ ମୁଁ ନିରସ୍ତ୍ର ବୋଲି।

ମୁଁ ୟା ବି ଜାଣେ ଯେ ଯୁଦ୍ଧ ଶେଷ ହେଲାବେଳକୁ
ତମ ପାଖରେ ବି ନଥିବ ଗୋଟିଏ ବୋଲି ଅସ୍ତ୍ର
ତମେ ଠିଆହେଇଥିବ ନିରସ୍ତ୍ର ହୋଇ
କୁଢ଼ କୁଢ଼ ଶବ ମଝିରେ।
ସେଇ ହେବ ତମର ହସିବାର ଦିନ
ହସରେ ହସରେ ମୁଁ ପଚାରିବି ତମକୁ-
ଏ ଭୁଲ୍ କଲ କାହିଁକି ?
-ବରଂ ମୋ ହାତରେ ଦେଇଥାନ୍ତ ତମର
ବଳି ପଡ଼ିଥିବା ଅସ୍ତ୍ରରୁ ଗୋଟେ
ଘମାଘୋଟ ଯୁଦ୍ଧରେ ଆମେ ଜାଣିଥାନ୍ତେ
କିଏ କେତେ ନିଃସ୍ୱ ଏ ଯୁଦ୍ଧଭୂମିରେ !

ଐଶ୍ୱର୍ଯ୍ୟ

ତାର ଏମିତି ବଦଳିଯିବାରେ
ଆମର ଅଶ୍ଚର୍ଯ୍ୟ ହେବାର କିଛି ନଥିଲା ।
ହଠାତ୍ ଯିଏ ପାଇଯାଇଚି ଏତେଗୁଡ଼ାଏ ଐଶ୍ୱର୍ଯ୍ୟ
ସିଏ ବି ଆମଭଳି ଆଗରୁ ଆସି ପହଂଚିବ ସଭାରେ
ଡେରିରେ ଫେରିବ ଘରକୁ
ଅନ୍ଧାରରୁ ଆଲୁଅକୁ ଯିବାର ପ୍ରାର୍ଥନାରୁ
ବାହାରିବ କଳାବୋଲିହୋଇ ମୁହଁରେ
ଏ କଥା ଆମେ ଭାବିଥାନ୍ତୁ ବା କାହିଁକି ?
ସେ ବେଶ୍ ଖୁସି ଅଛି, ପ୍ରାୟ ସବୁ କଥାରେ ହସୁଚି
ବେଳେବେଳେ ଚୁପ୍‌ଚାପ୍ ବସି କ'ଣ ସବୁ ଭାବୁଚି
ପଚାରିଲେ କହୁଚି "ସବୁ ଠିକ୍ ଅଛି', ଭାବୁଚି
ଗୋଟେ ଫ୍ଲାଟ୍ କିଣିବି କି ଋଷିକେଶରେ ?"
ଏମିତି କ'ଣ ମିଳିଚି କି ତାକୁ ? -ଚିଡ଼ିଯାଇ କହୁଚି
ଆମ ଭିତରୁ ଜଣେ
ପୁଅ ବିକମ୍, ବେକାର
ସ୍ତ୍ରୀ ବେମାର
ଘର ଖଣ୍ଡେ ବି ତୋଳି ପାରିନି
ସେଥିରେ ପୁଣି ଏତେ ବହପ

ଏମିତି କି ଐଶ୍ୱର୍ଯ୍ୟ ମିଳିଯାଇଚି ତାକୁ,
ଋଷିକେଶରେ ଫ୍ଲାଟ୍ କିଣିବା କଥା କହିବ
ପୁଣି ଆମକୁ !
ଏମିତି କ'ଣ ପାଇଛି ସେ ?
ଆମ ମନରେ ସଂଦେହ ହୁଏ
ତା'ର ଏତେଗୁଡ଼ାଏ ଐଶ୍ୱର୍ଯ୍ୟ କଥା ଯାହା
ଶୁଣିଚୁ ଆମେ,
ହଠାତ୍ ଲାଗେ ମିଛ,
ଆମେ ଘେରିଯାଉ ତାକୁ
ଅଫିସ୍‌ରୁ ଫେରିବା ବାଟରେ ।
ସେ କିଛି କହେନି,
ସବୁଠୁ ସାଂଘାତିକ ପରିହାସକୁ ବି
ସହିନିଏ ହସରେ,
ଆମ ଭିତରୁ ସବୁଠୁ ବଡ଼ ସାହସୀ ଜଣେ
ପଚାରେ ତାକୁ-
କ'ଣ କ'ଣ ପାଇଚୁ କହ
ଧନସଂପଦ ? ଅମୃତ ?
ଲୁଟ୍‌ତରାଜ୍‌ରେ ଭାଗ ? ପଦ୍ମରାଗ ?
ସେ ତଥାପି କିଛି କହେନି,
ତା'ର ଏମିତି ଚୁପ୍ ରହିବାରେ
ଦିଶେ ଆମକୁ ହୃଦୟ ଗୋଟେ ମରୁଭୂମିର,
ଗୋଟେ ପ୍ରବଳ ବାଲିଝଡ଼ରେ
ପୋତି ହୋଇପଡ଼ିଥିବା ମରୀଚିକାର ସହର
ଯାହାର କୋଉ ନା କୋଉ କୋଣରେ ଅଛି
ଆମର ବଡ଼ ହେବାର ଗୋଟାଏ ଲେଖାଏଁ
ଗୋପନ ଅଭିସାର ।
ଯେତେ ଲେଲିହାନ ହୋଇ ଜଳିବ ଶିଖା ଦ୍ୱିପ୍ରହରର
ସେତେ ଦିଶିବ ସୁନ୍ଦର
ଋଷିକେଶର ସେ ଫ୍ଲାଟ୍‌ର ଝରକାରୁ ସନ୍ଧ୍ୟାର
ଗଙ୍ଗାରେ ଭାସୁଥିବା ଅସଂଖ୍ୟ ଦୀପ ଅର୍ପଣର ।

ଆତ୍ମା

ଆତ୍ମାକୁ ଆମେ କେହି ଦେଖିନେ
ମାଂସରେ ନାହିଁ
ମନସ୍ତାପରେ ନାହିଁ
ଭିଡ଼ଠେଲି ରାସ୍ତାରେ ଦୌଡ଼ିଥିବା ନିଆଁଲିଭାଳି ଗାଡ଼ିରେ ନାହିଁ
ହାଡ଼ରେ ନାହିଁ
ହତ୍ୟାରେ ନାହିଁ
ଚିହ୍ନ ଟିକିଏ ବି ନାହିଁ ତା'ର କାକରଭିଜା କଖାରୁଫୁଲର
ହଳଦିଆ ପାଉଁଶରେ ।

ଆତ୍ମା ଅଛି ପକ୍ଷୀଦେହରେ, ଲେଖାଅଛି ରୂପକଥାରେ
ହେଲେ ପକ୍ଷୀ ଯେ ନାହିଁ ନୀଡ଼ରେ
ଏକଥା ଆମେ ଜାଣିପାରୁନେ
ନୀଡ଼କୁ ଦେଖି,
କୋଉ ଦୂରଦେଶରୁ ତଡ଼ାଖାଇ
ସୁକୁମାର ରାଜକୁମାର ଆସି ପହଂଚୁଚି ଆମ ସହରରେ
ନୀଡ଼ ହଲୁଚି ପବନରେ
ଆଉ କିଛି ଲେଖାନାହିଁ ରୂପକଥାରେ ।

ଭୂତ

ତୋ କଥା କହ, କହ
କେମିତି ମନେପଡ଼ିଲା
ଏତେ ଦିନକେ,
କଅଁଳ ଜହ୍ନ ବୁଢ଼ା ହେଲାପରେ
କେମିତି ଭାବିଲୁ
କାଳେ ରହିଥିବ ଶିଶିର ଟୋପେ
କନିଅରର ଉଗୁଡ଼ା ସରିଥିବା କପ୍‌ରେ ?

ମୁଁ ତ ଭାବିପାରୁନି-
ମୋର ହାତଗୋଡ଼ ଚାଲୁଚି,
ଖାଇପିଇ ମୁଁ ମୋଟାମୋଟି ଭଲରେ ଅଛି,
କେବେବି ମତେ ଦିଶିନି
ଘରୁ ବାହାରି ପଳାଇଯିବାର ବାଟ,
ସବୁବେଳେ ମୁଁ ଭାବିଚି ଯେ ମୁଁ
ସେଇଠି ଅଛି ଯୋଉଠି ମୋର ରହିବା କଥା-

କଟକ ରୋଡ୍‌ରୁ ଡାହାଣକୁ ଗଲେ
ପ୍ରଥମେ ଆସିବ ଢାଉ ରଂଗର ପାଗଳଖାନା
ତା'ର ସେ ପାଚେରୀ ପାଖେ ପାଖେ ଥିବ
ଅରାଏ ଖୋଲା ଜାଗାରେ ଅନେକ
କଢ଼ି ଧରିଥିବା ମଂଦାର ଗଛର ପଂଜୁରୀ ଭିତରେ
ବଢ଼ି ଚାଲିଥିବା ଥଂଟ ଶୁଆର,
କଥା ଭିତରେ ଏତିକି କଥା
ଆଉ କିଛି ଆଶା କରିବା ବୃଥା ।

ତୋର ହାତରେ ସେଇଟା କ'ଣ ?
କଲମ ?
ଚାବି ?
ନା ଅନ୍ଧାରଗୁଡ଼ିର କାଣି ଆଂଗୁଠି ? -
ନକହ,
ମୁଁ ଜାଣିଚି, ତା' ଭିତରୁ କୋଉ ଗୋଟାଏ ବି
ଲାଗିବ ନାହିଁ କାମରେ,
ଆଉ ଯଦି ସେସବୁ ଭିତରୁ
କିଛି ନଥାଇ ଖାଲି ଧୂଳି ମୁଠାଏ ଥାଏ ତୋର ହାତମୁଠାରେ
ତେବେ, ତାକୁ ନେଇ ମୁଁ କରିବି କ'ଣ ?

ମୋର ଘରତିଆରି ସରିଚି,
ଆଉ କୋଉ ଟାଙ୍ଗରା ପାହାଡ଼କୁ
ଫୁଙ୍କି ଉଡ଼ାଇ ଦେବାର ସାହସ ନାହିଁ, ନାହିଁ ଜୁ,
ସବୁ ଛାଡ଼ିଛୁଡ଼ି ଦେଇ ମୁଁ ବସିଚି ଏମିତି
ଜାଗାରେ ଯୋଉଠୁ କଥା କହିହେବ ଭୂତ ସାଂଗରେ ।

ଶେଷଲୋକ

ଆଉ କିଛି ବାହାରିବାର ନାହିଁ ତା' ଭିତରୁ
ସବୁ ସରିଯାଇଚି ଶେଷଲୋକଟି
ବାହାରିଯିବା ସହିତ –

ଶେଷଲୋକଟି କାହାକୁ କିଛି ନ କହି
ବାହାରିଗଲା। ଠିକ୍ ଯେତେବେଳେ
ବୀଣା ବଜାଇବା ଆରମ୍ଭ କଲା ଅମୀୟବାଳା
ରେଡ଼ିଓରେ, ତା' ପଛରେ
ପଡ଼ିଉଠି ଗୋଡ଼ାଇଥିବା
ପଖଉଜର ଘୋଡ଼ାଟାପୁ ସାଂଗରେ
ଯେତେ ଧାଇଁଲେ ବି
ମିଳିଲା ନାହିଁ ତା'ର ଟେର୍
ରାତି ବାରଟା ଯାଏଁ,

ତା'ପରେ ଦୁଆର ବନ୍ଦ କରିବା ଛଡ଼ା
ଉପାୟ କିଛି ନଥିଲା,

ଅଚାନକ
ବର୍ଷିବାପାଇଁ ବାହାରିଥିବା
ଗୋଟେ ମେଘ ବି ସେହି ଆଳରେ
ହୋଇଗଲା ଉଭାନ୍
କୋଚିଲା ଗଛର ଶିଖରରୁ।
ସେ ଘର ଭିତରେ ଆଉ କିଛି ନାହିଁ
ତାରାର ଆଇନାରେ ଗୋଟେ ମରୁଭୂମି ଛଡ଼ା
ଆଉ କିଛି ଦିଶୁନାହିଁ
ଘରମୁହାଁ ଫେରୁଥିବା
ବାଟୋଇକୁ।

- ଏ ଭିତରେ ଯଦିଓ
ଧାନକଟା ସରିଚି,
କୌଶଲ୍ୟା
ଫେରିଆସିଚି ବାପଘରକୁ,
ଆଉ ଅରାଏ ବାଲି ବଢ଼ିଚି
ପୃଥିବୀରେ ହୁଏତ,

ମୋର କାନ୍ଦ ବି ବନ୍ଦ ହୋଇସାରିଚି
ଭୋର୍ ହେବା ଆଗରୁ।

ଆତ୍ମଘାତ

ପ୍ରଥମେ କେହି ନଥିଲେ
ପରେ ଆସିଲେ ସମସ୍ତେ :
ପ୍ରମୋଦ, ପ୍ରାର୍ଥନା, ପଥର

ଏମାନଙ୍କ ଭିତରୁ କିଏ ଆସିଲା
ପ୍ରଥମେ, ସହଜ ନୁହେଁ କହିବା
ପତ୍ର ଗୋଟାଇଲା ଭଳି ଫୁଲାଏ
ଶୁଖିଲା ଦିନକୁ ଏକାଠି କରି
ନିଆଁ ଯୋଖିଦେଲେ ବି
କାହିଁ କୋଉଠି ମିଳୁଚି ପରିତ୍ରାଣ
ସେ ପ୍ରଶ୍ନରୁ ?

ଥରେ ଆସିଗଲା ପରେ
ଆରମ୍ଭ ହୋଇଗଲା
ପଂଚମ ଅଧ୍ୟାୟରୁ ଲଢ଼େଇ

ବିଦେଶରୁ ଆଉ ଫେରିଲାନାହିଁ ପ୍ରମୋଦ
ବାଟ ଚାହିଁ ଚାହିଁ ଆଖି ଫୁଟିଗଲା ବୁଢ଼ୀମା'ର
ସୁରିଆର ବାପା ବି ଆଉ ଫେରିଲାନାହିଁ ବିଲରୁ,
କେହି ଶୁଣିଲେ ନାହିଁ ଯେତେବେଳେ
ଆଖି ତାଡ଼ିନେଲା ସାହୁକାର,
ଏ ଦୁର୍ଦ୍ଦିନରେ ଖଣ୍ଡେ ପଥର ବି ବସି ବସି
କେତେବେଳେ ଦେବତା ହୋଇଗଲା ଗାଁର।
କିଏ ଆସିଲା ଆଗେ, କିଏ ପରେ
ମୁଁ ଜାଣେନି,
ମୁଁ ଇତିହାସ ଲେଖିବା ପାଇଁ ଆସିନି ଏଠିକି,

ମୁଁ ଲିଭାଇଦେବା ପାଇଁ ଆସିଚି
ବାଲିରୁ
ବାଘର ମୁନିଆ ଖୋଜ
ମରିବା ଆଉଟିକିଏ ସହଜ ହେବ ବୋଲି ଏ ବନସ୍ତରେ।

ବଂଶୀ

ବିନୋଦିନୀକୁ ସେମାନେ
କୁଆଡ଼େ ନେଇଗଲେ
ମୁଁ ଜାଣିନି-

ମୁଁ ଫେରିଲା ବେଳକୁ
ସେ ନାହିଁ,
ଖରାର ତାରରେ ଶୁଖୁଚି ତା'ର ଛାଇ,
ପତ୍ର ଗହଳରେ କାଉ ଖୋଳି ଖେଳି
ଖାଉଚି ବସି
ଆଖି ବଢ଼ିଆଳର,
ଦୁଆର ଠିଆମେଲା ଘରର।

ସତରେ କ'ଣ ମୁଁ ଜାଣିନି
କୁଆଡ଼େ ଗଲା ବିନୋଦିନୀ,
ସତରେ କ'ଣ ମୁଁ ଜାଣିନି
କିଏ ସେମାନେ ?
ମୁଁ କ'ଣ ନଥିଲି ଗାଁରେ

ଯେତେବେଳେ ନିଆଁ ପଶିଲା ଜଂଗଲରେ ?
ସତରେ କ'ଣ ମୁଁ ଶୁଣିପାରିଲି ନାହିଁ
ଅନ୍ଧାରରେ ପଟେ ଚୁଡ଼ି ଭାଙ୍ଗିଲା ଭଳି
ଗୋଟେ ଡାକ କାନ ପାଖରେ, ତା'ପରେ
ସୁଁ ସୁଁ କାନ୍ଦ ପବନରେ ?
ସତରେ କ'ଣ ମୁଁ ଜାଣିନି ଯେ
ସେଇ ବିନୋଦିନୀ ସେଇ ଯାହାର
ଶବ ପଡ଼ିଚି ସବୁ ଫେରିବାର
ବାଟ ମଝିରେ ?
ବଂଶୀରେ ବେଳେବେଳେ
ତାର ନାଁ ଡାକିବା ଛଡ଼ା
ମୁଁ ଆଉ କିଛି କହିନି ବିନୋଦିନୀକୁ
କେବେ,
ସେଇ ବୋଧେ ଥିଲା ନୀରବତାକୁ
ଦୁଆର ସେପଟୁ ଫେରାଇ ଦେବାର
କଳା ସେତେବେଳର ।

ଆଜି ଯଦି ତାକୁ ଉଡ଼ାଇ ନେଇଗଲା ପବନ
ଆକାଶକୁ, କି
ଖାଇଗଲା ନିଆଁ ବଣବାଟରେ,
ମୋର ଉପାୟ ନାହିଁ ତାକୁ ବଂଚାଇବାର
ଏ ଛାର ବାଉଁଶନଳୀ ଖଣ୍ଡକରେ ।

ନିରୁପାୟ

ହିମବନ୍ତରୁ ବାଟଭୁଲି ବାହାରିଥିବା ନଈ
ବନାରସରୁ ପଠାହୋଇଥିବା ନିଖୋଜ ପୁଅର ପୋଷ୍ଟକାର୍ଡ୍,
କେହି କେବେ ରହିଯାଆନ୍ତି ନାହିଁ ଅଧାବାଟରେ-
ଟିକିଏ ଡେରି ହୁଏତ ହୁଏ
ଗୁଡ଼ାଏ ଧାନବିଲ ଜଳିଯାଆନ୍ତି ଏ ଭିତରେ
ଦି'ଦି'ଟା ପିଲାଙ୍କୁ କାଖରେ ଧରି
ରୋଗିଣୀ ସ୍ତ୍ରୀ ଲୋକଟିଏ ଠିଆହୋଇଯାଏ ରାସ୍ତାରେ।

ବାଲିହରିଣ କେମିତି ପାଏ
ଡହକୁ ଥିବା ଖରାରୁ
ଘାସ କଅଁଳିବାର ସୁଗନ୍ଧ,
ସେତିକି ଜଣାଥିଲେ
ଏତେ କ୍ଷୟକ୍ଷତି ହୁଅନ୍ତା ନାହିଁ ହୁଏତ,
ଆମ୍ବତୋଟାରେ ଅରାଏ ପୋଡ଼ାଘାସ ଦେଖି
ଆମେ ଭାବନ୍ତୁ ନାହିଁ ଯେ
ନିଆଁ ଲାଗି ସାରିଚି ସାରା ପୃଥିବୀରେ !

ଏକା

ମୁଁ ଆଉଟିକିଏ ରହିପାରିଥାନ୍ତି ତମ ପାଖରେ
କିଛି ନ ହେଲେ ଦେବି ଦେବି ବୋଲି
ଆଉ ଘଡ଼ିଏ ଭୁଲାଇ ପାରିଥାନ୍ତି ତମର ଭୂଲତାକୁ,

ରାସ୍ତା ନଥିଲେ ବି ମୁଗବିଲ ଦେଇ
ଯୋଉ ଗୋଟାଏ ଶାଗୁଆ ବାଟ
ତିଆରି କରିଚି ଭଦଭଦଳିଆ
ସେଇ ବାଟଦେଇ ଖସି ବି ଯାଇଥାନ୍ତି ସୁରୁଖୁରୁରେ।

ହେଲା ନାହିଁ।
ତମେ ତମ ବାଟରେ ଯାଇ ପହଂଚିଗଲ
ବଉଳତଳର ମୋକ୍ଷରେ,
ମୁଁ ମୋ ବାଟରେ ଯାଇ ଅପଦସ୍ଥ ହୋଇ ଫେରିଲି।
ପ୍ରାର୍ଥନାର ଦୁଆର ମୁହଁରୁ ଅକାରଣରେ।

କିଏବା ଅଛି ଏଇନେ ତମ ପାଖରେ ?
ପିଲାମାନେ ନିଜ ନିଜ ଜାଗାରେ
ଘରକାନ୍ଥରୁ ଚୂନ ଛଡ଼ାଇବା କାମ ଆରମ୍ଭ
ବୁଧବାରଠୁଁ
ରହ ବୋଲି ଆଉ କି କହି ହେଉନାହିଁ
ଝରାଫୁଲକୁ ।

ବଣନିଆଁ

କାଲି ରାତିରେ ନିଦ ହେଲା ନାହିଁ,
ନିଜକୁ ନିଜର ଦେହ ଲାଗିଲା ଭାରି
ଯେମିତିକି ପଥରରୁ ପାଣିର ଶିରା ଖୋଜୁ ଖୋଜୁ
ଜଣାପଡ଼ିଗଲା କେତେ ଲମ୍ବା ଏ ରାତିର ଇତିହାସ
ସାରସର ଆଉ ସାହସ ହେଲାନାହିଁ ବଢ଼ିବା ପାଇଁ ଆଗକୁ।

ମୁଁ ସେଇଠି ରହିଗଲି
ସେ ଅଧଉକୁଟା ହସ ଭିତରେ।

ତମର ପୋଡ଼ାକାନିର ବନସ୍ତରୁ
ମୁଁ ଉଦ୍ଧାର କରିପାରିଲି ନାହିଁ
ଗଛଲତା ପଶୁପକ୍ଷୀଙ୍କୁ,
ରହିଲି ଯଦିଓ ରାତି ଶେଷଯାଏଁ
ଜଳିପୋଡ଼ି ହୋଇଗଲାଯାଏଁ ଛାରଖାର
ସାରା ପୃଥିବୀ ଗୋଟେ ବଣନିଆଁରେ।

ସାତଶଂଖର ରଘୁ

ମୋ ନାଁ ରଘୁ, ଘର ସାତଶଂଖ

ବୁଲି ବୁଲି ସଂଜ ହେଲାଣି ଆସି
ନୂଆଖୁଡ଼ୀଙ୍କ ମୁଣ୍ଡର ସୁନାପାତିଆ ଭଳି
ଏତେ ଟିକିଏ ସରୁ ଜହ୍ନରୁ
ଆଉ କିଛି ମିଳିବ ନାହିଁ ଆଜି ।

କାହିଁକି ବା କ'ଣ ମିଳିବ ?
କିଏ କେବେ ହାତୀଗୁଂଫାରୁ
ହାତୀ ବାହାରିବା ଦେଖିଚି ନା
ରାଣୀଗୁଂଫାରୁ ରାଣୀ ?
ଖାଲି ମିଛରେ ଗାଳି ଶୁଣିବା କକେଇଙ୍କଠୁ ।

ଫେରିଯିବି,
ହେଲେ ସାନଭାଇକୁ କ'ଣ କହିବି ?

କ'ଣ କହିବି ଦି'ଟଙ୍କା ପାଇଁ ଗୋଦରଗୋଡ଼ରେ
ପୃଥିବୀ ବୁଲି ଫେରିଥିବା ନନାଙ୍କୁ ?
ଲୋକେ ଭାବିବେ
ରଘୁ ଶତପଥୀର ଭେଳା ବୁଡ଼ିଗଲା
ଭୁବନେଶ୍ୱରରେ,
ବୁଡୁ।
ମୁଁ ଶୋଇପଡ଼େଁ ଘଡ଼ିଏ,
ସବୁଥର ଭଳି ଏଥର ବି
ମୋତେ ନିଦରୁ ଉଠାଇ
ଜଣେ କିଏ ଆସି କହୁ;

ରଘୁ, ଏ ରଘୁ
ଯା'ନାରେ ସେ ବାଟରେ
ଯିଏ ଯାଇଚି, ସିଏ ଆଉ ଫେରିନି କେବେ
ସାତଶଂଖକୁ।

ପୃଥିବୀର ଇତିହାସ

ସେଠି ସବୁଠୁ ଆଗେ
କଅଣ ଥିଲା, ଯେତେବେଳେ
ପ୍ରଥମ କରି ତିଆରି କଲା
ସେ ଖାଲି ଜାଗାର ଘା'
ପୃଥିବୀର ଦେହ ଉପରେ ?

ଏତେ ଟିକିଏ ପର ଥିଲା ହୁଏତ
ଏତେ ଟିକିଏ ଧୂଳି,
ଛୁଇଁ ନହେଲା ଭଳି ଏତେ ଟିକିଏ
ଆଂଚୁଡ଼ା ଦାଗ ଖରାର
କାଚ ଆଖିରେ ବାଂଫର ଏତେ ଟିକିଏ ନେଳି ।

ଏତେଗୁଡ଼ାଏ ଦିନ ଲାଗିଗଲା
ଫଳିବା ପାଇଁ ଅଭିଶାପ-

ଶିଳାଲେଖରେ ଆମେ ଏଥର।
ଲେଖିଦେବା ଯେ ଆମର ଜିଣିବା କଥା ମିଛ
ପ୍ରତି ଖାଲି ଜାଗାଠୁ ଆମେ ହାରିବୁ ପ୍ରତିଥର
ପ୍ରତିଥର ଟିକିଏ ଧାର ତେଜିଚି ଛୁରୀର।
ଯୋଉଠି ଯୋଉ ନଈ ବୋହିଯାଉଚି ତାକୁ ଦୟା କହ,
ଯେମିତି ଆସୁ, ଯିଏ ବି ଆସୁ
ଆସିଚି ଯଦି ଦିନ ଢଳିବା ଆଗରୁ, ତାକୁ
ଅଶୋକ କହ,
ପୃଥିବୀଟା ଏମିତି କିଛି ବଡ଼ ନୁହେଁ,
ପୋକ ସାଲୁବାଲୁ ଗୋଟେ ସଢ଼ା ପରିବାକୁ ନେଇ
ଭାବିବାର ବା କ'ଣ ଅଛି ଦୀନା ଚଉକିଆର,
କ'ଣ ବା ଅଛି ଆମର ଏମିତି ମୁହଁ ଶୁଖାଇ
ଫେରିଯିବାର ?

ଇତିହାସରେ ଏଇମାନେ ତ ରହିବେ ?
ଏଇ ଆମରି ନ ବଖରା ସାହିର ଭାଇ-ଭାୟାରା,
ଏମିତି ଗୁଡ଼ାଏ ଖାଲି ଜାଗାର ଅରମା ବି ତ
ପଡ଼ି ରହିବ ଅଛୁଆଁ, ଚାରିଶ ପୃଷ୍ଠାର
ଆତ୍ମଚରିତ ଲେଖିସାରିଲା ପରେ !

ପାରିଧି

ଆଉ ଟିକେ ଗଭୀର ହେଉ ରାତି,
ଇତିହାସର ଅନ୍ଧାରରେ
ଆଉ ଟିକେ ସୁନ୍ଦର ଦିଶୁ କୋଶଳ,

ରାଜପୁତ୍ରମାନେ ନାନା କାରଣରୁ
ରାଜା ନ ହେବା
ହୋଇପାରେ ଆମର ଦୁଃଖର କାରଣ,
ଯା ବି ହୋଇପାରେ ଯେ
କୋଉ ଗୋଟାଏ ବି ତରବାରିର ଶାଣ
ରଖିପାରିନାହିଁ ମାଟିକୁଦ ଉପରେ
ରଙ୍ଗମାନଙ୍କ ନିଶାଣ।

ଅଜୟ, ତମେ ଯାଅ,
ଖାଇପିଇ ଶୁଅ,
କାଲି ସକାଳୁ ଟିକେ ଡେରିରେ ବାହାରିବା

ପାରିଧିରେ
ଜାଣିଥାଅ
ଜାଣିଥାଅ ଯେ ଆଜି ରାତିରେ
ଗୁଡ଼େ ଗଛ ଉଦ୍‌ବାର୍ଯ୍ୟ ହେବେ
ଝଡ଼ ପବନରେ,
ପତ୍ରର ହୁଳହୁଳି ସାଂଗରେ
ଗୁଡ଼ାଏ ଫଳ ବି କାନ୍ଦ ହୋଇ ଝଡ଼ିବେ
ଗଦାହେବେ ମାଟିରେ।

ଡରିବ ନାହିଁ,
ଏ ଶୁଭ ସୂଚନା !
ମାନେ,
ଆର ଅଧ୍ୟାୟେ ଲେଖିବା ପାଇଁ
ଏତେ ଟିକିଏ ମାଟି ମିଳିବ ନିଶ୍ଚୟ-

ବାର୍ହାର ଦାନ୍ତରେ
ମୟୂରର ପୁଚ୍ଛରେ
ବା
ପାହାଡ଼ ତିଖରୁ ଆଖିବୁଜି
ଛୁଟି ଆସୁଥିବା କିଂଶୁକର ବର୍ଚ୍ଛାରେ !

ଦୁଃଖପୁର ଶାସନ

ଏଠା କଥା କହନା,
ଗୋଟାଯାକେ ଗାଁ ଆମର
ପଡ଼ିଯାଇଛି ପାଂଜିର
ଛ'ଙ୍କର କି ନ'ଅଙ୍କର
କବଳରେ ।

ଏଠି ଦୁଃଖମାନେ ଜନ୍ମହେଲା ପରଠୁ
ପଡ଼ିଯାଉଚନ୍ତି ରୋଗରେ,
ଯେଉଁ ରୋଗ ଭଲ ହୁଏନାହିଁ
ଜ୍ୟୋସ୍ନା ଛଡ଼ା ଆଉ କୌଣସି ଔଷଧରେ,
ଜ୍ୟୋସ୍ନା-
ଯାହା ମିଳେନାହିଁ
ସୁଖ ଛଡ଼ା ଆଉ କୌଣସି ବନସ୍ତରେ ।

ଟିକେ ବଡ଼ ହେଲେଣି ଯେଉଁମାନେ
ସେମାନେ ନିତି ଶିଖୁଚନ୍ତି ଗୋଟାଏ ଲେଖେଁ

ନୂଆଖେଳ-
ଆଜି ଜାଣିଲେଣି କାଠି ଲୁଚାଇବା ବାଲିରେ
ତ କାଲି ନେଲେଣି
ତାସ୍‌ମୁଠାରୁ ବାହାରିଥିବା ରାଣୀମାନଙ୍କୁ
ରୋଷଣିରେ।
ଯୁବକ ହେଲେଣି ଯେଉଁମାନେ
ଚାକିରି ଖୋଜି ବାହାରିଚନ୍ତି ବ୍ରଜରେ,
ବସ୍‌ର ଖୋଲା ଝରକାରେ
ସେମାନଙ୍କର କହୁଣି
ଦିଶୁଚି ଆଖିର ମୁକୁଳି ନଥିବା
ତୀରଠାରୁ ବି ଅଧୀର,
ସତେ ଯେମିତି
ତୀର ସେଇ ଗୋଟିଏ ବୋଲି ତମାଳବନରେ
ଆଉ ସାରା ଦୁନିଆ ଶିକାର!

ଆଉ ଯେଉଁମାନେ ତମ ଆମ ଭଳି
ଭୋଗି ସାରିଲେଣି ଅଧା ଜୀବନ
ସେମାନଙ୍କର ରାତି ପାହୁଚି ଡେରିରେ,
ଆଉ କିଛି ଗରଜ ନାହିଁ ବୋଲି
ସାତରାତିର ଗୋଟିଏ ବୋଲି ସକାଳକୁ ବି
ସେମାନେ ଛାଡୁନାହାନ୍ତି ବଜାରକୁ ସାଇକେଲରେ।

ଏସବୁ ଆଗରୁ ଲେଖାସରିଚି କହୁଚ?
କହୁଚ ଏଇଆ ବାହାରିବ ବି ଦିନେ କାକଟପୁର
ତମ୍ବାପଟାରୁ? ସତରେ!

ପର ପଦ

ତମକୁ ଯାହା କହିବି
ତା'ର ପ୍ରଥମ ପଦ
ମିଳିଯାଇଚି ମୋତେ ଆଗରୁ,
ତମର ମେଘଡମ୍ବରୁ ଶାଢ଼ିପିନ୍ଧାରୁ।
ଏମିତି ମିଳିଯାଏ ସବୁ ପ୍ରଥମ ପଦ
ଆଗ୍ନେୟଗିରିର ବିସ୍ଫୋରଣରୁ ଯେମିତି ମିଳେ
ନାଭି ଘନ ତମସାର।

ଅତଳ ଗଣ୍ଡରୁ ଉଠି କୂଳ ଆଡ଼କୁ
ମୁହାଁଏ ଗୋଟେ ନାହା
ଚେତା ଫେରିବା ଆଗରୁ,
ଚିକ୍କଣ କଦଳୀପତ୍ରର ଗାଲରୁ
ଜାଣନ୍ତି ଭୋକିଲା ପିଲାଏ ଯେ
ବାପା ଫେରିଲେଣି ବିଦେଶରୁ।
କିଛି ହୁଏନାହିଁ ସେତିକିରେ

ପର ପଦଟି ଅସଲ
ପର ପଦଟି ହିଁ ମିଳେନାହିଁ କେତେବେଳେ-
ପର ପଦଟିକୁ ଖୋଜି ଖୋଜି ମୁଁ
କେତେ କୁଆଡ଼େ ନ ଯାଇଚି !
ସବୁବେଳେ ଲାଗିଚି
ହେଇ ସେ ପାହାଡ଼ର ଅଂଟାଦେଇ ବାହାରିଗଲେ
ଦିଶିବ ସୋରାଏ ଧୂଆଁ,
ଧୂଆଁ ଭିତରୁ ଦିଶିବ ନଈର ଧାର ଖୋଜି ଖୋଜି
ବାହାରିଚି ସାରା ଦୁନିଆ,
ବସିଯିବା ପାଇଁ ଧରି ଚାଲିଚି ଘର,
ଏତେ ହୁଲସ୍ଥୁଲରେ
ଉଜୁଡ଼ା ସ୍କୁଲ୍ ପଛର ଅନାବନାରେ
ଫୁଟି ଲାଗିଚି କିଆ ।

ରାତି ପାହି ଆସୁଚି-
ବଜ୍ରକୁ ବଂଶୀକରି
ବଜାଇ ଶିଖିଲେଣି ପିଲାଏ,
ଆଉ ଗୋଟାଏ, ଯୁଗ ପାଇଁ
ଆମ୍ବଗଛମାନେ ହୋଇଗଲେଣି ତୟାର
ଧାଡ଼ି ଧାଡ଼ି ହୋଇ ଠିଆହେଲେଣି
ଚୂତ ଅଶୋକ
ଯଦିଓ
ମଣିଷମାନେ କେବଠୁ
ହୋଇସାରିଲେଣି ପାଉଁଶ ।

ସରହୁଲ୍‌ର ଜହ୍ନ

ମୁଁ ସେତେବେଳେ
ନୂଆ ନୂଆ ଆସିଥାଏ ଏଠିକି,
ଛୋଟନାଗପୁର ମାଳଭୂମିରୁ
ମୋ ସାଂଗରେ ଆସିଥାନ୍ତି ଦଳେ ଶୁଆ,
ମୋର ଛତି ଚାମର ବାହାରି ନଥାନ୍ତି ବାକ୍ସରୁ,
ମୁଁ ଅବାକ୍ ହୋଇ ଠିଆ ହୋଇଥାଏ
ଗୋଟେ ଖାଲି ପଂଜୁରି ଧରି ହାତରେ।

ଦିନେ ଆସିଲା ସରହୁଲ୍‌ର ଜହ୍ନ
ଆମ ପିଲାଙ୍କଠୁ ଆଉ ଟିକିଏ ଗୋଲ୍
ଆଉ ଟିକିଏ ଗୋରା,
ତା'ର ତରତର ହୋଇ
ପଶିଆସିବାରୁ ଜାଣିଲି-
ଖୁବ୍ ଗୋଟେ ଫରକ ନାହିଁ
ଆମର ଭୟକରିବା ଓ ଭଲପାଇବା ଭିତରେ।

ମୋର କରିବାର କିଛି ନଥିଲା
ମୁଁ ଡାକିଲି ଶାଳବଣର
ସବାଶେଷ ଗଛକୁ,
କହିଲି : ଯା' ଆଣ୍‌ତ
ଯୋଡ଼େ ମୁଢ଼ିମୁଆଁ, ଫୁଂଜେ ବଇଁଚକୋଳି
କେରାଏ ଦୂବ,

ଦୁଆରୁ ଦୁଆରୁ ଆଜି
ଫେରାଇଦେବା ସର୍‌ହୁଲ୍‌ର ଜହ୍ନକୁ,
କହିବା : ଯା'
ସର୍‌ହୁଲ୍‌ର ଜହ୍ନ ଯା'
ଆସିବୁ ଯେବେ ପବନ ପିଠିରେ ଶୁଖି ସାରିଥିବ ଘା'

ପାଷ୍ଟରନାକ୍

ସେଇଥିଲା ତମର କବିତାର ଶେଷ ଉଡ଼ିବା
ସବୁ ଶେଷର ଆଗକୁ ଯାଇ ଠିଆ ହୋଇଯିବା
ଶରତର ଗୁଳିମୁହଁରେ

ମୁଁ ତମକୁ ଚିହ୍ନେ ନାହିଁ, ପଥରରେ ତିଆରି ତମର ମୁହଁ
ମୋତେ ଦିଶେ ଠାବ କରି କରି ଅନ୍ଧାରରେ ବାଟ ଗଲା ଭଳି
ପବନର ପାଚେରି ଯାଏଁ, ପାଚି ଆସୁଥିବା ମୋର ନିର୍ବାସନର
ଗୁଡ଼ାଏ ଝରାପତ୍ର ବି ପଡ଼ିଥାଏ ସେ ବାଟରେ

ଅନେକ ଦିନ ପରେ, ଆଜି ଲାଗୁଚି
ତମକୁ ମୁଁ ଡାକି ବି ତ ପାରିଥାନ୍ତି କୀଟମାନଙ୍କ ମହାସଭାକୁ,
ଝୀନ ଚନ୍ଦ୍ରାଲୋକର ଲୁଗାରେ ତମର
ଦେଇ ବି ତ ପାରିଥାନ୍ତି ସ୍ନେହରେ ମୁଠାଏ ଡହକୁଥିବା ଅଂଗାର,
ସୂର୍ଯ୍ୟୋଦୟ ଦେଖିବା ଆଗରୁ ଆମେ ଦି'ଜଣଯାକ
ଏକାସାଂଗରେ ଇତିହାସ ବି ତ ହୋଇପାରିଥାନ୍ତେ

କୋଉ ଗୋଟାଏ ଶତାବ୍ଦୀର !
ମୁଁ ଜାଣେ
ମୁଁ ଜାଣେ ଶରତର ଗୁଳିରେ ଥାଏ
କେବେ ନ ଭୋଗିଥିବା ପୀଡ଼ା ଗାଂଗଶିଉଳିର,
କଳା ପଡ଼ି ଆସୁଥିବା ଯୋଡ଼ାଏ ହାତ ଯେମିତି ଥାଏ
ସବୁ ପ୍ରାର୍ଥନାରେ

ଆଉ କେବେ ଆସିବ ପୁଣି, କେବେ ଆଉ ଆସିବ ?
ବଗ ଧାଡ଼ିକ ଉଡ଼ିଗଲା ପରେ ପ୍ରେମ କ'ଣ ଆଉ ଥିବ କଳାମେଘରେ ?

ପଥର

ପଥରର ଜୀବନରେ ଶହେ ଦୁଇଶହ ବର୍ଷ
କିଛି ବେଶି ନୁହେଁ,
ଗୋଟେ ଲମ୍ବା ଇତିହାସ ଥାଏ ତା'ର ମହୁଫେଣାରେ

ସେଇଥିପାଇଁ ଭାଗ୍ୟର କସରା ପିଠିକୁ ଘଷି ଚାଲେ ନବଘନ,
ଦିବାଲି ପରଠୁଁ ଦୋକାନ ଫିଟେନି ନରିର,
ଭାଇନାଙ୍କ ଦେହରେ ଜର ରହେ ପ୍ରାୟ ସବୁବେଳେ
ପୁଅ ଯାଇପାରେନି ଦିବ୍ରୁଗଡ଼ ସାଂଗମାନଙ୍କ ସାଂଗରେ

ହଜାରେ ଦି'ହଜାର ବର୍ଷ ଲାଗିବ ଖଣ୍ଡେ ପଥରକୁ
ହେବାପାଇଁ ଇତିହାସ-
ସେ ଭିତରେ କ'ଣସବୁ ବଛା ବଛା କଥା ଲେଖା ସରିଥିବ
ବୋଇତାଳ ମନ୍ଦିରର କାରୁକଳା ଉପରେ,
କିଏ ସବୁ ସୁନ୍ଦର ସୁନ୍ଦର ଘର କରି ସାରିଥିବେ
ରତ୍ନାକରବାଗର ମରୁଭୂମିରେ,

ଦିଗ୍‌ବିଜୟରୁ ଫେରିନଥିବ ଆମର ଅଜେୟ ଘୋଡ଼ା
ଗୋଟେ କାଉ ବସିଥିବ
ଗୋଟେ କାଉ ବସିଥିବ
ବିଷ ହୋଇଯାଇଥିବା ପାଣିକୁଣ୍ଡର ମଂଗ ଉପରେ
ଏମିତି ବି ତ ହୋଇପାରେ ଯେ
ପଥରର ଏ ଜୀବନ ମୋର କଳ୍ପନା ଯାହାକୁ
କେବେହେଲେ ବି ବୋହିପାରିନାହିଁ ପଥର,
ଆଉ ମୋଡ଼ରେ ଉତାରିଦେବି ଭାବି ଭାବି
ଯାହାକୁ ମୁଁ ବୋହି ଚାଲିବି ସାରାଜୀବନ !

ମୋହମୁଦ୍ଗର

ଘୋର ବିପଦରେ ପଡ଼ିଚି ଆଚାର୍ଯ୍ୟେ ଘୋର ବିପଦରେ-
ଆଜି ପୁଣି ଥରେ ଦେଖାହେଲା ସେ ଲୋକ ସାଂଗରେ
ଆଜି ପୁଣି ଥରେ,
ଯିଏ ମରି ସାରିଥିଲା ଗଲାବର୍ଷର ମହାମାରୀରେ

ସିଏ ପୁଣି ମୋତେ ବାଟ ଆଗୁଳି ପଚାରିଲା : କିଓ
କୁଆଡ଼େ ବାହାରିଲ ଛତା-ଜୋତ-ସମନ୍ୱିତ
ମାୟାର ଏ ଉଦୁଉଦିଆ ଖରାରେ ?

ଆପଣ ତ ଜାଣନ୍ତି ଗୁରୁ-
ମୁଁ ଯାଇଥିଲି ମୋ ବାଟରେ ମନଖୁସିରେ
କିରଣ ଚଢ଼ାଇବା ପାଇଁ ପଖଉଜରେ,
ମୋତେ ଜଣାନଥିଲା ବାଟକଡ଼ର ଚଳାଏ ବୋଲି ଜଳ
ସେଥିରେ ପୁଣି ମାଛରଙ୍କାର ଥଂଟରୁ ଦିଶିବ
ବଳକା ଦିନର ଲାଂଜ ଟିକିଏ, ଯେ ମୁଁ

ପଡ଼ିଯିବି ଏଡ଼େ ବିପଦରେ
ପ୍ରକୃତରେ କଥା କ'ଣ କି
ପ୍ରକୃତରେ କଥା କ'ଣ କି ଆଚାର୍ଯେ
ଆପଣଙ୍କ କଥାସୁଅରେ ଭାସି ଭାସି ଆସି
ଲାଗିଚି ମୁଁ ଏ ଅପନ୍ତରାରେ,
ଏ ଖଣ୍ଡମଣ୍ଡଳରେ କେହିନାହିଁ ସେ ଲୋକଟି ଛଡ଼ା
ଯିଏ ଜାଣିଚି ମୋର କୋଉଠି ହେଲେ ବି
ପହଂଚିବାର ନାହିଁ କେବେହେଲେ

ଏ ମାଟିମୁଠାକରେ କ'ଣ ଅଛି ତା'ହେଲେ
ଯେଉଁଥିପାଇଁ ମୁଁ ବନ୍ଧାହେବି ଖମ୍ବରେ!

ଏ ଭିତରେ କେତେବେଳେ
ସଂଜଆଳତିର ଦୀପ ଉଠିଲାଣି ଦେଉଳରେ
ମୋତେ ଖୋଜି ଖୋଜି
ଦଳେ ପକ୍ଷୀ ବି ଆସି ପହଂଚିଗଲେଣି ନୀଡ଼ରେ।

ଶେଷପୃଷ୍ଠା

ଝରିବ ଝରିବ ନିଶ୍ଚୟ ଝରିବ
କୋଉ ନା କୋଉ ପଥରରୁ ଟୋପାଏ ମହୁ-
ଆଶା ଏତିକି
ବା କହିପାରନ୍ତି ଘୋର ଜଂଗଲରେ ବାଟଭୁଲି
ବୁଲିଲାବେଳେ ଏଇଆ ଭାବେ ରାଧାମୋହନ
ବାଘର ଗର୍ଜନ ମରିଗଲା ପରେ ସବୁଜ ପକ୍ଷୀଙ୍କ କଳରବରେ

ବା କହିପାରନ୍ତି ଆମର ବିବର୍ତ୍ତନର
ସୁନାରି ଗଛରେ ଫୁଲ ଲଦି ହେବାର
ବେଳ ଏମିତି ଆସେ ଅଚାନକ କୋଉ ଗୋଟେ ବସନ୍ତରେ।

ଅପେକ୍ଷାକରି ବସିବାରେ ମୋର ଆପତ୍ତି ନାହିଁ
ଅଭିଯୋଗ ବି ନାହିଁ ଡେରି ହେବାରେ, ମୁଁ
କୋଉକାଳୁ ଆସି ଠିଆହେଲିଣି, ଇତିହାସର
ସେଇ ଗୋଟିଏ ଶେଷପୃଷ୍ଠାଇ ଲେଖାଚାଲିଚି ଏଯାଏଁ!

ନୂଆବର୍ଷ

ଏଇ ହେଉଚି ଧ୍ୟାନର ବେଳ
ଏତିକିବେଳେ
ଅନେକ କିଛି ଘଟିବ ପୃଥିବୀରେ-
ଆତଗଛରେ ପାଚିବ ସକାଳ
ନୂଆ ସଂଦେଶ ନେଇ ଦୂତ ଆସିବ
କୃତବର୍ମଙ୍କ ରାଜ୍ୟକୁ
ପୁଣିଥରେ ବାହାରିବ ହତଭାଗା
କାଗଜଡଙ୍ଗାରେ ଉତ୍ତମମେରୁ

ଏତିକିବେଳେ ତମେ ମିଳିବ ମୋତେ
ଶୁଖିଲା ନଈର ଗାର ହୋଇ ଉପତ୍ୟକାରୁ,

ଏତିକିବେଳେ
ମାଛି ବସିବ ମୁକୁଟରେ

ଏତିକିବେଳେ ମିଳିବ ପ୍ରମାଣ ହର୍ଷଙ୍କ ରାଜତ୍ୱର
ଯୋଡ଼ାଏ ଭଂଗା ମାଠିଆରୁ।

ମହାକାନ୍ତାର

ଶୂନ୍‌ରେ ଶୂନ୍‌ ମିଶାଇ ସାରାଜୀବନ
ଭୋଗିପାରିବା ଦୁଃଖ,
ହେଲେ
ଅଭୋଗୀ ପାଇଁ କୋଉଠୁ ପାଇବା
ଆଉ ଟିକିଏ ସୁଖ ?

ମୋ ପାଖରେ ଆଉ ସୁଖ ବି ନାହିଁ
ଗୁଡ଼ାଏ ପାହାଡ଼ ଚୂନା କରି ମୁଁ ପାଇଥିଲି
ମୁଠାଏ ହେବ ସୁଖ, ସେତକ ତ
ଦେଇଦେଲି ତମକୁ, ତମେ ପୋତିବ ବୋଲି ଗଛ
ମାଟିର ଅଧିକାର ମଉଳିଯିବା ଆଗରୁ !

ଏମିତି କ'ଣ ହୁଏନି ବେଳେବେଳେ ଯେ
ସବୁ ମିଳିଗଲା ପରେ ରହିଯାଏ ଟିକିଏ ବାକି,
ତାକୁ ଛାଡ଼ି ହୁଏନି ହିସାବରୁ, କି କହିହୁଏନି

ସେ ଥାଉ ସେମିତି ତତଲା ଲୁହ ହୋଇ ଆଖିରେ,
ଥାଉ ଶୁଖିଲା ନଈ ହୋଇଯିବା ବାଟରେ
ଏଇ ବୋଧେ ନିୟମ ଆମର ଜନପ୍ରାଣୀ ନଥିବା
ସୁନ୍ଦର ମହାକାନ୍ତାରରେ–

କୋଉ ଗୋଟାଏ ବି ନିରକ୍ତ ବଳିଦାନକୁ ଦେଖି
ତମେ କହିପାରିବନି ଯେ ରକ୍ତ ନଥାଏ ପଥରରେ।

ନଈ

ସେଇ ବାଟ ଦେଇଯିବ, ଯୋଉ ବାଟରେ
ମୁଁ ଯାଇଥିଲି ଦିନେ
ଖୋଜି ଖୋଜି ତମକୁ ନୀରବରେ

କିଛି ନପାଇ ଚାରିଆଡ଼କୁ ଚାହିଁଲାବେଳେ
ମୋତେ ଲାଗିଥିଲା ପ୍ରାଚୀନ କବିଙ୍କ ସବୁ ଉପମା
କେବଳ ସତ ନୁହେଁ, ଅକାରଣରେ ସତକୁ ବି
ମିଛଭଳି ସୁନ୍ଦର କରିବାରେ ତମକୁ ବେଶି ନିପୁଣ,
ହେଲେ କାହିଁକି କେଜାଣି
ପାଷାଣର କରୁଣା ଭଳି ଦିଶିନଥିଲା ନଈ,

ନଈ ଦିଶିଥିଲା ଦେହରୁ ତମର କ୍ରୂର ହାତରେ
ଅସଂଖ୍ୟଥର ଭିଡ଼ିଓଟାରି ବାହାରିଥିବା ସେଇ ଲୁଗାଟି ଭଳି
ହଂସରାଳିର ଟୋପି ଟୋପି କଳାରକ୍ତର ବୁଟି ପଡ଼ିଥିଲା
ଯାହାର ସାରାଦେହରେ

ତମେ ଯେତେବେଳେ ଯିବ ଆଜି ସେ ବାଟରେ
ଦେଖିବ କେତେ ସୁନ୍ଦର ଆମର କିଛି ନପାଇବାର ସଂସାର
ନମସ୍କାର କରିବ ସେ କବିକୁ ଯାହାର
ଶବ୍ଦ ଭିତରର ଅସଂଖ୍ୟ ଶୂଳ ଉପରେ ଆମେ
ଠିଆ କରାଇଚେ ଆମର ବନ ଗିରି ଆକାଶ ପ୍ରାନ୍ତର,
ଯଦି ତମର ମନେପଡ଼େ ଫେରିଲା ବେଳକୁ
ନଈର ସେ ଲୁଗାଖଣ୍ଡକ ଉଠାଇ ଆଣି
ଗୁଡ଼ାଇଦେବ ଦେହରେ-
ପଡ଼ି ପଡ଼ି କେତେ କ'ଣ ଅପମାନର
ଦାଗ ଲାଗିବଣି ସେଥିରେ,
ଜମିଯିବଣି କେତେଦିନର ଶିଉଳି ଧଡ଼ିରେ,
କଳାରଂଗର ସେ ବୁଟିଗୁଡ଼ିକ ବି
ଧଳା ପଡ଼ିଯିବେଣି ଭୟରେ
ସେଇ ବାଟ ଦେଇ ଯିବ ଯୋଉ ବାଟରେ
ମୁଁ ପଥର ହୋଇଥିବି ତମର ଅପେକ୍ଷାରେ।

ଅପରାଧ

ପାଣି ଖୋଜି ଖୋଜି ସେମାନେ ଆସି ପହଂଚିଚନ୍ତି ତମର
ହ୍ରଦ କୂଳରେ,
ପେଟପୂରାଇ ପିଇଚନ୍ତି ପାଣି
ଧୋଇଚନ୍ତି ରକ୍ତଲଗା ଲୁଗା ଘାଟରେ,

ସେମାନଙ୍କ ଆଗରୁ ମୁଁ ଆସିଚି
ମୁହଁ ଦେଖିବା ପାଇଁ ତା'ର ଦର୍ପଣରେ
ପିଇନି ଟୋପାଏ ପାଣି, ଧୋଇ ବି ନାହିଁ ହାତ ଭୟରେ

ଶିକାର ଖୋଜି ଖୋଜି ସେମାନେ ଆସି ପହଂଚିଚନ୍ତି ସେଇ
ଜଂଗଲରେ,
ମାରିଚନ୍ତି ମନଇଚ୍ଛା ଗଣ୍ଡା ଗୟଳ
ଫଳ ଛିଣ୍ଡାଇ ଖାଇଚନ୍ତି ମନଇଚ୍ଛା ନିର୍ଭୟରେ
ସେମାନଙ୍କ ଆଗରୁ ମୁଁ ଆସିଚି
ସବୁ ହଜାଇ ଖାଲି ହାତରେ

ପଶୁପକ୍ଷୀ ମାରିବା ପାଇଁ ଚାହିଁନି କେବେ
ଫୁଲଫଳ ସୁନ୍ଦର ଦିଶିଚନ୍ତି ଗଛରେ

ଦିନ ଶେଷରେ ସେମାନେ ଆସି ଶୋଇଚନ୍ତି ତମର କନ୍ଦରାରେ
ପଥରର ପଂଜର ତମର ଥରିଚି ସେମାନଙ୍କ ନିଃଶ୍ୱାସରେ-
ସେମାନଙ୍କ ଆଗରୁ ମୁଁ ଆସିଚି
ମୋର ନିଦ ନାହିଁ ଆଖିରେ,
ଘରକୋଣରେ ଚାହିଁଚି ପ୍ରାଚୀନ ଦୀପଟିଏ
ଡାକୁଚି ଆସ ଯିବା ବନବାସରେ

କାହିଁକି ତେବେ ନିଜକୁ ନିଜେ ଦଣ୍ଡି ଚାଲିଚି
ନ କରିଥିବା ଅପରାଧରେ ?
କାହିଁକି ପଚାରୁଚି
କୁହ କୁହ
ସତଠୁଁ ଅଧିକ ସତ ଆଉ ଅଛିକି ତମର ଆଖି ପଛରେ ?

ନିୟମ

କହିବାର ଅଛି ଅନେକ କଥା-
ତ୍ରିନାଥ ଆଜି ଗଲା ଟାଟା
ହାତ ପୋଛୁ ପୋଛୁ ଆରମ୍ଭ ହେଲା ଭଳି
ଦାଗୀ ଦିଜଣ ଧରାପଡ଼ିଲେ ବମ୍ବେ ବଗିରେ
କିଛି ନାହିଁ ସିଲ୍‌ଦିଆ ବୋରାରେ
କେଶରୀ ଗଲେ ଶିଲଂ ଶେଷରେ
କାଦମ୍ବରୀର ପ୍ରୁଫ୍‌ରେ ବାହାରିଲା ଅସଂଖ୍ୟ ଭୁଲ୍
ଚାରି ଚାରିଟା ପୋଷାବିଲେଇ ସନତ ଘରେ
ଗୌହାଟୀରୁ ଆସିବେ ଦି'ଜଣ କବି
ହଜିଥିବା ଆଖି ମିଳିବ ଭାଗଲପୁରରେ ।
ଏମିତି କେତେ କ'ଣ
ହେଲେ ସବୁ କଥାରେ ତମେ ପଚାରିବ
ଏ କ'ଣ ସତ ?
ସେଇଥିପାଇଁ ମୁଁ କହେନି କିଛି,
-କହିବି ପୁଣି ଯିବି ଥାନା ?

କି ନିୟମ ଯେ କରିଚ ନନା
ବାନା ଉଡୁଥିବା ଯାଏଁ ଥିବେ ଦିଅାଁ
ଉଡ଼ିବା ବନ୍ଦ ହେଲେ ଉଠିବ ଧୂଆଁ
ଧୁଆହୋଇ ସଫା ହୋଇଥିବା ଗମ୍ଭୀରୀରେ

ସେଇ ଧୂଆଁରେ ରଥ ଗଢ଼ିବ
ସାରା ଦୁନିଆଁ ଗଡ଼ି ଚାଲିବ ଚକରେ !

ଉପାଖ୍ୟାନ

-ଯେ ମୋର ଚାଳଘରଟିଏ ଥିବ ନଈକୂଳରେ,
ଚାଳରେ ଗଡୁଥିବ ପାଣିକଖାରୁ, ପାଣିକଖାରୁରେ ପ୍ରାଣ ଥିବ
ଅସୁରୁଣୀର, ଅସୁରୁଣୀର ଥିବ ଗୋଟିଏ କାଠକଣ୍ଢେଇ ପୁଅ,
ପୁଅର ମନ ଥିବ ନାଲି କନିଅରରେ, କନିଅରରେ ଲାଗିଯାଇଥିବ
ଦୁନିଆଯାକର ପୋକ, ପୋକର... ?

-ଯେ ପୋକର ବି ସେମିତି ଥିବ ଗୋଟେ କ'ଣ
ଗୋପନ କଥା, ଯାହା କହିବାକୁ ଗଲାବେଳେ କାହାଣୀ ପଶିଯିବ
ଖଣ୍ଡପଡ଼ାର ଅଝାଡ଼ ଜଂଗଲରେ

ଗଣି ଗଣି ମୋର କୁରାଢ଼ି ଚୋଟ
ପଡୁଥିବ ଗଛର ବୁଢ଼ାଗଣ୍ଡିରେ
କୁରାଢ଼ିର ଧାର ଉପରେ ଥିବ ବାଛିବା ପାଇଁ ଦିଓଟି ବାଟ
ହଁ ହେଉ କି ନା
ସେଥିରୁ ଗୋଟିଏ ବାଟ ହେଇପାରେ ସେ ପୋକର, ସେଇ ବାଟ

ଯାହା ବାହାରେ ସୁଗନ୍ଧରୁ କାଠର, ଯାହାକୁ ଅଟକାଇ ପାରେନା
ରାସ୍ତାକଡ଼ର ମଶାଣିଘେରା ଡାକବଙ୍ଗଳା ବା
ବୀଭତ୍ସ ଆଂଗୁଠିର ଖେଳ ରକ୍ତପଳାଶରେ।
ତା'ପରେ କଣ ହେବ ତା'ପରେ? ଆପଣମାନେ ଭାବିନାହାନ୍ତି
ବୋଧେ ଯେ ପୋକଟି କେବେ ବାଟ ନପାଇ
ରହିଯାଇପାରେ କାଠ ବାହାରର କାହାଣୀରେ, ମୋର
କାଠକଟା ବି ବନ୍ଦ ହୋଇଯାଇପାରେ ଅଚାନକ, ସବୁ ହାଣକାଟ
ଭାଗ୍ୟ ହାତକୁ ବଢ଼ାଇଦେଲା ପରେ

ଏକଥା ଶୁଣି କାହାକୁ କାହାକୁ କାନ୍ଦ ଲାଗିପାରେ
କାହାକୁ ବି ଲାଗିପାରେ ଯାଠୁ ବଡ଼ ହସକଥା ନାହିଁ ଆଉ
ଏ ପୃଥିବୀରେ
କିଏ ବା ଦେହରେ ଚାଲୁଥିବା ପୋକଟିକୁ ଆଡ଼େଇ ଦେଇ କହିପାରେ :
ଦେହ ଅଛି ତ ରହିବ ନିଶ୍ଚୟ ପୋକ ସେଥିରେ!

ସ୍ମୃତି

ଆଉ କ'ଣ କ'ଣ ଅଛି ତା'ପରେ ?
କିଛି ନାହିଁ
ସବୁତ ଖୋଲି ଦେଖାଇ ଦେଇଚି ତମକୁ
ଯିଏ ଏମିତି କିଛି ଥାଏ ଯାହାକୁ
ଦେଖିପାରିନ ତମେ, ଦୋଷ ତମ ଆଖିର

ପଚାରୁଚ : ଏ ମାଟି ମୁଠାକ କ'ଣ ?
ସେଠି ସେ ବାଳ କେରାଏ ଆସିଲା କୋଉଠୁ ?
ଗଛମୂଳେ ସେ ଲାଲ୍ ଅରାଏ ଖାଲି ଜାଗାରେ
ପଡ଼ିଥିଲା କି ବଳି ?
ଏ କିଏ ବାହାରିଚି କଳାଶାଢ଼ି ପିନ୍ଧି ଜହ୍ନରାତିରେ
ଅଭିସାରରେ ?
ଆଉ କୋଉଠି କୋଉଠି ବାଜିଚି ଦେହରେ
ଆତତାୟୀର ଗୁଳି

ଡରମାଡୁଚି ମୋତେ, ସତ କହୁଚି

ମୋତେ ଦିଶୁଚି ତମର ଅପରାଧୀର ହାତଯୋଡ଼ିଏ
ସେଇ ହାତ ଯାହା ସାଇତି ରଖିଥିଲା
ଯା ଭିତରେ ଦୁଃଖକୁ ମୋର, ଯାହାକୁ ତମେ
ଭିଡ଼ିଓଟାରି ଆଜି ବାହାର କରିଦେଲ
ଅଧିକାର ଭାବି ନିଜର
ଅବୋଧ ତମେ ଜାଣିଲ ନାହିଁ
ଥିଲା ଯାଏଁ ମୋ ଭିତରେ
ସେତକ ଥିଲା ଅସହାୟ ଯୁଗ ଯୁଗର
ଅଂଧାର ରାତି ମୋର,
ଆଜିଠୁ ହେଲା ତମର

ଆଉ ଯାହା ଯାହା ଦିଶୁଚି ତମକୁ
ମୋତେ ଦିଶୁନି କିଛି,
ତମକୁ ଯଦି ଦିଶୁଥାଏ କୋଉଠି ଚଲାବାଟରେ
ଘୋଷରାଦାଗ ଦେହର, ତେବେ
ଭାବିନିଅ ତମର ଭୋକିଲା ସଂସାରର
ପେଟ ଭରିବା ପାଇଁ ମୁଁ ବାହାରିଥିଲି ଶିକାରରେ,
ଧନୁ ଉଠାଇ ହରିଣର ପିଛା କରୁ କରୁ
ପଡ଼ିଯାଇଥିଲି ବାଘର କବଳରେ।

ପଚାରୁଚ ବାଘ ମୋତେ ଖାଇଲା ନାହିଁ କାହିଁକି ?
କହିବି ?

ତମେ ହସିବ ଶୁଣି ଯେ
ବାଘଟିକୁ ମୁଁ ନିଜେ ଗଢ଼ିଥିଲି ଖେଳରେ ଖେଳରେ
ମୋ ନିଜ ଦେହର ଧୂଳିମଳିରେ ସେତେବେଳେ
ଯେତେବେଳେ

ଯେତେବେଳେ ଅଚାନକ ମୋର
ନିଦ ଭାଂଗିଗଲା ଅଥୟ କୋଇଲି ଡାକରେ,
ଯେତେବେଳେ ମେଘ ଉଠିଲା ମାତାଲ ହୋଇ
ଅଧରାତିରେ,
ଯେତେବେଳେ ଆଖି ମୋର ଅନ୍ଧ ହୋଇଗଲା
ମୋ ନିଜ ଦେହର ବିଜୁଳି ଚମକରେ।

ସତ

ଏମିତି କିଛି ନାହିଁ ଯାହା ମୁଁ ପାଇନାହିଁ ତମଠୁ
ଏମିତି କିଛି ନାହିଁ ଯାହା ତମେ ମୋତେ
ଦେଇପାରିବ ନୂଆ କରି।

ଯେତେ ଯେତେ ଥର ତମର ରକ୍ତର ଓଦା ହୋଇଚି ମାଟି
ସେତେ ସେତେ ଥର ମୁଁ ଫସଲ ହୋଇ ଫଳିଚି
ତମର ମରୁଭୂମିରେ,
ଯେତେ ଯେତେ ଥର ଲୁହରେ ତମର ଓଦା ହୋଇଚି ଲୁହା
ସେତେ ସେତେ ଥର ମୁଁ ଜରଦେହରେ ବାହାରିଚି ବିଦେଶ
ଅଭିମାନୀ ପୁଅକୁ ତମର ଲୋଡ଼ି ଆଣିବା ପାଇଁ
ସାତତାରାର ଲହଡ଼ିରୁ

ବେଳେବେଳେ ଲାଗିଚି ମୁଁ କ'ଣ ସତରେ ଏତେଦିନ
ରହିଗଲି ଯୋଡ଼େ କୁହୁଳୁଥିବା ଆଖିର ବନବାସରେ !
ସତରେ କ'ଣ ଏଡ଼େ ବିରାଟ ଅଭିଳାଷକୁ ମୋର

ମୁଁ ଥୋଇଦେଇପାରିଲି ତମର ଓଠ ଉପରେ
ଛୋଟିଆ ଉପହାସଟିଏ କରି,
ଜାଣିଲି ନାହିଁ ସତ କି ମିଛ ସାରାଜୀବନ
ପଥର ହୋଇ ରହିଗଲି ଦର୍ପଣର ରାସ ଭିତରେ
ଥାଉ କୁହନା ଆଉ ସେ ସତକଥା–
କି ସତ ସିଏ
ଯିଏ ଲଂଘିପାରେନା ସାଗର
କି ସତ ସିଏ
ଯିଏ ଟେକିପାରେନା ପାହାଡ଼
କି ସତ ସିଏ
ହାତରେ ଯାହାର ଲେଖାଥାଏ
କେବଳ ହତ୍ୟା ଆର ଜଣକର !

ନାଳନ୍ଦାରେ ସୂର୍ଯ୍ୟାସ୍ତ

ଆଜି ବି ସେ ଆସିବ ନାହିଁ,
ତାକୁ ଖୋଜି ଖୋଜି
ନଯାନ୍ତ ବାକ୍ୟମାନେ ଫେରିବେ ଚନ୍ଦ୍ରମଣ୍ଡଳରୁ,
ମଉଳିଯିବେ ଧାଡ଼ି ଧାଡ଼ି ସୁରତରୁ,
କୋବିଦମାନଙ୍କ ବଣଭୋଜି ବନ୍ଦ ହୋଇଯିବ
କୋଉ ଗୋଟାଏ ନାଁଅଜଣା ଲାଲ୍‌ଫୁଲର ଟହଟହ ହସରେ ।

ମାଟି ଫାଟି ଆଁ କରିବାର ଦୃଶ୍ୟ କବିମାନେ
ଦେଖିବେ ନାହିଁ, ଜାଣିବେ ନାହିଁ କିଏ କୋଉଠି
ଲୁଚିଲା, ଶୁଣିବେ ନାହିଁ କାହିଁକି ଶାଖାରେ
ପକ୍ଷୀ ନଥିବାରୁ ଭୀରୁ ଗଛଟିକୁ ଡାକିଲେ ବୁଧେ ସୁରତରୁ !

କାହାକୁ କିଛି କହିବାର ନାହିଁ, ମୁଁ
ବସିଲି ସ୍ମୃତିର ଏଇ କୋଣରେ, ଏମିତି
ଗୋଟେ ଜାଗାରେ, ଯୋଉଠି
ଯେତେ ଖୋଜିଲେ ବି ମିଳୁନି ଉପମା
ଦୀପଶିଖାକୁ ଅନ୍ଧାରରୁ ।

ଘର

ଖୁବ୍ ବେଶୀ ରାଗ ମାଡ଼ିଲେ ମୁଁ ଚାଲିଯିବି
ଶିମିଳିପାଳ
ବାଘଆଖିର ଚାନ୍ଦିନୀରେ ବୁଲି ବୁଲି
ମଇଳା ହେଲେ ଲୁଗା
ଫେରିଆସିବି,
ରାତିଅଧରେ କବାଟ ବାଡ଼େଇ ଡାକିବି;
କ'ଣ ଶୋଇପଡ଼ିଲ କି କବାଟ ଖୋଲ !

ହାତରେ ମୋର ଥିବ ମୟୂରପୁଚ୍ଛ ଗୋଛାଏ
କଟା ଯୋଡ଼ାଏ ଶିଂଗ ଗୟଳର
ମୁଁ ଦିଶୁଥିବି ବେଶ ବଦଳାଇ
ଅନ୍ୟ ଗୋଟେ ଗ୍ରହରୁ ଆସିଥିବା
ପ୍ରେମିକ ଭଳି ତମର

ମୁଁ ହସୁନଥିବି କି କାନ୍ଦୁନଥିବି
ମୋତେ ଲାଗୁଥିବ ପୁରୁଣା କବାଟର
ମିଛ ଅଭିଯୋଗ ବି ସୁନ୍ଦର

ମୁଁ ବୁଝିପାରୁଥିବି କାରଣ ତମର
ଅଚାନକ ଚୁଡ଼ି ରଣଝଣର,
ଅତୀତ ଭିତରୁ ଅମୃତ ଖାଇ ବାହାରିଥିବେ ଯେତେ ଅସୁର
ସମସ୍ତଙ୍କ ପିଠିରେ ମୁଁ ଥୋଇ ଦେଉଥିବି
ଟିକିଏ ଟିକିଏ ଭାର ମୋର
ପଥର ହୋଇଯାଇଥିବା ପୃଥିବୀର ।

ତମେ ହସି ହସି ଗଡ଼ିଯାଉଥିବ ଛାୟାପଥରେ ମୋର
ଡଂଗାବୁଡ଼ିବା ଦେଖି,
ଭାବୁଥିବ ବିଚରା ବଂଚିଯାଉ ଏଥର ।

ତମର ହସ ମୋତେ ଦିଶିବ ବହୁଦୂରରୁ ଦିଶିଲା ଭଳି
ଚୂଡ଼ା ଦେଉଳର
ମୁଁ ଦୁଆର ମୁହଁରେ ଠିଆହୋଇ
ପଚାରିବି ତମକୁ : ଆଉ କେତେ ଦୂରରେ ମୋର ଘର ?

ଅଧିକାର

ଦିନେ ସେ ଘର ଥିଲା ମୋର
ସେଇଠିକି ମୁଁ ଆସିଥିଲି ପ୍ରଥମେ
ରକ୍ତ ସରସର

ତମକୁ ମାଗିଥିଲି ମୁନ୍ଦାଏ ପାଣି
ଘୁଷୁରି ଘୁଷୁରି ଛୁଇଁଥିଲି ପିଠିରେ
ନୂଆ କଅଁଳିଥିବା ଘାସଫୁଲକୁ
ବଉଳଭରା ଆମ୍ବଗଛର ଅଂଟା ଚାରିଆଡ଼େ
ଗୁଡ଼ାଇ ଦେଇଥିଲି ହାତ

ଏବେ ସେ ଘର ମୋ'ର ହୋଇନାହିଁ
ବୋଧେ ନଥିଲା କେବେ ବା
ହୋଇପାରେ ତା'ର ଅସଂଖ୍ୟ ଅତିଥିଙ୍କ ଭିତରୁ
ମୁଁ ହିଁ ଥିଲି ଏକା ଯାହାର
ରକ୍ତ ବୋହିଥିଲା ପ୍ରଥମ ଦିନ; ଯାହାର
ମରିନଥିଲା ଶୋଷ, ପୂରିନଥିଲା ପେଟ,

ଫେରିବା ପାଇଁ ମିଳିନଥିଲା ବାଟ।
ଜାଗା ନଥିଲା ଘରେ
ସବୁକିଛି ଲାଗି ସାରିଥିଲା ବଜ୍ର ଓ ବିଜୁଳି ହୋଇ
ଆସିଥିବା ଅତିଥିଙ୍କ ସେବାରେ

ମୁଁ ଜାଣିଚି ମୋର ନଥିଲା ଅଧିକାର
ଅଧିକାରକୁ ମୋର
ପୂରାକରି ଗଢ଼ିପାରି ନଥିଲା ଅନ୍ଧାର।

ଉପନ୍ୟାସ

ଦିନେ ଦିନେ ଭାବେ
ଏମିତି କ'ଣ ଅଛି ଆମ ଭିତରେ
ଯାହାକୁ ତମେ ଖୋଜିବ ଅତୀତରେ
ଓ ମୁଁ ଖୋଜିବି ଭବିଷ୍ୟତରେ
-କ'ଣ ଅଛି ସତରେ
ଆମର କାଠଗଡ଼ ହୋଇ ପଡ଼ିବା
ଓ କୁରାଢ଼ିର ଚୋଟ ବାଜିବା ଭିତରେ ?

ଭାଗ୍ୟକଥା କହିଲେ ତମେ କହିବ
ମୁଁ ମାନିନେଇଚି ହାର୍
ଆଦିକନ୍ଦ ଗୋଟି ଚଳାଇବା ଆଗରୁ,
ଆଶା କଥା କହିଲେ
କହିବ ଖାଲି ଅପଚୟ, ଆଉ କିଛି ହବନି
ସାରାରାତି ଚେଇଁଲେ, ଫଲକନୁମା
ଡେରିରେ ପହଂଚିବ ଭୁବନେଶ୍ୱର !
କ'ଣ କରିବା ତା'ହେଲେ ?

ଭାଗ୍ୟ କଥା କହିବା ନାହିଁ
ଆଶା କଥା କହିବା ନାହିଁ
ପଡ଼ିରହିବା
ଚୋଟ ବାଜିବା ଆଗରୁ ଚାହିଁବା ଦୂରରେ
ନୀଳଜୀମୂତ ଆଭା ଉକୁଟିବ ଶୈଳଶୃଙ୍ଗରେ,
କହିବା ତାକୁ ମୋକ୍ଷ ବୋଲି ?
କହିବା ଆମର ହାରିବା କେଡ଼େ ସୁନ୍ଦର ?
କେଡ଼େ ନିରପରାଧ ଭୟ ଆମର
ଅବ୍ୟକ୍ତ ସୁଖ କେଡ଼େ ମଧୁର ଓଠରେ ?

କାତର ଦଳେ ପକ୍ଷୀଙ୍କୁ ନେଇ ଆକାଶରେ
ଉଡ଼ିଚାଲିଚି ଯେଉଁ ଜାଲ ଆସନ୍ନ ଅନ୍ଧାରର
ସେଥିରେ ଦି'ଚାରିଟା ପ୍ରଶ୍ନ ଅଛି ଆମ ପାଇଁ
ଯାହାର ଉତ୍ତର
ଆମେ ଦେଇନେ କେବେ ଉଠୁ ଝଡ଼ ଭାଂଗୁ ମନ୍ଦିର
ଘର ଛାଡ଼ି ପଳାଇଯାଉ ସ୍ତ୍ରୀ ନିଶାକରର
କ୍ଷୋଭ ଫାଟିବା ଭୟରେ-
ଆମେ କହିନେ କେବେ
ଯେ ଆମର ଭିତରେ ଏବେବି
ଅଛି ଆମର
ସାଇକେଲ୍‌ରେ ମଥୁରା ଯାଇଥିବା ପିତୃପୁରୁଷଙ୍କ ହାଡ଼
ପଡ଼ି ପଡ଼ି ସେଥିରେ
କଅଁଳିଲାଣି ଯୋଡ଼େ ଗୋଡ଼
ଇଚ୍ଛା କଲେ ତାକୁ କହିପାର ଅତୀତ
ଇଚ୍ଛା କଲେ ତାକୁ କହି ବି ପାର ଭବିଷ୍ୟତ
ଆଉ ଆମର ଏଇ ଯୋଉ
କାଠ ହୋଇପଡ଼ିବା
ଖେଳରେ ଖେଳରେ ଟ୍ରେନ୍ ଚଢ଼ିବା
ବେଳ ଦେଖି ନଡ଼ିଆ ପିଟିବା ପଥରର କପାଳରେ
ଏସବୁ

ଲୁହା ଦୁଃଖ ପାଇ କୁରାଢ଼ି ହେବାର
ଉପନ୍ୟାସ କେବକାର
ଚୋଟ ପଡ଼ିବାର
ଅଧ୍ୟାୟ ଇ ନାହିଁ ଏଥିରେ !

ମାତୃଭୂମି

ତାଙ୍କୁ ଦେଖିନାହାନ୍ତି
ତା'ର ଦ୍ରୁମଦଳଶୋଭିନୀ ହେବାଟାଇ
ଲାଗିଚି ସବୁଠୁ ଅବାସ୍ତବ
ସୁଡ଼ଙ୍ଗ ଭିତରେ ଲୁଚିଥିବା
ଧ୍ରୁବ ଓ ତା'ର ସାଙ୍ଗମାନଙ୍କୁ

ବାହାରେ ଗୋଟେ ଗେରୁଆ ନିଆଁ ଜଳୁଚି,
ଦୁଇ ପାହାଡ଼ର ଖୋଲରେ ଗୁଡ଼େ ଶିରାଳ ଗଛ
ଭୋକିଲା ପେଟ ଦେଖାଇ ଠିଆହେଲେଣି ଧାଡ଼ିରେ,
ପଥର ହେଲାଣି ପ୍ରସ୍ରବଣ
ଶିରା ନଥିବା କସରା ପାପୁଲିରେ
ବୁଢ଼ୀଟିଏ ଆଉଁସି ଲାଗିଚି ତତଲା ପାହାଡ଼ର ମୁଣ୍ଡକୁ
ନୀରବରେ

ଏତିକି ଦେଖିଚନ୍ତି ସେମାନେ ଜନ୍ମହେଲା ପରୁଠୁଁ-
ଆଖିକି ସବୁବେଳେ କାଟିଚି ତାପଙ୍ଗ ରାସ୍ତାରେ

ଚୂନା ହେଉଥିବା ପଥରରର ଧୂଆଁ ପଛରୁ ବାହାରୁଥିବା ଜହ୍ନ
ନିଆଁ ଧରୁନଥିବା ଚୁଲି ପାଖରେ ବସି
ମା'ର କାନ୍ଦ ପ୍ରବାସରୁ ଫେରିଆ'ରେ ମୋ ଧନ
ଏଇଆ ଶୁଣି ବଡ଼ ହୋଇଚନ୍ତି ସେମାନେ-
ଚାଲୁଣିରେ ନଈବାଲିକୁ ଚଲାଅ
ଦେଖିବ ସୁନା ବାହାରିବ ସେଥିରୁ
ଫଟାଅ ପାହାଡ଼
ମିଳିବ ସେଥିରୁ ଖାରବେଳଙ୍କ ଅଭିଷେକ ବେଳର
ଅକ୍ଷତ ଚାଉଳ,
ନିଆଁ ଜଳାଅ ବନସ୍ତରେ
କୋଉ ନା କୋଉ ଫାଶରେ ପଡ଼ିବ ନିଶ୍ଚୟ
ମିଛସ୍ମୃତିର ମୃଗୁଣୀ।

ସେମାନେ ବାହାରିଥିଲେ ଅନ୍ଧାର ରାତିରେ
ଚୋରି କରିବାପାଇଁ ଆକାଶରୁ ତରା ମୁଠାଏ,
ଅଷ୍ଟଧାତୁର ଦେବୀମୂର୍ତ୍ତୀ କଥା ଭାବିନଥିଲେ
ଭାବିନଥିଲେ ଏତେ ମଦ ଅଛି
ମାଟିସରାରେ ଢଙ୍କା ହୋଇଥିବା ପେଟୁଆ ମାଟିହାଣ୍ଡିରେ

ସେମାନେ ଏବେ ବୁଝିଗଲେଣି କଥା
ଜାଣିଗଲେଣି ଉପାୟ,
ସୁଡ଼ଙ୍ଗରେ ଅଛି
ଡହଡହ ଭାତଥାଳି ଭଳି ଗୋଟେ
ମରୁଭୂମିକୁ ଯିବାର ବାଟ,
ସେଇ ସୁଡ଼ଙ୍ଗରେ ବି ଅଛି
ରକ୍ତ ପିଙ୍ଗଳ ପ୍ରବାସର
ହେଇଥାଉ ପଛେ
ସୁଜଳା ସୁଫଳା ଶସ୍ୟଶ୍ୟାମଳା କବିତାରେ
ଧ୍ରୁବ ଆଉ ତା' ସାଙ୍ଗମାନେ
ନାହାନ୍ତି ଆଉ ମାତୃଭୂମିରେ
ଘରଛାଡ଼ି ଯାଇ ପାରୁନଥିବା ଗୋଟିଏ ଗର୍ଭିଣୀ ସାରସ ଛଡ଼ା
ଆଉ କେହି ବି ନାହାନ୍ତି ସ୍ମୃତିର ସେ ଦ୍ୱୀପରେ।

କପ୍ତିପଦା

ସେମାନେ ଠିକ୍ ସମୟରେ ବାହାରିଲେ, ଯିବେ କପ୍ତିପଦା
କପ୍ତିପଦାରେ ଅଛି ଝିଅ ବ୍ୟୋମକେଶର
ଜ୍ୱାଇଁ ଇଂଜିନିଅର
ମୋହିନୀର ଅଛି ସାଙ୍ଗ ପିଲାଦିନର,
ବୁଢ଼ା ନରକୋଳି ଗଛର
ଡାଙ୍ଗରେ ଏବେବି ଶୁଖୁଥିବା ସଂଜ ଖରାଦିନର

ସେମାନେ ଠିକ୍ ସମୟେରେ ବାହାରିଲେ
ହେଲେ ଅଧାରାସ୍ତାରେ କୁଟିଲା ବର୍ଷା
ବ୍ୟୋମକେଶର ଦିଶିଲା ନାହିଁ ପୋକ
ଟୁଟୁନ୍‌ର ଦେହ କଂପିଲା ଜରରେ

ସେମାନେ ଫେରିଆସିଲେ, ପାହାଳରୁ ଆଣିଲେ
ହାଣ୍ଡିଏ ହେବ ରସଗୋଲା, ରାସ୍ତାକଡ଼ରେ
ଦୀନବନ୍ଧୁର ବଗିଚାଘରେ ପିଇଲେ ଚା’

କୁଆଖାଇ କାହିଁକି କୁଆ ଖାଏ ଭାବି ଭାବି
ଶୋଇପଡ଼ିଲା ଟୁଟୁନ୍
ନହେଲା ଏବେ ଗଲେନି ଆମେ କପ୍ତିପଦା
ସେଠି ସେମାନେ ଭଲରେ ଥିବେ, ଝିଅ ଜ୍ୱାଇଁ ସାଂଗସାଥୀ ଓ
ସ୍ୱପ୍ନରେ ଦେଖିଥିବା ବାଘ, ଯେମିତି
ଆମେ ଅଛୁ ଭଲରେ
ଘର କରିଚୁ, ଗାଡ଼ି କିଣିଚୁ, ମୁଣ୍ଡରେ ଭିଡ଼ିଚୁ ପାଗ
ଦାଉଦାଉ ନାଗଫେଣୀର

ନା ନା ସେ ବାଘ ଆଉ ନଥିବ ସେଠି
ସେ ବସିଥିବ ଆମ ନାଗେଶ୍ୱରଟାଙ୍ଗୀ ଘରେ,
କୋଉଠି କୁଆଟିଏ ଖାଇ ଭୁଲିସାରିଥିବା ଏ ନଈ
ଯେମିତି ଆସି ନିର୍ଦ୍ଦୋଷ ହୋଇ ବୋହୁଚି ଆମ ହାତ ପାଖରେ-
ନିଦରୁ ଉଠି କହିଲା ଟୁଟନ୍
ରାଗିଲା ଏଥର ମିଛରେ ବ୍ୟୋମକେଶ
ମୋହିନୀ ତା'ର ସ୍ୱାମୀକାନ୍ଧରେ ମୁଣ୍ଡଦେଇ ଶୋଇପଡ଼ିଲା
ଏଇତ ରସୁଲଗଡ଼, ଯା'ପରେ ସିଧା
ଷ୍ଟେସନ୍, ମଶାଣି, କରତକଳ
ନୂଆ ତିଆରି ହୋଇଥିବା ମନ୍ଦରବାବୁଙ୍କ ତିନିମହଲା ମନ୍ଦିର,
ସେଠୁ ଟିକିଏ ବୁଲିଗଲେ ରାସ୍ତା ସରିଲା।

କଳାହାଣ୍ଡି

କଳାହାଣ୍ଡିଆ ମେଘ ଦେଖିଲି ମୁଁ ପ୍ରଥମ ଥର କଳାହାଣ୍ଡିରେ
ଜୁନାଗଡ଼ରୁ କୁରୁଗୁଡ଼ା ଯିବା ବାଟରେ, ସେ ବସିଥିଲା
ମୁହଁ ଶୁଖାଇ ଗୋଟେ ଝଙ୍କା ମହୁଲଗଛ ଉପରେ ।

ମୁଁ ତାକୁ କହିଲି ପରୀକ୍ଷାରେ ମୁଁ ପ୍ରଥମ ହୁଏଁ ମେଘ
ଦେଖିବୁ ତତେ ମୋ ସାଙ୍ଗରେ ନେଇଯିବି କଟକ

ତା'ପରେ ଆଉ ମୁଁ ଯାଇନି କଳାହାଣ୍ଡି
ଦେଖିନି ବି ଆଉ କଳାହାଣ୍ଡିଆ ମେଘ
ବିନ୍ଧ୍ୟଶିଖରର ଚିରୁଡ଼େ ଖଇରିଆ ମେଘକୁ ଦେଖି
ପଚାରିଚି : ତମେ ଦେଖିଚ ମୋର କଳାହାଣ୍ଡିଆ ମେଘକୁ
ପିଲାଦିନର, ଜାଣିଚ କିଏ ସିଏ କୋଉଠି ଅଛି ଏବେ ?
ହିମାଚଳର ଚାଲି ପାରୁନଥିବା ମୋଟା ଗୋରା ମେଘକୁ
ପଚାରିଚି : ତମର ଦେଖାହୁଏକି କେବେ ମୋର ସେ
କଳାହାଣ୍ଡିଆ ମେଘ ସାଂଗରେ, ସିଆଡୁ କେହି କେବେ

ଆସେ କି ଇଆଡ଼େ ଖବର ନେଇ ତାର ?
କୋଉଠି ବି ପାଇନି ଉତ୍ତର, କେହି
କହିନାହାନ୍ତି କିଛି
ଏମିତିକି ମାଟି ଗାଁର ସୁରେଶ ସାଗର ବି ଚୁପ୍
ଦି'ଚାରି ଧାଡ଼ି ଲେଖିଲା ପରେ
ମୁଁ ଜାଣିଚି ସେ ସେଇଠି ବସିଚି ଏଯାଏଁ
ସେ ମହୁଲ ଗଛର ମୁଣ୍ଡ ଉପରେ
ସେଇଥିଯୋଗୁ ତ ଯେତେ ଯାହା ଅନର୍ଥ ହେଲା
ଚଉଚିର ହୋଇ ଫାଟିଲା ମାଟି
ମରୁଡ଼ି ପଡ଼ିଲା କଳାହାଣ୍ଡିରେ
ସେଇଥିଯୋଗୁ କାହାରି ଲୁହ ପୋଛିବା ପାଇଁ
ବଳ ରହିଲା ନାହିଁ ମୋ ହାତରେ

ମୁଁ କ'ଣ ସତରେ ତାକୁ ଆଣିପାରିଥାନ୍ତି କଟକ
ନା ସିଏ କେବେ ରହିପାରିଥାନ୍ତା କଟକରେ !
ତା'ର ପେଟ ଭିତରେ ଥିଲା ଯେଉଁ
ଫାଟି ଆଁ କରିଥିବା ଭୋକ ଯୁଗଯୁଗର
ତାକୁ କିଏ ଭରିଥାନ୍ତା
ନିଜ ଦେହର ହାଡ଼ ମାଂସରେ ?

ଧରାନିବାସ

ଆମର ଗୋଟେ ଖେଳ ଚାଲିଚି ଏଇନେ
ତମେ ଲୁଚୁଚ
ମୁଁ ଖୋଜୁଚି
ଥରେ ଜାଣିଗଲା। ପରେ ଯେ ତମେ ହଜିବ ନାହିଁ କେବେ
ପତ୍ରଦାଢ଼ରେ ଟୋପା ଟୋପା କାକର
ହୋଇପାରେ ତମର ପାଖରେ କୋଉଠି ଥିବାର ସୂଚନା
ଅଚାନକ ମେଘ ବର୍ଷିଯିବାରେ
ଥାଇପାରେ ତମର ହାତ ବଢ଼ାଇ ଛୁଇଁଦେବାର ଛଳନା
ଥାଇପାରେ ଅନ୍ଧାରଘରେ
ତମର ସୁଗନ୍ଧରୁ ଟିକିଏ
ଧୂଳିରେ ଜ୍ୟୋସ୍ନାର ଲହୁ ଥାଇପାରେ
ତମେ ପହଁରି ଯିବାପରେ କାକଳିରେ

ତମକୁ ପାଇବା ଏତେ ସହଜ ନୁହେଁ,
ସବୁଜ ଘାସରୁ ଯେମିତି ସହଜ ନୁହେଁ
ପାଇବା, ମାତାଲ ହୋଇ ଫେରିଥିବା ଅତିଥିକୁ

ଯେମିତି ସହଜ ନୁହେଁ ପାଇବା ମନସ୍ତାପରୁ ଅତୀତକୁ
ଗୁଡ଼ାଏ ପ୍ରତାରଣାକୁ ଏକାଠି କରି ମୁଁ ଦେଖୁଚି
କାଳେ ଗଢ଼ି ହୋଇଯିବ ଗୋଟେ ସୁନ୍ଦର ଭଲପାଇବା;
ପୀଡ଼ା, ପ୍ରପିତାମହ ଓ ପୀନ ପୟୋଧରକୁ ନେଇ
ଯେମିତି କିଏ ଗଢ଼ିଚି ସୁନ୍ଦର ଉଡ଼ିବାର ଏ ଅଧିବାସ
ଅଥର୍ବ ପୃଥିବୀରେ,
ଯେମିତି କୋଉଠୁ ଟିକିଏ ମନ୍ତ୍ରପାଣି ଆଣି
ଲଟେଇ ଦେଇଚି କିଏ ଆମର ଅପରାଜିତାର ଲତାକୁ
ପାପର ମହୀରୁହରେ

ତଥାପି ତମେ ଲୁଚିଚ
ଭୟରେ ନୁହେଁ
ତମକୁ ଭାରି ଲାଗୁଚି ତମର ଦେହ,
ଦେହରେ ବୋହିବ ଯେଉଁ ବନଲତା ପାହାଡ଼ ନିର୍ଝର
ତାକୁ ନେଇ କୁଆଡ଼େ ବା ଯିବ-
ମେଘ ଘୋଟିଚି ଆକାଶରେ
ବିଜୁଳି ମାଗିଚି ପ୍ରତ୍ୟୁତ୍ତର
ଥରକୁ ଥର
ରାତି ପାହିବା ଆଗରୁ
ଶେଷ ହେବାର ଆଗରୁ ମୁଁ ତମକୁ ପାଇବି ନିଶ୍ଚୟ
ଏଇତ ନିୟମ ଆମର ଏ ପ୍ରାଣମୂର୍ଚ୍ଛା ଖେଳରେ।
କୋଉଠି ଗୋଟେ ଭୁଲ୍ ହେବ।
ନ ଚାହୁଁଥିଲେ ବି ତମେ ବାହାରିବ
ତୂରୀ ମହୁରୀ
ଖୋଳ କରତାଳ ସାଂଗରେ ନେଇ
ଦୁନିଆ ଜାଣିବ
ଏମାନେ ଥିଲେ ବୋଲି ଥିଲା ସବୁ ଫଳର
ଗୋଟାଏ ଲେଖାଏଁ ନାଁ,
ଯେତେ ଗହନ ହେଉ ପଛେ ବନ
ରାସ୍ତାଟିଏ ଥିଲା ତା'ଭିତରେ
ଏମାନେ ଥିଲେ ବୋଲି !

କଥା

କଥା ଅନେକ ହେଲେ ଶୁଣିବା ପାଇଁ
ଧୈର୍ଯ୍ୟ ଅଛି କାହାର ତେଣୁ କହିବି ଚୁମ୍ବକରେ
ଯୋଉ ଦି'ଚାରିଜଣ ଆସିଚନ୍ତି ଝଡ଼ତୋଫାନକୁ ଖାତିର ନ କରି
ମୋର ଏ କେଇପଦ କଥା ରହୁ ସେମାନଙ୍କ ପାଖରେ
ଆଜି ତ ଯାଉଚି ଫେରିବି ଯେବେ ଫେରାଇନେବି ଖୁସିରେ

ସବୁ କଥା ଭଳି ଏକଥା ବି କଥାସରିତସାଗର
କୋଉଠୁ ଆରମ୍ଭ କୋଉଠି ଶେଷ ଜାଣିନି ନିଜେ କଥାକାର
ନଈକୂଳରେ ଗାଁଟିଏ ଧର ନାଁ ତା'ର ନିଶିପୁର
ସେଠୁ ବାହାରିଲା ମାଧବ ଯିବ ଦ୍ୱାପର
ପହଂଚିଲା ନାହିଁ କାହିଁକି ବାଟ ଓଗାଳିଥିବା ନଈକୁ ପଚାର
ସେଠୁ କୁମ୍ଭୀରକଥା
ଆଗରୁ ତା' ନାଁ ଥିଲା ଦିବାକର
ସିଏ ଥିଲା ସୁଦୂର ସର୍ଗିପାଲିର ସ୍କୁଲ୍‌ରେ ମାଷ୍ଟର
ଶାଳଗଛ ହାଣି କବାଟ କଲା ବୋଲି ପ୍ରଭୁ ତାକୁ କଲେ କୁମ୍ଭୀର

ଏମିତି କି ଶାଳ ସିଏ ଯିବ କେବେ
ହୋଇପାରିବନି କବାଟ ଏକଥା କାହାକୁ ପଚାରିବା
ନା ବିଷ୍ଣୁଶର୍ମା ନା ମନୋଜ ଦାସ କେହି ଦେଇପାରିବେନି
ଯାର ଉତ୍ତର
ତେବେ ସେ ଯା ହେଉ ଆମ ମାଧବ
ଅଲଗା ବାଟରେ ଗଲା ବୋଲି କହିଲା
ଛାଇ ଆଲୁଅର ଧେନୁପଲକୁ ଚରାଉଥିବା
ଅନ୍ଧ ଗଉଡ଼ କିଏ ବୋଲି ପଚାରିଲ ଯଦି
କହୁଚି ଶୁଣ ଏ ସ୍ୱୟଂ ବିଧାତା ବାହାରିଚନ୍ତି
ବଖାଣିବା ପାଇଁ ସୃଷ୍ଟିର ଗୁଣ ଆଦିମୂଳ
ଦେଖିଲେ ମାଧବକୁ ଆହା କି ଭାଗ୍ୟ ତା'ର
ନଯାଉ ପଛେ ଦ୍ୱାପର ନ ଫେରୁ ପଛେ ଗାଁକୁ
ଥାଉ ଯୋଡ଼ାଏ କଥା ମଝିରେ ନିରନ୍ତର

ଆଦିମୂଳ କାହିଁକି ହେଲେ ଆଦିମୂଳ
ପଚାରୁଚ ଯଦି ଶୁଣ ତା' ଆଗରୁ
ନିଜକୁ ନିଜେ ପଚାର ତମେ ଗଛ ଦେଖିଲାବେଳେ
ଦେଖ କି ତା'ର ମୂଳ ଉପୁଡ଼ିଲା ପରେ
ଥାଏ କି ଗଛ
କାହିଁକି ଗଛର ମୂଳଟିଏ ଥାଏ
ତମେ ତ ଜାଣ ତା'ପରେ ପୁଣି ମୂଳଟିର ବି
ମୂଳଟିଏ ଥିବ ଏମିତି ସବାଶେଷର ମୂଳ
ଯୋଉଠୁ ଆରମ୍ଭ ସବୁ କାରଣ ସେକଥା
ନକହିଲେ ଇ ଭଲ ଗଛର ଫଳ ଖାଅ
ବସ ଛାଇରେ ଆଦି ଆରମ୍ଭଟିଏ ଥିଲେଇ ରହିବ
ସବୁ ପଳାୟନର ଆଦିମୂଳ ଆଉ କ'ଣ
କୁଆଡ଼େ ଗଲା ମାଧବ
ମାଧବ ଏ ମାଧବ ମୋ ମାଧରେ
ଡାକୁଚି ମାଧବର ମା' ଶୂନ୍ୟରେ
ସତେ ଯେମିତି ଦେଖିନେଇଚି ମାଧବକୁ

ମାଧବର ସ୍ତ୍ରୀ ଠିଆହୋଇଛି ବାରବର୍ଷର ପୁଅକୁ
ଧରି ସୁଁ ସୁଁ ଶବ୍ଦ ଶୁଭୁଛି କାନିରେ
ଢଙ୍କା ହୋଇଛି ମୁହଁ ନୋଥଫାଳକରେ
ପଡ଼ିଛି ଟିକେ ଖରା ଧନ୍ୟ ପ୍ରଭୁ ଧନ୍ୟ ତମର ଲୀଳା

କଥା ଏଇଠି ସାରିବି ମାନେ ସାରିଦେବି
ସଂକ୍ଷେପରେ କହୁଛି ଯେହେତୁ ତା'ପରେ ପୁଣି
ଅଛି ମାଧବକୁ ଖୋଜି ବାହାର କରିବାର ବିପଦ
କଥାର ଘୋର ଜଂଗଲରେ ବାଘଭାଲୁ ନାହାନ୍ତି ବୋଲି ନୁହେଁ
ଖାଇ ନ ଯାଇଚନ୍ତି କଥା ମଝିରେ ହିସାବ ନାହିଁ
ଏମିତି ଖେଳରେ ଖେଳରେ
ଆମେ କ'ଣ ପଡ଼ିଯାଉନି କଥା ମଝିରେ
ବାଘଭାଲୁ ମୁହଁରେ

ହେଲା ଏଥର ଧନ୍ୟବାଦ ଅଳମତି ବିସ୍ତରଣ
ସବୁ ଶ୍ରୋତାଙ୍କୁ ରଖନ୍ତୁ ସୁଖରେ ନାରାୟଣ
ନାରାୟଣମାନେ ସତସତିକା ନାରାୟଣ
ବଇଁଶୀ ଧରି ବୁଲୁଥିବା ପହଲିପୁଅ ନାରଣ ନୁହେଁ
ତମ ଗାଁର ଏ ନାରାୟଣ ସେ ନାରାୟଣ
ଯାହାଙ୍କ ଘର ବୈକୁଣ୍ଠପୁର ଥାରା ଅନନ୍ତ
ଜିଲା ସଚରାଚର ଯାହାଙ୍କ ନିଦ ଭାଂଗେନି ଅସୁର
ନହେଲାଯାଏଁ ପ୍ରବଳ ଯାହାଙ୍କ ବର ପାଇ ଲଖଣ
ହରିଚନ୍ଦନ ରାଜୁଚି କରୁଚନ୍ତି ତମ ଗାଁରେ
ଯାହାଙ୍କ କୃପାରୁ କୋରଡ଼ା ମାଡ଼ର
ଘା ଶୁଖିଯାଉଚି ସକାଳକୁ ତମ ପିଠିରେ
ସେଇ ନାରାୟଣ ଯାହାଙ୍କ ପାଇଁ ଦେଉଳ ତୋଳିଚି
କାନ୍ତରାଟି କାଣି ଖୁଂଟିଆ ଅପନ୍ତରାରେ
ଯାହାଙ୍କ ପାଇଁ ଗୁଡ଼ାଏ ନାଚଗୀତ ଓ ରକ୍ତପାତ
ହେଲା ଦ୍ୱାପରରେ ପୁଣି ଯିଏ ଆସିବା କଥା

କଲିରେ ଏଯାଏଁ ଆସିନାହାନ୍ତି ଡେରି ହେଉଚି
ଏରୋଡ୍ରମ୍‌ରୁ ବିମାନ ଉଠିବାରେ

ସେଇ ନାରାୟଣ ରଖନ୍ତୁ ସବୁ ଶ୍ରୋତାଙ୍କୁ
ମୁଁ ଯାଏଁ ଏବେ ନଗଲେ ରହିଯିବି
ଏଇ କଥା ମଝିରେ କାଳକାଳକୁ ଯାହା କହିଲି
ଥାଉ ପାଖରେ ଫେରାଇନେବି ଫେରିଲାପରେ
ମାଧବ ଯଦି ସେତେବେଳକୁ ରାସ୍ତା ଭୁଲି
ପହଂଚିଯାଇଥିବ ଘରେ ତେବେ ଜାଣିବ
ଆମର କଥା ବି ଗୋଲ୍ ପୃଥିବୀ ଭଳି
ଆରମ୍ଭ ଯେଉଁଠି ଶେଷ ସେଇଠାରେ ।

ସ୍ୱପ୍ନ

ରଙ୍କ ଓ ତା ସ୍ତ୍ରୀ ବଜାର ଯିବେ
ରଙ୍କର ସ୍ତ୍ରୀ କହିବ ୟା କିଣିବା ତା କିଣିବା
ରଙ୍କ ମୁହଁଟାଣ କରି କହିବ : ହଁ କିଣିବା ତ, ଥରେ
ଦେଖିନିଅ ଭଲକରି ଅଛନ୍ତି କି କି ସୁନ୍ଦର ଜୀବଜନ୍ତୁ
ଜଂଗଲ ଭଳି ବ୍ୟାପିଥିବା ଏ ଦୋକାନୀମାନଙ୍କରେ
ରଙ୍କର ସ୍ତ୍ରୀ ମନେ ମନେ ବାଛିଥିବ ମୁଠାଏ
ଊଲ୍‌ବୁଣା କଂଟା, ଡବାଏ ଘିଅ, ଗୋଟେ କରଚୁଲି
ଅଢ଼େଇଫୁଟ ପ୍ଲାଷ୍ଟିକ୍ ଲତା ଓ କୁନିପୁଅ ପାଇଁ
ହଳେ ଫୁଲଫୁଲିଆ ଜୋତା।

ରଙ୍କ ପଚାରିବ : ଭାବିଲ କ'ଣ ସବୁ
କିଣିବ, ଟିକିଏ ଶୀଘ୍ର ଭାବ ଜାଣିତ ଆମେ
ସାରା ବଜାର ବୁଲି ସାରିଲେଣି ଏ ଭିତରେ, ପଶି ସାରିଲେଣି
ସବୁ ବଡ଼ଦୋକାନରେ ଅନ୍ତତଃ ଦି'ଥର
କ'ଣ ଯେ ହୁଏ ତମର ବଜାର ଆସିଲେ, ସେଇ ଜିନିଷକୁ

ଦେଖୁଥାଅ ଥରକୁ ଥର, ହେଲେ କିଣିଲାବେଳକୁ
ସବୁବେଳେ ସେଇ ଗୋଟାଏ ଝାଡୁ, ନହେଲେ ମଗ୍
ନହେଲେ ଅତିବେଶୀରେ ଡଜନେ ଚୁଡ଼ି ଡବାଏ ସିନ୍ଦୂର
ଭାବିଲ ? ରଙ୍କର ଚାପାରଡ଼ିରେ ହାଲୁକା ଶୁଖିଯାଏ
ସତ୍ୟବତୀର। ତାକୁ ଲାଗେ ଯେମିତି ସେ ପଡ଼ିଯାଇଚି
ସତକୁ ସତ ଜୀବଜନ୍ତୁଙ୍କ କବଳରେ। ସେ ଏପଟ ସେପଟ
ହୁଏ, ଚାରିଆଡ଼କୁ ଚାହେଁ, ତାକୁ ଆଉ କିଛି ଦିଶେନାହିଁ
ଦୋକାନରେ, ଭାବିଥିବା ଜିନିଷସବୁ ବି ଆଉ ରହନ୍ତିନାହିଁ ମନରେ।
କହେ ଚାଲ ଯିବା ଅନେକ ଡେରି ହେଲାଣି
ତମର ଛୁଟିଥିଲା ଦିନ ଟିକେ ସହଳ ଆସିବା
ଆଉ ଏମିତି ଜରୁରୀ କିଛି ନାହିଁ-
ସବୁ ତ ଅଛି ଘରେ !
ରଙ୍କ ହସିବ, ଭାବିବ ହିଁ ସବୁତ ଅଛି ଘରେ
ଏମିତି କି ଅପୂର୍ବ ଜିନିଷ ଅଛି ଏ ବଜାରରେ ?

କିସ୍ତିରେ କିଣିବା ଗୋଟେ ରେଫ୍ରିଜେରେଟର୍, ହସି ହସି
କହିବ ସତ୍ୟବତୀ ଫେରିଲାବେଳକୁ, ରଙ୍କ ବି ହସିବ
କହିବ କ'ଣ ପାଣି ନାହିଁ ପଡ଼ିଶାଘର କୂଅରେ ?
କେତେ ଥଂଡାପାଣି ବା ମଣିଷ ପିଇପାରିବ ଜୀବନରେ ?
ପାଣିବୋତଲ ଛଡ଼ା କ'ଣ ଏମିତି ରହିବ ତମ ରେଫ୍ରିଜେରେଟର୍‌ରେ ?

କିସ୍ତିରେ ଆମେ କିଣି ବି ତ ପାରନ୍ତେ ଗୋଟେ ଘର !
ପିଲାମାନେ କହନ୍ତେ ବିଡ଼ାନାସୀରେ ଅଛି ଆମର ଘର
ତିନିପୁରୁଷର, ସ୍ୱର ଟିକିଏ ଭାରି ହୋଇଯିବ ସତ୍ୟବତୀର

ଏଥର ରଙ୍କକୁ କାନ୍ଦ ଲାଗିବ, କାନ୍ଦ ଚାପିବା ପାଇଁ
ହୋହୋ ହୋଇ ହସିବ ରଙ୍କ। ସତ୍ୟବତୀ ଡରିଯିବ
କାଳେ ସ୍କୁଟର ବାଜିଯିବ କାହା ଦେହରେ କାଳେ
ବାଧିବ ରଙ୍କକୁ, ପଥର ପିଠିର ଘା'କୁ ଆଉ ଉଖାରି ଦେଲେ।
ସେମାନେ ପହଂଚିଯିବେ ଦେଖୁ ଦେଖୁ, ଆଖିପିଛୁଳାକେ

ସ୍କୁଟର ପାଖରେ ଠିଆ ହୋଇଯିବେ ପୁଅ ଓ ତା'ର ଅନୁଗତ
ବୁଲାକୁକୁର। କୃଷ୍ଣବାବୁ ପଡ଼ୋଶୀ ବାହାରିଥିବେ ବୁଲି
ପଚାରିବେ : କ'ଣ ସବୁ ଆଣିଲେ ବଜାରରୁ
ଦେଖି ଦେଖି ଆଣିଲେ କି କିସ୍ତିରେ ଗୋଟେ କମ୍ବଳ କଳା ମନ୍ଦିରରୁ ?

ରଙ୍କ ଚାହିଁବ ସତ୍ୟବତୀର ମୁହଁକୁ। ସତ୍ୟବତୀର
ମୁହଁ ଦିଶୁଥିବ ଅଝାଡ଼ ଜଂଗଲରୁ
ଉଦ୍ଧାର ପାଇ ଆସିଥିବା ପରୀର ମୁହଁଭଳି ସୁନ୍ଦର
ରଙ୍କ ଭାବିବ ସତରେ
ଆଉ କିଛି ନାହିଁ ପାଇବା ପାଇଁ ଏ ପୃଥିବୀରେ
ଘରକୁ ଫେରିବାପାଇଁ ଗୋଟେ ବାଟ ଛଡ଼ା
ନଥାଉ ପଛେ ଘର

ଭରାମାଠିଆ

ବିପଦ ବେଳେ ମନେପଡ଼ିଲା
ଭରାମାଠିଆ
କ'ଣ ଥିଲା ସେଥିରେ ମୁଁ ଭାବିଲି ନାହିଁ
ଖାଲି ଭାବିହେଲି
ଭରାମାଠିଆ
କିଭଳି ଆସି ଠିଆହୋଇପାରେ
ସହାୟ ହୋଇ

ବିପଦ କଥା ନଭାବି ଯଦି ମୁଁ ଭାବି ବସିଲି
ମାଠିଆ କଥା, ଲୋକେ ହସିଲେ
କହିଲେ ତମର ସାହସ ନାହିଁ
ବିପଦ ସାଂଗରେ ଯୁଝିବାର
ଗୋଟାଏ ଛାର ମାଠିଆ, ତା'ପରେ ପୁଣି
ଭରାମାଠିଆ
ତାକୁଇ ନେଇ କେହି କୋଉଠି ତରିପାରିଚି କି
ପାରାବାର ?

ବିପଦଟା ଥିଲା ଅବଶ୍ୟ ଖୁବ୍ ବଡ଼
ମୁଁ ଠିଆ ହୋଇଥିଲି ଭୁଲ୍‌ରେ ଗୋଟେ
ଆଗ୍ନେୟଗିରି ଉପରେ ଗରମ ଲାଭା
ଠିକ୍ ଫୁଟି ବାହାରିବା ଆଗରୁ ।
ମୁଁ ସେତେବେଳେ ରକ୍ଷାକର ବୋଲି ଡାକିବା କଥା
କିଛି ନହେଲେ ବି ଅଚେତ ହୋଇ ପଡ଼ିଯିବା କଥା,
ବିପଦକୁ ପ୍ରଣାମ କରିବାର
ସେଇ ଗୋଟିଏ ପ୍ରଥା ଚଳିଆସିଚି ଆମ ହେରାଗୋହିରୀ ସାହିରେ
ଯୁଗ ଯୁଗରୁ

ସେସବୁ କିଛି ହେଲାନାହିଁ, ମୁଁ
ଠିଆ ହୋଇଥାଏ ମରଣ ମୁହଁରେ ଯୋଉଠି ସେଇଠି
ଲାଭା ଫୁଟିବାର ଗୋଟେ ସଁ ସଁ ଶବ୍ଦ ବି
ବାଜୁଥାଏ ମୋର କାନରେ ।
ଭରାମାଠିଆ
ଦିଶୁଥାଏ ମୋତେ ଥୁଆ ହେଲାଭଳି ମାଟିପିଣ୍ଡାରେ
ତା'ର ଘୋଡ଼ଣି ଉପରେ କିରଣ ପଡ଼ିଥାଏ
ସକାଳର

କେତେଟା ବାଜିଥାଏ ସେତେବେଳକୁ? ଏଇ
ଛ'ସାଢ଼େ ଛ' ଭିତରେ ଗୋଟେ ସମୟ
ଯେତେବେଳକୁ ନଥାଏ କେବେ ମରିଯିବାର ଭୟ,
ଅମର ହେବାର ଗୋଟାଏ ରାସ୍ତା ଦିଶୁଥାଏ ପରିଷ୍କାର,
ଘରଠୁ ଷ୍ଟେସନ୍ ଯାଏଁ ଛୋଟ ସିଧାଗାର ଭଳି
ଚାଲିଥାଏ ଆମର ସଂସାର
ଏ ଭରାମାଠିଆର
ଭିତରେ ବୋଧେ ଥାଏ ସୁଯୋଗ
ବିପୁଳତାର,
ଯାହା ନଥାଏ ଆଗ୍ନେୟଗିରିର ଉଦ୍‌ଗିରଣରେ,
ଗରମ ଓ ଲାଲ୍ ହେବା ଛଡ଼ା
ଆଉ କିଛି ହେବାର ନଥାଏ ଲାଭାର

ଗୁଡ଼ାଏ ମରିଯାଇଥିବା ଆଶାକୁ ନେଇ
ରଚିଯାଏ ଯିଏ ପାହାଡ଼,
ସେଥିରେ ପୁଣି ରଖିଥାଏ ଦିନେ
ଫୁଟି ବାହାରିବା ପାଇଁ ଗରଳ,
ସିଏ କେବେ କେବେ ଅନାମନା ହୋଇ
ଥୋଇ ଦେଇଥାଏ
ମାଠିଆଟିଏ,
ଭରି ଦେଇଥାଏ ସେଥିରେ
ଶୋଷ ମାରିବା ପାଇଁ ଜଳ

ସେଇଥିପାଇଁ କୋଉ ମାଠିଆକୁ କେବେବି
ଓହ୍ଲାଇ ନାହାନ୍ତି ଗୋପବାଳା
କଟୀରୁ,
କୋଉ ଗୋଟିଏ ମାଠିଆକୁ ଖାଲି ବି ଛାଡ଼ିନି
ଆମର ସଂସାର।
ଲାଭା ଫୁଟିବ ବୋଲି ନିଜକୁ
ମାରିଦେବାରେ ନାହିଁ କିଛି ସାହସ, ଯାହା ଅଛି
ମାଠିଆ କଥା ମନେପକାଇ
ଅଜାଣତ ବଂଚିଯିବାରେ।

ଏ ମାଠିଆ ବି କିଛି କମ୍ ନୁହେଁ
ଥରେ ଜିଦ୍ ଧରି ବସିଲା ମାନେ ବସିଲା
ଶହେ ଅଗ୍ନେୟଗିରି ଫାଟିଲେ ବି ତାର
କି ଯାଏ ଆସେ ଯଦି କାହାର
ଦାଣ୍ଡପିଣ୍ଡାକୁ ସେ ଆସିଲା,
ସେଇଠୁ ସବୁ ବଦଳିଗଲା
ବେଦ ବେଦାନ୍ତ ବାଦାନୁବାଦ ଗୀତଗୋବିନ୍ଦ
ସମସ୍ତେ ଆସି ଜମାହେଲେ ତା'ର ଆଖପାଖରେ,
ପିଣ୍ଡାତଳେ
ଫୁଲଟିଏ ବି ହସିବା ଆରମ୍ଭ କଲା ପ୍ରଥମ ଥର।
ଏଡ଼େ ବିପଦରେ ବି ହସ ମାଡୁଚି ମୋତେ

ଲାଗୁଛି ଆଗ୍ନେୟଗିରି ସତସତିକା ନୁହେଁ
ଯାକୁ ମୁଁ ତିଆରି କଲି ଖେଳଖେଳରେ
ବିଶୁ ମିଶ୍ରଙ୍କ ଉଜୁଡ଼ି ଯାଇଥିବା ଘରଡିହର ମାଟିକୁଦ ଉପରେ।
ମାଠିଆଟିଏ ନଥିଲା ବୋଲି
ବିଶୁମିଶ୍ରେ ମରିଗଲେ ଶୋଷରେ,
ପ୍ରତିଶୋଧ ନବାପାଇଁ ମୁଁ ଠିଆହୋଇଚି ଏଠି
ବିଶୁମିଶ୍ରଙ୍କ କୁଳଛଡ଼ା ପୁଅ ବଡ଼ଭାଇନା ଏଇନେ
ଆବୁଧାବିରେ।
ମୁଁ ଆସିଚି ତା' ବଦଳରେ
ବ୍ୟାଙ୍କ ଚାକିରି ଛାଡ଼ିଦେଇ ସିଧା କଲିକତାରୁ
ମାର୍ଗଶିରର କୋଉଗୋଟେ ସକାଳବେଳା ପୁରୀ ଏକ୍ସପ୍ରେସ୍‌ରେ।
ଏ ଭରାମାଠିଆରେ ଯେତିକି ଅଛି
ଜଳ, ତା'ଠାରୁ ବେଶୀ ଛଳ ନାହିଁ କାହା ପାଖରେ।

କୋଉଠି ନାହିଁ ତା'ଠାରୁ ବେଶୀ ଛଳ
ଖାଲି ଆମର ଏ ହେରାଗୋହିରୀ ସାହି ନୁହେଁ
ନାଗରା ଯେଯାଏଁ ଶୁଭୁଚି ସେଯାଏଁ
ପାପର ଅସ୍ଥି ବିଛାଇ ଶୋଇଥିବା ଏ ସହରରେ

ଏମିତି ବେଳେବେଳେ ହୁଏ ମୋ ଜୀବନରେ
ମୁଁ ଜାଣିଶୁଣି ପଡ଼ିଯାଏ ବିପଦରେ ପୁଣି
ଉଧୁରିଯା, ସେଥିରୁ ଦାଣ୍ଡପିଣ୍ଡାରେ
ଥୁଆ ହୋଇଥିବା ଭରାମାଠିଆ ଭଳି
ବହୁଦିନରୁ ପଡ଼ିଥିବା ଅସମ୍ଭବ ଏ ଡଂଗା ବଳରେ

କହିପାର ଏ ମୋର ପ୍ରତିଶୋଧ ମୃତ୍ୟୁ ବିରୁଦ୍ଧରେ
ବିଶୁମିଶ୍ରଙ୍କ କାହାଣୀଟି କେବଳ
ବୁଢ଼ାଙ୍କୁ କନ୍ଦାଇବା ପାଇଁ ଖଂଜାହୋଇଚି ଏଥିରେ

ହରିକଥା

ହରିକଥା ଶୁଣିବାରେ ଆଉ ମନ ନଥିଲା ତା'ର
ସେ ଭାବୁଥିଲା ଯା'ପରେ ସେ କୁଆଡ଼େ ଯିବ
ମାନସ-ପଥରେ
ମହାବଳୀପୁରମ୍ ? ଅଜନ୍ତା ?

ଚାରିଚାରିଟା ଛାଇ ତା'ର ବାଟ ଜଗି ଠିଆ ହୋଇଥିବେ
ଫେରିଲାବେଳକୁ ପଚାରିବେ କ'ଣ ଆଣିଚୁ ଦେ'
ହାତରେ ତା'ର କିଛି ନଥିବ,
ରଘୁକୁଳତିଳକ ତାକୁ ଦିଶୁଥିବେ
ଭୋକ ଉପାସରେ ଜଂଗଲରେ
ବୁଲୁଥିବା ସେ ଘରଛଡ଼ା ଲୋକଟି ଭଳି ଯାହାର
ବିପୁଳତାଠୁ ବଳିପଡ଼ିଥିବ ବ୍ୟଥା,
ସେ ଚୁପ୍ ହୋଇ କୋଳକୁ ଟେକିନେବ
ଚାରିଚାରିଟା ଛାଇଙ୍କୁ ନା
ଫେରିଆସିବ ପ୍ରାଣବିକଳରେ ଆଉ କୋଉ ଲୀଳାଭୂମିକୁ

ଯୋଉଠି ନୂଆକରି ଆରମ୍ଭ ହେଉଥିବ
ହରିକଥା ?
ନିବୁଜ ସେ କଥା ଭିତରେ
ନିଶ୍ଚୟ କୋଉଠି ଥିବ ଗୋଟେ ବାଟ
ଯାହାଦେଇ ଯାଇହେବ ଆଉ ଗୋଟାଏ ଜାଗାକୁ
ସ୍ୱର୍ଗ ନହେଲେ ନହେଉ, ହେଉ ଗାଁ ମୁଣ୍ଡର ପଙ୍କପୋଖରୀ
ଯାହାର କୂଳରେ ବସିଥିବ ଗୁରୁବାରୀ
ପିଲା ତିନୋଟି ଖେଳୁଥିବେ ଭଂଗାକାଚ ଓ ଖପରାରେ
ଭାତ ବସିଥିବ ଗଛମୂଳର ଚୁଲିରେ।
ଇଏ କୋଉ ଅଧ୍ୟାୟରେ ଆସେ
ଅରଣ୍ୟକାଣ୍ଡର ? କିଏ ଖେଳାଇ ଦେଇପାରେ
ଯାର ଅନନ୍ତକୁ ଶୁଖିଲା ହସ ଭଳି ଓଠ ଉପରେ ?

କବିମାନେ ହରିଙ୍କୁ ଦେଖିଥାଇପାରନ୍ତି
ଶ୍ରୋତାଙ୍କର ମନେଥାଇପାରେ ସବୁଯାକ ହରିକଥା
ଆମୂଳଚୂଳ,
ଅନନ୍ତର ଗୋଟେ ସୀମା ବି ଥାଇପାରେ
ଭାତଥାଳିର ମଙ୍ଗ ଭଳି,
ସାରା ଦୁନିଆଁର ସବୁତକ ଦୁଃଖ
ଆସିଥାଇପାରେ ଶୁଖିଯାଉଥିବା କଥାକୁ ଆଖିର
ପାରି ଦେଇ ଦେଇ ସତେଜ କରି ରଖିବାର ପ୍ରୟୋଜନରୁ
ସତ ବି ଦିନେ ବାହାରିଥାଇପାରେ
ସବୁ ମିଛର କୋଟରରୁ ବାହାରିଲା ଭଳି
ସାନବୋହୂର ଶେଷଗହଣା
ଲୁଗାକାନିରେ ନିଆଁ ଲାଗିବା ଆଗରୁ

ଏ କି ଜୀବନ ଯାହାକୁ ରଖି ହେଉନି କି ଛାଡ଼ି ହେଉନି !

ଚାରି ଚାରିଟା ଛାଇ ହାତପତାଇ
ମାଗୁଚନ୍ତି ଦିଅ ଆମକୁ ଯାହା ଆଣିଚ,
ହାତରେ ତା'ର କିଛି ନାହିଁ

ହରିକଥାର ଗୋଟେ ଘୋଷା ଛଡ଼ା,
କିଛି ନାହିଁ ଗୋସେଇଁଙ୍କ କପାଳର ଚିତା ଛଡ଼ା
ଦ୍ୱିପ୍ରହରର ଆକାଶରେ।

ହେଇପାରେ ଇଏ ବି ଅନନ୍ତର
ଗୋଟେ ଆଖିଦେଖା କଳ୍ପନା
ଯାକୁ ନେଇ ପେଟ ପୂରେନି କି ପଚାରି ହୁଏନି
ଗୋସେଇଁ ଦିମୁଠା ଭାତ ମିଳିବ କି ଆଉ କାଣ୍ଡରେ ?
ଅହରହ ତୂର୍ଯ୍ୟନାଦରୁ ମିଳିବ କି ପିଲାଙ୍କ ପାଇଁ
କେଇହଳ ଫଟା ପୁରୁଣା ଜାମା,
ରହିହେବକି ଅନନ୍ତରେ
ଆଉ ଦିଚାରି ଅଧ୍ୟାୟ
ସବୁଠୁ ବଡ଼ କବିର ସବୁଠୁ ବଡ଼ କାରସାଦି ଧରାପଡ଼ିବା ଆଗରୁ ?

ସ୍ୱପ୍ନଜୀବୀ

ଏମିତି ବେଳେବେଳେ ହୁଏ ଯେ
ଫଟାଆକାଶରୁ ଗୁଲ୍‌ଗାଲ୍ ହୋଇ ଗଳିପଡ଼ନ୍ତି
ଫୁଲାଏ ହେବ ତରା
ଗୋଟାଏ ପୂରା ଛାୟାପଥ ବି ଖସିପଡ଼େ ବେଳେବେଳେ

ସ୍ୱପ୍ନଜୀବୀମାନଙ୍କ ଜୀବନରେ ଏମିତି ଅନେକ ଘଟଣା
ଥାଏ, ଯାହାକୁ ସେମାନେ କହନ୍ତି ନାହିଁ ଖୋଲାଖୋଲି
ଆଖିରୁ ତାଙ୍କର ଜାଣିହୁଏ ସେମାନେ ଆଉ ନାହାନ୍ତି ଏଠି
ଆଉ ଗୋଟିଏ ଦୁନିଆଁରେ ସେମାନେ ରହିଲେଣି କେବଠୁ
ଆମ ପାଖରେ ଅଛି ଟିପେ ତାରାଧୂଳି କେବଳ
ପ୍ରମାଣ ହୋଇ ସେମାନଙ୍କ ବିମାନ ଏଠି ଓହ୍ଲାଇବାର

ସେମାନଙ୍କୁ ନେଇ ବହୁ କନ୍ଦଳ,
ସେମାନେ ଯା କରିପାରନ୍ତି ନାହିଁ
ସେମାନେ ତା କରିପାରନ୍ତି ନାହିଁ

ଛଡ଼ାଇ ନିଅନ୍ତି ଆମଠାରୁ ସିଧାସଳଖ ବଂଚିବାର ଅଧିକାର
ସେଇମାନେଇ ସୁଧାର ଭୋଳାନାଥଙ୍କୁ ଶିଖାନ୍ତି
ଯା' ଚାଲିଯା' ବନ୍ଧେ,
ଭ୍ରମର ତାଙ୍କରି କଥାରେ ପଡ଼ି
ଚାକିରି ଛାଡ଼ିଦିଏ ରାଜା ହେବ ବୋଲି ଅପେରାରେ,
କପିଳ ଡ୍ରାଇଭର
ଟ୍ରକ୍ ବାଡ୍ରେଇଦିଏ ଗୀତ ଗାଉଥିବା ଓସ୍ତଗଛରେ

ସେମାନେ ଶୁଅନ୍ତି ନାହିଁ ନିଦରେ,
ନିଦରେ ହିଁ ସେମାନେ
ବାହାରିଯାନ୍ତି ଏକା ଏକା ପୃଥିବୀ ଭ୍ରମଣରେ।

ସେମାନଙ୍କ ପୃଥିବୀରେ ଆମର ଛୋଟବଡ଼ କଥା ନଥାଏ
ବସ୍ ଛାଡ଼ିଦେଲେ ସେମାନେ ମୁଣ୍ଡପିଟି ରହିଯାଆନ୍ତି ନାହିଁ
ରାସ୍ତାକଡ଼ରେ, ସାଂଗଘରେ ମଦପିଇ ହୁଅନ୍ତି ନାହିଁ ବୋହୋସ୍
ସୁନାରୁପାର ଦର ବଢ଼ିବାର ଭୟ ତାଙ୍କୁ କରିପାରେନି ଉଦାସ
ସେମାନଙ୍କର ପୃଥିବୀ ଅଲଗା, ସେଠି ସାରାଦିନ ଚାଲେ
ନାଚଗୀତ, ଭୂରିଭୋଜନ,
ନିଜେ ଇନ୍ଦ୍ର ଚାଲିଚାଲି
ଆସନ୍ତି ତାଙ୍କର ଫୁଲସଭାକୁ,
ସେମାନେ କ୍ୱଚିତ୍ ଆସନ୍ତି
ଧୋଇମରୁଡ଼ି ବିରୁଦ୍ଧରେ ଡକା ହୋଇଥିବା
ଆମର ଜନସଭାକୁ

ସେମାନେ ଆମର ଶତ୍ରୁ ବୋଲି କହିସାରିଲେଣି
ମହାମହା ଲୋକମାନେ କେବଠୁ,
ତଥାପି
ଆମେ ତାଙ୍କୁ ବାଟଛାଡ଼ି ଦେଇଚେ
ଯିବାପାଇଁ ସେଇ ଜାଗାକୁ
ଯୋଉଠୁ ତୋଫାନ୍ ଉଠିବ ଆଉ ପାଂଚମିନିଟ୍ ପରେ

ଉଡ଼ାଇନେବ ଘରଦ୍ୱାର, ଚାନ୍ଦୁଆ, ଚୌଦୋଳ ସବୁ
ଭଂଗା ଆସବାବରେ ଖଚାଖଚ୍ ଭରି ସାରିଥିବା
ଆକାଶକୁ

ସେମାନେ ନଥିଲେ
ଆମର ହସିବା ବି ହୁଅନ୍ତା ନାହିଁ ସହଜ,
ଆମର ଢିମାପଥରର କପାଳରେ କେବେ
ଲାଗନ୍ତା ନାହିଁ ଟୋପାଏ ହେଲେ ସିନ୍ଦୂର
ଆକାଶକୁ ଚାହିଁଲେ ଆମକୁ ଦିଶନ୍ତେ ନାହିଁ
ଗୋଟିଏ ହେଲେ ତାରା,
ଫେରିବା ବାଟରେ ଛୁଅନ୍ତା ନାହିଁ ଆମକୁ ଚୋରାଫଗୁଣ
ଲୁହ ବି ଆଉ ରହନ୍ତା ନାହିଁ ଆଖିରେ !

ଭୁଲ୍

ଏମିତି ହେବ ସବୁ, କୋଉ ଗୋଟାଏ କଥା ବି
ଠିକ୍ କରି କରିହେବନି,
ଗୁଡ଼ାଏ ଭୁଲ୍‌ଭାଲ୍ ଭିତରୁ
ବାହାରିବେ ଜେଜେ ଗଜରାଜପୁର ଗାଁ ଦାଣ୍ଡରେ
ଜହ୍ନରାତିରେ

ତମେ ପଚାରିବ : ଏସବୁ ହେଲା କେମିତି କୁହ
କୁହ କେମିତି ପଥର ଖସିଲା ସେ ବର୍ଷ ମନ୍ଦିରରୁ
କେମିତି ଉଠିଆସିଲା ଦେବୀନଈର ବଢ଼ିପାଣିରୁ
ବଉଳା କୁମ୍ଭୀର, କେମିତି ଦିନେ ବଢ଼ାଭାତରେ
ତମକୁ ଦିଶିଲେ ଜଗନ୍ନାଥ, ଫଟାକାନ୍ଥରେ
ନଡ଼ିଆ ବାହୁଙ୍ଗାର ମାଡ଼ କେମିତି ଶୁଭିଲା
ଚଡ଼କ ଭଳି କାନ୍ତାରରେ, କେମିତି
ଗୋଟେ ମଲାବୋହୂକୁ ସବାରୀରେ
ବାଟ କଢ଼ାଇ ଗାଁ ଯାକେ ଆଣିଲା ବିଜୁଳି,

ସବୁ କେମିତି ଶେଷ ହୋଇଗଲା
ଆରମ୍ଭ ହେବା ଆଗରୁ ?
ସେସବୁ ସେମିତି ରହିବ ପ୍ରଶ୍ନ ହୋଇ
ଯେମିତି ପୁରୁଣାଘରର ଛାତ ଉପରେ ଶିଉଳି
ଯେମିତି ଭଂଗାଦେଉଳର କାନ୍ଥରେ ନଟୀର
ଅଂଟାରେ ବସିଥିବା ପାରା, ଯେମିତି
ଅଧାଛାଇ ଅଧାଆଲୁଅରେ ଉଜୁଡ଼ା ଘରଡିହକୁ
ଜଗି ବସିଥିବା ମୁଣ୍ଡା ସାହାଡ଼ା ।
ଜେଜେଙ୍କୁ ଦେଖିବା ମିଛ
ସିଏ ବି ସେଇ ଭୁଲ୍‌ଭାଲ୍‌ରୁ ବାହାରିଥିବା
ଗିରିଗହ୍ୱରର ଅନ୍ଧାରକୁ ଚିରି ବାହାରିଯିବାର
ଗୋଟାଏ ଛଳ କଳ୍ପନାର !

ଏମିତି ହେବ ସବୁ
ଭୁଲ୍ ବାଟରେ ଗଲାପରେ ଅନେକ ଦୂର
ଫେରିବା ବି ହୋଇପଡ଼ିବ ଦୁଷ୍କର,
ସେତେବେଳେ କିଏ ସବୁ ବାହାରିବେ, ଚିହ୍ନାଦେବେ
କହିବେ ପଚାର
ପଚାର କାହିଁକି ଏତେସବୁ ଘଟିଗଲା ଏ ପୃଥିବୀରେ
ଗଛଶିଅକୁ ସାପ ଭାପି ବାଟଭାଂଗି ଯିବା ଆଗରୁ;
ପଚାର ଯାହା ଚାହୁଁଚ, ଦେଖି ବି ପାର ଚୋରାଚାହାଣିରେ
କେମିତି ଦିଶେ ହସ ସମୟର

ଆଉ କିଛି ହବନି, ଦେଖିବ ତମେ
ତମକୁ ଭୟ ଲାଗିବ ସାତପୁରୁଷର ପାଉଁଶ ସାଂଗରେ
ପାଉଁଶ ହବାକୁ, ରାଗରେ ତମେ ବାହାରିବ ଯଦି
ପଥର ହବାକୁ ଗୁଡ଼ାଏ ପଥର ଏକାସାଂଗରେ
ରୋକିବେ ତମକୁ ଅଧବାଟରେ ।
ମୁଁ ଏଇଠି ଅଛି କହି ଶେଷରେ
ଜହ୍ନ ବାହାରିବ ମେଘ ଭିତରୁ,

ସେଇ ଆଲୁଅରେ ଗୁଣଟଙ୍କାରି ଠିଆହେଲା ଭଳି
ଦିଶିବ ନିର୍ମମ ଧନୁ ପାହାଡ଼ର,
ପ୍ରାଣବିକଳରେ ଦୌଡ଼ୁଥିବା
ଜୀବଜନ୍ତୁଙ୍କ କାତର ଆଖିଭଳି ଦିଶିବେ
ତରା ଆକାଶର,
ନଈକୂଳରେ ଦିଶିବ ଗାଁଟିଏ
ସୁଖରେ ପିଲା ଶୋଇଲା ଭଳି ମା' କୋଳରେ,
ଆଖି ତମର
ଭରିଯିବ ଲୁହରେ

ଭୁଲ୍ ବାଟରେ ଏତେଦୂର ଆସିଲା ପରେ
ଭୁଲ୍ କ'ଣ ଆଉ ଗଣାହୁଏ ଭୁଲ୍‌ରେ ?

ପୂର୍ବପୁରୁଷ

ଲାଗୁଚି ଯେମିତି ଦିନ ପରେ ଦିନ ଏମିତି ବିତିଯିବାରେ
ଆଉ କାହାରି ହାତ ନାହିଁ
ଘରେ ଆଉ କେହି କରିନାହାନ୍ତି ଏ କାମ
ଏକା ସେଇ ଖାଇଚି ବିକିଭାଂଗି ସାତପୁରୁଷର ପିତଳ ଗରା
ସେଇ ସାନଦଦେଇ

ଗୋଟେ ବିଚିତ୍ର ଖେଳ ଚାଲିଚି ଏଠି,
କେହି ଆଉ ଭାଗ୍ୟ କଥା କହୁନାହାନ୍ତି
କହୁନାହାନ୍ତି କେଢ଼େ ଦଗାବାଜ ଜୁନ୍‌ର ଅଚାନକ କୁଆପଥର,
ସମସ୍ତେ କହୁଚନ୍ତି ସେଥିପାଇଁ କ'ଣ
ଆମେ ହିଁ ଦାୟୀ !
ଶିମୁଳିଗଛର କଂକାଳରେ ଗୁଡ଼ାଏ ଫୁଲଫୁଟି ଅକାରଣରେ
ଝଡ଼ିଯିବାରେ ହାତ ନାହିଁ କାହାର,
ଏ ଶୀତଳ ବାଲିମୁଠାକରେ ବି ଆମର ପୁରୁଣା କାଠି ଲୁଚାଲୁଚିର
ରହସ୍ୟ ନାହିଁ ପିଲେ,

ଯେତିକି ତମେ ପାଇଚ
ସେତିକି ଆମେ ବି ପାଇଚୁ ବାପାଙ୍କ ଅନ୍ତେ
ଝାତିଙ୍କ ଶହେ ନାଁ ଭିତରୁ
କୋଉ ଗୋଟାଏ ବି ଭର୍ତ୍ସନାର ଲାଏକ୍ ନୁହେଁ
ବରଂ ବାଛ ଆମ ଭିତରୁ ଜଣକୁ,
ପୃଥିବୀର ଭବିଷ୍ୟତ ପାଇଁ
ଆମେ ହିଁ ଦାୟୀ !

ଖେଳ ଯଦିଓ ସେଇଆ, ତେବେ ଖେଳରେ
ଜୟୀ ହେବା ଓ ଦାୟୀ ହେବା ସାରାଦୁନିଆଁ ପାଇଁ
ଏକାକଥା ନୁହେଁ, ତାଠୁ ଟିକେ ଅଲଗା,
ଯେମିତି ଅଲଗା
ବହିରେ ତମର ବର୍ଣ୍ଣନାଠାରୁ ଅଲଗା ତମେ,
ଯେମିତି ସମସ୍ତେ ଶୋଇ ସାରିଲା ପରେ
ରୋଗିଣା ବାପର ପାଦ ଆଉଁସିବା ପାଇଁ
ଲୁଚି ଲୁଚି ଆସିଥିବା ସାନଦଦେଇଠାରୁ ଅଲଗା
ଗରାବିକି କୁଳ ବୁଡ଼ାଇଥିବା ସାନଦଦେଇ

ବିଚରା ସାନଦଦେଇ ଫୁଲନଖରା ଗଲାବେଳକୁ
ମଉଳିଗଲା ଖରା, ପୋକ ପଡ଼ିଲା ଆଖିରେ
ସ୍କୁଟର୍ ଗଡ଼ିଗଲା ରାସ୍ତାତଳକୁ,
ତେଣେ ସମଗରା ପାଟର ଦଳ ଉପରେ ସେଇନେ ଓହ୍ଲାଇଥିବା
ଦଳେ ହଂସରାଳି ଭାବିଲେ
ଆଉ ସମ୍ଭବ ନୁହେଁ ପହଁରିବା ଗୁଳିମୁହଁରେ

ଆମର ଦାୟୀ ହେବା ବି କେଡ଼େ ହାସ୍ୟାସ୍ପଦ ଦେଖୁଚ ପିଲାମାନେ
କେଡ଼େ ଅସୁନ୍ଦର ଦିଶୁଚି ପାଚିଲାବାଳର ଏ ଟୋପି ଖଣ୍ଡକ
ଆମର ମୁଣ୍ଡ ଉପରେ !

ଦାଂପତ୍ୟ

ବହୁ ପୁରୁଣା ରାତିଟିଏ ଅଛି ମୋ ପାଖରେ
କେବଠୁ,
ମୁଁ ତାକୁ ଦେବି ତମକୁ, ନବ ?
ନେଇପାରିବ ?
ସହିପାରିବ ଓଜନ ତା'ର
ଯେତେବେଳେ ଭୁଷୁଡ଼ିବ ଦିନେ କଳଂକିଲଗା
ଛାତ ଲୁହାର ?
ଧରିପାରିବ ତାକୁ କୋଳରେ
ଯେତେବେଳେ ବିଜୁଳିର ହାତ ତା'ର ଖୋଜିବ
ସାରା ଦେହରୁ କେହି କେବେ ନ ଛୁଇଁଥିବା
ଅରାଏ ମାଟି ପୃଥିବୀର ?
ତା'ର ଅସଂଖ୍ୟ ତୃଷାର୍ତ୍ତ ତାରାଙ୍କୁ
ଦେଇପାରିବ ଓଠରୁ ତମେ ଟୋପାଏ ଲେଖେଁ ଲହୁ ?
ତା'ର ଅନ୍ଧବିଶ୍ୱାସକୁ
ଦେଇପାରିବ ଘୋର ଜଂଗଲରେ ଗୋଟେ ବାଟ

ଯୋଉଥିରେ କେହି କେବେ ଚାଲିନି ଇତିହାସର ଆରମ୍ଭରୁ ?
ତା'ର ଘନକାଳିମାକୁ ଦେଇପାରିବ ରୂପ ?
ପିନ୍ଧିପାରିବ ଜ୍ୟୋତ୍ସ୍ନାକୁ ତା'ର ?
ଗର୍ଜି ଗର୍ଜି ଅଥୟ ତା'ର ମେଘକୁ ସତରେ
ଦେଇପାରିବ ବର୍ଷିବା ପାଇଁ
ଗୋଟେ ମରୁପ୍ରାନ୍ତର ?
ଦେଇପାରିବ ତା'ର ଝଡ଼ପବନକୁ ଗୋଟେ ଦୀପଶିଖା
ଘରକୋଣରେ ?

ପାରିବ ଯଦି ନିଅ। ଯାକୁ ମୁଁ ପାଇଥିଲି
ଗୋଟେ ଉଲ୍‌କା ପାଖରୁ ଯେତେବେଳେ
ସାରାଜଗତ ଶୋଇଥିଲା ନିଦରେ,
ମୁଁ ଏକା ବସିଥିଲି ନଈକୂଳରେ।
ଆକାଶରୁ ଖସିଲା ଉଲ୍‌କା, ତା'ର ଖରଶାର ନିଆଁରେ
ମୋତେ ଦିଶିଲା ମୁଁ ଠିଆ ହୋଇଚି ଇତିହାସର ବାହାରେ-
ହାତରେ ମୋର ଲୁହାର ବେଡ଼ି
ଧୂଳି ଭଳି ଟିକିଏ କଳାପାଉଁଶ
ଗାର ଭଳି ଗୋଟେ ପୋଡ଼ା ଦାଗ
ଫୁଟି ଆସୁଥିବା ଫୁଲର କଢ଼ଟିଏ
ଦି'ଚାରିଟା ଝରାପତ୍ର
ଟୋପାଏ ବର୍ଷାପାଣି
ଧାରେ ଜ୍ୟୋତ୍ସ୍ନା
ଶିର୍‌ଶିର୍ ସ୍ପର୍ଶ ପବନର।
ସେଇ ମୋର ରାତି ଇତିହାସର ବାହାରେ। ତମେ ରହିସାରିଚ
ଇତିହାସରେ ସେତେବେଳକୁ, ନାଁ ତମର ଲେଖା ସରିଚି
ଇତିହାସର ପ୍ରତି ଅଧ୍ୟାୟରେ।
ଯାକୁ ମୁଁ ଏଯାଏଁ ରଖିଥିଲି କାହିଁକି ? ରଖିଥିଲି
କେବଳ ତମରି ପାଇଁ। ତମ ଛଡ଼ା କିଏ
ନେଇପାରିବ ଯାକୁ ? କାହାକୁ ବା ମାରିବା ପାଇଁ
ମୁଁ ଦେଇପାରିବି ଏ ଜୀବନ ?

ନିଦ ନାହିଁ

ଆଜି ରାତିରେ ନିଦ ନାହିଁ-
ନିଦ ନହେବାର ସେଇ ଗୋଟିଏ
ଘଟଣାବହୁଳ ଉପନ୍ୟାସକୁ
ପଢୁଚୁ ଆମେ ଅନ୍ଧାରରେ
ବାରମ୍ବାର।
ପରସ୍ପରକୁ ଖୋଜିଲାବେଳେ ହାତ ବାଜୁଚି
କୋଉ ଗୋଟାଏ ପୁରୁଣା ଖିଅରେ, ସାରା ଆକାଶ
ଟାଣି ହୋଇ ଆସୁଚି ସେଇଥିରେ।
-ମଳିନ ପଡ଼ିନି ଗୋଟିଏ ହେଲେ ତାରା
ଛଳଛଳ ହେଉଚି ଅକାତକାତ ପାଣି କୂଅରେ।

କାହାକୁ ଆମେ କହିବା ଆମର କିଛି ହୋଇନି
ସବୁତକ ଘଟଣା ଘଟିଚି କେବଳ ଉପନ୍ୟାସରେ ?

ତମେ ନୂଆ ନୂଆ ଆସିଚ ସେତେବେଳେ
ଶିଖୁଚ କେମିତି ସୁଖ ମିଳେ ନିଜକୁ କାଟିକୁଟି ସୁନ୍ଦରକରି

ବାଢ଼ି ଦେବାରେ
ମୁଁ ବି ସେତେବେଳେ ନୂଆ ନୂଆ
ଖାଇ ଶିଖୁଚି ଚୋପା ସହିତ ଫଳକୁ ସିଧା ଗଛରୁ ତୋଳି।
ଇଏ ବି ଥିଲା ଉପନ୍ୟାସରେ
ଆହୁରି ଥିଲା ଅନେକ ରକ୍ତପାତ ସେଥିରେ
ଥିଲା ଅନେକ ତାରାଗଣା
ଦିନରାତିର ପୁରୁଣା ଅଭ୍ୟାସକୁ ନୂଆକରି
ଗାଇବାର ଲୋଭ ଆଖିରେ।

ଥିଲା ଗଛରେ ଲଦି ହେଲାବେଳେ ବଉଳ
ଗୋଟେ ଜରଜର ଭାବ ଦେହରେ
ହେଲେ କୋଉ ଗୋଟାଏ ବି କଥା ନଥିଲା
ଉପନ୍ୟାସରେ
ଯାହାକୁ ଆମେ ରଖିପାରିଥାନ୍ତେ କାହାକୁ ନଦେଇ
ନିଜ ପାଖରେ
ସେଇଥିପାଇଁ ଆଜି ନିଦ ନାହିଁ ଆମ ଆଖିରେ

ନା

ମୁଁ ଆଉ ଗାଇପାରିବିନି ସେ ଗୀତ
ରାତି ଦୁଇଟାରେ କେବେ ତମର ସେ
ଚତୁର୍ଦ୍ଦଶୀ ଜହ୍ନ କଥା ମନେପଡ଼ିଲେ ବି ନୁହେଁ

ତମର ଅପରାଧକୁ ମୁଁ କ୍ଷମା କରିନି
ସେଇ ମୋର ଅଧିକାର
ପୋଡ଼ା ଭୂଇଁରେ ନପୋଡ଼ି ଏଯାଏଁ ରହିଥିବା
ଗୋଟେ କଂକାଳସାର ଗଛ ଉପରେ

ସେଇ ମୋର ପୃଥିବୀ, ଗୋଟିଏ ମୂକ ମଣିଷ ଓ
ଗୋଟିଏ ଝରସର ଗଛକୁ ନେଇ।
କିଏ ଭାବିବ
କ'ଣ ହେବ ସକାଳକୁ, କିଏ କହିବ କାହାର
ବିଶ ବନବାସରେ ଆଉ ଫଳମୂଳର ଚିନ୍ତା ନାହିଁ-
ସମସ୍ତେ ଫେରିବେ
ଖଗ, ମୃଗ ଓ ଉଦ୍ଧାଳକ

ପୁଣି ଥରେ ଗୋଟେ ପଥରରେ ଭାଗ୍ୟରଚନା ଆରମ୍ଭ ହେବ
ମୁଠାଏ ପାଉଁଶରୁ !
କିଏ କହିବ ପୃଥିବୀ ମୋର
ଯିଏ ବି ରହିବ
ଆଉ ପରସ୍ତେ ବଂଶାବଳୀ ଲେଖା ହେଲା ବେଳକୁ ?
ମୁଁ ଭାବି ପାରିନି
କ'ଣ ହେବ,
ଏଭଳି ଗୋଟେ ମୋଡ଼ରେ ପହଂଚିଚି କାହାଣୀ ଯେ
ଆଉ ସମ୍ଭବ ନୁହେଁ କାହାକୁ ଡାକିବା
ଭାବିବା ବି ସମ୍ଭବ ନୁହେଁ ଯେ ଆପେ ଆପେ କିଏ ଆସିବ,

ସବୁ ଆଶାର ପଛରେ ଥାଏ
ଯେଉଁ ପୋଡ଼ାଭୂଇଁ
ତାଆରି ପାଉଁଶରୁ ଗୋଟେ କୋଇଲି ଖୋଜି
କୁହୁ ବୋଲାଇବା କାମ ତମର
ତମକୁ ମୁଁ କ୍ଷମା କରିନି ସେଇଥିପାଇଁ ।
ତମର ଅପରାଧ ଥିଲା ସବୁଠୁ ସବୁଜ
ଚୈତ୍ରବନକୁ ଜାଳିଦେବାଠୁଁ ବି ଭୟଙ୍କର
ବିଶାଳ ପୋଡ଼ାଭୂଇଁରେ ତମେ
ଛାଡ଼ି ଦେଇଥିଲ ଗୋଟିଏ ବୋଲି ଗଛ
ଯାହା ଉପରେ ଭାଗ୍ୟର ବି ନଥିଲା ଅଧିକାର ।

ମୁଁ ଆଉ ଗାଇ ପାରିବିନି ସେ ଗୀତ, କେବେ ହେଲେ ବି
ନୁହେଁ । ତମେ ଦିଶିପାର ଦିନକୁ ଦିନ ସୁନ୍ଦରରୁ ସୁନ୍ଦର,
ମୁଁ ଦି'ଚାରିଯୁଗ ରହି ବି ଯାଇପାରେ ଯଦି କେହି ନପଚାରେ
ଏ ଅସହାୟ ଗଛଟି ଉପରେ ଚିରାଲୁଗା ଖଣ୍ଡକ କାହାର !
ପାଉଁଶରେ ପଡ଼ିଥିବା ପଥର ଖଣ୍ଡକ ବି ସତକୁ ସତ
ହୋଇଯାଇପାରେ ଚତୁର୍ଦ୍ଦଶୀର ଚନ୍ଦ୍ର ନିର୍ମଳ ଆକାଶରେ ।
ହେଲେ ମୁଁ ଆଉ ଗାଇବିନି ସେ ଗୀତ
ରାତି ଦୁଇଟାରେ କୋଇଲି କୁହୁ ଡାକିଲେ ବି ନୁହେଁ ।

ବାଟ

ଯିବା ସହଜ, ଫେରିବା ଏତେ ସହଜ ନୁହେଁ
ମନେକର
ତମେ ଅଛ ରଣଥମ୍ଭୋରରେ
ପରିଷ୍କାର ଜହ୍ନ ଆଲୁଅରେ ଦିଶୁଚି ଦୂରରେ ଧୂଳିପଟଳ
ତମେ ଭାବୁଚ କେହି କେବେ ମରେନାହିଁ ରଣଥମ୍ଭୋରରେ
ଜୀଇଁ ଜୀଇଁ ଥକିଯାଏ ମଣିଷ,
ଯୁବରାଜଙ୍କ ପାଇଁ
ଚିତ୍ରର ଅଷ୍ଟସଖୀଙ୍କ ମନରେ ବି ଆଉ ରହେନାହିଁ ଆଗ୍ରହ

ରଣଥମ୍ଭୋରରୁ ତମେ ଫେରିବ ପିଚୁକୁଳି ? - ଗୋଟେ
ଉଜୁଡ଼ା ଡାକବଙ୍ଗଳାର ହତା ଭିତରେ ପାଚିଲା ପିଜୁଳି,
ବାସ୍ ମନେପଡ଼ିବ ଏତିକି
ଲାଗିବ କେହି କେବେ ଜୀଏଁନାହିଁ ଏ ପୃଥିବୀରେ
ମରି ମରି ମରଣକୁ ହିଁ କରିଦିଏ ବିବଶ
ପାଚିବା ମାନେ ବାଦୁଡ଼ିର ଦାନ୍ତ ବାଜିବା

ଲୁଗା ଖୋଲି ଘା' ଦେଖାଇବାର
ଲଜ୍ଜା ମିଛରେ।

ତମେ ଆଉ ଫେରିପାରିବ ନାହିଁ-
ସ୍ମୃତିର ପଥ ବଡ଼ ଭୀଷଣ
ମାଳ ମାଳ ତୋରଣ ଦେଇ ଗଲାବେଳକୁ
ବାଟ ଭୁଲିବ ସବୁଠି;
ଆଂଗୁଠି ଯୁଆଡ଼େ ଦେଖାଇବା ବାଟ
ସିଆଡ଼େ ଯିବ
ନାଚୁଣି, ନିରାକାରପୁର, ଖୋର୍ଦ୍ଧା, ତାପଙ୍ଗ
ବାଲୁଗାଁ, ବୋଲଗଡ଼, ନୟାଗଡ଼, କଟକ।

ସେ ରାଉତ ହେଉ କି ସାମଲ ହେଉ କି ମିଶ୍ର ହେଉ କି
ପଟେଲ, କେହି ତମକୁ କହିପାରିବେନି
ଫୁକିଆତାରା କାହିଁକି ଥାଏ ଭୋର୍‌ର ଆକାଶରେ
ନାଲି ଚହଟିଲା ପରେ ବି, ରଣଥମ୍ଭୋରରୁ ପବନ ଆସେ
କୋଉ ବାଟରେ,
ଏତେ ବହଳ ଛନ୍ଦା ହୋଇଥିଲା ବରଓହଳ ଯଦି
ଫାଶୀ ପୁଣି ଲାଗିଲା କୋଉ ଫାଙ୍କରେ ?

କେବେ ଆଉ ନ ଫେରିବାରେ ଗୋଟେ ମନ୍ତ୍ର ଥାଏ
ସତେ ଯେମିତି ରଣଥମ୍ଭୋରରୁ ପିଚୁକୁଳି ନ ଫେରିବାରେ
ରହିଥାଏ ଆମର ଇହକାଳର ସଂପଦ,
କିଛି ବାଟ ସାଂଗରେ ଚାଲିଥିବା
ଶତ୍ରୁକୁ ବି ଜଣାନଥାଏ ତମେ ଫେରୁନ କୋଉଠିକି
ସବୁ ଯିବା ଆଗରୁ ଆଗକୁ
ଏଇନେ ଅଛ ରଣଥମ୍ଭୋରରେ ତ
କାଲିକି ଥିବ ଭିତରକନିକାରେ କି ସୁନାଖଳାରେ
ସବୁ ବାଟ ପଡ଼ିଚି ସବୁବେଳେ ଆଗକୁ।

ବାଟ ଚାଲୁ ଚାଲୁ ଶାଗୁଣାଙ୍କ ଭୋଜିଭାତରେ
ଆଉ ତମର ନଜର ନାହିଁ,
ଚାଲି ଚାଲି ଥକିଗଲେ ହିଁ
ଗୋଟାଏ ବାଟ ଶେଷ, ଆଉ ଗୋଟାଏ ବାଟ ଆରମ୍ଭ
ସେଇଠୁ
ଏମିତି ଚାଲି ଚାଲି ତମେ ପାଇଚ ଗୋଟିଏ ବାଟ
ଯାହାକୁ ତମେ ଖୋଜୁଥିଲ ସବୁ ବାଟରେ,
ସେ ବାଟରେ ତମେ ଏକା ଯିବନି କେବେ
ଜଣେ କାହାର ହାତ ଥିବ ତମ ହାତରେ

ପିଚୁକୁଳିର ଡାକବଂଗଳାରେ ଫାଟିବା ଆରମ୍ଭ କରିଥିବ
ଗୋଟେ କାନ୍ଥ, ବିଛଣା ଚଦରରେ ପଡ଼ିଥିବ ଆହୁରି
କେତେ ରକ୍ତ ଦାଗ, ଖାଲି ହୋଇଯାଇଥିବ ଆହୁରି କେତେ
ମଦବୋତଲ ନଈପଠାରେ

ସବୁ ଶ୍ୱାପଦ ରଡ଼ି ଉଠିଲାବେଳେ ଭୋକ ବିକଳରେ
ତମର ଦୀପ ଉଠୁଥିବ
ଦେଉଳରେ

କୋଣାର୍କ

ତମେ ଅନେକ କିଛି ଦେଖିଚ
ଖାଲି ଦେଖିନ, ଦେଖି ଦେଖି
ଆଖି ହୋଇଯାଇଚ ସମୟର

ମଣିପଦ୍ମେ ହୁଁ କହି
ତମର କେଶର ଉପରେ ଉଡ଼ିଯାଇଥିବା ଭୃଙ୍ଗ ଏବେ
ମଣିଷ ହୋଇ ଜନ୍ମ ହୋଇଚି କୋଉଠି ତମେ
ରହିଯାଇଚ ଯୋଉଠି ସେଇଠି ଆଖି ସମୟର

ସେଇଦିନଠୁ ଆଉ ଫୁଲ ଫୁଟିନି ପୃଥିବୀରେ
ଆଉ କେହି ସାହସ ବି କରିନି ବେଶି ଖୁସିରେ
ମରିବାପାଇଁ,
ଆମେ ମୋଟାମୋଟି
ସୁଖରେ ଅଛୁ
ହସିକାନ୍ଦି, ମନେରଖି ଭୁଲିଯାଇ ଯାବତୀୟ
ଦନ୍ତକଥାକୁ।

ଶିଉଳି ଲାଗି ପଥର ହୋଇଯାଇଚି
ଶ୍ୟାମଳ, ତାଆରି ଉପରେ ବସି ମନକୁ ମନ
ଭାବୁଚି ଅନେକ ଦିନ ପରେ
ଘରକୁ ଫେରୁଥିବା ଗୋଟେ ଲୋକ-
ଡେରି ହୋଇନି ତ ?
ଚିହ୍ନିବେ ତ ସମସ୍ତେ ?

ତମେ ଧୀରେ ଧୀରେ ରୂପ ନେଉଚ ଗୋଟେ
ବିବଦମାନ ଅଧିକାରର
ଯାହାକୁ ନେଇ ଏତେ କନ୍ଦଳ
ଯେଉଁଥିପାଇଁ ସୁଖ ପାଇଲା ନାହିଁ କୋଉ ଗୋଟିଏ ବି କୋଳ
ଯାହା ପଛରେ ଧାଇଁ ଦଉଡ଼ି ବେଳ ସଇଲା
ଯାହାର ମୂକ ହେବାରେ ହିଁ ଥିଲା ପରଯୁଗର ସ୍ଥାପତ୍ୟ ପାଇଁ
ଗୋଟେ ସୁଯୋଗ

ସେଇ ସୁଯୋଗରେ ତିଆରି ହେଲା କୋଣାର୍କ

ଦୁଃଖ-ସୁଖ

ମନ ଖରାପ, ମୁଣ୍ଡ ପୋତି ବସିଥାଏ ଲୋକଟା
ଲାଗୁଥାଏ ସବୁ ଯେମିତି ଶେଷ ହୋଇଯିବ ଆଜି
ହେଲେ କ'ଣ ହୁଏ କେଜାଣି
ମୁହଁରେ ପୁଣି ଉକୁଟେ ହସ
ଗହମ ନେଇ ପେଶିବା ପାଇଁ ବାହାରେ ଲୋକଟା
ଅଟାକଳ, ପଡ଼ୋଶୀକୁ ପଚାରେ ପୁଅ ଗଲା କି ପିଲାନୀ,
ଫେରିଲାବେଳକୁ ପାଏ ରାବିଡ଼ି ଥାଏ ମାଟିସରାରେ
ବୁଢ଼ୀମା' ପାଇଁ
ପୃଥିବୀ ଲୁଚିଥାଏ ବାଙ୍କ ସେପଟର ଅଧା ଆଲୁଅରେ
ଭୟରେ।
ଏସବୁ କେମିତି ହୁଏ ? ସତରେ କ'ଣ ହୁଏ ଅଚାନକ ?
କ'ଣ କହି ବୁଝାଏ ମଣିଷ ନିଜକୁ ?
ସେଇ ଘର ଥାଏ
ସେଇ ଅଭାବ
ସେଇ ପୋଡ଼ା ମହମବତୀ

ସଇ କାଶ
ସେଇ ଫୁଲ ଫୁଟୁନଥିବା ଚୂତ ଅଶୋକ
ସେଇ ବୁଲି ବୁଲି ଘୋରି ଯାଇଥିବା ଚକ
ସେଇ ବିଲିବିଲା ହାତଲେଖାରେ ଜଗତଯାକର ପୋକ।
କ'ଣ ହୁଏ ?
କୋଉଠି ଗୋଟେ ରାସ୍ତା ଦିଶେ
ଦିଶେ ଜହ୍ନ ଆଲୁଅରେ ଠିଆହୋଇଚି
ଫୁଲଭର୍ତ୍ତି ମହୁଲ ଗଛ,
ଆକାଶରୁ ଝରୁଚି ଟୋପା ଟୋପା କାକର
ନୂଆ ନୂଆ ପତ୍ର ଧରିଥିବା ଜହ୍ନିଲଟାରେ,
ହାଟରୁ ଫେରୁଚନ୍ତି ଦଳେ ପତରାସଉରା
ମୁଠାଏ ଲୁଣ ନେଇ ମାଣେ ହଳଦୀ ବଦଳରେ।

ସୋରିଷ କ୍ଷେତର ହଳଦିଆ ଲୁଗାରେ
ଧଡ଼ି ଫୁଟିଆସୁଚି ନାଲିଖରାରେ
ଚା' ଦୋକାନରେ ବୁଢ଼ାଟିଏ ପଢୁଚି ପୁରୁଣା କାଗଜରୁ
ଅୟସ୍କାନ୍ତ ମଣି ନିଲାମ ହେବାର ଖବର
ଭୋର୍ ଧରିବା ପାଇଁ ବାହାରିଚି ରୋଗିଣା ବାପକୁ ନେଇ
ପୁଅ ବାରବର୍ଷର,
ଜୀବନକୁ କେବଳ
ଜୀଇଁ ଜୀଇଁ ପାଇବାରେ ଗୋଟେ ରାସ୍ତା ଦିଶେ
ସେତିକିବେଳେ ଲାଗେ ସୁଖ ଆସିବ ଦିନେ
ଫାଶ ଟିକିଏ ହୁଗୁଳା ହେଲେ,
ସେଇ କଳ୍ପନାରେ
ବିବଶ ହୋଇ ହସିଦିଏ ମଣିଷ !

ସନ୍ତକ

ଯେମିତି ଆରମ୍ଭ ହେବ ଭାବୁଥିଲ ସେମିତି ନୁହେଁ,
କଥା ଆରମ୍ଭ
ଉଦୁଉଦିଆ ଖରାବେଳେ-
ଘରେ ଲୋକଭର୍ତ୍ତି, ଚୁଲିରେ ଭାତ ବସିଚି
ଗାଧୁଆଘରେ ଉଛୁଳୁଚି ବାଲ୍‌ଟିରେ ପାଣି
ତମେ ଭାବିପାରିନ
ଏମିତି ସମୟରେ ଆସିବ ସିଏ
କବାଟର ଅନ୍ଧାରକୋଣରେ
ଠିଆହୋଇ ଡାକିବ- ମା'।
ତମେ ଉଠିବସିବ ଛାଇନିଦରୁ
ଝାଳ ବୋହିଯାଉଥିବ ଦେହରୁ
ପାଟି ଶୁଖିଯାଉଥିବ
ସାହସ ନଥିବ କୋଳକୁ ନେବାପାଇଁ
ସେ ଧୂଳିଧୂସର ସନ୍ତକକୁ
ତମେ ତାକୁ ଆଡ଼େଇ ଦେଇ କହିବ-ଯା'।

ଶେଷ ହୋଇଯିବ ଗୋଟେ ଅଧ୍ୟାୟ ସେଇଠି
ଏତେ ସହଜରେ ଯେ ଯାତନା ହୋଇଯିବ ଇତିହାସକୁ
ଭଲପାଇବା।
ଆଉ ଅଧ୍ୟାୟରେ
ତା'ର ରାହା ଛିଡୁନଥିବା କାନ୍ଦକୁ ନେଇ
ନୀରବତାକୁ ମୁଖର କରିବାପାଇଁ ବାହାରିବେ ଝିଂକାରି,
ଝାଇଁ ଝାଇଁ ରାତିରେ
ମଉଳା ମଲ୍ଲୀଫୁଲର ଗଭା ସଜାଇ
ତମେ ବାହାରିବ ଅଭିସାରରେ
ପୁଣି ଥରେ।

ସହଜ ହୋଇଯିବ ଏଣିକି ବାଟ ଭୁଲିବା,
ପ୍ରଥମ ବର୍ଷାରେ
କଅଁଳି ଉଠୁଥିବା ଘାସ ଉପର ଦେଇ
ଆଉ ପରସ୍ତେ ଧୂଳି ଉଡ଼ିଯିବ ଭଲପାଇବାର ମରୁଭୂମିରୁ

କୂଅ (୧)

ଏମିତି କୋଉ ଗୋଟାଏ ଦିନ ଅଛି କୁହ
ଯାହାର ପିଠିରେ ତମେ ଖୋଳିପାରିବ କୂଅ ?
କୂଅରେ
ଫିଙ୍ଗିଦେଇପାରିବ ଆତଗଛରୁ ଉତାରି ଆଣି
ଚୋରାଆଲୁଅର ସୁନାଗହଣା;
କହିପାରିବ, ଗଲା ଆଜି ବି ଗଲା

କୂଅରୁ ଉଠି ଗୋଟାଏ ତାରା,
ଏମୁଣ୍ଡରୁ ସେମୁଣ୍ଡ ଯାଏଁ ହାଲୋଳ କରି,
ପାଣିର ଝର ଫିଟିବା ଯାଏଁ ରହିଲେ ନାହିଁ ଦଦେଇ
ଶୁଖି ଶୁଖି ଶେଷରେ ମରିଗଲା
ବାରିଅଗଣାରେ ଯୂଇ

ସେଦିନ କଥା କୁହନା-
ନୀଳମାଧବଙ୍କ ମୁକୁଟ ନେଇ

ଯୋଉଦିନ ଆସିଲେ ବଟ ଶତପଥୀ
କଟକରୁ, ଯୁଝିଲା ଗଲା ଯାତ ବରାଦ ପାଇଁ
ଅରିଲୋ, ଜନାକାରୀ କେଶରେ ମଂଗରାଜେ
ଗଲେ ଥାନା,
ଗାଈ ଲାଂଜ ଦେଇ
ସାପ ଆସିଲା ଅଗଣାକୁ
ଗରମରେ ଆଉ ଶୋଇହେଲାନି ଘରେ
ପାଣି ଛଳଛଳ ଶୁଭିଲା କୂଅରୁ

ସେଦିନ ମୁଁ ନଥିଲି ଗାଁରେ
ଶୁଣିଚି ଯାହା କୁହାଯାଇଚି ଇତିହାସରେ।
ସବୁ ଶୁଣିଚି
ହେଲେ ଶୁଣିନି କେମିତି ଖୋଳାହେଲା ସେ କୂଅ
ଦିନପିଠିରୁ
ବାହାରିଲା କେମିତି
ମାଟି, ପଥର
ଶୁଖିଲା ଚେର
ହାଡ଼ କଂକାଳ
ପିତଳ ଢାଳ
ଶେଷରେ ଖରା ଢ଼ଳିଯିବା ଆଗରୁ ଫୁଟିଆସିଲା ଝର

ସେ ଦିନ ଭିତରେ ବି ଥିଲା ମୋର ଅତୀତରୁ ଟିକିଏ
ଯାହାକୁ ପଚାରିବ ପଚାର।

କୂଅ (୨)

ଚୁପ୍ ହୋଇ ବସିଲି ଅନେକ ଦିନ,
ଭାବିଲି
ଖୁବ୍ ହେଲାଣି ମୋର କଥା କହିବା, ଏଣିକି
ଆଂଜୁଳାଏ ଫୁଲ ଧରି ହାତରେ ଅଧରାତିରେ
ବାହାରିବାରେ ଆଉ ରହିବ ନାହିଁ ଭୟ,
ଏଣିକି
ଝଡ଼ପବନରେ ବି ରହିବ ଗୋଟେ ଲୟ, ବଂଶୀରୁ
ବାହାରିଯିବ ଡାକି ଡାକି ଅଥୟ ହୋଇଯିବାର ବେଳା
ବଦଳିଯିବ ସମୟ

କିଛି କୁଆଡ଼େ ବଦଳିଗଲା ?
ସେ ବର୍ଷ ବି ପଡ଼ିଲା
ରେଢ଼ାଖୋଲରେ ଅସହ୍ୟ ଗରମ,
ଶିମିଳିପାଳର ବାଘପିଠିରେ
ତରଳିଗଲେ ତାରା,

ଶିଉଳିଲଗା କୂଅା ଫନ୍ଦରୁ
ବାହାରିଲା ଗୋଟେ ଗନ୍ଧ ଫଳମୂଳ
କୁହୁଳିଲା ଭଳି ନିଆଁରେ, ମୁଁ
ସେ ବର୍ଷ ବି ରହିଗଲି ବିଦେଶରେ
ଏମିତି କେତେଦିନ ଯିବ
ମୋର ଚୁପ୍ ହୋଇ ବସିବା ଓ
କେବେହେଲେ ବଦଳୁନଥିବା ଦୁନିଆଁର ଫାଙ୍କ ଦେଇ
ଯିବେ କୋଇଲା ଧରି ଟ୍ରକ୍
ଧାନ ଧରି ଶଗଡ଼ ଓ
ସାନଭାଇର ହାତଧରି ବାପ ମଲାପରେ ବାରବର୍ଷର ବଡ଼ପୁଅ

ସବୁକିଛି ସରିଲା ପରେ ମୋର ହୋସ୍ ଆସିବ-
ସତରେ ମୁଁ ଥିଲି ଦିନେ,
ଏମିତି ଥିଲି ଯେ କଥା କହିବା ଲୋଡ଼ା ନଥିଲା
ଗଲାଯାଏଁ
ମରୁଡ଼ିରେ ଗୁଡ଼ାଏ ଗଛ ଜଳିଯିବାରେ
ନଥିଲା ଏତେଟିକିଏ ଦୁଃଖ,
ମାଣିକ୍ୟ ଭଳି
ଚମକୁଥିବା ଦୂର ଗାଁରେ ମେଳଣ ଆଲୁଅ
ଥିଲାଯାଏଁ ଥିଲା ସୁଖ ଚାଲିବାର
ତା'ପରଠୁଁ
କେହି ଯାଇନି କି ଆସିନି ଏ ପୃଥିବୀକୁ
ଯୋଉଠି ଥିଲା ସେଇଠି ଅଛି ସେ ଠିକଣା ଯାହାକୁ
ଫିଙ୍ଗି ଦେଇଥିଲି ବାଟ ଭୁଲିଯିବା ଭୟରେ।

ଗତରାତି

ସବୁ ରାତି ଭଳି ଗତରାତିରେ ବି
ଶୋଇଥିଲା ସେ,
ଗଳାରୁ ଉତାରି
ଥୋଇଥିଲା ମଉଳା ଫୁଲହାର
ଫାଶ ଫିଟାଇ ଦେଇଥିଲା
ଗୋଡ଼ରୁ ପୋଷାଶୁଆର

ସବୁଦିନ ଭଳି ଭାବିଥିଲା ରାତିରେ
ନିଦ ଆସିବ ଉଡ଼ନ୍ତା ରଥରେ ଜଂଗଲରୁ
କଳାଧଳା ଯୋଡ଼ାଏ ଡେଣା ଲାଗିଥିବେ ସେଥିରେ
ମୁହଁକୁ ମୁହଁ ଦିଶୁନଥିବ କୁହୁଡ଼ିରେ।
ପାହାଡ଼ର ଏପଟେ ଠିଆହେଲେ
କିଏ ଜାଣେ କି କଥା ଅଛି ଆରପଟରେ ?

କିଛି ହେଲାନି-
ଚୋଟ ସହିତ କାତି

ଲାଖିବାମାନେ ଏ ଗଛ କଟା ହେବନି
ଯିଏ ଆସିବ କାଟିବା ପାଇଁ
ତା'ର ଫେରିବା ବି ହେବ
ଜଂକ୍‌ଲଗା ଖଣ୍ଡେ ଲୁହାରୁ
କେବଠୁ ଭୁଲିସାରିଥିବା ସମୃଦ୍ଧ ବନ୍ଦରର
ଲହୁ ଖୋଜିବା ଭଳି ଜଟିଳ,

କିଛି ହେଲାନି ମାନେ କିଛି ହେଲାନି
ନିଦ ହେଲାନି
ଜଳିଲା ନାହିଁ ନିଆଁ
ସବୁ ରାତି ଭଳି ଗତରାତିର ବି ରହିଲା ନାହିଁ ନାଁ

ଅଲିଖିତ

ପାହାନ୍ତାବେଳକୁ ଅଚାନକ ଆରମ୍ଭ ହୋଇଗଲା
ବର୍ଷା,
ପିଣ୍ଡା ଉପରକୁ
କିଲ୍‌କାଲ୍ ହୋଇ ଉଠିଆସିଲେ ଗୁଡ଼ାଏ କୁଆପଥର
ମୁଣ୍ଡପୋତି ଜାକିଜୁକି ହୋଇ ଦେହ ବଂଚାଇ
ବସିଲା ବାରଂଡାର ଚଉକି
ହାତ ବଢ଼ାଇ ବିଜୁଳି ଖୋଜିଲା
ଅନ୍ଧାରରେ ଅଛିକି ନାହିଁ ଦ୍ୱୀପ
ବଢ଼ିନଈର

ସକାଳ ଆଉ ହେବନାହିଁ ବୋଲି କହିଲା
ପବନରେ ଉଡ଼ି ଆସିଥିବା ପତ୍ର ଅଫଳନ୍ତି ବେଲଗଛର
ବହୁଦିନ ହେଲା ପଡ଼ି ପଡ଼ି ଉଇ ଖାଉଥିବା
ଗୋଟେ କାଠଗଡ଼ରେ ପଶିଲା ମେଘର ଗୁରୁଗୁରୁ,
ହାତଧରି କିଏ ଜଣେ ଉଠାଇ ଆଣିଲା କାହାକୁ
କବିତାରୁ,
ଲେଖାହେବା ଆଗରୁ ।

ଯାତ୍ରା

ଗୁଡ଼ାଏ ମିଛକଥା କହି ଡରାନା ମୋତେ ଅଭି
ମୁଁ ତ ଡରିକି ଅଛି ଆଗରୁ,
ସେଥିରେ ପୁଣି
ରାଗି ଖୁନ୍ ପ୍ରତିପଦାର ଜହ୍ନ
ହଜାର କନ୍ଧାକଟା ଭିତରେ
କେତେବେଳେ ମଂଚେଶ୍ୱର ଡେଇଁଗଲାଣି ଟ୍ରେନ୍।
ଡରାନା ମୋତେ
ମୁଁ ବହୁଦିନ ପରେ ଫେରିଚି
ଆଗଠୁ ବେଶୀ ବଢ଼ିଚି ମୋର ସହିଯିବାର ସୀମା
ବେଶୀରୁ ବେଶୀ ଭଲପାଇବା ମୁଁ ଦେଇପାରୁଚି କାନ୍ଥବାଡ଼କୁ

କହନା କେମିତି ଶିକାରୀର ମଲାଦେହକୁ ଜଗିବସିଲା
ବାଉଁଶବୁଦା ସକାଳଯାଏଁ;
ଗଦାଏ ପାଉଁଶ ଭିତରୁ
ଚୁଡ଼ି ଝମଝମ କରି ବାହାରିଲେ ନିଜେ ଭୁଆସୁଣୀ

କୂଳରେ ଠିକ୍ ପହଂଚିବା ଆଗରୁ କେମିତି ବୁଡ଼ିଗଲା ନିଦର ନାହା।
ଦେଖ୍ କେଡ଼େ ସୁନ୍ଦର ଦିଶୁଚି ସହର ଆମର
କାଗଜରେ ରଂଗ କଲାଭଳି କେଡ଼େ ପତଳା ତା'ର ଅକ୍ଷର!
ଯେମିତି ଥିଲା ସେମିତି ଅଛି ସବୁ
ଦିନରାତି
ନିଗଡ଼, ନିସ୍ତାର

ଉପାଖ୍ୟାନ

ଯାହାକୁ କେବେ ଦେଖିନି
ଯାହାର ଶୀତରୁ ଦୂବର ଗଜା ବାହାରୁଚି ନୂଆ
ତାକୁ ମାଗିବି ?
କହିବି ଦେ' ଫେରାଇ ଦେ' ମୋର ନିଆଁ ?

ଯା'ଠାରୁ ବଡ଼ ଦୁଃଖ ଆଉ କ'ଣ ବା ଥାଇପାରେ
ଏ ପୃଥିବୀରେ !
ତମେ କହିବ ଏତେଗୁଡ଼ାଏ ବ୍ୟଥା ରହିବ ଆଉ କୋଉଠି
ମାଟି ଛଡ଼ା ?
ଶସ ଛଡ଼ା ଆଉ କୋଉଠି ମିଳିବ ସମାଧାନ ସମିଧର ?
ନାଟକ ଛଡ଼ା
ଆଉ କୋଉଠି ମିଳିବ ପଡ଼ି ପଡ଼ି ଜାଲି ଫିଟିଥିବା
ଲୁଗା ନୟନତାରାର ?

ଗଙ୍ଗୁଆ ବୋଲି ଗୋଟେ ନଈ-ମିଛ ।
ପଟିଆ ବୋଲି ଗୋଟେ ଗାଁ-ମିଛ ।

ଖୁଣୀ ଅପ୍ସରା

ତମେ ଭାବିଲ ଚୁପ୍ ରହିବା ବୋଧେ ସବୁଠୁ ଭଲ
ଯେମିତି ଚୁପ୍ ରହେ ପଥର
ଖୋଳି ଖୋଳି ତାର ଶିରାରୁ କାଢ଼ିଲାବେଳେ
ନାକ ଆଖି ନାଭିମଣ୍ଡଳ
ହାତରେ ଦର୍ପଣ ଧରି ବାନ୍ଧିଲାଯାଏଁ ବାଳ
ତାକୁ ଜଣାନଥାଏ ଦେହରେ ତା'ର
ରୂପ ଫୁଟିଲାଣି ଅପ୍ସରାର

ତମେ ଚୁପ୍ ହୋଇ ଠିଆ ହୋଇଚ
ସେମିତି ପଥର ହୋଇ ଠିଆହୋଇଚ ସେବଠୁ
ଗର୍ଜି ଗର୍ଜି ଫେରିଗଲାଣି ସମୁଦ୍ର,
ଜୀଅନ୍ତା ଶଂଖଟେ ଆସି
ମଲା ଭଳି ପଡ଼ିଲାଣି ଓଦାବାଲିର
ପାଦଚିହ୍ନ ଉପରେ,
ଡେଇଁ ଡେଇଁ ଥକା ହୋଇ ଚାହିଁଲେଣି

ଝାଉଁବଣରୁ ଛାଇଆଲୁଅର ହରିଣ
ତମେ ମୋ କଠୋରୀ ଶିକାରୀ ହାତରୁ ଖୋଜୁଚ ପରିତ୍ରାଣ।
ମୋର ଉପାୟ ନାହିଁ,
ମୁଁ ତମକୁ ପଚାରି ଚାଲିଚି କୁହ ତମର ଅନ୍ଧାରଘରେ
ହତଭାଗ୍ୟ ଗୋଟେ ଉଲ୍‌କା ଛଡ଼ା ଥିଲା ଆଉ କ'ଣ?
ତମର ହାତରେ ସେଇଟା ଛୁରୀ ଥିଲା ନା ଥିଲା
ଛୁରୀଭଳି ବେକ କାଟି ପାରୁଥିବା କଂକଣ?

ତମେ ଚୁପ୍ ହୋଇ ଠିଆ ହୋଇଚ
ନିଃଶ୍ୱାସ ତମର ଶୁଭୁଚି
ବହୁଦୂରରେ ଛୋଟ ଗୋଟିଏ ତାରାର ଛଳଛଳ କାତ ଚାଲିଲା ଭଳି
ନିଥର ସମୁଦ୍ରରେ
ଉଦାସ ଓ କରୁଣ।

ମୁଁ ତମର ନାକ ଆଖି ଗଢ଼ିସାରିଚି ଏ ଭିତରେ
ଗଢ଼ିସାରିଚି ନାଭିମଣ୍ଡଳ, ଏ ଭିତରେ
ଦର୍ପଣରେ ମୁହଁ ଦେଖି
ତମେ ବାନ୍ଧି ସାରିଲଣି ବାଳ।
ତଥାପି ତମେ ଜାଣିନ ଯେ ତମେ ଆଉ ପଥର ହୋଇ ନାହିଁ
ଧଳାପଥରରୁ ଫୁଟି ଦିଶିଲାଣି ଅପ୍ସରାର ଦେହ।

ଚୁପ୍ ରୁହ
ସେଇ ଭଲ,
କୁହନା ତମର ଚୁପ୍ ରହିବାର କାରଣ
ବେଳାଭୂମିରୁ ବାଲି ଉଡ଼ାଇ
କେହି କେବେ କ'ଣ ଶୁଝିପାରିଚି
ସମୁଦ୍ରର ଋଣ?

BLACK EAGLE BOOKS

www.blackeaglebooks.org
info@blackeaglebooks.org

Black Eagle Books, an independent publisher, was founded as a nonprofit organization in April, 2019. It is our mission to connect and engage the Indian diaspora and the world at large with the best of works of world literature published on a collaborative platform, with special emphasis on foregrounding Contemporary Classics and New Writing.

www.ingramcontent.com/pod-product-compliance
Lightning Source LLC
Chambersburg PA
CBHW020511080526
44583CB00013B/566
9781645602903